Adelbert Düringers Einfluß als Richter am Reichsgericht in Leipzig auf dem Gebiet des Personengesellschaftsrechts

Rechtshistorische Reihe

Band 340

Peter Lang
Frankfurt am Main · Berlin · Bern · Bruxelles · New York · Oxford · Wien

Bernd Wörner

Adelbert Düringers Einfluß als Richter am Reichsgericht in Leipzig auf dem Gebiet des Personengesellschaftsrechts

Peter Lang
Europäischer Verlag der Wissenschaften

Bibliografische Information der Deutschen Nationalbibliothek
Die Deutsche Nationalbibliothek verzeichnet diese Publikation in der Deutschen Nationalbibliografie; detaillierte bibliografische Daten sind im Internet über <http://www.d-nb.de> abrufbar.

Zugl.: Mannheim, Univ., Diss., 2006

Die vorliegende Arbeit wurde von
Prof. Dr. Karl Otto Scherner
zur Aufnahme in die Reihe empfohlen.

Umschlagabbildung:
Justitia – Sinnbild der Gerechtigkeit.
Dieser Bildausschnitt wurde einem Buch aus dem
17. Jahrhundert entnommen.

D 180
ISSN 0344-290X
ISBN 978-3-631-56051-8

www.peterlang.de

Vorwort

Die nachfolgende Arbeit hat der Verfasser im Dezember 2005 der Fakultät für Rechtswissenschaft und Volkswirtschaftslehre der Universität Mannheim als Dissertation vorgelegt und wurde schließlich mit dem Rigorosum am 06. Juli 2006 unter der Prüfungskommission Prof. Dr. Frank Maschmann (Vorsitz), Prof. Dr. Pirmin Spieß (Referent) und Prof. Dr. Ulrich Falk (Korreferent) erfolgreich abgeschlossen.

Für die Anregung und die Betreuung dieser Arbeit gebührt meinem Doktorvater Herrn Prof. Dr. Pirmin Spieß mein Dank.

Die hier vorliegende Arbeit über Adelbert Düringers Schaffen als Richter des Reichsgericht von 1902 bis 1915 auf dem Gebiet des Personengesellschaftsrecht kann durchaus als Ergänzung zu den Werken von Thomas Wirth und Michael Steitz angesehen werden. Während Wirth sich im Rahmen seiner Dissertation mit dem Titel „Adelbert Düringer – Jurist zwischen Kaiserreich und Republik“ mit der historischen und politischen Person Düringers auseinandergesetzt hat, hat Steitz in seiner ebenfalls von Herrn Prof. Dr. Pirmin Spieß betreuten Dissertation mit dem Titel „Adelbert Düringer am Reichsgericht (1902-1915)“, die in der rechtshistorischen Reihe als Band 135 erschienen ist, die aktienrechtlichen Entscheidungen und deren Einfluß auf das Aktienrecht in Deutschland untersucht.

Herrn Prof. Dr. Ulrich Falk danke ich für seine schnelle Zweitbegutachtung und der damit einhergehenden Beschleunigung meines Promotionsverfahrens.

Ferner gilt mein Dank dem Mitherausgeber Herrn Prof. Dr. Karl Otto Scherner für seine Empfehlung zur Aufnahme der Arbeit in der rechtshistorischen Reihe.

Karlsruhe, im September 2006 Der Verfasser

Inhaltsverzeichnis

[1] Da mit § 738 BGB eine Vorschrift der Gesellschaft des bürgerlichen Rechts behandelt wird, betrifft das hier behandelte Problem naturgemäß auch für diese Grundform der Personengesellschaft. Insofern handelt es sich hierbei um kein Spezialproblem der offenen Handelsgesellschaft.

[2] Dabei wird ebenfalls die Aufnahme eines weiteren Komplementäres behandelt. Insofern betrifft das hier Vorgetragene auch die offene Handelsgesellschaft.

Einleitung

Adelbert Düringer war ohne Zweifel ein herausragender Jurist seiner Zeit. Er war nicht nur Richter, davon über 13 Jahre am Reichsgericht, sondern auch Präsident des Oberlandesgerichts Karlsruhe, badischer Justizminister, Mitgestalter der Weimarer Reichsverfassung und Reichstagsabgeordneter, um nur die wesentlichsten Stationen seiner beeindruckenden Karriere zu nennen.

Den Schwerpunkt in Düringers juristischem Schaffen stellte das Handels- und Gesellschaftsrecht dar.

Als Richter hatte er sowohl am Landgericht Mannheim, als auch am Oberlandesgericht Karlsruhe und am Reichsgericht in Leipzig vorwiegend handelsrechtliche Probleme zu bearbeiten. Darüber hinaus begründete er zusammen mit dem Rechtsanwalt **Max Hachenburg**[1] den mehrbändigen Kommentar zum Handelsgesetzbuch, der zu einem der bedeutendsten seiner Zeit wurde. Düringers Einfluß durch die Begründung und Mitgestaltung dieses hervorragenden Werkes ist unbestritten.

Aber wie war sein Einfluß in der Rechtsprechung und der Literatur aufgrund seiner Tätigkeit als Richter des höchsten Deutschen Zivilgerichts, des Reichsgerichts in Leipzig?

Infolge der Wiedervereinigung der Deutschen Demokratischen Republik mit der Bundesrepublik Deutschland gelangte die „Sammlung sämtlicher Erkenntnisse des Reichsgerichts" in den Besitz des Bundesgerichtshofes in Karlsruhe. Dadurch wurde die Grundlage geschaffen, sich mit Düringers Arbeit aus seiner Zeit als Angehöriger des ersten Zivilsenats des Reichsgerichts vom 01. Juli 1902 bis zum 16. Oktober 1915 auseinanderzusetzen. Mit Hilfe der „Prozeßlisten", die in der Nebenstelle des Bundesarchivs in Dahlwitz-Hoppegarten bei Berlin aufbewahrt werden, ist es möglich, den jeweiligen Berichterstatter der einzelnen Entscheidungen des Reichsgerichts festzustellen. Jedem Reichsgerichtsrat können nunmehr „seine eigenen" Reichsgerichtsurteile zugeordnet werden. Gleichwohl

---

[1] Max Hachenburg (1860 in Mannheim – 1951 in Berkeley / USA), Rechtsanwalt, Kommentator des HGB und GmbHG, von 1919 bis 1928 Vorsitzender des Mannheimer Anwaltsvereins, Mitglied des Vorstands des Deutschen Anwaltsvereins, verlor 1938 als Jude seine Anwaltszulassung. Er emigrierte 1939 zunächst in die Schweiz, mit Ausbruch des zweiten Weltkrieges nach England und 1946 schließlich nach Berkeley in Kalifornien / USA. Er verlor beide Töchter durch den nationalsozialistischen Rassenwahn in Auschwitz. Er war Ehrenbürger der Stadt Mannheim und Ehrenmitglied des Deutschen Anwaltsvereins. Quellen: Scherner, Max Hachenburg: Ein Mannheimer Jurist, JuS 1990, 347-352 und Scherner, Max Hachenburg (1860-1951) - Recht des Handels als geordnetes Leben der Wirtschaft, in: Deutsche Juristen jüdischer Herkunft hrsg. von Heinrichs, Franzki, Schmalz, Stolleis 1993 S. 415-428; Stadtarchiv Mannheim, www.mannheim.de/aktuell/mannheim_momente/november2001.html

muß bei dieser Betrachtungsweise beachtet bleiben, daß die Entscheidung selbst durch das Kollektiv erfolgte, und diesem gehörten immerhin solche bedeutende Persönlichkeiten wie **Planck**[2] und **Mansfeld**[3] an, um nur einige zu nennen.

Wie im einzelnen die Entscheidungen zustande kamen, kann aufgrund der nicht überlieferten Abstimmungsverhalten der einzelnen an der Entscheidung beteiligten Richter leider nicht mehr festgestellt werden. Dennoch kommt bei der Bear-

---

[2] Gottlieb Planck (1824 – 1910), Richter, der wegen seiner Betätigung als liberaler Politiker mehrfach strafversetzt wurde. Planck begann seine Laufbahn 1848 im Justizdienst des Königreichs Hannover. Wegen aktiver Teilnahme an der Paulskirchenbewegung und seines Protestes gegen die Änderung der Verfassung von Hannover auf dem Verordnungsweg 1855 wurde er dreimal strafversetzt. 1859 wurde er sogar auf unbestimmte Zeit beurlaubt, wobei man ihm zugleich die Zulassung als Anwalt verweigerte. Planck konnte schließlich ab 1863 wieder als Richter tätig werden Er war Obergerichtsrat, wurde 1867 für die Nationalliberale Partei in den Reichstag und in das preußische Abgeordnetenhaus gewählt. 1868 wurde er Appellationsgerichtsrat in Celle, wo er bis 1879 wirkte. Plank war 1871 Mitglied der ersten Kommission zur Beratung der Zivilprozeßordnung. 1874 wurde er in die erste BGB Kommission berufen, für die er trotz seiner Erblindung den Teilentwurf für das Familienrecht redaktionell ausarbeitete. In der zweiten Kommission 1890 wurde Planck Generalreferent. Planck war „unter den vielen Vätern des BGB einer der einflußreichsten". Von 1889 bis zu seinem Tod war er schließlich Honorarprofessor in Göttingen. Als juristischer Autor wurde er bekannt durch sein Kommentar zum Bürgerlichen Gesetzbuch (sechs Bände, 1897 bis 1902), dessen Allgemeinen Teil und das Schuldrecht er selbst bearbeitet hat. Quelle: Kleinheyer / Schröder: Deutsche Juristen aus fünf Jahrhunderten, 3.Auflage 1989 S. 358 Nr. 83a; Stolleis: Ein biographisches Lexikon, Von der Antike bis zum 20. Jahrhundert, 1995 S. 489 f.

[3] Richard Mansfeld (1865 – 1943) entstammte väterlicherseits aus einer angesehenen Juristenfamilie. Nach rassistischer Terminologie des „Dritten Reiches" war er Halbjude. Seit sich sein Großvater Obergerichtsadvokat Dr. Philipp Mansfeld 1826 taufen ließ, gehörte die Familie evangelisch-lutherischen Glaubens an. Sein Vater Dr. Wilhelm Mansfeld war Präsident des Landgerichts Braunschweig und später Präsident des Oberlandesgerichtes Braunschweig. Richard Mansfeld studierte zunächst Philosophie und alte Sprachen, wechselte in Berlin schließlich zum Studium der Rechtswissenschaft, welches er in Leipzig abschloß. Nach Promotion und Vorbereitungsdienst trat er 1891 in den Justizdienst des Herzogtums Braunschweig ein. Er wirkte ab 1885 als Amtsrichter, ab 1886 als Landrichter, ab 1906 als Oberlandesgerichtsrat und schließlich von 1907 bis 1933 als Reichsgerichtsrat. Am Reichsgericht in Leipzig war er zunächst Mitglied des 1. Zivilsenats unter dem Senatspräsident Planck, wechselte 1912 in den 2. Zivilsenat und wurde 1922 selbst Senatspräsident, zunächst des 4. und schließlich ab 1924 des 2. Zivilsenats. Literarisch ist Mansfeld hervorgetreten durch seine 1895 veröffentlichte Monographie „Der publizistische Reactionsanspruch und sein Rechtsschutz im Herzogtum Braunschweig" und 1908 durch die Fortführung in der 8. Auflage des „Kommentar zur Wechselordnung" des 1907 verstorbenen Reichsgerichtsrates Rehbein. Mansfeld hatte als Senatspräsident wesentlichen Anteil daran, daß das Reichsgericht bereits 1922 die 1921 erschienene Lehre von Paul Oertmann über „Die Geschäftsgrundlage" übernahm. Quelle: Miosge: Richard Mansfeld (1865 – 1943) – Richter und Senatspräsident am Reichsgericht, in: Deutsche Juristen jüdischer Herkunft, hrsg. von Heinrichs / Franzki / Schmalz / Stolleis, 1993 S. 508 ff. und Landau: Juristen jüdischer Herkunft im Kaiserreich und in der Weimarer Republik, in: Deutsche Juristen jüdischer Herkunft, hrsg. von Heinrichs / Franzki / Schmalz / Stolleis, 1993 S.144

beitung stets die eigene Persönlichkeit und Eigenart, der Charakter des jeweiligen Berichterstatters zum Tragen und zum Ausdruck. Hiervon kann man insbesondere bei solchen herausragenden juristischen Persönlichkeiten, wie Düringer es zweifellos war, ausgehen. Insoweit kann durch den Hinweis auf den jeweiligen Berichterstatter nicht nur die Quantität des Schaffens eines bestimmten Richters am Reichsgericht durchleuchtet werden, sondern anhand der Reaktionen auf dessen Entscheidungen und der späteren Entwicklung der behandelten Probleme auch die Qualität seiner Arbeit. Insofern ist es möglich geworden, Düringers Einfluß als Richter des höchsten Deutschen Zivilgerichts auf die damalige Rechtsprechung und juristische Lehre zu begutachten.

Der Reichsgerichtsrat Düringer und seine Kollegen entschieden damals bereits auf der Grundlage des zur Zeit noch gültigen Handelsgesetzbuches vom 10. Mai 1897, das am 01. Januar 1900 in Kraft trat. Insofern sind nicht nur Düringers Einflußnahme auf die damalige und heutige Rechtswissenschaft von besonderem Interesse, sondern aufgrund der nach wie vor bestehenden Aktualität seiner Entscheidungen auch die jeweils von ihm behandelten Probleme des Gesellschaftsrechts.

Die historische und politische Person Düringers wurde bereits durch **Wirth**[4] eingehend durchleuchtet. Nachdem **Steitz**[5] die Kapitalgesellschaften bereits in den Mittelpunkt seiner Arbeit gestellt hat, bot sich die Bearbeitung von Düringers Reichsgerichtsurteilen an, die sich mit den Personengesellschaften auseinandersetzten. Die hier vorliegende Arbeit kann insofern als Ergänzung zu der Auswertung der aktienrechtlichen Entscheidungen von Steitz angesehen werden. Dadurch liegt eine umfassende Würdigung der Arbeit des Mannheimer Juristen Adelbert Düringer am Reichsgericht in bezug auf das Gesellschaftsrecht vor.

Die Bearbeitung der einzelnen Entscheidungen Düringers am Reichsgericht erfolgte nach folgendem Grundschema:

1. **Die Reichsgerichtsentscheidung - Teil 1:**
   Sachverhalt und Prozeßgeschichte
2. **Die jeweilige Rechtsthematik:** Problem- und Fragestellung:
   Herausstellen des zentralen Rechtsproblems der jeweiligen Entscheidung als Ausgangslage für die weitere Prüfung und Bearbeitung
3. **Die Rechtslage vor Veröffentlichung der Reichsgerichtsentscheidung**[6]

[4] Wirth: Adelbert Düringer – Jurist zwischen Kaiserreich und Republik (1989)

[5] Steitz: Adelbert Düringer am Reichsgericht (1995)

[6] Dabei wurde i.d.R. nicht nur die Rechtslage nach dem HGB, sondern auch die Rechtslage auf der Grundlage des ADHGB berücksichtigt. Da das „neue“ HGB erst am 01.01.1900 in Kraft trat, konnte so auf ein fundierteres Meinungsbild zurückgegriffen werden.

4. **Die Reichsgerichtsentscheidung - Teil 2:**
   Die in der Reichsgerichtsentscheidung zum Ausdruck kommende Rechtsauffassung Düringers
5. **Die Rechtslage nach Veröffentlichung der Reichsgerichtsentscheidung:**
   Reaktionen auf die Entscheidung Düringers und weitere Entwicklung in der Rechtsprechung und der juristischen Literatur und die weitere Entwicklung
6. **Ergebnis und** (etwaige) **Stellungnahme:**
   Zusammenfassung zu Düringers Einfluß durch seine Entscheidung auf die Behandlung des jeweiligen Rechtsproblems und gegebenenfalls eigene Stellungnahme zur behandelten Rechtsproblematik und Düringers Ergebnis

Dieses Schema wurde der Bearbeitung der einzelnen Reichsgerichtsentscheidungen zugrunde gelegt. Etwaige Abweichungen und Erweiterungen erfolgten lediglich ausnahmsweise aufgrund der Besonderheiten des Einzelfalles.[7]

Bei den hier bearbeiteten Entscheidungen Düringers stand in erster Linie die offene Handelsgesellschaft im Mittelpunkt, daneben auch die Kommanditgesellschaft. Hierbei wurden Erkenntnisse getroffen, die jedoch für alle Personenhandelsgesellschaften Gültigkeit besitzen. Vielfach wurde unmittelbar auf die Normen der Gesellschaft des bürgerlichen Rechts, der Grundform der Personengesellschaft, Bezug genommen. Letztendlich handelt es sich bei den hier behandelten Entscheidungen um allgemein personengesellschaftliche Themen. Insofern wird die hier vorgenommene Differenzierung zwischen der offenen Handelsgesellschaft einerseits und der Kommanditgesellschaft andererseits dieser Bearbeitung nicht gerecht.

Bei der Bearbeitung stand zunächst die Frage nach der Auswahl der zu bearbeitenden Urteile im Vordergrund. Düringer verfaßte als Bericht erstattender Richter des ersten Zivilsenats des Reichsgerichts in Leipzig zwischen 1902 bis 1915 insgesamt 649 Entscheidungen.[8] Hiervon können dem Gesellschaftsrecht 136 Entscheidungen zugeordnet werden. Von diesen Reichsgerichtsurteilen betrafen 68 Urteile die Personengesellschaften, 51 Urteile die Kapitalgesellschaften und 11 Urteile die Genossenschaft und nur 6 Urteile den Verein. Mit einem Anteil von 50 Prozent der Entscheidungen standen damit zumindest von der Häufigkeit her die Personengesellschaften im Mittelpunkt Düringers Schaffen als Richter des Reichsgerichts auf dem Gebiet des Gesellschaftsrechts. Mit einem Anteil von etwa 38 Prozent seiner gesellschaftsrechtlichen Urteile folgen die Kapitalgesellschaften. Die Genossenschaft mit einem Anteil von acht Prozent und der

[7] So wurde bei der Bearbeitung der Entscheidung RG I 502/1906 der Sachverhalt und die Prozeßgeschichte weggelassen. Bei den Entscheidungen RG I 377/1906 und RG I 300/1905/5 dagegen war aufgrund der Rechtsänderung durch das Handelsrechtsreformgesetz vom 22.06.1998 eine Erweiterung zur Aktualisierung notwendig geworden.
[8] Steitz: Adelbert Düringer am Reichsgericht (1995) S. 193

Verein mit einem Anteil von vier Prozent spielten dagegen nur eine untergeordnete Rolle bei Düringers Schaffen auf dem Gebiet des Gesellschaftsrechts am Reichsgericht in Leipzig.

Von den Personengesellschaften wurde von dem Reichsgerichtsrat Düringer mit einem Anteil von 48 Prozent die Gesellschaft des bürgerlichen Rechts und dahinter mit einem Anteil von 41 Prozent die offene Handelsgesellschaft am häufigsten behandelt. Entscheidungen mit Bezug auf die Kommanditgesellschaft oder auf die stille Gesellschaft waren dagegen mit einem Anteil von sieben Prozent bzw. vier Prozent eher Seltenheit. Der Reichsgerichtsrat mußte sich insofern vor allem mit den im Wirtschaftsleben am häufigsten auftretenden Personengesellschaften befassen.[9]

Diese Verteilung fand auch bei der Auswahl der zu bearbeitenden Entscheidungen ihre Berücksichtigung. Als weiteres Auswahlkriterium wurden die Veröffentlichungen der einzelnen Entscheidungen herangezogen. Hier waren die Veröffentlichungen in der amtlichen Sammlung des Reichsgerichtes (RGZ) und in den damals bedeutendsten juristischen Zeitschriften, der juristischen Wochenschrift (JW) und der 1907 von Düringer selbst gemeinsam mit den Reichsgerichtsräten **Ernst Jaeger** und **Heinrich Könige** gegründete „Leipziger Zeitschrift für Handels-, Konkurs- und Versicherungsrecht“ (LZ), die seit 1913 unter dem Titel „Leipziger Zeitschrift für Deutsches Recht“ erschien, ausschlaggebend.[10]

Nach Durchsicht sämtlicher Entscheidungen auf dem Gebiet des Gesellschaftsrechts, welche die Personengesellschaften betrafen, erfolgte die Endauswahl für die Bearbeitung. Ausgewählt wurden vor allem die Entscheidungen, in denen eine juristische und wissenschaftliche Erörterung erfolgte oder sich mit damals bestehenden Rechtspositionen auseinandergesetzt wurde. Entscheidungen, die dagegen juristisch keine vertieften materiellen Ansätze lieferten, sondern formelle und verfahrensrechtliche Themen betrafen, blieben dagegen naturgemäß unberücksichtigt.

Letztendlich blieb so zur Bearbeitung nur noch ein geringer Anteil an Entscheidungen auf dem Gebiet der Personengesellschaften übrig. Diese selektierten Entscheidungen ragen aber von ihrer Bedeutung und Charakteristik in Bezug auf die juristische Arbeit Düringers als Richter der Reichsgerichts auf dem Gebiet des Gesellschaftsrechts um so deutlicher heraus. Bei den bearbeiteten Entscheidungen handelt es sich vorwiegend um solche der offenen Handelsgesellschaft und der Kommanditgesellschaft. Da von Düringer insoweit Ergebnisse gewon-

---

[9] siehe den statistischen Anhang – Düringers Arbeitspensum am Reichsgericht S. 194 – 196

[10] vgl. auch die Übersicht der gesellschaftsrechtlichen Entscheidungen Düringers und deren Veröffentlichungen als Anhang am Ende dieser Arbeit S. 197 f.

nen wurden, die allgemein alle Personengesellschaften betrafen, standen die Personengesellschaften insgesamt im Mittelpunkt dieser Arbeit.

Zur Person von Adelbert Düringer (1855 – 1924)[11]

Adelbert Düringer kam am 11. August 1855 als fünftes Kind des Mannheimer Küfermeisters und Weinhändlers **Eduard Düringer** (1813-1886) und seiner Ehefrau **Margarete Düringer geb. Gräber**, in Mannheim zur Welt. Seine Schulzeit absolvierte er in München, die er 1873 mit dem Abitur am Ludwiggymnasium beendete. Im Anschluß daran studierte er in Straßburg, Bonn und Heidelberg Rechtswissenschaft. Am 04. Juni 1880 legte er an der Universität Heidelberg unter dem Dekanat von Professor **Renaud** seine Doktorprüfung mit „summa cum laude superato" ab. 1884 heiratete Düringer **Lina Heuß**, die Tochter eines Weinhändlers aus Eberbach am Neckar, mit der er zwei Töchter, Emma und Grete, in die Welt setzte.

Nach seiner juristischen Vorbereitungszeit begann Düringer als Amtsrichter, zunächst in Wolfach im Schwarzwald, ab 1886 am Amtsgericht Offenburg und ab 1888 am Amtsgericht seiner Heimatstadt Mannheim. 1890 wechselte er an das Landgericht Mannheim, wo er 1892 Vorsitzender einer Kammer für Handelssachen wurde. Im Herbst 1895 wurde er in die Kommission zur Begutachtung des Entwurfs eines neuen Handelsgesetzbuches berufen.

1897 begründete er zusammen mit dem Rechtsanwalt **Max Hachenburg**, mit dem ihn immer mehr eine enge Freundschaft verband, den mehrbändigen großen Handelsrechtskommentar.[12] Düringers Idee war, das Handelsrecht im Zusammenhang mit dem bürgerlichen Recht zu kommentieren. Dieses Werk sollte

[11] vgl. Hachenburg: Lebenserinnerungen eines Rechtsanwalts und Briefe aus der Emigration (1978) und Wirth: Adelbert Düringer – Jurist zwischen Kaiserreich und Republik (1989)

[12] Die Erstauflage des Handelsrechtskommentars Düringer-Hachenburg umfaßte drei Bände. Der erste Band erschien 1899, der zweite 1901. Nach Veröffentlichung des dritten Bandes im Jahr 1905, den Düringer weitgehend alleine verfaßt hatte, hielten die Herausgeber Düringer und Hachenburg eine weitere Auflage für notwendig, obgleich der Kommentar als fünfbändiges Werk geplant war. Für die zweite Auflage – 1. Band 1908, 2. Band 1910, 3. Band 1913, 4. Band 1917, 5. Band – konnten sie Hachenburgs Rechtsanwaltskollegen Geiler, den späteren Reichsgerichtsrat Höniger, den Rechtsanwalt Breit und Flechtheim als Bearbeiter gewinnen. Düringer und Hachenburg hatten dafür selbst nicht mehr die erforderliche Zeit, nahmen allerdings als Herausgeber weiterhin auf das Werk Einfluß, um dessen Charakter zu erhalten. An der dritten Auflage, die zwischen 1930 und 1932 erschien, konnte Düringer, der 1924 bereits verstorben war, selbst nicht mehr mitwirken. Aufgrund der Bearbeitung des Werkes durch Juristen jüdischer Abstammung (Max Hachenburg, Alfred Werner, James Breit, Viktor Hoeniger, Julius Flechtheim, Julius Lehmann, Fritz Bing) konnte aufgrund der nationalsozialistischen „Machtergreifung" und den damit einhergehenden immer größer werdenden Schwierigkeiten bei der Veröffentlichung von Werken jüdischer Autoren, konnte die 3. Auflage nicht mehr vollendet werden (Göppinger: Juristen jüdischer Abstammung im „dritten Reich", 2. Auflage 1990, S. 170, 174).

Lehrbuch und Kommentar in sich vereinen.[13] Eine solche systematische Darstellung mit durchgängiger Verbindung des Handelsrechts mit der Materie des bürgerlichen Rechts hatte es damals in dieser Form noch nicht gegeben. „Neben der systematischen und damit auch pädagogischen Leistung“ lag zudem die „Modernität“ dieses Werkes darin, „daß aus der Sicht des Anwalts und Richters Rechtstatsachen mitgeteilt und gewertet wurden“.[14] Aufgrund seines eigentümlichen Charakters, seiner klaren und ausführlichen Darstellungsweise gelang es dieser Veröffentlichung sich von Anfang an als herausragender Handelsrechtskommentar seiner Zeit zu etablieren.[15] Das Gemeinschaftswerk, der „Düringer-Hachenburg“, wie es damals allgemein genannt wurde, wurde neben dem damals fast gleichzeitig erschienenen Kommentars des Berliner Rechtsanwaltes **Hermann Staub**[16] grundlegende Kommentierung des Handelsrechts.[17]

Der Reichsgerichtsrat **Henderichs** war der Ansicht, daß dieser Kommentar „der Juristenwelt zur Freude, der Rechtsanwendung zum Nutzen“ gereicht, und **Laband**[18] bezeichnete dieses Werk als „Zierde der handelsrechtlichen Literatur“.[19]

---

[13] Lehrbücher verfaßten damals, wie man der juristischen Literatur entnehmen kann, fast ausschließlich Professoren, während es den Rechtsanwälten oblag, das Recht für die praktische Handhabe zu kommentieren. Insofern stellte die Verbindung zwischen dem „Richter“ Düringer mit dem „Rechtsanwalt“ Hachenburg ebenfalls eine Neuerung dar, welche sich in dem Werk wieder spiegelt.

[14] Scherner, Max Hachenburg (1860-1951) - Recht des Handels als geordnetes Leben der Wirtschaft, in: Deutsche Juristen jüdischer Herkunft hrsg. von Heinrichs, Franzki, Schmalz, Stolleis 1993 S. 422

[15] Laband DJZ 1913, 473; Henderichs Recht 1908, 852, Scherner, Max Hachenburg (1860-1951) - Recht des Handels als geordnetes Leben der Wirtschaft, in: Deutsche Juristen jüdischer Herkunft hrsg. von Heinrichs, Franzki, Schmalz, Stolleis 1993 S. 420

[16] Hermann Staub (1856 – 1904), jüdischer Abstammung, Herausgeber des bedeutendsten Kommentars zum Handelsgesetzbuch, welches in der von Staub selbst erarbeiteten 1. Auflage zwischen 1891 und 1893 erschien, und bereits 1900 die 6. und 7. Auflage erlebte. 1932/33 war die 14. Auflage des von ihm begründeten Kommentars zum HGB erschienen, bearbeitet von Gadow und Heinichen und den Autoren jüdischer Abstammung Felix Bondi (gestorben 1934) und Albert Pinner (gestorben 1933). Indem die Veröffentlichung jüdischer Werke nach der nationalsozialistischen Machtergreifung immer schwieriger wurde und der Name Staub dadurch nicht mehr in Erscheinung treten durfte, war der Verlag gezwungen den Kommentar umzubenennen und als „Reichsgerichtsräte-Kommentar“ (1939 – 1943) herauszugeben. Zu der 1950 begonnenen 2. Auflage wies im Vorwort des 1960 veröffentlichten V. Bandes Ratz darauf hin, daß diese 2. Auflage eigentlich die 16. Auflage des Kommentars von Staub sei. Quelle: Göppinger: Juristen jüdischer Abstammung im „Dritten Reich“, 2. Auflage 1990 S.170, 174

[17] Scherner, Max Hachenburg (1860 – 1951) - Recht des Handels als geordnetes Leben der Wirtschaft, in: Deutsche Juristen jüdischer Herkunft hrsg. von Heinrichs, Franzki, Schmalz, Stolleis 1993 S. 420

[18] Paul Laband (1838 – 1918) avancierte zu Lebzeiten zum führenden Staatsrechtler des deutsche Kaiserreichs. Laband war, nachdem er 1864 als Extraordinarius und 1866 als Ordinarius in Königsberg gewirkt hatte, seit 1872 Professor in Straßburg, wo er bis zu seinem Tod blieb,

Ebenfalls 1897 wurde Düringer an das Oberlandesgericht Karlsruhe berufen, wo er dem zweiten Zivilsenat, dem sog. Handelssenat, angehörte. 1900 wurde er Ministerialrat im großherzoglichen-badischen Justizministerium.

Vom 01. Juli 1902 bis zum 16. Oktober 1915 war Düringer Reichsgerichtsrat in Leipzig. Am Reichsgericht war er Mitglied des ersten Zivilsenats, zunächst bis 1906 unter dem Senatspräsidenten **Bolze**, später ab 1906 unter dem bedeutenden **Planck**, der in der Anfangszeit Düringers am Reichsgericht ebenfalls Mitglied des ersten Zivilsenats war. Weitere Mitglieder dieses Zivilsenats des Reichsgerichts waren während seiner Zeit am Reichsgericht von 1902 bis 1915 die gesamte Zeit über **Hagens**, bis 1907 **Rehbein**, bis 1911 **Sprecher von Bernegg**, bis 1912 **Sievers**, **Jeß** von 1903 bis 1907, **Hofmann** von 1903 bis 1913, seit 1904 **Berendes**, seit 1907 **Burlage**, von 1907 bis 1912 **Mansfeld**, der danach das Präsidium des zweiten Zivilsenats übernahm, von 1911 bis 1914 **Brodmann**, 1912 **Maurer**, von 1912 bis 1914 **Czolbe** und **Katluhn**, seit 1912 **Meyer**, 1913 **Philippi**, seit 1914 **Gunkel** und 1915 **Staffel**.

Düringer hatte es als Mitglied des ersten Zivilsenats von 1902 bis 1915 vor allem mit Fragen des Gesellschaftsrechts, des Wirtschaftsrechts und des gewerblichen Rechtsschutzes zu tun.

1907 gründete Düringer zusammen mit den Reichsgerichtsräten **Ernst Jaeger** und **Heinrich Könige** die „Leipziger Zeitschrift für Handels-, Konkurs- und Versicherungsrecht“, die seit 1913 unter dem Titel „Leipziger Zeitschrift für Deutsches Recht“ veröffentlicht und zu einer Zeitschrift für alle Rechtsgebiete wurde. In dieser Zeit beschäftigte sich Düringer außerdem mit den philosophischen Grundlagen des Rechts, mit dem Ethos des Richterberufs, der Modernisierung von Rechtslehre und Rechtspraxis und mußte sich bei der Frage um die Umsetzung des neuen Rechts mit der Freirechtslehre[20] auseinandersetzen.

---

trotz zahlreicher Rufe bekannter Universitäten und des preußischen Oberverwaltungsgerichts. Er war 1880 in Straßburg Rektor, von 1879 bis 1911 Mitglied im Staatsrat von Elsaß-Lothringen und 1911 in der ersten Kammer. Von seinen zahlreichen wissenschaftlichen Arbeiten sind vor allem zu nennen die 1871 erschienene Schrift „Das Budgetrecht nach den Bestimmungen der Preußischen Verfassungsurkunde unter Berücksichtigung der Verfassung des Norddeutschen Bundes“, in der er mit erheblicher Folgewirkung zwischen Gesetzen im formellen und Materiellen Sinne unterschied, sowie sein fundamentales „Staatsrecht des Deutschen Reichs“, welches bis 1911/14 fünf Auflagen erlebte. Darüber hinaus editierte er zentrale juristische Zeitschriften (AöR, JöR, DJZ, bis 1898 ZHR), die er fortlaufend mit eigenen Beiträgen versorgte. Quelle: Stolleis: Ein biographisches Lexikon, Von der Antike bis zum 20. Jahrhundert, 1995 S. 364 f.

[19] Recht 1908, 852; 1913, 241 und 1914, 265

[20] Als Methode der Rechtsanwendung galt früher die Begriffsjurisprudenz, bei der Laband die Rechtsordnung für ein geschlossenes System von Begriffen hielt, das mit Hilfe der logischen Deduktion ausgelegt wird. Aus ihr entwickelte Kelson die reine Rechtslehre, eine systematisch-deduktive Methode. Beide Lehren bergen die Gefahr eines starren Rechtsdenkens, be-

Düringer verstand sich immer als Mittler zwischen Wissenschaft und Praxis. 1911 gründete er zusammen mit dem Präsidenten des Oberlandesgerichts Jena, **Viktor Börngen**, und drei weiteren Juristen den Verein „Recht und Wirtschaft" zur „Förderung zeitgemäßer Rechtspflege und Verwaltung", dessen erster Vorsitzender er von Beginn an bis zu dessen Auflösung 1923 war. Ziel des Vereins war es, durch das Zusammenwirken von Juristen und anderen Berufsständen das gesamte Rechtsleben in Einklang zu bringen.

1915 kehrte Düringer als Präsident an das Oberlandesgericht Karlsruhe zurück, allerdings nur für kurze Zeit. Am 22. Dezember 1917 ernannte ihn der **Großherzog von Baden Friedrich II.**, zum Minister des Großherzoglichen Hauses, der Justiz und des Auswärtigen.[21] Dieses Amt übte Düringer bis zum 10. November 1918 aus.

Bis zu dieser Zeit war er, wie alle Minister des Großherzogtums Baden, Mitglied der Nationalliberalen Partei. Düringer war selbst konservativ - liberal gesinnt, aber überzeugter Anhänger der Monarchie, deren Kontaktverlust zum Volk er als deren größten Fehler ansah. Düringer schloß sich danach der Deutschnationalen Volkspartei an, die Ende 1918 aus Deutschkonservativen, Freikonservativen, Deutsch-Völkischen und Christlich-Sozialen gegründet worden war. Bei der Gründung des badischen Landesverbandes war Düringer maßgeblich beteiligt und wurde dessen erster Landesvorsitzender. Düringer gehörte innerhalb der Partei zum philosemitischen Flügel der DNVP, wie sein jüdischer Freund Hachenburg klarstellte. Die antisemitischen Tendenzen in dieser Partei hatte Düringer stets abgelehnt. 1919 wurde er als einziger Abgeordneter der DNVP im Wahlkreis Baden zur verfassunggebenden Nationalversammlung nach Weimar entsandt. Als Mitglied des achten Ausschusses wirkte er bei den Vorberatungen des Entwurfs einer neuen Verfassung mit.[22] Düringer war neben Konrad

hindern die Rechtsfortbildung des Richters und können daher leicht zu untragbaren Ergebnissen führen. Diese Methoden wurden deshalb von der sog. Freirechtslehre erheblich kritisiert. Der Rechtssoziologe Ehrlich befürwortete die Abkehr von jeder schematischen Gesetzanwendung zu Gunsten einer freien Rechtsfindung. Der Karlsruher Rechtsanwalt Ernst Fuchs forderte die Rechtsprechung auf, sich von einer allzu strengen Bindung an den Gesetzestext zu lösen und Lücken durch freie Auslegung zu füllen. Die Freirechtslehre birgt die Gefahr einer willkürlichen Rechtsanwendung und konnte sich deshalb nicht durchsetzen. Die Rechtsprechung orientiert sich heute überwiegend an der sog. Interessenjurisprudenz. Diese kasuistisch-empirische Methode berücksichtigt die einzelnen Interessen, die der Gesetzgeber schützen wollte.

[21] Düringer hatte 1918 als badischer Justizminister die Gelegenheit, einen Teil seiner geforderten Reformen in die Tat umzusetzen. So wurde beispielsweise die von ihm geforderte Ausbildung der Juristen auf anderen Gebieten, wie der Volkswirtschaftslehre und der Finanzwissenschaft, damals verwirklicht.

[22] Düringer akzeptierte den Volkswillen, der sich für eine Republik als Staatsform entschieden hatte. Für ihn stand deshalb die Errichtung eines Deutschen Volksstaates mit einer demokratischen Verfassung im Vordergrund, bei dem die Beteiligung des Volkes in allen öffentli-

Beyerle der einzige Abgeordnete, der an der Entstehung des Grundrechtsteils der Weimarer Verfassung von Anfang bis Ende mitgearbeitet hatte.

Sowohl 1920 als auch 1924 wurde Düringer in den Reichstag gewählt. Der Mord an Außenminister **Rathenau** veranlaßte ihn im September 1922 schließlich zum Übertritt in die Deutsche Volkspartei. Düringer hatte immer eine gewaltsame Veränderung der Verhältnisse ausdrücklich abgelehnt. Er war ein idealistischer Liberaler religiöser Prägung.

Am 03. September 1924 starb Düringer schließlich im Alter von 69 Jahren an einem Herzleiden in Berlin. Er wurde auf dem alten Wilmersdorfer Friedhof, in dem heutigen Stansdorf, begraben.

Max Hachenburg sah in Düringer das „Ideal eines Richters“[23], der gegenüber den Parteien immer ruhig und liebenswürdig gewesen sei, ohne dabei der Würde des Gerichts etwas zu nehmen.[24] **Wilhelm Kahl**[25] bezeichnete Düringer in seiner Trauerrede als „ausgezeichneten Förderer der Rechtswissenschaft, unbestechlichen Richter, überzeugungstreuen Politiker und unermüdlichen Mitarbeiter am Wiederaufbau des Vaterlandes“.

---

chen Angelegenheiten ermöglicht werden sollte. Darüber hinaus trat Düringer für die richterliche Unabhängigkeit und für ein richterliches Prüfungsrecht ein. Aufgrund von unüberwindbaren Meinungsverschiedenheiten wurde jedoch die Frage, ob jeder Richter die von ihm anzuwendenden Normen auf ihre Übereinstimmung mit der Verfassung überprüfen dürfe, in diesem Ausschuß nicht geregelt.

[23] Hachenburg: Lebenserinnerungen eines Rechtsanwalts und Briefe aus der Emigration (1978) S. 90

[24] Hachenburg: Lebenserinnerungen eines Rechtsanwalts und Briefe aus der Emigration (1978) S. 91. Hachenburg berichtete dabei, daß Düringer als vorsitzender Richter einmal nach langatmigen und für die Zuhörer fast langweiligen Plädoyers der Anwälte beider Seiten bemerkt hatte: „Die beiden Herren haben so eingehend und so ausgezeichnet geredet, daß ich jetzt selber neugierig bin, wer den Prozeß gewinnt. “

[25] Wilhelm Kahl (1849 – 1932), Professor in Rostock, Erlangen, Bonn und Berlin, juristisches Wirken im Kirchen-, Staats-, Verwaltungs-, Straf- und Strafprozeßrecht, ab 1920 Mitglied des Reichstages (Deutsche Volkspartei), ab 1927 Vorsitzender des Strafrechtsausschusses im Reichstag, galt als treibende Kraft in den Strafrechtsreformbemühungen vor und nach dem 1. Weltkrieg. Quelle: Kleinheyer / Schröder: Deutsche Juristen aus fünf Jahrhunderten, 3.Auflage 1989 S.345 f. Nr. 53

Literarische Werke von Adelbert Düringer (Auszug)

- Düringer, Adelbert / Hachenburg, Max: Das Handelsgesetzbuch vom 10. Mai 1897 (mit Ausschluß des Seerechts) auf der Grundlage des Bürgerlichen Gesetzbuches
  - 1. Band - erstes Buch: Handelsstand, Mannheim 1899
  - 2. Band - Drittes Buch des Gesetzes: Handelsgeschäfte - Allgemeine Vorschriften, Mannheim 1901
  - 1. Band: Handelsstand, 2. Auflage Mannheim 1908
  - 4. Band - Gesellschaft des Bürgerlichen Rechts, offene Handelsgesellschaft, Kommanditgesellschaft, 2. Auflage, Berlin, Leipzig, Mannheim 1917
  - [2. Band, 1. Hälfte - Allgemeine Einleitung: Das Gesellschaftsrecht des bürgerlichen Rechts, erläutert von Karl Geiler, 3. Auflage, Berlin, Leipzig, Mannheim 1932][26]
  - [2. Band, 2. Hälfte - §§ 105 - 177, 333 – 342, erläutert von Julius Flechtheim, 3. Auflage, Berlin, Leipzig, Mannheim 1932]
  - [3. Band, 1. Teil – Einleitung: Die Aktiengesellschaft im Leben der Wirtschaft und §§ 178 – 230a, 3. Auflage Mannheim Berlin Leipzig 1934]
- Düringer, Adelbert: Das badische Gesetz betreffend die Überleitung der ehelichen Güterstände des älteren Rechts in das Reichsrecht vom 04. August 1902, Karlsruhe 1903, 221 Seiten
- Düringer, Adelbert: Nietsches Philosophie vom Standpunkte des modernen Rechts, 2. Auflage, Leipzig 1906, 136 Seiten
- Düringer, Adelbert: Besprechung von Runkel-Langsdorff: „Die Folgen des Erwerbs eigener Aktien durch die AG“ in DJZ 1907, 778
- Düringer, Adelbert: Anmerkung in LZ 1907, 311 zum Aufsatz von Pinner, Albert: „Feststellung der Bilanz einer Aktiengesellschaft durch das Gericht“ in LZ 1907, 305 ff.
- Düringer, Adelbert: Eine neue Methode der Rechtsprechung und der Kritik; in Recht 1908, 258 ff.
- Düringer, Adelbert: Richter und Rechtsprechung, 1909, S. 183 – 224
- Düringer, Adelbert: Konstruktionsjustiz und Interessenjustiz; in Recht 1909,97
- Düringer, Adelbert: Zum Methodenstreit; in RuW I [1911], 57 ff.
- Düringer, Adelbert / Schulze, Werner: Das Reichsgesetz über wertbeständige Hypotheken vom 23. Juni 1923 (RGBl. I S. 407), Berlin 1924, 213 Seiten

[26] An der zwischen 1930 und 1932 erschienenen dritten Auflage konnte Düringer, der bereits 1924 verstorben war, selbst nicht mehr mitwirken. Indem er gemeinsam mit Hachenburg Begründer und Herausgeber dieses Kommentars war, wird die dritte Auflage der Vollständigkeit wegen ebenfalls in dieser Liste aufgeführt.

1.Teil: Die offene Handelsgesellschaft

A. Der Gesellschaftsvertrag

Das Reichsgerichtsurteil RG I 189/1904 vom 24. September 1904[27]

Der zugrunde liegende Sachverhalt:

Der Ehemann der Klägerin gründete mit dem Beklagten 1888 eine offene Handelsgesellschaft. Nach seinem Tod trat die Klägerin an seine Stelle als Gesellschafterin in die Gesellschaft ein. Die Parteien schlossen 1893 einen Gesellschaftsvertrag ab. 1894 erfolgte die Anmeldung der offenen Handelsgesellschaft zum Handelsregister. Die Klägerin beantragte mit der hier zugrunde liegenden Klage das Anerkenntnis des Beklagten, daß sie nicht von der Geschäftsführung der offenen Handelsgesellschaft ausgeschlossen ist. Der Beklagte behauptete, die Geschäftsführung stehe ihm allein zu, da die Klägerin nach dem Gesellschaftsvertrag sowie aufgrund ihrer Erklärung bei der Anmeldung zum Handelsregister von der Geschäftsführung ausgeschlossen sei.

Prozeßgeschichte - Entscheidungen der Vorinstanzen:

Die **zweite Kammer für Handelssachen des königlichen Landgerichts zu Essen** hatte nach Beweisaufnahme durch Urteil vom 30.10.1903 nach dem Klageantrag erkannt.
Das **königliche Oberlandesgericht zu Hamm** hatte als Berufungsgericht mit Urteil vom 18.02.1904 die Berufung des Beklagten zurückgewiesen.

I. Ausgestaltung der Geschäftsführungsbefugnis im Gesellschaftsvertrag - keine Pflicht, aber das Recht zur Geschäftsführung - RG I 189/1904[28]

In dem hier vorliegenden Fall hatte Düringer es mit dem inneren Verhältnis der offenen Handelsgesellschaft, der Parteien als Gesellschafter zueinander, zu tun. Er mußte sich mit der vertraglichen Ausgestaltung der Geschäftsführungsbefugnis einer offenen Handelsgesellschaft auseinandersetzen. Das königliche Oberlandesgericht zu Hamm kam als Berufungsgericht aufgrund der – laut Düringer zutreffenden - Auslegung des Gesellschaftsvertrags vom 01. Juli 1893 und seiner vorausgegangenen Verhandlungen zu dem Ergebnis, daß die Klägerin nicht zur Geschäftsführung verpflichtet war, ihr aber die Berechtigung hierzu nicht durch den Gesellschaftsvertrag entzogen worden ist. Die Klägerin hatte nach dem Gesellschaftsvertrag demnach das Recht, nicht aber die Pflicht zur Geschäftsführung. Der Reichsgerichtsrat mußte damals entscheiden, ob diese vertragliche Ausgestaltung der Geschäftsführungsbefugnis wirksam ist.

---

[27] RG I 189/1904 vom 24.09.1904 (OLG Hamm) = Recht 1905, 199 Nr. 918 = Kaufmann 1905, 55 = Holdheim [1905] 14, 47 f. = Bank Archiv [1905] 4, 142 II. 2

[28] RG I 189/1904 vom 24.09.1904 (OLG Hamm) = Recht 1905, 199 Nr. 918 = Kaufmann 1905, 55 = Holdheim [1905] 14, 47 f. = Bank Archiv [1905] 4, 142 II. 2

II. Die Rechtslage vor dem 24. September 1904:

Das Rechtsverhältnis der Gesellschafter untereinander, das innere Verhältnis der Gesellschaft, wird durch den zweiten Titel des Handelsgesetzbuches vom 10. Mai 1897, das am 01 Januar 1900 in Kraft getreten war, durch §§ 109 bis 122 HGB, geregelt. Diese Vorschriften sind bis zum heutigen Tag mit Ausnahme des § 118 Abs. 1 HGB[29], der das hier nicht interessierende Kontrollrecht der Gesellschafter behandelt, unverändert geblieben. Insofern ist bei diesem Problem die gesetzliche Ausgangslage genauso wie zu der Zeit Düringers.

Nach § 114 Abs. 1 HGB sind alle Gesellschafter zur Geschäftsführung der Gesellschaft berechtigt und verpflichtet. § 109 Satz 1 HGB erklärt dagegen, daß das Rechtsverhältnis der Gesellschafter untereinander sich in erster Linie nach dem Gesellschaftsvertrag richtet. § 109 Satz 2 HGB stellt darüber hinaus klar, daß die gesetzlichen Vorschriften der §§ 110 bis 122 HGB nur insoweit zur Anwendung kommen, falls durch den Gesellschaftsvertrag nichts anderes bestimmt ist. Bei den gesetzlichen Bestimmungen über die Geschäftsführung in §§ 114 ff. HGB handelt es sich somit nicht um zwingendes, sondern um dispositives Recht, das bei einer entsprechenden vertraglichen Ausgestaltung im Gesellschaftsvertrag nicht zur Anwendung gelangt. Spezielle Grenzen für eine privatrechtliche Ausgestaltung der Geschäftsführung finden sich im Gesetz nicht. Allerdings müssen auch hier die allgemeinen Nichtigkeitsgründe, insbesondere §§ 134, 138, 242 BGB, beachtet werden.

In der Zeit vor der Veröffentlichung des Reichsgerichtsurteils von Düringer wurde weder in der Literatur noch in der Rechtsprechung eine solche vertragliche Ausgestaltung der Geschäftsführung behandelt.

III. Die in RG I 189/1904 vom 24. September 1904 von Düringer dargestellte Auffassung:

Düringer stellte einleitend klar, daß die Bestimmungen des Handelsgesetzbuches über die Regelung der Geschäftsführung im Verhältnis der Gesellschafter untereinander dispositives Recht sind. Er war der Auffassung, daß eine Vertragsbestimmung, welche einen Gesellschafter zwar von der Verpflichtung zur Geschäftsführung entbindet, ihm jedoch das Recht auf dieselbe vorbehält, nach den persönlichen Verhältnissen des Gesellschafters notwendig oder zweckmäßig erscheinen kann und nicht gegen zwingende Normen des Gesetzes oder gegen das Wesen der offenen Handelsgesellschaft verstößt. Die Unzulässigkeit einer solchen Vereinbarung könne weder aus dem Gesetz noch aus inneren Gründen des Gesellschaftsrechts gerechtfertigt werden.

---

[29] § 118 Abs. 1 HGB geändert durch das Bilanzrichtliniengesetz (BiRiliG) vom 19.12.1985 = BGBl I S. 2355

IV. Die Rechtslage nach dem 24. September 1904 – Reaktionen auf die Entscheidung RG I 189/1904 und Weiterentwicklung:

Die Entscheidung Düringers vom 24. September 1904 erschien zwar nicht in der amtlichen Sammlung, wurde aber dennoch in zahlreichen juristischen Zeitschriften abgedruckt.[30] Darüber hinaus fand sie vielfältige Berücksichtigung in der übrigen Literatur, insbesondere in den Kommentaren zum Handelsgesetzbuch.

Die meisten Autoren ließen es jedoch mit einer kurzen Darstellung des Ergebnisses der reichsgerichtlichen Entscheidung unter Hinweis auf diese bewenden.

Makower[31] erklärte 1906[32] als Beispiel einer gesellschaftsvertraglichen Ausgestaltung nach § 109 HGB eine Vertragsbestimmung für zulässig, nach der ein Gesellschafter zwar ein Recht, aber keine Pflicht zur Geschäftsführung haben soll.

In gleicher Weise stellten auch von 1906 bis 1932 **Pinner**[33], 1907 **Gutmann**[34], 1910 **Ritter**[35], 1911 **Brand**[36], von 1911 bis 1920 bei **Litthauer** und **Mosse**[37], 1921 **Wieland**[38], 1929 **Goldschmitt**[39], 1931 **Schwarz**[40], von 1939 bis zuletzt 1963 **Geßler**[41] und 1971 **Kötter**[42] dieses Ergebnis dar.

---

[30] Recht 1905, 199 Nr. 918; Kaufmann 1905, 55; Holdheim [1905] 14, 47 f.; Bank Archiv [1905] 4, 142 II. 2

[31] Hermann Makower (1830 – 1897), jüdischer Berliner Rechtsanwalt, Verfasser des ersten Großkommentars zum ADHGB, welcher später insgesamt 11 Auflagen erreichte. Quelle: Landau: Juristen jüdischer Herkunft im Kaiserreich und in der Weimarer Republik, in Deutsche Juristen jüdischer Herkunft, hrsg. von Heinrich, Franzki, Schmalz, Stolleis, S.198

[32] Makower: HGB 13. (1906) § 114. I S. 301

[33] Staub-Pinner: HGB § 114, 3 8. (1906) S. 440, 9. (1912) S. 496, 10. (1920) S. 569, 11. (1921) S. 569, 12./13. (1926) S. 636, 14. (1932) S. 672. 1932 mit Hinweis auf Schwarz (s.u.). Albert Pinner (1857 – 1933), jüdischer Rechtsanwalt, Bearbeiter des HGB-Kommentars von Staub. Quellen: Landau: Juristen jüdischer Herkunft im Kaiserreich und in der Weimarer Republik, in Deutsche Juristen jüdischer Herkunft, hrsg. von Heinrich, Franzki, Schmalz, Stolleis, S.199;

[34] Gutmann: Das HGB (1907) § 114, 1 S. 128; Franz Gutmann (1879 – 1967), Jurist jüdischer Abstammung, war bis 1933 zunächst Dekan der Rechts- und Staatswissenschaftlichen Fakultät der Universität Göppingen, dort bis 1934 im Prüfungsausschuß für Referendare, wurde 1935 beurlaubt und schließlich 1936 entlassen, emigrierte aus Angst vor Verfolgung unter dem Nationalsozialismus in die USA, wo er bis zu seinem Tod lebte. Quelle: Göppinger: Juristen jüdischer Abstammung im „Dritten Reich“, 2.Auflage 1990 S. 265, 285

[35] Ritter: HGB (1910) § 114, 3 S. 158

[36] Brand: HGB (1911) § 114, 2 S. 333

[37] Litthauer / Mosse: HGB § 114, 3 14. (1911) S. 104, 16. (1920) S. 125; Albert Mosse (1846 – 1925), jüdischer Jurist, drei Jahre Berater der japanischen Regierung, danach von 1890 bis 1907 Oberlandesgerichtsrat in Königsberg, später Angehöriger des Berliner Stadtrats. Quelle: Landau: Juristen jüdischer Herkunft im Kaiserreich und in der Weimarer Republik, in Deutsche Juristen jüdischer Herkunft, hrsg. von Heinrich, Franzki, Schmalz, Stolleis, S. 142

Einige Autoren übernahmen allerdings nicht nur das Ergebnis Düringers von 1904, sondern versuchten, es weiterzuführen, indem sie näher auf die Möglichkeit einer Ausgestaltung der Geschäftsführungsbefugnis durch den Gesellschaftsvertrag eingingen.

In dem Kommentar von Düringer und Hachenburg vertrat, nachdem dieses Thema in der ersten Auflage nicht behandelt worden war, der Bearbeiter **Flechtheim**[43] sowohl 1917 als auch 1932 die Meinung, daß durch den Gesellschaftsvertrag bestimmt werden kann, daß ein Gesellschafter das Recht, aber keine Verpflichtung zur Geschäftsführung hat und umgekehrt.[44] In gleicher Weise äußerte sich 1967 **Fischer**, ohne allerdings die Entscheidung Düringers zu erwähnen.[45] Flechtheim dagegen verwies auf das Reichsgerichtsurteil von 1904, obgleich Düringer dies für den umgekehrten Fall nicht entschieden hatte. Sieht man als solchen Fall allerdings die Konstellation an, bei der ein Gesellschafter nicht nur das Recht, sondern auch die Pflicht zur Geschäftsführung durch den Gesellschaftsvertrag übertragen bekommen hat, so ergibt sich die Zulässigkeit einer solchen Ausgestaltung der Geschäftsführungsbefugnis nach § 109 HGB von selbst. 1932 stellte auch **Ritter**[46], sowohl 1942 als auch 1950 ebenso **Weipert**[47], unter Hinweis auf Düringers Entscheidung klar, daß durch den Gesellschaftsvertrag sowohl einem Gesellschafter nur das Recht als auch dem anderen Gesellschafter nur die Pflicht zur Geschäftsführung übertragen werden kann. **Geßler** stellte von 1939 bis zuletzt 1963 dar, daß ein Gesellschafter zur Führung der Geschäfte verpflichtet sein kann, ohne daß er ein Recht auf Beibehaltung der Geschäftsführung inne hat.[48]

---

38 Wieland: Handelsrecht (1921) S. 565 § 47, 2 und Fn. 16
39 Goldschmitt: HGB (1929) § 114, 2 S. 207
40 Neufeld / Schwarz-Schwarz: HGB (1931) § 114, 3 S. 314
41 Schlegelberger-Geßler: HGB § 114, 9 (1939) S. 496, 2. (1950) S. 610, 3. (1955) S. 889, 4. (1963) S. 1056 f.
42 Heymann / Kötter-Kötter: HGB 4. (1971) § 114, 1 S. 359 (im Gegensatz zu Vorauflagen)
43 Julius Flechtheim (1876 – 1940), jüdischer Berliner Rechtsanwalt, Leiter der Rechtsabteilung der IG Farben, seit 1924 Honorarprofessor der Berliner Fakultät, dem 1933 die Lehrerlaubnis entzogen wurde, Bearbeiter des HGB Kommentars von Düringer und Hachenburg, bedeutender Autor im Kartellrecht, Angehöriger der ständigen Deputation des Deutschen Juristentages, Vorstandsmitglied des Reichsverbandes der Deutschen Industrie, der nach der „Kristallnacht" in die Schweiz emigrierte. Quelle: Landau: Juristen jüdischer Herkunft im Kaiserreich und in der Weimarer Republik, in: Deutsche Juristen jüdischer Herkunft, hrsg. von Heinrich, Franzki, Schmalz, Stolleis, S.200, 205; Göppinger, Juristen jüdischer Abstammung im „Dritten Reich", 2. Auflage 1990 S. 279
44 Düringer / Hachenburg-Flechtheim: HGB § 114, 6 2. (1917) S. 400, 3. (1932) S. 589
45 HGB-RGRK-Fischer 3. (1967) § 114, 3 S. 314
46 Ritter: HGB 2. (1932) § 114, 4 S. 270
47 HGB-RGRK-Weipert § 114, 8 (1942) S. 106, 2. (1950) S. 112
48 Schlegelberger-Geßler: HGB § 114, 9 (1939) S. 496, 2. (1950) S. 610, 3. (1955) S. 889, 4. (1963) S. 1056 f.

Die Autoren **Schwarz** 1931[49], **Fischer** 1967[50] und **Martens** 1992[51] vertraten allgemein die Auffassung, daß den Gesellschaftern für die Ausgestaltung der Geschäftsführungsbefugnis durch den Gesellschaftsvertrag ein sehr weiter Spielraum zur Verfügung steht. Einschränkungen von diesem Grundsatz waren für sie praktisch nicht vorhanden.[52]

Lehmann[53] zitierte die Entscheidung Düringers dagegen bei seiner Darstellung des Verhältnisses von Geschäftsführung und Vertretungsmacht. Er versuchte unter anderem mit dieser Entscheidung zu belegen, daß durch den Gesellschaftsvertrag ein Gesellschafter einerseits von der Geschäftsführung ausgeschlossen werden kann, dagegen aber andererseits Vertretungsmacht haben kann.

V. Ergebnis und Stellungnahme:

Die Rechtslage spricht eindeutig für Düringers Ansicht, daß einem Gesellschafter durch den Gesellschaftsvertrag lediglich das Recht ohne die Verpflichtung zur Geschäftsführung eingeräumt werden kann. § 109 HGB überläßt den Gesellschaftern zur Ausgestaltung des Innenverhältnisses der Gesellschaft einen sehr weiten Spielraum. Spezielle Beschränkungen hat der Gesetzgeber den Gesellschaftern hierbei gerade nicht auferlegt. Indem lediglich das Verhältnis der Gesellschafter zueinander betroffen ist und Außenstehende dadurch keinen Nachteil erleiden, ist eine solche Ausgestaltung der Geschäftsführungsbefugnis im Gesellschaftsvertrag uneingeschränkt zulässig.

Bei diesem Reichsgerichtsurteil von 1904 handelt es sich sicherlich nicht um eine spektakuläre Entscheidung Düringers. Gleichwohl fand sie in den meisten und auch in den wichtigsten Kommentaren Berücksichtigung. Eine kritische Auseinandersetzung mit Düringers Entscheidung fand nicht statt. Düringer gelang es mit RG I 189/1904 eine Entscheidung zu fassen, die bis in die heutige Zeit allgemeinen Anklang und Zustimmung fand und immer noch findet.

---

49 vgl. Neufeld / Schwarz-Schwarz: HGB (1931) § 114, 3 S. 314

50 HGB-RGRK-Fischer 3. (1967) § 114, 8 S. 144

51 Schlegelberger-Martens: HGB 5. (1992) § 114, 48 S. 249

52 Fischer machte 1967 von diesem Grundsatz lediglich eine Ausnahme für den in der Literatur streitigen Fall der Übertragung der Geschäftsführungsbefugnis auf einen Dritten.

53 Lehmann / Ring-Lehmann: Das HGB für das Deutsche Reich 2. (1914) § 114, 2 S. 363

Das Reichsgerichtsurteil RG I 377/1906 vom 23. März 1907[54]

Der zugrunde liegende Sachverhalt:

Der Kläger betrieb gemeinschaftlich mit seinem Bruder, dem jetzigen Beklagten, auf Grund eines im Januar 1897 geschlossenen Gesellschaftsvertrages eine Ziegelei unter der seit Februar 1898 im Handelsregister eingetragenen Firma Brucker Ringofenziegelei Gebrüder Eichmann[55]. Im Februar 1904 wurde über das Vermögen des Beklagten der Konkurs eröffnet, der noch im Sommer gleichen Jahres beendigt wurde. Die Gesellschaft wurde infolge des Konkurses aufgelöst. Der Beklagte erkannte dies zunächst nicht an, wurde aber hierzu rechtskräftig verurteilt. Mit der hier vorliegenden Klage beantragte der Kläger die Verurteilung des Beklagten zum Anerkenntnis, daß die Firma mit Aktiven und Passiven auf den Kläger übergegangen ist, und darüber hinaus die Verurteilung zur Abgabe der Einwilligung in die Eintragung des Firmenüberganges an ihn in das Handelsregister.

Prozeßgeschichte - Entscheidungen der Vorinstanzen:

Die dritte Zivilkammer des königlichen **Landgerichts Bochum** hatte mit Urteil vom 04.07.1905 zunächst nach dem Klageantrag erkannt. Auf Berufung durch den Beklagten wies die dritte Zivilkammer des königlichen **Oberlandesgerichts Hamm** mit Urteil vom 17.05.1906 die Klage ab. In der Berufungsinstanz hatte der Kläger eventuell beantragt, das landgerichtliche Urteil unter Ziffer 2 mit der Maßgabe zu bestätigen, daß in der einzutragenden Firma „Gebrüder Eichmann" durch „Heinrich Eichmann" ersetzt werde. Der erste Zivilsenat des Reichsgerichts hatte über die Revision des Klägers zu entscheiden.

Rechtsfragen des Reichsgerichtsurteils RG I 377/1906 vom 23. März 1907[56]

Düringer hatte sich als Berichterstatter dieser Entscheidung mit mehreren Rechtsfragen auseinanderzusetzen:

---

[54] RG I 377/1906 v. 23.03.1907 (OLG Hamm) = RGZ 65, 379 Nr. 89 = JW 1907, 314 Nr. 17 = LZ 1907, 341 Nr. 1 = Recht 1907, 643 Nr. 1349 = ZBl. FG 1907/08, 63 Nr. 87 = Kaufmann 1907, 89

[55] Im vorliegenden Fall klagte der Ziegeleibesitzer Heinrich Eichmann aus Recklinghausen gegen seinen Bruder Wilhelm Eichmann aus Herne. Ob beide mit dem Naziverbrecher Adolf Eichmann (1906 – 1962) verwandt waren, konnte nicht festgestellt werden. Adolf Eichmann wurde 1906 in Solingen, im Rheinland, als erster Sohn der Eheleute Wolf und Maria Eichmann geboren. Er war in der Nazizeit als Chef der „Zentralstelle für jüdische Auswanderung" bzw. Leiter des Judenreferats im Reichssicherheitshauptamt für jüdische Angelegenheiten wie „Auswanderung" und „Räumung" zuständig und damit für die Enteignung und Deportation von Millionen von Juden in Vernichtungslager verantwortlich. Adolf Eichmann war bei Kriegsende untergetaucht, 1961 in Argentinien aufgespürt und vom israelischen Geheimdienst nach Israel gebracht, wo er schließlich 1962 wegen Kriegsverbrechen und Verbrechen gegen das jüdische Volk hingerichtet wurde. Quelle: www.shoa.de/p_adolf_eichmann.html, Eichmann, Adolf: Götzen (Tagebuch von Adolf Eichmann) Haifa / Israel 1961 S. 18, im Internet veröffentlicht unter: http://home.datacomm.ch/akdh-dok/eichmann-diary.tgz

[56] siehe Fn. 54

a) Die streitbefangene Gesellschaft war im Januar 1897 und damit auf Grundlage des alten Allgemeinen Deutschen Handelsgesetzbuches von 1861 gegründet worden. Düringer hatte darüber zu entscheiden, ob die Vorschrift § 142 Abs. 2 des Handelsgesetzbuches vom 10. Mai 1897, das am 01. Januar 1900 in Kraft trat,[57] auch auf Gesellschaften Anwendung fand, die vor dem 01. Januar 1900 gegründet wurden.

b) Darüber hinaus stellte sich für den ersten Zivilsenat des Reichsgerichts die Frage, durch welche Vorschrift im Fall der Geschäftsübernahme gemäß § 142 HGB[58] die Firmenfortführung geregelt wurde. Hier befaßte sich Düringer mit dem Verhältnis der Vorschriften des § 142 HGB, der die Geschäftsübernahme kraft gerichtlicher Entscheidung regelte, und des § 24 HGB, der für die Firmenfortführung bei Änderungen im Gesellschafterbestand galt. Düringer mußte insoweit darüber entscheiden, ob bei der Geschäftsübernahme gemäß § 142 Abs. 2 HGB für die Firmenfortführung die Einwilligung des ausscheidenden Gesellschafters erforderlich war.

c) Im Rahmen der Anwendung des § 24 Abs. 2 HGB, der beim Ausscheiden eines Gesellschafters, dessen Name in der Firma enthalten ist, die ausdrückliche Einwilligung des ausscheidenden Gesellschafters oder seiner Erben zur Fortführung der Firma vorschrieb, mußte Düringer zudem darüber befinden, ob sich in der Firma „Gebrüder Eichmann" auch der Name des ausscheidenden Gesellschafters Wilhelm Eichmann, dem Bruder des klagenden Heinrich Eichmann, mit dem er die Gesellschaft ursprünglich gegründet hatte, enthalten war.

---

[57] § 142 HGB ist durch HRefG vom 22.06.1998 aufgehoben worden. Auswirkungen: s.u. VI.

[58] § 142 HGB ist durch HRefG vom 22.06.1998 aufgehoben worden. Auswirkungen: s.u. VI.

B. Gesetzanwendung: ADHGB oder HGB bei Altgesellschaften?

I. Anwendbarkeit des § 142 Abs. 2 HGB auf Gesellschaften, die vor dem 01. Januar 1900 gegründet wurden – RG I 377/1906:

Findet die Vorschrift §142 Abs. 2 des Handelsgesetzbuches, wonach bei einer aus zwei Gesellschaftern bestehenden Handelsgesellschaft, wenn über das Vermögen des einen der Konkurs eröffnet wird, der andere ohne Liquidation zur Übernahme des Geschäfts mit Passiven und Aktiven berechtigt ist, auch auf Gesellschaften Anwendung, die vor dem 01. Januar 1900 und damit auf der Grundlage des alten Allgemeinen Deutschen Handelsgesetzbuches begründet sind?[59]

Die Brüder Eichmann hatten im Januar 1897 die hier gegenständliche offene Handelsgesellschaft gegründet. Diese Gesellschaft war damit noch auf der Grundlage des alten Allgemeinen Deutschen Handelsgesetzbuches von 1861 entstanden. Das neue Handelsgesetzbuch vom 10. Mai 1897 trat erst am 01. Januar 1900 in Kraft. Eine spezielle Vorschrift über die Einwirkungen des neuen Handelsrechts und des Bürgerlichen Rechts auf „Altgesellschaften", die vor dem 01. Januar 1900 gegründet worden sind, hatte der Gesetzgeber nicht erlassen. Eine solche Bestimmung fand und findet sich weder im neuen Handelsgesetzbuch, noch im Bürgerlichen Gesetzbuch und auch nicht in deren Einführungsgesetzen. Das Einführungsgesetz zum Bürgerlichen Gesetzbuch vom 18. August 1896[60] enthält mit Art. 170 EGBGB allerdings eine Übergangsvorschrift für Schuldverhältnisse im allgemeinen.

> **Art. 170 EGBGB** vom 18.08.1896: Für ein Schuldverhältnis, das vor dem Inkrafttreten des Bürgerlichen Gesetzbuches entstanden ist, bleiben die bisherigen Gesetze maßgebend.

Eine spezielle Regelung wurde mit Art. 171 EGBGB lediglich für die besonderen Schuldverhältnisse Miete, Pacht und Dienstvertrag geschaffen.

> **Art. 171 EGBGB** vom 18.08.1896: Ein zur Zeit des Inkrafttretens des Bürgerlichen Gesetzbuchs bestehendes Miet-, Pacht- oder Dienstverhältnis bestimmt sich, wenn nicht die Kündigung nach dem Inkrafttreten des Bürgerlichen Gesetzbuchs für den ersten Termin erfolgt, für den sie nach den bisherigen Gesetzen zulässig ist, von diesem Termin an, nach den Vorschriften des Bürgerlichen Gesetzbuchs.

In dem vorliegenden Fall hatte der Kläger auf Anerkenntnis der Geschäftsübernahme nach § 142 Abs. 2 HGB geklagt. Nach dieser Bestimmung war bei einer aus zwei Gesellschaftern bestehenden Handelsgesellschaft, wenn über das Vermögen des einen der Konkurs eröffnet wird, der andere zur Übernahme des Geschäfts ohne Liquidation mit Passiven und Aktiven berechtigt. Düringer hatte

[59] so auch die Überschrift der amtlichen Veröffentlichung in RGZ 65, 379 Nr. 89
[60] Einführungsgesetz zum BGB vom 18.08.1896 = RGBl. S. 604

insoweit darüber zu entscheiden, ob die Vorschrift des § 142 Abs. 2 HGB auch auf bereits vor dem 01. Januar 1900 gegründeten Gesellschaften Anwendung findet. Dies war vor allem deshalb von besonderer Wichtigkeit, weil in dem allgemeinen Deutschen Handelsgesetzbuch von 1861 keine dem § 142 HGB entsprechende Vorschrift vorhanden war.

II. Die Rechtslage vor dem 23. März 1907:

Der Rechtsanwalt **Makower** befand 1898[61], daß für die vor Inkrafttreten des neuen Handelsgesetzbuchs errichteten Gesellschaften in Ermangelung abweichender Abreden nach Art. 170 EGBGB das bisherige Recht in Kraft bleibt. Für die Unterwerfung unter das neue Handelsrecht war für ihn eine besondere vertragliche Einigung der Gesellschafter erforderlich, die auch schlüssig erfolgen konnte. Das Verstreichenlassen einer Kündigungsmöglichkeit nach Inkrafttreten des neuen Handelsgesetzbuches reichte hierfür nach Makower allerdings nicht aus.

Düringer befaßte sich 1899 mit seinem Freund **Hachenburg** in dem gemeinsam herausgegebenen Handelsrechtkommentar mit den Auswirkungen des neuen Handelsrechts auf Gesellschaften, die noch auf der Grundlage des alten Allgemeinen Deutschen Handelsgesetzbuches gegründet worden waren.[62] Beide vertraten damals die Ansicht, daß für Schuldverhältnisse, welche vor dem Inkrafttreten des neuen HGB entstanden waren, grundsätzlich gemäß Art. 170 EGBGB das frühere Recht maßgebend bleibe. Allerdings hielten sie die Spezialvorschrift des Art. 171 EGBGB über die genannten Schuldverhältnisse Miet-, Pacht- und Dienstvertrag hinaus für allgemeinerungsfähig. Die stillschweigende Erneuerung eines unter dem früheren Gesetz geschlossenen Vertrags durch Unterlassung einer statthaften Kündigung stehe dem Abschluß eines neuen Rechtsgeschäfts gleich und unterwerfe ihn dem neuen Recht. Dies gelte insbesondere für Gesellschaftsverträge. Bis zu dem ersten Kündigungstermin sei allerdings das neue Recht, somit auch der § 142 HGB, auf Handelsgesellschaften, die unter der Herrschaft des alten Rechts entstanden sind, nicht anwendbar. Dagegen müßten jedoch Rechtsätze, welche im öffentlichen Interesse erlassen sind und zwingender Natur sind, sofort mit dem Inkrafttreten des Gesetzes auf alle Rechtsverhältnisse, auch auf solche, die unter der Herrschaft des früheren Rechts entstanden sind, angewandt werden. Dies hatte **Staub**, auf den sich Düringer und Hachenburg bezogen, bereits 1897 bezüglich des Rechtes der Handlungsgehilfen bemerkt, das als Teil des Handelsgesetzbuchs am 01. Januar 1898 in Kraft trat.[63]

---

[61] vgl. Makower: HGB Band 1. 1 (1898) § 109. V S. 196

[62] Düringer / Hachenburg: HGB Band 1 (1899) S. 16 f.

[63] Staub DJZ [1897] 2, (333), 334: „Soweit ... die Vorschriften öffentlich-rechtlicher Natur oder unverzichtbar sind“.

Lehmann[64] lehnte dagegen zur gleichen Zeit eine Anwendung des Art. 171 ADHGB auf Gesellschaftsverträge oder andere Schuldverhältnisse als die genannten Pacht-, Miet- und Dienstverhältnisse ab. Die Vorschrift sei bewußt auf die in Art. 171 ADHGB aufgeführten drei Kategorien von Schuldverhältnissen beschränkt worden und auf andere Verträge, wie auf bestehende Gesellschaftsverträge, weder direkt noch im Wege der Analogie übertragbar. Nach Lehmann galt für die übrigen Schuldverhältnisse der allgemeine Art. 170 ADHGB und damit die Unterwerfung unter das alte Recht, allerdings nur solange man an den geschlossenen Altverträgen nach Inkrafttreten des neuen Rechts festhielt.[65] Das neue Recht werde regelmäßig durch stillschweigende Verlängerung der nach altem Recht geschlossenen Schuldverhältnisse anwendbar, sofern nichts anderes vereinbart wird, da damit neue Schuldverhältnisse begründet und nicht die mit Ablauf der festgesetzten Dauer beendeten Schuldverhältnisse fortgesetzt würden.

Ähnlich äußerte sich ein Jahr später auch **Staub**, der die Handelsgesellschaft allgemein dem neuen Recht unterwarf, sofern sie aufgrund einer, wenn auch stillschweigenden, nach dem 01. Januar 1900 erfolgten Einigung fortgesetzt wird. Für **Lehmann**, **Staub** und dessen späteren Bearbeiter **Pinner** galt darüber hinaus das neue Recht, wenn die aufgelöste Handelsgesellschaft durch einen neuen Beschluß wieder fortgesetzt wird und durch eine unter der Herrschaft des neuen Rechts getroffene Vereinbarung ein Gesellschafter ein- oder austritt.[66] Für sie wurde in diesen Fällen ein neuer Gesellschaftsvertrag begründet, auch wenn die Gesellschaft als solche bestehen blieb.[67]

Staub differenzierte bei der Frage der Anwendbarkeit des neuen Handelsrechts auf ältere Handelsgesellschaften zwischen Vorschriften, welche das innere Rechtsverhältnis der Gesellschafter regeln, solchen, die das Außenverhältnis der Gesellschaft betreffen, und solchen, die aus sonstigen Gründen exklusiv sind.[68] Er hielt das neue Recht ohne weiteres für anwendbar, soweit es die Beziehung der Gesellschaft nach außen regelt oder ausschließlichen Charakter hat, also nicht dispositiver Natur ist. Soweit es sich aber um Vorschriften handelt, welche das Verhältnis nach innen regeln und nicht aus sonstigen Gründen ausschließlicher Natur sind, sei nach Art. 170 EGBGB für ein bestehendes Schuldverhältnis,

---

[64] Lehmann ZHR [1899] 48, 16 ff.

[65] Eine solche Fortsetzung des alten Schuldverhältnisses war für Lehmann auch das Festhalten an geschlossene Verträge nach altem Recht trotz bestehender Möglichkeit, diese zu lösen, vgl. Lehmann ZHR 48, 19 m. w. N.

[66] Lehmann ZHR [1899] 48, 16 ff.; Staub: HGB 6./7. (1900) § 105, 32 S. 353 und Staub-Pinner: HGB 8. (1906) § 105, 46 S. 421 f., die sich beide auf Lehmann bezogen.

[67] Staub: HGB 6./7. (1900) § 105, 32 S. 353; Staub-Pinner: HGB 8. (1906) § 105, 46 S. 421 f.; Lehmann ZHR [1899] 48, (15), 19 f.

[68] zu dieser Differenzierung: Staub: HGB 6./7. (1900) § 105, 32 S. 352 f. ; -Pinner: HGB 8. (1906) § 105, 46 S. 421 f.

wie für die Gesellschaft, die bisherigen Gesetze grundsätzlich maßgebend.[69] Diese Folgerung war für Staub von sehr großer Tragweite, da für Gesellschaften, die vor dem 01. Januar 1900 gegründet worden sind, soweit ihr inneres Verhältnis betroffen ist, für die ganze Dauer ihres Bestehens - „oft noch für ganze Generationen“ - das alte HGB und das alte Zivilrecht maßgebend sein werde.[70] Die Meinung von Düringer und Hachenburg, Art. 171 EGBGB hier analog anzuwenden, erschien Staub zu gewagt. Die Art. 170 und 171 EGBGB würden die Rückwirkungsfrage klar und deutlich und mit Ausnahme der Exklusivvorschriften auch erschöpfend regeln. Art. 170 EGBGB sei die Regel, Art. 171 EGBGB die Ausnahme. Weitere Ausnahmen könnten nicht willkürlich gemacht werden. Staub war insofern einer Meinung mit Lehmann und Makower, die er zitierte.[71] Die Vorschrift des § 142 HGB betraf nach Ansicht von Staub das interne Verhältnis der Gesellschaft und hatte keinen Exklusivcharakter. Nach Staub war demnach § 142 HGB für die am 01. Januar 1900 bereits bestehenden Gesellschaften nicht ohne weiteres anwendbar.[72]

Auch **Habicht** befaßte sich mit der Rückwirkung des Handelsrechts.[73] Da das Einführungsgesetz nichts über die Einwirkung des neuen Rechts auf die bereits vor dem 01. Januar 1900 bestehenden Gesellschaften bestimmt, seien für diese Art. 170 EGBGB und somit grundsätzlich das alte Recht, dem das bisherige Gesellschaftsverhältnis unterlag, maßgebend. Der Art. 171 EGBGB dagegen sei für diese älteren Gesellschaften überhaupt nicht, auch nicht analog, anwendbar. Habicht stimmte insoweit mit Lehmann überein.[74] Im Gegensatz zu diesem war er allerdings davon überzeugt, daß die stillschweigende Fortsetzung einer alten Gesellschaft, die auf eine bestimmte Zeit oder bis zu einem bestimmten Ereignis eingegangen war, nicht zu einer Unterwerfung unter das neue Recht führe, da seiner Ansicht nach das alte Verhältnis fortgesetzt wird.[75] Das alte Recht bleibe auch dann maßgebend, wenn die Gesellschaft Veränderungen erfährt, selbst bei einem Wechsel oder Ausscheiden von einzelnen Gesellschaftern,[76] solange sie

---

[69] vgl. auch Staub 6./7. Auflage (1900) § 109, 9 S. 357; 8. (1906) § 109, 22 S. 430. Staub verwies diesbezüglich auf Dernburg: Das bürgerliche Recht 2. Band 2. Abt. (1906) § 365a Fn. 2 S. 636, der dort die gleiche Meinung vertrat und ihn hierfür ebenfalls zitierte.

[70] Staub 6./7. (1900) § 109, 9 S. 357; 8. (1906) § 109, 22 S. 430

[71] Staub: HGB 6./7. (1900) § 105, 32 S. 353; Staub-Pinner: HGB 8. (1906) § 105, 46 S. 421

[72] Staub: HGB 6./7. (1900) § 142, 6 S. 467; Staub-Pinner: HGB 8. (1906) § 142, 7 S. 537 mit Hinweis auf KG (s.u.).

[73] Habicht: Die Einwirkung des BGB‘s auf zuvor entstandene Rechtsverhältnisse 3. (1901) § 33 - Die Gesellschaft S. 309 ff.

[74] Habicht: Die Einwirkung des BGB‘s auf zuvor entstandene Rechtsverhältnisse 3. (1901) S. 309 Fn. 4 mit Hinweis u. a. auf Lehmann (s.o.).

[75] Habicht: Die Einwirkung des BGB‘s auf zuvor entstandene Rechtsverhältnisse 3. (1901) S. 310. Ausführlich zu Lehmann Fn. 1

[76] Habicht: Die Einwirkungen des BGB‘s auf zuvor entstandene Rechtsverhältnisse 3. (1901) S. 311 f. im Widerspruch zu Lehmann, mit dem er sich in Fn. 3 ausführlich auseinandersetzte.

als eine Fortsetzung des bisherigen Verhältnisses erscheint. Nach Habicht bestimmte sich jedoch bei älteren Gesellschaften im Verhältnis zu Dritten die Haftung der Gesellschafter aus einem Schuldverhältnis, das zwischen ihnen und dem Dritten nach dem 01. Januar 1900 begründet wird, nach dem neuen Recht.[77] Die Vorschrift des § 142 HGB wollte Habicht auch bei älteren Gesellschaften gelten lassen.[78]

Das **Kammergericht** unterstellte 1901[79] eine vor 1900 gegründete Handelsgesellschaft als ein durch den Gesellschaftsvertrag entstandenes Schuldverhältnis nach Art. 170 EGBGB auch künftig dem älteren Recht. Nach dessen Rechtsprechung galt dies insbesondere, wenn das Verhältnis der Gesellschafter zueinander, deren gegenseitigen Rechte und Pflichten und deren Befugnisse in bezug auf das gemeinschaftliche Vermögen betroffen wurde. Die Haftung der Gesellschaft Dritten gegenüber aus einem Schuldverhältnis, welches nach dem bezeichneten Zeitpunkt entstanden ist, richtete sich für das Kammergericht dagegen nach neuem Recht.

Die Auseinandersetzung über das bisherige Gesellschaftsvermögen und die Berechtigung zur Geschäftsübernahme durch einen Gesellschafter gemäß § 142 HGB betreffe lediglich das innere Verhältnis der Gesellschafter. Diese Norm habe darüber hinaus weder einen zwingenden Charakter, noch verstoße die Anwendung des alten Handelsrechtes gegen den Zweck des neuen Gesetzes oder gegen die guten Sitten im Sinne des Art. 30 EGBGB[80]. Eine Ausnahme von der Regel des Art. 170 EGBGB sei daher ungerechtfertigt. Das Fehlen einer zu § 142 HGB vergleichbaren Vorschrift über die Berechtigung des vertragstreuen Gesellschafters zur Geschäftsübernahme im Allgemeinen Deutschen Handelsgesetzbuch von 1861 habe nicht zu unhaltbaren Verhältnissen geführt, deren Beseitigung im dringenden öffentlichen Interesse gelegen habe, und sei nicht zur Wahrung der guten Sitten geboten gewesen. Mit § 142 HGB sei vielmehr nur aus privatrechtlichen Rücksichten die Ausfüllung einer Gesetzeslücke angestrebt worden, welche mehrfach in Ermangelung besonderer Vertragsabreden hervorgetreten war.[81] § 142 HGB sei dispositiver Natur ohne Exklusivcharakter und

---

[77] Habicht: Die Einwirkung des BGB's auf zuvor entstandene Rechtsverhältnisse 3. (1901) S. 314 und Fn. 1

[78] Habicht: Die Einwirkung des BGB's auf zuvor entstandene Rechtsverhältnisse 3. (1901) S. 314 f. Fn. 2

[79] KG (6. ZS) vom 07.10.1901 in OLGR [1901] 3, 342 Nr. 88 b

[80] Art. 30 EGBGB (vom 18.08.1896 = RGBl. S. 604): Die Anwendung eines ausländischen Gesetzes ist ausgeschlossen, wenn die Anwendung gegen die guten Sitten oder gegen den Zweck eines dt. Gesetzes verstoßen würde.

[81] vgl. auch Denkschrift zum Entwurf eines HGB und EinfG S. 101, auf die Staub verweist. Dort heißt es: „Die Vorschriften des § 140 sind bestimmt, eine Lücke des geltenden Rechtes auszufüllen, die sich in der Praxis bemerkbar gemacht haben. “

beeinflusse nicht ältere Gesellschaftsverhältnisse.[82] Eine Änderung würde erst durch Parteivereinbarung oder Umgestaltung der Gesellschaft zu einem neuen, dem jetzt geltenden Rechte unterstehenden Schuldverhältnis eintreten. Auch der Eintritt der Übernahmeberechtigung nach Inkrafttreten des neuen Rechts könne eine Anwendbarkeit des § 142 HGB für ältere Gesellschaften nicht begründen, da die Gründe hierzu keine selbständigen unerlaubten Handlungen seien, sondern mit dem bestehenden Schuldverhältnis einen einheitlichen zivilrechtlichen Tatbestand bilden würden, woraus die streitige Berechtigung hergeleitet werde.[83]

Auch **Goldmann** unterschied 1905 zwischen der Rechtsbeziehung der Gesellschaft nach außen und der internen Rechtsbeziehung der Gesellschafter zueinander.[84] Im Außenverhältnis der Gesellschaft seien ab dem 01. Januar 1900 die Vorschriften des neuen Handelsgesetzbuches, im Innenverhältnis mit Rücksicht auf Art. 170 EGBGB die des damaligen Allgemeinen Deutschen Handelsgesetzbuches weiterhin anwendbar. Den Vorschriften des § 142 HGB komme auf Gesellschaftsverhältnisse, welche am 01. Januar 1900 bereits bestanden haben, keine rückwirkende Kraft zu.[85] Goldmann gab insoweit die damals vorherrschende Literaturmeinung prägnant wieder.

Das **Oberlandesgericht Hamm** hatte als Berufungsgericht des hier vorliegenden Falles mit Urteil vom 17. Mai 1906[86] den Rechtssatz aufgestellt, daß die in § 142 Abs. 2 HGB ausgesprochene Rechtsfolge der Konkurseröffnung auf Gesellschaften des älteren Rechts keine Anwendung findet. Gesellschaften, die vor dem 01. Januar 1900 entstanden sind, seien gemäß Art. 170 des Einführungsgesetzes zum Bürgerlichen Gesetzbuch nach altem Recht zu beurteilen, soweit es sich um das interne Verhältnis der Gesellschafter, nämlich um die Rechte und Pflichten der Gesellschafter gegeneinander, handle. Da § 142 HGB dieses interne Verhältnis für den Fall des Ausscheidens eines Gesellschafters regle, sei diese Vorschrift auf die älteren Gesellschaften nicht anwendbar. Das Oberlandesgericht folgte insoweit der damals vorherrschenden Lehre. Lediglich Habicht vertrat in bezug auf § 142 HGB eine andere Auffassung.[87]

---

[82] Das Kammergericht stütze seine Meinung insoweit auf Staub. Die entgegengesetzte Ansicht von Habicht lehnte es dagegen schon deshalb ab, da diese ohne jede Begründung abgegeben worden ist.
[83] vgl. KG OLGR 3, (342), 343 f.
[84] Goldmann: HGB (1905) § 105, 27 S. 471
[85] Goldmann HGB (1905) § 142, 19 S. 636
[86] vgl. RGZ 65, (379), 380 f.
[87] Habicht: Die Einwirkung des BGB´s auf zuvor entstandene Rechtsverhältnisse 3. (1901) S. 314 f. Fn. 2 (s.o.)

III. Die in RG I 377/1906[88] vom 23. März 1907 von Düringer dargestellte Auffassung:

Düringer war in RG I 377/1906 in bezug auf die Anwendbarkeit des § 142 Abs. 2 HGB anderer Ansicht als die herrschende Meinung in der Literatur und der Rechtsprechung.[89] Er bezeichnete diese Vorschrift als „Wohltat", deren Beschränkung auf die nach dem 01. Januar 1900 entstandenen Gesellschaften nicht einzusehen sei. Vielmehr müsse angenommen werden, daß die im Gesetz an die hinsichtlich des Vermögens des einen Gesellschafters geknüpfte Konkurseröffnung und an die Auflösung der Gesellschaft geknüpfte Rechtsfolge gleichmäßig allen Gesellschaftern zugute kommt, für welche die gesetzlichen Voraussetzungen der in § 142 Abs. 2 HGB normierten Berechtigung unter der Herrschaft des neuen Rechts eingetreten sind.

§ 142 Abs. 2 HGB, wonach bei Auflösung einer aus zwei Gesellschaftern bestehenden offenen Handelsgesellschaft durch den Konkurs des einen Gesellschafters der andere zur Geschäftsübernahme ohne Liquidation mit Aktiven und Passiven für berechtigt erklärt wird, sei nicht nur eine handelsrechtliche, sondern zugleich auch eine Bestimmung des materiellen Konkursrechts. Sie sei eine an den Konkurs eines Gesellschafters geknüpfte Rechtsfolge, die ebenso gut im zweiten Titel des ersten Buches der Konkursordnung im Anschluß an § 26 KO hätte geregelt werden können. Sie wirke nicht nur im Verhältnis der Gesellschafter untereinander, sondern auch gegenüber Gläubigern des in Konkurs geratenen Gesellschafters sowie gegenüber dem Konkursverwalter.

§ 142 Abs. 2 HGB verwirkliche einen praktisch bedeutsamen rechts- und wirtschaftspolitischen Gedanken. Bei der Liquidation oder bei der Veräußerung eines Geschäfts oder seiner Bestandteile im Wege des Vollstreckungsverfahrens würden erfahrungsgemäß unvermeidlich schwere wirtschaftliche Schädigungen und Verluste eintreten. Diesen sowohl im allgemeinen volkswirtschaftlichen Interesse als auch im Interesse der Beteiligten beklagenswerten Folgen werde durch die Norm des § 142 Abs. 2 HGB in geeigneten Fällen vorgebeugt, indem sie für die Erhaltung des Geschäfts und dessen Weiterführung durch den zunächst Beteiligten eine gesetzliche Grundlage schafft.

Düringers Ergebnis war mit der damals herrschenden Meinung in bezug auf die allgemeine Rückwirkungsfrage, welche die Vorschriften des neuen Handelsgesetzbuches, die sich auf das Außenverhältnis der Gesellschaft auswirken, auf bereits vor dem 01. Januar 1900 gegründeten Gesellschaften für anwendbar

[88] RG I 377/1906 v. 23.03.1907 (OLG Hamm) = RGZ 65, 379 Nr. 89 = JW 1907, 314 Nr. 17 = LZ 1907, 341 Nr. 1 = Recht 1907, 643 Nr. 1349 = ZBl. FG 1907/08, 63 Nr. 87 = Kaufmann 1907, 89
[89] RGZ 65, (379), 381

erklärte, vereinbar. Indem seiner Ansicht nach der § 142 Abs. 2 HGB auch das Außenverhältnis der Gesellschaft betraf, kam der Reichsgerichtsrat lediglich in der Betrachtung und Bewertung dieser speziellen Norm zu einem anderen Ergebnis als die herrschende Lehre und die bisherige Rechtsprechung, die § 142 HGB allgemein dem Innenverhältnis der Gesellschaft zugeordnet hatten.[90] Düringer stellte klar, daß sich die Bestimmung nicht nur auf das interne Verhältnis der Gesellschafter, sondern darüber hinaus auch auf die Gläubiger des in Konkurs geratenen Gesellschafters und den Konkursverwalter, auf Außenstehende der Gesellschaft, auswirkt.

Düringer blieb damit auch seiner eigenen, zusammen mit Hachenburg bereits 1899 veröffentlichten Auffassung treu. Die Vorschrift des § 142 Abs. 2 HGB war seiner Ansicht nach von wesentlicher Bedeutung für die Volkswirtschaft und damit eine Bestimmung, die im öffentlichen Interesse erlassen wurde und zwingender Natur war. Als solche wäre sie nach seiner und Hachenburgs Auffassung von 1899 auch auf eine noch unter der Herrschaft des früheren Rechts entstandene offene Handelsgesellschaft, bei der die Voraussetzungen der Vorschrift nach Inkrafttreten des neuen Rechts eingetreten sind, anwendbar gewesen.[91]

IV. Die Rechtslage nach dem 23. März 1907 - Reaktionen auf die Entscheidung RG I 377/1906 und Weiterentwicklung:

In der Literatur übernahmen manche, wie **Ritter** 1910[92], einfach das Ergebnis der reichsgerichtlichen Entscheidung Düringers und verwiesen darauf. Andere Autoren, wie **Brand** 1911[93], **Heymann** und **Kötter** seit ihrer Erstauflage von 1940[94], beschränkten dagegen die Anwendbarkeit des § 142 HGB nicht auf den zweiten Absatz der Vorschrift, sondern erklärten die Vorschrift allgemein für anwendbar, zitierten aber dennoch die Entscheidung Düringers, der dies lediglich für den zweiten Absatz dieser Bestimmung entschieden hatte.

Andere Autoren, wie **Litthauer** und **Mosse**[95] und **Flechtheim**[96], differenzierten bei der Anwendung des § 142 HGB zwischen dem ersten und dem zweiten Ab-

[90] vgl. h.L. [Staub: HGB 6./7. (1900) § 142, 6 S. 467; -Pinner: HGB 8. (1906) § 142, 7 S. 537; wohl auch Goldmann: HGB (1905) § 105, 27 S. 471 i. V. m. § 142, 19 S. 636] und Rspr. [KG (s.o.), OLG Hamm - Berufungsurteil i.v.F. vom 17.05.1906 - vgl. RGZ 65, (379), 380]
[91] vgl. Düringer / Hachenburg: HGB Band 1 (1899) S. 17 (s.o.)
[92] Ritter: HGB (1910) § 142, 8 S. 192; 2. (1932) § 142, 5 S. 334
[93] Brand: HGB (1911) § 142, 6 S. 404;
[94] Heymann / Kötter: HGB § 142, 6 (1940) S. 177, 2. (1944) S. 184, 3. (1950) S. 193, 4. (1971) § 142, 1 S. 549
[95] so Litthauer / Mosse: HGB zu § 142 Abs. 1 HGB 14. (1911) § 142, 3 S. 130 (später nicht mehr); zu § 142 Abs. 2 § 142, 4 14. (1911) S. 130, 16. (1920) S. 152.

satz der gesetzlichen Bestimmung. Die Anwendbarkeit des § 142 Abs. 1 HGB wurde auf Gesellschaften, die vor dem 01. Januar 1900 errichtet waren, nicht zugelassen, dagegen allerdings unter Berufung auf das Reichsgerichtsurteil Düringers die des § 142 Abs. 2 HGB. Im Gegensatz zu anderen Autoren begründete Flechtheim diese Differenzierung.[97]

Die Vorschrift des § 142 Abs. 1 HGB hielt **Flechtheim** grundsätzlich auf alte Gesellschaften unanwendbar, da dem alten Recht, dem Allgemeinen Deutschen Handelsgesetzbuch von 1861, das gesetzliche Übernahmerecht bei einer aus nur zwei Teilhabern bestehenden offenen Handelsgesellschaft unbekannt war. Für die Anwendung des § 142 Abs. 2 HGB hielt er es für gleichgültig, ob die Gesellschaft vor oder nach dem 01. Januar 1900 entstanden war, da das hier gesetzlich fixierte Übernahmerecht die Durchführung der Zwangsvollstreckung und des Konkursverfahrens ergänzen sollte und das unter der Herrschaft des neuen Rechts eingeleitete Verfahren dem neuen Recht unterliegen würde.

Auch **Weipert** ging in bezug auf § 142 HGB näher auf das Rückwirkungsproblem ein.[98] Da das Übernahmerecht des § 142 HGB erst neu geschaffen wurde, finde es grundsätzlich nach Art. 170 EGBGB auf vor dem Inkrafttreten des HGB entstandene Gesellschaften keine Anwendung, wenn sich nicht aus dem Inhalt und Zweck der Vorschrift etwas anderes ergebe. § 142 Abs. 2 HGB sei allerdings auch auf alte Gesellschaften anwendbar, da es sich hierbei nicht nur um eine handelsrechtliche, im Interesse des einen Gesellschafters und des Unternehmens erlassene, sondern auch um eine Bestimmung des materiellen Konkursrechts, also um eine im öffentlichen Interesse ergangene Vorschrift handle. Durch § 142 Abs. 2 HGB werde tatsächlich auch das Interesse der Konkursgläubiger gewahrt, da durch die Geschäftsübernahme die Bewertung des Schuldneranteils am Gesellschaftsvermögen meist besser erfolgen kann als durch Abwicklung der Gesellschaft. Diese Erwägungen würden auch auf den Fall der Kündigung durch einen Privatgläubiger zutreffen. Weipert hielt insofern nicht nur Düringers Ergebnis für zutreffend, sondern auch dessen Begründung. Weipert ging jedoch noch einen Schritt weiter. Für ihn mußte § 142 Abs. 1 HGB, auf den Düringer in seiner Entscheidung nicht eingegangen war, ebenfalls für ältere Gesellschaften gelten, wenn das maßgebende Ereignis in die Zeit nach Inkrafttreten des neuen Handelsrechts fällt, da die neue Vorschrift einen

---

96 Düringer / Hachenburg-Flechtheim: HGB § 142, 12 2. (1917) S. 649, 3. (1932) S. 892. Bezüglich § 142 Abs. 1 HGB verwies Flechtheim auf die Entscheidung des KG's von 1901 und auf Staub-Pinner. Als Gegenansicht zitierte er Habicht.

97 Düringer / Hachenburg-Flechtheim: HGB § 142, 12 2. (1917) S. 649, 3. (1932) S. 892. Bezüglich § 142 Abs. 1 HGB verwies Flechtheim auf die Entscheidung des KG's von 1901 und auf Staub-Pinner. Als Gegenansicht zitierte er Habicht.

98 HGB-RGRK-Weipert (1942) § 142, 23 S. 391 f.

früheren Mißstand beseitigen wollte. Weipert widersprach insoweit dem Kammergerichtsurteil von 1901.

Gegenansichten zu Düringer gab es nur vereinzelt. Der Bearbeiter des Staub-Kommentars **Pinner** blieb zunächst bei seiner vor Veröffentlichung des Reichsgerichtsurteils vertretenen Ansicht, daß § 142 HGB nicht ohne weiteres auf ältere Gesellschaften angewendet werden kann, stellte aber nach Veröffentlichung von Düringers Entscheidung auch dessen Ergebnis dar.[99] Später ging er auf die Rückwirkungsfrage bei § 142 HGB nicht mehr ein[100] und gab damit wohl auch seine gegenteilige Ansicht auf.

Zusammenfassend stellte **Ulmer** 1967 die Entwicklung der Rückwirkungsfrage in bezug auf § 142 HGB dar.[101] Er machte deutlich, daß es früher umstritten war, ob die neu in das Handelsgesetzbuch vom 10. Mai 1897 aufgenommene Vorschrift auch auf Gesellschaften anzuwenden sei, die vor dessen Inkrafttreten entstanden und dem neuen Recht nicht angepaßt waren. Art. 170 EGBGB schien für Ulmer der Anwendung grundsätzlich entgegenzustehen. Das Kammergericht hätte dementsprechend 1901[102] die Anwendung von § 142 Abs. 1 HGB auf Altgesellschaften verneint, das Reichsgericht, wobei Ulmer auf die Entscheidung Düringers verwies, diejenige von § 142 Abs. 2 HGB bejaht. Für Ulmer bestanden allerdings auch gegen die Anwendung des § 142 Abs. 1 HGB auf Altgesellschaften keine Bedenken, da die Vorschrift des § 142 HGB aufgrund ihres lückenfüllenden Charakters nur dazu bestimmt sei, das Ausschlußrecht bei einer zweigliedrigen offenen Handelsgesellschaft praktikabel zu machen. Dem entspreche es auch, daß das Übernahmerecht neuerdings sogar auf die bürgerlich-rechtliche Gesellschaft analog angewendet werde.

V. Ergebnis und Stellungnahme:

Düringer änderte mit der Reichsgerichtsentscheidung RG I 377/1906 vom 23. Juli 1907 nichts an der vorherrschenden Behandlung der allgemeinen Rückwirkungsproblematik in bezug auf das neue Gesellschaftsrecht des Handelsgesetzbuchs, das am 01. Januar 1900 in Kraft trat. Vielmehr wendete er deren Grundsätze konsequent an. Düringer gelang es aber mit seinem Urteil, die bis dahin herrschende Meinung in bezug auf § 142 HGB, die diese Vorschrift pauschal dem internen Gesellschaftsverhältnis zuordnete und sie deshalb auf alte, bereits vor dem 01. Januar 1900 gegründeten Handelsgesellschaften nicht anwendete, von dem Gegenteil zu überzeugen. Das Ergebnis Düringers, daß § 142 Abs. 2 HGB auch auf alte Gesellschaften Anwendung findet, wurde fast

---

[99] Staub-Pinner: HGB § 142, 7 9. (1912) S. 600, 10. (1920) S. 681, 11. (1921) S. 681

[100] vgl. Staub-Pinner: HGB 12./13. (1926) und 14. (1932) zu § 142

[101] HGB-RGRK-Ulmer 3. (1967) § 142, 2 S. 593 f.

[102] KG OLGR 3, 342 Nr. 88b (S.o.)

einhellig übernommen. Die zunächst von Pinner noch vertretene gegenteilige Ansicht wurde später aufgegeben. Streitig blieb lediglich die Frage der Anwendbarkeit des § 142 Abs. 1 HGB, mit der sich Düringer allerdings nicht auseinandergesetzt hatte.

Düringer ist voll und ganz zuzustimmen. § 142 Abs. 2 HGB war eine „Wohltat", wie Düringer selbst 1906 betont hatte, und zwar sowohl im Innenverhältnis für den Gesellschafter, der das Geschäft übernehmen darf und damit seine Existenzgrundlage behalten kann, als auch im Außenverhältnis für die Gemeinschaft, da das Geschäft als wirtschaftlicher Betrieb mit seinen Geschäftsbeziehungen und seiner Produktivität erhalten bleibt. Im Interesse der Beteiligten und der allgemeinen Volkswirtschaft war und ist die Anwendung einer solchen Norm geboten. Auch das Gebot einer einheitlichen und durchsichtigen Rechtsanwendung spricht dafür, wobei die Problematik des Verbotes der Rückwirkung zu berücksichtigen gilt. Die Anwendung der Norm steht allerdings sowohl im Interesse des anderen Gesellschafters als auch im Interesse der Gemeinschaft. Lediglich den Konkursgläubigern des Gesellschafters, der sich im Konkurs befindet, steht möglicherweise weniger Vermögensmasse zur Verfügung. Dies wird jedoch durch die Zahlung eines Übernahmepreises in genügender Weise kompensiert.

Düringer hat insofern im Einklang mit dem Gesetz eine wirtschaftlich sinnvolle Entscheidung getroffen, welche auch in der heutigen Zeit und nicht nur zu Beginn dieses Jahrhunderts, als er darüber zu entscheiden hatte, nachvollziehbar und richtig erscheint.

VI. Die Auswirkungen des Handelsrechtsreformgesetzes vom 22. Juni 1998:

Die hier interessierende Vorschrift des § 142 Abs. 2 HGB lautete ursprünglich:

> **§ 142 Abs. 2 HGB**[103] Macht bei einer aus zwei Gesellschaftern bestehenden Gesellschaft ein Privatgläubiger des einen Gesellschafters von der ihm nach § 135 HGB zustehenden Befugnis Gebrauch oder wird über das Vermögen des einen Gesellschafters der Konkurs eröffnet, so ist der andere Gesellschafter berechtigt, das Geschäft in der bezeichneten Weise zu übernehmen.

Diese Norm hatte seit Inkrafttreten des HGB mit dem 01. Januar 1900 bis 1998 lediglich durch das Einführungsgesetz zur Insolvenzordnung[104] eine Anpassung erfahren, indem die Worte „der Konkurs" durch „das Insolvenzverfahren"

---

[103] § 142 Abs. 2 HGB hatte seit Inkrafttreten des HGB mit dem 01.01.1900 bis 1998 lediglich durch das Einführungsgesetz zur Insolvenzordnung (EGInsO) vom 05.10.1994 [BGBl. I, 2911] eine Anpassung erfahren, indem die Worte „der Konkurs" durch „das Insolvenzverfahren" ersetzt worden sind. Durch das HRefG vom 22.06.1998 wurde schließlich § 142 HGB insgesamt aufgehoben.

[104] EGInsO vom 05.10.1994 = BGBl. I, 2911

ersetzt wurden. Durch das Handelsrechtsreformgesetz[105] vom 22. Juni 1998 ist die Vorschrift des § 142 HGB nunmehr insgesamt aufgehoben worden.

Der Gesetzgeber ging dagegen früher davon aus, daß die offene Handelsgesellschaft als höchstpersönliche Verbindung ihrer Gesellschafter regelmäßig mit dem Wegfall auch nur eines ihrer Mitglieder aufgehoben wird, da sie sich dadurch wesentlich verändere.[106]

Die Handelsrechtsreform von 1998 bezweckte dagegen die Normierung der Fortführung von Personenhandelsgesellschaften als gesetzliche Regel anstelle ihrer Auflösung. Nach heutigem Verständnis trete die Personenkontinuität hinter dem Gesichtspunkt der Unternehmenskontinuität klar zurück. Die Auflösung von Personenhandelsgesellschaften aus gesellschafterbezogenen Gründen entspreche grundsätzlich nicht den wirtschaftlichen Interessen der Gesellschafter und der Gläubiger der Gesellschaft, da ein möglicherweise florierendes Unternehmen zerschlagen werde.[107]

Für das heutige Verständnis sprechen für den deutschen Bundestag folgende zutreffenden Gründe:[108]

- Die Liquidation bewirkt im Vergleich zur Veräußerung eines Unternehmens als Ganzes erhebliche Wertverluste für die Beteiligten.
- Die Gesellschafter und Arbeitnehmer des Unternehmens verlieren ihre Existenzgrundlage.
- Ein Gesellschafter, in dessen Person ein Grund zur Auflösung der Gesellschaft vorliegt, hat in der Regel kein Interesse an der Auflösung der Gesellschaft, da sie ihm im Vergleich zur Auflösung keine Vorteile bringt.
- Der Wert eines Auseinandersetzungsanspruchs nach Auflösung der Gesellschaft und der eines Abfindungsanspruches nach Ausscheiden eines Gesellschafters entsprechen sich.

Diese Gründe hätten in der Vergangenheit dazu geführt, daß die Auflösung einer offenen Handelsgesellschaft in den Fällen, in denen sich die Auflösungsgründe nur auf die Person eines Gesellschafters beziehen und die Fortführung des Unternehmens ohne ihn möglich ist, durch Klauseln im Gesellschaftsvertrag ausge-

---

[105] HRefG vom 22.06.1998 = BGBl. I, 1474

[106] vgl. Entwurf eines HGB's für die Preußischen Staaten, nebst Motiven, 2. Teil: Motive, Berlin 1857 S. 64

[107] Dt. Bundestag und Bundesrat: Verhandlungen des dt. Bundestags (1997) Bd. 587, Drucksache 13/8444 S. 42 f.

[108] vgl. Dt. Bundestag und Bundesrat: Verhandlungen des dt. Bundestags (1997) Bd. 587, Drucksache 13/8444 S. 43

schlossen wurde. Durch die Neuregelung sei die Anpassung an die Rechtswirklichkeit erfolgt, die den vertraglichen Regelungsbedarf verringere.[109]

Die Norm des § 142 Abs. 2 HGB hält der Deutsche Bundestag nunmehr für überflüssig. Die Eröffnung des Konkurses über das Vermögen eines Gesellschafters sowie die Kündigung durch einen Privatgläubiger eines Gesellschafters führe zum Ausscheiden des betroffenen Gesellschafters, so daß mangels abweichender Vereinbarung dem verbleibenden Gesellschafter das Gesellschaftsvermögen zufalle und der ausscheidende Gesellschafter abgefunden werde.[110] Tatsächlich beinhaltet die Neufassung des § 131 HGB durch das Handelsrechtsreformgesetz die genannten Gründe des ehemaligen § 142 Abs. 2 HGB für das Ausscheiden eines Gesellschafters:

> **§ 131 Abs. 3 HGB:**[111] Folgende Gründe führen mangels abweichender vertraglicher Bestimmung zum Ausscheiden eines Gesellschafters:
> 2. durch die Eröffnung des Insolvenzverfahrens über das Vermögen des Gesellschafters,[112]
> 4. Kündigung durch den Privatgläubiger des Gesellschafters,[113]

Diese Gründe sollen im Gegensatz zu der früheren Regelung des § 131 HGB nicht zu der Auflösung der Gesellschaft führen. Eine Differenzierung zwischen einer Gesellschaft, die nur aus zwei Personen besteht, und einer mehrgliedrigen Gesellschaft erfolgt dabei nicht, so daß diese Norm insgesamt Gültigkeit hat. Hierfür spricht vor allem auch die Änderung des § 140 HGB. Dieser Vorschrift wurde Abs. 1 Satz 2 aufgrund des Wegfalls von § 142 Abs. 1 HGB neu hinzugefügt:

> **§ 140 Abs. 1 Satz 2 HGB:** Der Ausschließungsklage steht nicht entgegen, daß nach der Ausschließung nur ein Gesellschafter verbleibt.

Dieser Hinweis war nach Wegfall des § 142 HGB zur Klarstellung der Anwendbarkeit des § 140 Abs. 1 HGB auf die Zweipersonengesellschaft notwendig geworden.[114] Bisher hatte § 142 HGB die Ausschließung eines Gesellschafters aus

---

[109] vgl. Dt. Bundestag und Bundesrat: Verhandlungen des dt. Bundestags (1997) Bd. 587, Drucksache 13/8444 S. 43

[110] Dt. Bundestag und Bundesrat: Verhandlungen des dt. Bundestags – (1997) Bd. 587 Drucksache 13/8444 S. 68

[111] § 131 HGB wurde das erste Mal geändert durch Art. 40 EG JusO vom 05.10.1994 [BGBl. I, 2911]. Die Vorschrift wurde zuletzt geändert durch Art. 3 und 19 HRefG vom 22.06.1998 [BGBl. I, 1474]. Insbesondere wurde dabei Abs. 2 und der hier interessierende Abs. 3 neu eingefügt.

[112] ursprünglich § 131 Nr. 5: „durch die Eröffnung des Konkurses über das Vermögen der Gesellschaft“

[113] ursprünglich § 131 Nr. 6 allgemein „durch Kündigung“

[114] vgl. Dt. Bundestag und Bundesrat: Verhandlungen des dt. Bundestags (1997) Bd. 587, Drucksache 13/8444 S. 67

einer Zweipersonengesellschaft geregelt und galt insofern als Parallelvorschrift zu § 140 HGB, der dies für die mehrgliedrige Gesellschaft regelte.

Durch die Neuregelung dieser Vorschriften wird nunmehr die Übernahme des Geschäfts durch den verbleibenden Gesellschafter nicht mehr erwähnt. Da durch § 140 Abs. 1 Satz 2 HGB die Ausschließung eines Gesellschafters aus einer Zweipersonengesellschaft ausdrücklich zugelassen wird, ist dies auch nicht mehr erforderlich. Da das Unternehmen gerade erhalten bleiben soll, ergibt sich die Folge der Abfindung des ausscheidenden Gesellschafters ohne Liquidation der Gesellschaft zwangsläufig. Die Geschäftsübernahme bei einer Zweipersonengesellschaft wollte der Gesetzgeber damit jedenfalls nicht abschaffen. Er ließ § 142 HGB lediglich als überflüssige Norm zur Vereinfachung und zur Schaffung einer klareren Rechtslage weg.

Für den hier interessierenden Fall des damaligen § 142 Abs. 3 HGB hat sich durch die Neuregelung inhaltlich nichts verändert. Die hier getroffenen Feststellungen gelten nunmehr für die Fälle des § 131 Abs. 3 Nr. 2 und 4 HGB.

C. Die Handelsfirma

C1 Die Firmenfortführung bei der Geschäftsübernahme - RG I 377/1906[115]

I. Rechtsfragen:

Nach welcher Vorschrift wird bei der Geschäftsübernahme gemäß § 142 HGB die Firmenfortführung geregelt? Bedarf es beim Ausscheiden eines Gesellschafters aus einer unter der Firma „Gebrüder Eichmann" bestehenden offenen Handelsgesellschaft der ausdrücklichen Einwilligung des Ausscheidenden zur Fortführung der Firma, wenn der Ausscheidende ebenfalls den Familiennamen „Eichmann" führt?[116]

I.1 Die gesetzliche Regelung: § 142 Abs. 2 HGB[117] und § 24 Abs. 2 HGB

Die Firma ist der Name des Kaufmanns, unter dem er im Handelsgeschäft auftritt. Der Name, unter welchem das Unternehmen im Geschäftsverkehr bekannt ist, kann das Geschäft, das die Grundlage des wirtschaftlichen Umsatzes darstellt, wesentlich beeinflussen. Das Geschäft und die Firma stehen wirtschaftlich in einem engen Zusammenhang.[118] Der Firmenname steht für das, was das Geschäft im Geschäftsleben darstellt, und verkörpert so das Geschäft nach außen. Mit dem Firmennamen verbindet der Kunde die Betriebsdauer und den Ruf eines Geschäfts, ob das Unternehmen in der Bevölkerung und Volkswirtschaft angesehen ist oder nicht. Die Möglichkeit, die alte Firma fortzuführen, kann für das Unternehmen wirtschaftlich betrachtet, von erheblicher Bedeutung sein.[119]

§ 142 HGB ermöglichte verschiedene Fälle der Geschäftsübernahme kraft gerichtlicher Entscheidung. Im vorliegenden Fall hatte das Reichsgericht festgestellt, daß der Kläger zur Übernahme des Geschäfts ohne Liquidation mit Aktiven und Passiven nach § 142 Abs. 2 HGB berechtigt war, weil über das Vermögen des Beklagten der Konkurs eröffnet worden war. Diese gesetzliche Bestimmung nannte ausdrücklich nur das Geschäft, das übernommen werden kann. Die

[115] Einleitung zur Reichsgerichtsentscheidung RGI 377/1906 mit Tatbestand und Prozeßgeschichte Seite 12 f.

[116] so auch die zweite Leitfrage der amtlichen Veröffentlichung in RGZ 65, 379 Nr. 89

[117] § 142 HGB ist durch HRefG vom 22.06.1998 mittlerweile aufgehoben worden. Zu den Auswirkungen s.u. VII.

[118] vgl. auch Lehmann: Lehrbuch des Handelsrecht 2. (1912) § 32. 3 S. 154, der dort ausführlich auf diesen Aspekt einging.

[119] vgl. auch Gareis / Fuchsberger: ADHGB (1891) S. 66 Rn. 123; BGH II ZR 231/83 vom 09.07.1984 (OLG Hamm) = BGHZ 92, 79 = NJW 85, (59), 60 = LM § 24 HGB Nr. 13; BGH II ZR 285/86 vom 16.02.1987 = NJW 87, 2081 = MDR 87, 645 = BB 87, 1129; BGH II ZR 142/88 vom 09.01.1989 = NJW 89, (1798), 1799 = MDR 89, 887 Nr. 14 = BB 89, 514 = ZIP 89, 368 = LM § 24 HGB Nr. 16

Firma war nach dem Wortlaut der Bestimmung überhaupt nicht erwähnt. Düringer mußte deshalb entscheiden, ob die Firmenfortführung untrennbar mit der Geschäftsübernahme verbunden ist oder nicht. Für Düringer stellte sich daher in diesem Fall das Problem, ob im Rahmen der Geschäftsübernahme nach § 142 HGB die Firmenfrage durch diese spezielle Vorschrift des vierten Titels des zweiten Buchs, der sich mit der Auflösung der Gesellschaft und dem Ausscheiden von Gesellschaftern befaßte, geregelt wird oder durch die allgemeine Bestimmung des § 24 HGB, der die Firmenfortführung bei Änderungen im Gesellschafterbestand betrifft und im dritten Abschnitt des ersten Buchs über die Handelsfirma geregelt ist. Dies ist vor allem deshalb von Bedeutung, da § 24 Abs. 2 HGB entgegen der ehemaligen Vorschrift des § 142 HGB für die Firmenfortführung die Einwilligung des ausscheidenden Gesellschafters oder seiner Erben verlangt, falls der Name des ausscheidenden Gesellschafters in der Firma enthalten ist.

Die in Betracht kommenden Vorschriften lauten:

§ 24 HGB [Fortführung bei Änderungen im Gesellschafterbestand][120]

(1) Wird jemand in ein bestehendes Handelsgeschäft als Gesellschafter aufgenommen oder tritt ein neuer Gesellschafter in eine Handelsgesellschaft ein oder scheidet aus einer solchen ein Gesellschafter aus, so kann ungeachtet dieser Veränderung die bisherige Firma fortgeführt werden.

(2) Bei einem Ausscheiden eines Gesellschafters, dessen Name in der Firma enthalten ist, bedarf es zur Fortführung der Firma der ausdrücklichen Einwilligung des Gesellschafters oder seiner Erben.

§ 142 HGB [Übernahme des Geschäfts durch einen Gesellschafter][121]

(1) Sind nur zwei Gesellschafter vorhanden, so kann, wenn in der Person des einen von ihnen die Voraussetzungen vorliegen, unter welchen bei einer größeren Zahl von Gesellschaftern seine Ausschließung aus der Gesellschaft zulässig sein würde, der andere Gesellschafter auf seinen Antrag vom Gerichte für berechtigt erklärt werden, das Geschäft ohne Liquidation mit Aktiven und Passiven zu übernehmen.

(2) Macht bei einer aus zwei Gesellschaftern bestehenden Gesellschaft ein Privatgläubiger des einen Gesellschafters von der ihm nach § 135 HGB zustehenden Befugnis Gebrauch oder wird über das Vermögen des einen Gesellschafters der Konkurs eröffnet, so ist der andere Gesellschafter berechtigt, das Geschäft in der bezeichneten Weise zu übernehmen.

(3) Auf die Auseinandersetzung finden die für den Fall des Ausscheidens eines Gesellschafters aus der Gesellschaft geltenden Vorschriften entsprechende Anwendung.

---

[120] § 24 HGB wurde seit Inkrafttreten des Handelsgesetzbuch am 01.01.1900 nicht verändert.

[121] § 142 Abs. 1 und 3 HGB sind seit Inkrafttreten des Handelsgesetzbuches von 1897 bis 1998 unverändert geblieben. Bis dato hatte lediglich § 142 Abs. 2 HGB durch das Einführungsgesetz zur Insolvenzordnung – EGInsO – vom 05.10.1994 – BGBl. I 2911 eine Anpassung erfahren, indem die Worte „der Konkurs“ durch „das Insolvenzverfahren“ ersetzt worden sind. Durch das HRefG vom 22.06.1998 wurde schließlich § 142 HGB insgesamt aufgehoben. Zu den Auswirkungen: s.u. VII.

II. Die Rechtslage vor dem 23. März 1907:

Bei der Beurteilung der Situation vor Veröffentlichung des Reichsgerichtsurteils RG I 377/1906 am 23. März 1907 muß beachtet werden, daß vor dem 01. Januar 1900 noch das Allgemeine Deutsche Handelsgesetzbuch von 1861 galt, welches ab diesem Zeitpunkt von dem Handelsgesetzbuch vom 10. Mai 1897 abgelöst wurde. Während das ADHGB in bezug auf § 142 HGB keine vergleichbare Vorschrift kannte, gab es mit Artikel 24 ADHGB schon vor Inkrafttreten des neuen Handelsrechts eine ähnlich lautende gesetzliche Bestimmung zu § 24 HGB. Dieser lautete:

Artikel 24 AHGB
Wenn in ein bestehendes Handelsgeschäft jemand als Gesellschafter eintritt, oder wenn ein Gesellschafter zu einer Handelsgesellschaft neu hinzutritt oder aus einer solchen austritt, so kann ungeachtet dieser Veränderung die ursprüngliche Firma fortgeführt werden.
Jedoch ist beim Austreten eines Gesellschafters dessen ausdrückliche Einwilligung in die Fortführung der Firma erforderlich, wenn sein Name in der Firma enthalten ist.

Insoweit muß man zwischen dem Zeitraum vor Inkrafttreten des neuen Handelsgesetzbuchs und dem nach dem 01. Januar 1900 liegenden unterscheiden.

II.1 Die Regelung nach dem Allgemeinen Deutschen Handelsgesetzbuch:

II.1.a Art. 24 ADHGB: Austritt und Ausschließung?

Art. 24 ADHGB regelte nach dem Wortlaut lediglich die Firmenfortführung für den Fall des Austritts eines Gesellschafters. Im vorliegenden Fall hatte es Düringer allerdings nicht mit einem freiwilligen Austritt eines Gesellschafters zu tun, sondern mit dem gerichtlich erzwungenen Fall des Ausscheidens, der Ausschließung eines Gesellschafters aus einer Handelsgesellschaft. Die Ausschließung war im Gegensatz zu dem Austritt eines Gesellschafters aus einer Gesellschaft gesetzlich nicht ausdrücklich geregelt.

Der Reichsoberhandelsgerichtsrat **Puchelt** vertrat bereits 1874, in der späteren Auflage auch der Bearbeiter **Förtsch**, die Ansicht, daß das Widerspruchsrecht des Art. 24 Abs. 2 ADHGB auch dem in Folge von Ausschließung ausscheidenden Gesellschafter zusteht, da dieser, obgleich er den Fortbestand der Gesellschaft nicht hindern könne,[122] ein Recht auf seinen Namen habe.[123] Diese Auffassung vertrat später, in der Erstauflage seines Handelsrechtkommentars 1893, auch der Rechtsanwalt **Staub**. Die Anwendung des Art. 24 ADHGB begründete dieser damit, daß es sich hierbei um ein Recht am Namen handle, und daß die

[122] vgl. Art. 128 ADHGB
[123] Puchelt: Commentar zum ADHGB Art. 24, 2 (1874) S. 53, 2. (1876) S. 61; -Förtsch 4. (1893) Art. 24, 2 S. 74

Firma nicht Gemeingut der „Sozien" sei.[124] **Allfeld**[125] neigte ein Jahr später dazu, einem auszuschließendem Gesellschafter das Recht der Einsprache gegen die Fortführung seines Namens in der Firma zu versagen. Da er allerdings mit Puchelt der Ansicht war, daß das Gesetz nicht zwischen Austritt einerseits und Ausschluß andererseits differenzierte, mußte für ihn auch in letzterem Fall Art. 24 ADHGB anwendbar sein.[126]

Mit Urteil vom 26. Oktober 1893 erklärte der **sechste Zivilsenat des Reichsgerichts**[127], daß man vom „Austreten" im Sinne des Art. 24 ADHGB nur dann sprechen könne, wenn ein Gesellschafter freiwillig ausscheidet und mit der Fortsetzung des Gesellschaftsverhältnisses unter den übrigen Gesellschaftern einverstanden sei.[128] Diese Entscheidung des Reichsgerichts fand allerdings kaum Beachtung.

Staub hielt die Ansicht des Reichsgerichts für unzutreffend, da sie der Entstehungsgeschichte und dem Grundgedanken des Gesetzes nicht gerecht werde und viel zu eng sei. Der Rechtsanwalt bestätigte darüber hinaus 1896[129] und 1897[130] sein früheres Ergebnis und verwies dabei auf Puchelt, Förtsch und Allfeld.

1894 folgten der Meinung, daß Art. 24 ADHGB auch bei der Ausschließung eines Gesellschafters Anwendung findet, ebenfalls **Hergenhahn** und **Tuchatsch**.[131] Ohne auf die Entscheidung des sechsten Zivilsenats des Reichsgerichts einzugehen, vertraten sie die Ansicht, daß dem ausgeschlossenen Gesellschafter ebenfalls wie dem ausgeschiedenen Gesellschafter das seinen Namen schützende Widerspruchsrecht gegen Fortführung desselben in der Gesellschaftsfirma zustehen müsse. Da er den Fortbestand der Gesellschaft nicht verhindern könne, bliebe ihm dadurch der unter Umständen[132] höchst wichtige

---

[124] Staub: HGB (1893) § 3 zu Art. 24 S. 39 f.

[125] Philipp Allfeld, zunächst Richter und Staatsanwalt, später Professor in Erlangen und Geheimer Hofrat. Quelle: Huber: Richard Martin Honig (1890-1981) – Auf der Suche nach dem richtigen Recht, in: Deutsche Juristen jüdischer Herkunft, hrsg. von Heinrich / Franzki / Schmalz / Stolleis 1993 S.746

[126] Anschütz / von Völderndorf-Allfeld: Die Gesetzgebung des deutschen Reiches (1894) Art. 24, 1 S. 163

[127] RG VI 254/1892 vom 16.01.1893 (OLG Hamburg) = RGZ 30, 146 Nr. 45

[128] RGZ 30, (146), 148

[129] Staub: HGB 3./4. (1896) § 2 zu Art. 24 S. 52

[130] Staub: HGB 5. (1897) § 2 zu Art. 24 S. 57

[131] Hergenhahn und Tuchatsch: Die OHG (1894) S. 296

[132] Mit Hinweis auf Art. 27 ADHGB, der damals lautete: „Wer durch den unbefugten Gebrauch einer Firma in seinen Rechten verletzt ist, kann den Unberechtigten auf Unterlassung der weiteren Führung der Firma und auf Schadenersatz belangen. Über das Vorhandensein und die Höhe des Schadens entscheidet das Handelsgericht nach seinem freien Ermessen. Das Handelsgericht kann die Veröffentlichung des Erkenntnisses auf Kosten des Verurteilten verordnen."

Anspruch, daß er allein unter seinem Namen Handel treiben darf. Dieser Anspruch sei ihm nicht gleichzeitig mit seiner Verurteilung zur Ausschließung aberkannt. Zur Unterstützung dieser Ansicht wurde dabei auf Puchelt und Kenßner Bezug genommen.

II.1.b Die Geschäftsübernahme bei Austritt eines Gesellschafters aus einer Zweipersonengesellschaft:

In der Rechtsprechung und der Literatur befaßte man sich außerdem mit dem Fall, daß ein bisher von zwei Gesellschaftern geführtes Geschäft nur noch von einem von ihnen fortgeführt wird. Insoweit setzte man sich schon damals mit der Geschäftsübernahme durch einen verbleibenden Gesellschafter auseinander. Der Unterschied zu der Geschäftsübernahme gemäß dem späteren § 142 HGB bestand darin, daß hier lediglich auf die vertraglich vereinbarte, freiwillige und nicht auf die gerichtlich erzwungene Übernahme eingegangen wurde.

Bereits 1863 beschäftigte sich das **kaiserliche Handelsappellationsgericht für Bayern**[133] mit der Frage, ob bei einer aus zwei Teilhabern bestehenden offenen Handelsgesellschaft im Falle des Austritts eines Gesellschafters der andere das Recht zur alleinigen Fortführung der Firma besitzt. Das Handelsappellationsgericht hat dies damals unter den Voraussetzungen des Art. 24 ADHGB bejaht und hierbei sich ausführlich mit der Abgrenzung zu Art. 22 ADHGB auseinandergesetzt. Diese Vorschrift lautete:

> **Art. 22 ADHGB:**
> Wer ein bestehendes Handelsgeschäft durch Vertrag oder Erbgang erwirbt, kann dasselbe nur unter der bisherigen Firma mit oder ohne einen das Nachfolgeverhältnis andeutenden Zusatz fortführen, wenn der bisherige Geschäftsinhaber oder dessen Erben oder die etwaigen Miterben in die Fortführung der Firma ausdrücklich einwilligen.

Die Anwendung des Art. 22 ADHGB hatte das Gericht abgelehnt, da diese Vorschrift nach seiner Fassung voraussetze, daß der Erwerber an dem Handelsgeschäft bisher noch unbeteiligt war. Art. 22 ADHGB verlange den Übergang des Geschäfts im ganzen, was durch die Beratungen der Handelsgesetzkommission belegt werde.[134]

Das Recht des verbleibenden Gesellschafters zur Führung der unveränderten Firma bei Austritt des anderen Gesellschafters aus der aus nur zwei Personen

---

[133] kaiserliches Handelsappellationsgericht für Bayern vom 23.03.1863 in Busch: Archiv für Theorie und Praxis des allgemeinen deutschen Handelsrechts [1863] 1, 413 ff. (dort Hinweis auf weitere Veröffentlichung in Zeitschrift für Rechtspflege für Gesetzgebung und Rechtspflege Bd. 10 Heft4).

[134] vgl. kaiserliches Handelsappellationsgericht Bayern bei Busch: Archiv für Theorie & Praxis des allg. dt. Handelsrechts (1863) 1, 413

bestehenden offenen Handelsgesellschaft ergebe sich aus Art. 24 ADHGB. Diese Vorschrift verlange nicht, daß nach einem Gesellschafteraustritt noch eine offene Handelsgesellschaft bestehen bleibt. Dies könne zwar nach dem bloßen Wortlaut noch bezweifelt werden, die Entstehungsgeschichte und die Motive allerdings würden dies eindeutig belegen. Bei den Beratungen der Kommission zum preußischen Entwurf, der als Grundlage für das Allgemeine Deutsche Handelsgesetzbuch diente, habe man mit Art. 24 ADHGB eine Regelung für die teilweise Änderung in der Person der bisherigen Inhaber der Gesellschaft treffen wollen. Das Motiv für diese Vorschrift sei die Erhaltung bestehender Firmen gewesen. Für die Anwendung des Art. 24 ADHGB spreche zudem, daß in dem umgekehrten Fall, wenn jemand in ein bestehendes Handelsgeschäft eintritt, die Fortführung der Firma nach dem klaren Wortlaut gestattet ist, und dieses Recht sogar einem Dritten, der das Geschäft von beiden bisherigen Teilhabern erstanden hätte, zustehen würde.[135]

1968 erklärte der Appellationsgerichtsrat in Naumburg **von Kräwel**, daß das Recht zur Firmenfortführung des verbliebenen Gesellschafters bei einer aufgrund des Todes des anderen Teilhabers aufgelösten offenen Handelsgesellschaft sich nach Art. 24 ADHGB richtet. Auch er nahm hierbei Bezug auf Beratungen der Kommission für den Entwurf des Allgemeinen Deutschen Handelsgesetzbuches.[136]

Hahn, kaiserlicher Rat am Reichsoberhandelsgericht, erklärte 1877 den Art. 24 ADHGB ebenfalls für die Konstellation der Geschäftsübernahme durch einen Gesellschafter bei Austritt des anderen aus einer Zweipersonengesellschaft für anwendbar.[137] Zwar sei es nach dem Wortlaut des Art. 24 ADHGB „wenn ein Gesellschafter aus einer Handelsgesellschaft austritt“ zweifelhaft, ob auch dieser Fall darunter falle, allerdings sei er von dem Artikel der ersten Lesung, aus dem Art. 24 ADHGB hervorgegangen ist, erfaßt gewesen, da dieser lautete: „Wenn ein bestehendes Handelsgeschäft sich in Folge des Ein- oder Austritts eines Gesellschafters ändert, so kann die ursprüngliche Firma fortgeführt werden“. Das Gesetz fasse die Fortsetzung des Geschäfts durch einen bis dahin schon Beteiligten milder auf, als die Erwerbung des Geschäfts durch einen Fremden. Hahn vertrat insofern die gleiche Auffassung wie das Handelsappellationsgericht Bayern.

---

[135] vgl. kaiserliches Handelsappellationsgericht Bayern bei Busch: Archiv für Theorie & Praxis des allg. dt. Handelsrechts (1863) 1, (413), 414 ff.

[136] von Kräwel bei Busch: Archiv für Theorie & Praxis des allgemeinen deutschen Handelsrechts (1868) 13, 388 ff.

[137] vgl. Hahn: Commentar zum ADHGB (1877) § 2 zu Art. 24 S. 114 f.

Der **erste Zivilsenat des Reichsgerichts** war in seiner Entscheidung vom 08. Juli 1891[138] davon überzeugt, daß Art. 24 ADHGB im Interesse der Kontinuität des Gesellschaftsbetriebs in dem Fall des Erwerbs des Handelsgewerbes durch Austritt eines Gesellschafters anwendbar ist. Diese Vorschrift gelte auch dann, wenn die Gesellschaft nur aus zwei Personen besteht und deshalb durch den Austritt des einen Gesellschafters aufgelöst wird. Dies müsse angenommen werden, weil für den entsprechenden Fall, daß durch den Eintritt einer Person in ein Handelsgewerbe eine Handelsgesellschaft gebildet wird, die gleiche Bestimmung wie für den Fall gegeben sei, wenn ein neuer Gesellschafter in eine schon bestehende Gesellschaft eintritt.[139]

Auch **Staub** hielt seit 1893 Art. 24 ADHGB für den Fall anwendbar, daß durch den Gesellschafteraustritt nur noch ein Gesellschafter übrig bleibt und dadurch eine Handelsgesellschaft zu einer Einzelfirma wird.[140] Hiervon war er überzeugt, obwohl der Wortlaut des Gesetzes dieser Ansicht nicht zur Seite stehen würde, wie er später ergänzte.[141] 1896 folgte dieser Auffassung **Behrend**[142] und 1899 selbst **Düringer** zusammen mit **Hachenburg**[143].

II.2 Die Rechtsauffassungen nach Inkrafttreten des Handelsgesetzbuchs:

Staub stellte in seiner 1900 erschienenen ersten Kommentierung des neuen Handelsrechts fest, daß § 24 HGB auch beim Ausschluß eines Gesellschafters nach § 140 HGB Anwendung findet.[144] Er machte allerdings deutlich, daß dies früher kontrovers war,[145] und verwies insoweit auf die Vorauflage[146] seines Kommentars zum Handelsrecht, damals noch zum Allgemeinen Deutschen Handelsgesetzbuch. Der Rechtsanwalt war der Ansicht, daß das Wort „Aus-

---

[138] RG I 123/1891 vom 08.07.1891 = JW 1891, 473 Nr. 24 = Gruchot 1892, 1152 Nr. 105 = Bolze: Die Praxis des RG's in Zivilsachen 13, 68 Nr. 120

[139] RG JW 1891, 473

[140] Staub: HGB (1893) § 2 zu Art. 24 S. 39 unter Hinweis auf Puchelt (S.u.)

[141] Staub: HGB § 2 zu Art. 24 3./4. (1896) S. 52, 5. (1897) S. 57 f.

[142] Behrend: Lehrbuch des Handelsrechts (1896) S. 259 unter Hinweis auf ROHG 1492/76 vom 18.11.1876 = ROHGE 21, 192 Nr. 60, wo auf dieses Problem allerdings nicht näher eingegangen wurde. Jakob Friedrich Behrend (1833 – 1907), Germanist und Handelsrechtler, der wissenschaftlich durch Herausgabe der Lex Salica 1874 hervorgetreten war, war von 1873 bis 1887 Professor für Deutsches Recht, von 1887 bis 1900 Reichsgerichtsrat (als solcher erster und bis 1912 einziger Jude). Quelle: Landau: Juristen jüdischer Herkunft im Kaiserreich und in der Weimarer Republik, in: Deutsche Juristen jüdischer Herkunft, hrsg. von Heinrichs, Franzki, Schmalz, Stolleis S.143

[143] Düringer / Hachenburg: HGB Band 1 (1899) § 24. III. a S. 115

[144] Staub: HGB 6./7. (1900) § 24, 2 S. 137

[145] s.o.

[146] Hinweis auf Staub: ADHGB 5. (1897) § 2 zu Art. 24 S. 57; s.o.

treten" durch „Ausscheiden"[147] offensichtlich deshalb ersetzt worden sei, um diesen früheren Zweifel zu beseitigen. Er subsumierte unter § 24 HGB, wie schon unter Art. 24 ADHGB, den Fall, daß einer von mehreren Gesellschaftern das Geschäft allein übernimmt und als Einzelkaufmann weiterführt. Als neues Argument fügte er hinzu, daß dieser Fall auch sonst, wie das Ausscheiden eines Gesellschafters aus einer offenen Handelsgesellschaft, analog behandelt wird und verwies dabei auf § 142 HGB. Staub machte insofern bei § 24 HGB schon damals keinen Unterschied zwischen der freiwilligen Geschäftsübernahme und der gerichtlich erzwungenen. Für ihn ging bei § 142 HGB mit der Rechtskraft des Urteils das Geschäft mit allen seinen Bestandteilen, mit seinen Aktiven und Passiven und unter den Voraussetzungen des § 24 HGB auch das Firmenrecht auf den Kläger über.[148]

Staubs Auffassung wurde in der Folgeauflage seines Kommentars von 1906 bezüglich der Kommentierung zu § 142 HGB von seinem Bearbeiter **Pinner**[149] und bezüglich der allgemeinen Vorschrift des Firmenrechts § 24 HGB von dem Bearbeiter **Stranz** übernommen und fortgeführt.[150] Stranz betonte zudem, daß der Grund des Ausscheidens im Rahmen des § 24 HGB belanglos ist.

1900 setzte sich **Lastig** in einem Aufsatz[151] mit dem Problem der Firmenfortführung im Rahmen der Geschäftsübernahme nach § 142 HGB und insoweit mit der Frage auseinander, ob sich diese nach § 22 HGB oder nach § 24 HGB richtet.[152] § 22 HGB[153] regle die Firmenfortführung bei Erwerb des Handelsgeschäfts. Diese Norm müßte angewendet werden, wenn es sich hier wirklich, wie § 142 Abs. 1 HGB andeute, um eine Geschäftsübernahme durch einen Gesellschafter von der Gesellschaft, um den Erwerb eines bestehenden Handelsgeschäfts unter Lebenden mit allen Aktiven und Passiven handeln würde. Bei Anwendung des § 22 HGB hätte der zurückbleibende Gesellschafter ohne aus-

---

147 Staub verwies hierfür auf die Überschrift vor § 131 HGB. M. E. hätte ein Vergleich des Wortlauts von § 24 HGB mit dem des Art. 24 ADHGB genügt, da dort „Austreten" durch „Ausscheiden" ersetzt wurde.

148 Staub: HGB 6./7. (1900) § 142, 2 S. 465

149 Staub-Pinner: HGB 8. (1906) § 142, 2 S. 465

150 Staub-Stranz: HGB 8. (1906) § 24, 2 S. 150 mit Hinweis auf Opet (S.u.)

151 Lastig in Festgabe der Juristischen Fakultät in der Vereinigten Friedrichs-Universität Halle-Wittenberg für Heinrich Dernburg zum 04.04.1900: Die Auflösung der kaufmännischen Gesellschaften [1900] S. 169 ff. , 201

152 vgl. Lastig: Die Auflösung der kaufmännischen Gesellschaft S. 201 f.

153 § 22 Abs. 1 Satz 1 HGB, der bis heute insoweit unverändert gilt, lautete: „Wer ein bestehendes Handelsgeschäft unter Lebenden oder von Todes wegen erwirbt, darf für das Geschäft die bisherige Firma mit oder ohne Beifügung eines das Nachfolgeverhältnis andeutenden Zusatzes fortführen, wenn der bisherige Geschäftsinhaber oder dessen Erben in die Fortführung der Firma ausdrücklich willigen. "

drückliche Einwilligung des ausscheidenden Gesellschafters niemals das Recht, die Firma fortzuführen.

Gegen die Anwendung des § 24 HGB sprach für Lastig, daß es sich nach dem Wortlaut des § 142 Abs. 1 HGB nicht um ein Ausscheiden, sondern um eine Geschäftsübernahme handeln soll, die auch ohne Fortführung der alten Firma vom Übergang der Aktiven und Passiven begleitet sein soll. Er kam jedoch zu dem Ergebnis, daß die Geschäftsübernahme nach § 142 HGB nur eine innere Wandlung des Subjekts bewirke. Es sei daher mit Staub der Schwerpunkt des § 142 HGB nicht auf die Worte des ersten Absatzes, sondern auf die des dritten Absatzes zu legen. Deshalb komme bei der Firmenfrage im Rahmen des § 142 HGB nicht § 22 HGB, sondern § 24 Abs. 2 HGB zur Anwendung.[154]

Opet[155] unterschied in bezug auf § 24 HGB in seinem Beitrag zum Firmenrecht von 1900[156] ebenfalls nicht zwischen dem freiwilligen und unfreiwilligen Ausscheiden eines Gesellschafters[157] und wendete diese Vorschrift ebenfalls auf den Fall an, daß aus einer aus zwei Personen bestehenden Gesellschaft durch das Ausscheiden eines von ihnen ein Einzelhandelsgeschäft wird.[158]

Die letztgenannte Auffassung vertrat im gleichen Jahr auch das **oberste Landesgericht München**.[159] Es begründete den Vorzug des § 24 HGB gegenüber § 22 HGB auf diesen Fall damit, daß das Gesetz den bisherigen Gesellschafter, der bei dem Ausscheiden des anderen Gesellschafters das Handelsgeschäft als Alleininhaber behält, nicht als Dritten ansieht, der das Geschäft mit der Firma von der aufgelösten Gesellschaft erwirbt. Das Gesetz betrachte das Ausscheiden des anderen Gesellschafters lediglich als eine „Veränderung“, welche das Recht zur Fortführung der bisherigen Firma nicht berühre. Das oberste Landesgericht München stellte klar, daß der im Geschäft verbleibende Gesellschafter das Geschäft als eigenes fortführt.

---

[154] vgl. Lastig: Die Auflösung der kaufmännischen Gesellschaft S. 209 f.

[155] Otto Opet (1866 – 1941) habilitierte 1893 in Bern, ab 1900 Privatdozent in Kiel, wo er bis zu seiner Ernennung als ordentlicher Professor 1930 an der Kieler Fakultät unbezahlt unterrichtete, verdiente sich in dieser Zeit seinen Lebensunterhalt als Amtsgerichtsrat, galt als Rechtshistoriker, der auf den Gebieten der Rechtsgeschichte und des Privatrechts, hier insbesondere zum Theaterrecht, wissenschaftlich publizierte. Quelle: Landau: Juristen jüdischer Herkunft im Kaiserreich und in der Weimarer Republik, in: Deutsche Juristen jüdischer Herkunft, hrsg. von Heinrich / Franzki / Schmalz / Stolleis 1993 S. 160

[156] Opet ZHR [1900] 49, 51 ff. : Beiträge zum Firmenrecht

[157] vgl. Opet ZHR 49, (51), 131 unter Hinweis auf Hahn, Staub und Bayr. Handelsappellationsgericht (s.o.)

[158] vgl. Opet ZHR 49, (51), 129

[159] oberste Landesgericht München: Beschluß vom 08.03.1900 = bei Johow / Ring KGJ [1900] 20, (D15), D17.

Goldmann[160] zählte 1901 zu dem Ausscheiden im Sinne des § 24 HGB auch den Fall, daß aus einer offenen Handelsgesellschaft alle Gesellschafter bis auf einen ausscheiden, die offene Handelsgesellschaft sich also in das Geschäft eines Einzelkaufmannes verwandelt, und verwies hierzu auf die Reichsgerichtsentscheidung von 1891.[161] Auch der Einzelkaufmann könne dann die bisherige Firma gemäß § 24 HGB fortführen. Insofern führte Goldmann auch nach Inkrafttreten des neuen Handelsgesetzbuches die in bezug auf Art. 24 ADHGB veröffentlichte Auffassung von Hahn, Staub und Behrend weiter.[162] Darüber hinaus mußte auch für Goldmann das Ausscheiden nicht freiwillig erfolgen, um das Widerspruchsrecht des § 24 HGB zu begründen, sondern galt außerdem bei der Ausschließung eines Gesellschafters infolge gerichtlicher Entscheidung gemäß § 140 HGB.[163]

1902 führte das **Kammergericht** Berlin aus, daß § 24 HGB Anwendung findet, wenn aus einer Zweipersonengesellschaft ein Gesellschafter austritt und der andere das Geschäft unter Übernahme der Aktiva und Passiva für eigene Rechnung fortführt, da es sich hierbei um ein Ausscheiden eines Gesellschafters im Sinne dieser Vorschrift handeln würde.[164] Die Rechtsprechung des Reichsgerichts von 1891 – RG I 123/1891[165]- fand insoweit durch das Kammergericht Bestätigung.

Makower erklärte 1906[166] allgemein, daß unter Ausscheiden im Sinne des § 24 HGB sowohl das freiwillige als auch das unfreiwillige Aufhören der Mitgliedschaft zu verstehen sei. Des weiteren sei unerheblich, ob nachher noch eine Handelsgesellschaft verbleibt oder dadurch zu einem Geschäft eines Einzelkaufmanns wird. Der verbleibende Gesellschafter habe in Ansehung des Rechts zur Firmenfortführung nicht die Stellung eines Dritten, der von der bisherigen Gesellschaft erwirbt. Makower verwies hierbei auf das oberste Landesgericht München, welches dies bereits 1900 klargestellt hatte.[167] Hierdurch würde sich der Fall des § 24 HGB von dem des § 22 HGB unterscheiden. In § 142 HGB sei nicht ausgesprochen, daß bei der Geschäftsübernahme auch die Firma übergeht. Dies folge vielmehr aus § 24 HGB, da dort unter Ausscheiden aus einer Gesellschaft die Fortführung des Geschäfts durch einen früheren Gesellschafter als Einzelkaufmann mit inbegriffen sei. Auch in den Fällen des § 142 Abs. 2 HGB

---

[160] Goldmann: HGB (1901) § 24, 1 S. 99 f.
[161] s.o.
[162] s.o.
[163] Hierzu verwies Goldmann auf Puchelt
[164] KG I CS 344/1902 vom 02.04.1902 = RJA 3, 83 = OLGE 1902, 467 = Johow / Ring: KGJ (1902) 24, A 192 Nr. 55
[165] s.o.
[166] vgl. Makower: HGB 13. (1906) § 24, II. a S. 121
[167] vgl. Beschluß des obersten Landesgericht München vom 08.03.1900 = KGJ (1900) 20, D(15), 17

stehe „bei Zugrundlegung der herrschenden Meinung“ das Recht der Einwilligung zur Firmenfortführung nicht dem Privatgläubiger oder dem Konkursverwalter, sondern dem ausscheidenden Gesellschafter zu.[168]

II.3 Zusammenfassung der Rechtslage vor dem Reichsgerichtsurteil Düringers:

Bevor Düringer sich mit der Firmenfrage im Rahmen der Geschäftsübernahme gemäß § 142 HGB beschäftigen mußte, war streitig, ob „Austreten“ im Sinne des Art. 24 ADHGB bzw. „Ausscheiden“ im Sinne des neuen § 24 HGB auch die zwangsweise, gerichtliche Ausschließung umfaßt. Die herrschende Meinung in der Literatur wendete § 24 HGB auch auf diesen Fall an. Das Reichsgericht dagegen wollte nur das freiwillige Ausscheiden gelten lassen, fand allerdings in der Literatur keine Befürworter und überhaupt nur wenig Beachtung. Eindeutiger war die Rechtslage in bezug auf die Anwendbarkeit des Art. 24 ADHGB bzw. § 24 HGB auf den Fall, daß von zwei Gesellschaftern nur noch einer übrig bleibt und dieser das Geschäft fortführt. Hier wurde die Anwendung sowohl in der Rechtsprechung als auch in der Literatur fast einhellig befürwortet.

Mit der Firmenfrage speziell bei der Geschäftsübernahme nach § 142 HGB hatten sich bisher nur wenige Autoren befaßt. Auch in dem von Düringer selbst gemeinsam mit Hachenburg herausgegeben Kommentar wird hierzu nicht Stellung bezogen. Von den wenigen Autoren, die sich überhaupt mit dieser Thematik bereits auseinandergesetzt hatten, wurde die Anwendbarkeit des § 24 HGB befürwortet. Düringer betrat insofern auf dem Gebiet der Firmenfortführung bei dem Ausscheiden eines Gesellschafters aus einer bestehenden Handelsgesellschaft kein Neuland und konnte auf fundierte Meinungen der Rechtsprechung und vor allem der Literatur zurückgreifen.

III. Die in RG I 377/1906 vom 23. März 1907 von Düringer dargestellte Auffassung:

Düringer vertrat in dem Reichsgerichtsurteil RG I 377/1906 vom 23. März 1907[169] die Meinung, daß § 142 Abs. 2 HGB dem zur Geschäftsübernahme berechtigten Gesellschafter kein Recht auf Fortführung der Gesellschaftsfirma gewährt. Der Reichsgerichtsrat war davon überzeugt, daß die Vorschrift des § 24 HGB durch § 142 HGB nicht berührt werde und auch im Rahmen dieser Geschäftsübernahme die Firmenfortführung regle. Der Kläger könnte daher die unveränderte Firma der offenen Handelsgesellschaft nach § 24 Abs. 2 HGB nur

[168] Makower: HGB 13. (1906) § 142, IV S. 377
[169] RG I 377/1906 vom 23.03.1907 (OLG Hamm) = RGZ 65, (379), 382 = JW 1907, 314 Nr. 17 = LZ 1907, 341 Nr. 1 = Recht 1907, 643 Nr. 1349 b = Kaufmann 1907, 89 = ZBl. FG 8/63 [Band 1907-1908] S. 63 Nr. 87

mit ausdrücklicher Einwilligung des Beklagten fortführen. Auf die Erteilung dieser Einwilligung habe er keinen Rechtsanspruch.

Düringer kam zu dem Ergebnis, daß auch bei der Geschäftsübernahme nach § 142 Abs. 2 HGB für die unveränderte Firmenfortführung die ausdrückliche Einwilligung des mit Rechtskraft des Urteils ausgeschlossenen Gesellschafters gemäß § 24 Abs. 2 HGB erforderlich ist, falls dessen Name in der Firma enthalten ist. § 142 HGB Abs. 2 HGB regelte für Düringer nur die Übernahme des Geschäfts und nicht auch das Recht zur Firmenfortführung. Dieses richtete sich für Düringer nach § 24 HGB, einer allgemeinen Regel des Firmenrechts.

IV. Die Rechtslage nach dem 23. März 1907 - Reaktionen auf die Entscheidung:

Durch die Reichsgerichtsentscheidung vom 23. März 1907 wurden diejenigen Autoren, die schon vorher erklärt hatten, daß sich im Rahmen der Geschäftsübernahme nach § 142 HGB die Firmenfortführung nach § 24 HGB regelt, in ihrer Auffassung bestätigt. **Pinner** fügte daher in den Folgeauflagen des Kommentars von Staub zur Bestätigung seiner schon früher vertretenen Auffassung lediglich den Hinweis auf das Reichsgerichtsurteil Düringers hinzu.[170]

Bondi, der Nachfolger von Stranz in Staubs Kommentar, führte zunächst dessen Bearbeitung unverändert fort,[171] erweiterte diese später jedoch um den speziellen Fall des § 142 HGB. Er stellte unter Hinweis auf die Entscheidung Düringers klar, daß in Einzelfällen, wie im Fall des § 142 HGB, in denen das Gesetz keine besonderen Vorschriften über die Firma enthält, diese nur übergeht, wenn die Voraussetzungen des § 24 HGB vorliegen.[172]

Daneben gab es noch eine Vielzahl von anderen Autoren, die Düringers Ergebnis darstellten und diesbezüglich auf dessen Reichsgerichtsentscheidung verwiesen: seit 1910 **Ritter**,[173] 1911 der Kammergerichtsrat **Brand**[174], 1914 **Lehmann**[175], seit 1920 von **Litthauer** und **Mosse**[176] und deren späterem Bear-

---

[170] Staub-Pinner: HGB § 142, 2 8. (1906) S. 536, 9. (1912) S. 598, 10. (1920) S. 680, 11. (1921) S. 680, 12./13. (1926) S. 755, 14. (1942) S. 796

[171] Staub-Bondi 9. (1912) § 24, 2 S. 161; § 24, 3 11. (1921) S. 170, 12./13. (1926) S. 187, 14. (1932) S. 196

[172] Staub-Bondi: HGB § 24, Einleitung 11. (1921) S. 169, 12./13. (1926) S. 187, 14. (1932) S. 195

[173] Ritter: HGB (1910) § 142, 6 S. 192; 2. (1932) § 142, 2c S. 334

[174] vgl. Brand: HGB (1911) § 142, 2. B. c. β S. 403

[175] Lehmann / Ring-Lehmann: HGB 2. (1914) § 142, 4 S. 445 f.

[176] Litthauer / Mosse: HGB 14. (1911) § 24, 2 und 7 S. 28; 16. (1920) § 142, 6 S. 152 und § 24, 2 S. 29

beiter **Heymann**[177], 1921 **Wieland,**[178] 1929 **Goldschmitt,**[179] seit dieser Zeit auch Könige,[180] 1931 **Schwarz,**[181] im gleichen Jahr **Basch,**[182] 1939 **Hildebrandt** bei **Schlegelberger,**[183] seit 1940 bei **Heymann** und **Kötter,**[184] seit 1941 **Heun,**[185] von 1942 bis 1950 **Weipert**[186] und danach 1963 **Ulmer** im Großkommentar Ulmer,[187] 1956 **Kamnitzer,**[188] 1980 **Bohnenberg,**[189] 1989 **Emmerich**[190].

Einige Autoren, wie 1930 **Schubert,**[191] im gleichen Jahr **Goldbaum,**[192] seit 1932 bei **Baumbach,**[193] seit 1946 **Hueck,**[194] seit 1960 bei **Bandasch,**[195] bei **Glanegger** seit 1990,[196] 1996 **Koller,**[197] und 1998 **von Gerkan**[198] gaben nur an, daß sich die Möglichkeit der Firmenfortführung bei der Geschäftsübernahme gemäß § 142 HGB nach § 24 HGB richtet, ohne daß sie die Düringer-Entscheidung zitierten.

---

177 Litthauer / Mosse-Heymann: HGB 17. (1926) § 142, 6 S. 174 und § 24, 2 S. 33
178 Wieland: Handelsrecht (1921) Fn. 10 S. 724 f.
179 Goldschmitt: HGB (1929) § 142, 2 S. 250
180 Könige: HGB § 142, 1 (1929) S. 280, 3. (1932) S. 280, 4. (1936) S. 95 II.
181 Neufeld / Schwarz-Schwarz: HGB (1931) § 142, 2 S. 390
182 Basch: HGB 10. (1931) § 142 S. 67 Fn. 18
183 Schlegelberger-Hildebrandt: HGB (1939) § 24, 6 S. 149
184 Heymann-Kötter HGB § 142, 5 (1940) S. 177, 2. (1944) S. 184, 3. (1950) S. 192, 4. (1971) S. 554
185 Heun: Handelsrecht (1941) § 142 Fn. 56 S. 88; 2. (1944) § 142 Fn. 71S. 97
186 HGB-RGRK-Weipert: (1942) § 142, 16 S. 387; 2. (1950) § 142, 18 S. 431 unter Hinweis auch auf die Rspr. Des Kammergerichts (S.u.) und Wieland (S.o.)
187 HGB-RGRK-Ulmer 3. (1967) § 142, 31 S. 603
188 Kamnitzer: HGB 4. (1956) § 142, II S. 241
189 Bohnenberg: HGB (1980) § 142, II S. 466
190 Heymann-Emmerich: HGB (1989) § 142, 28 S. 279 und Fn. 44; 2. § 142, 29 S. 358 und Fn. 100 mit Hinweis auch auf die Rspr. des Kammergerichts (S.u.).
191 vgl. Schubert: Die rechtliche Stellung des aus einer OHG ausscheidenden Gesellschafters - Diss. (1930) S. 28
192 Goldbaum: HGB und Gesetz gegen den unlauteren Wettbewerb (1930) zu § 24 S. 100
193 vgl. Baumbach: HGB (1932) § 142, 3 S. 217; 6. (1943) § 142, 3. C S. 367; Baumbach-Duden 8. (1951) § 242, 3. B S. 403; 26. (1985) § 142, 3. A S. 523; 28. (1989) Baumbach / Duden-Hopt § 142, 3. A S. 521
194 vgl. Hueck: Das Recht der OHG (1946) S. 265, wo dieses Ergebnis als h. L. bezeichnet wurde; 2. (1951) S. 287 f. ; 3. (1964) S. 328; 4. (1971) S. 446 f. :
195 Bandasch: HGB § 142, 3 (1960) S. 402, 2. (1973) S. 421; GK-HGB 3. (1989) § 142, 3 S. 627; GK-HGB-Feddersen 4. (Stand 12/1994) § 142, 6
196 Glanegger-Ruß: HGB § 24, 3 2. (1990) S. 226, 3. (1993) S. 159, 4. (1996) S. 169 unter Hinweis auf BGH DB 1989, 717. In der 1. Auflage (1989) dagegen noch nicht erwähnt. In 4. (1996) § 142, 4 S. 481 stellte Stuhlfelner klar, daß hinsichtlich des Firmennamens § 22 nicht zur Anwendung kommt.
197 Koller / Roth / Morck-Koller: HGB (1996) § 142, 3 S. 374
198 Röhricht / von Westphalen-von Gerkan: HGB 1998 § 142, 6 S. 1282

Nur sehr wenige Autoren waren nach Veröffentlichung Düringers Entscheidung noch der Ansicht, dessen Ergebnis näher begründen zu müssen. In Düringers eigenem, zusammen mit Hachenburg herausgegebenen Kommentar hielt der Bearbeiter **Flechtheim** sowohl 1917 als auch 1932 die Geschäftsübernahme nach § 142 HGB für einen Fall, der wirtschaftlich dem Ausscheiden eines Gesellschafters aus einer fortbestehenden Gesellschaft näher steht als dem Erwerb eines Handelsgeschäfts durch einen Dritten. Er stellte - wie später auch 1936 **Könige**[199], 1939 bis 1963 **Geßler** und 1992 **Schmidt** bei **Schlegelberger**,[200] 1963 **Ulmer**[201], 1989 **Emmerich**,[202]- fest, daß die Befugnis des Übernehmers zur Fortführung der alten Firma sich nicht nach § 22 HGB, sondern nach § 24 Abs. 2 HGB richtet.[203]

Die Ausnahme bildete **Pisko**[204], der § 22 HGB auf den Fall anwendete, daß nach Auflösung einer offenen Handelsgesellschaft oder Kommanditgesellschaft ein früherer Gesellschafter das Geschäft als Einzelkaufmann weiterführt. Auf diesen Fall beziehe sich die Vorschrift des § 24 HGB nicht, welche das Fortbestehen einer Gesellschaft nach Ausscheiden eines Mitglieds voraussetze. § 24 HGB würde zum einen den Fall der Identität der Handelsgesellschaft bei teilweisem Wechsel der Mitglieder und zum anderen den Fall der Identität des Geschäftes bei teilweisem Wechsel der Inhaber behandeln.[205]

Düringers Verdienst war zudem, daß seit seiner Entscheidung ausnahmslos vertreten wurde, das Ausscheiden im Sinne des § 24 HGB umfasse sowohl das freiwillige Austreten als auch die unfreiwillige Ausschließung eines Gesell-

---

199 Könige: HGB 4. (1936) § 142, 1 S. 95 II

200 Schlegelberger-Geßler: HGB § 142, 14 (1939) S. 625, 2. (1959) S. 769, 3. (1955) S. 1059, 4. (1963) S. 1256 mit Hinweis auch auf die Rspr. des Kammergerichts(s.u.), Wieland (s.o.) und Weipert (s.o.). Schlegelberger-Schmidt: HGB 5. (1992) § 142, 34 S. 758 mit Hinweis auf die mittlerweile ergangene BGH II ZR 142/88 (S.u.) . Schmidt stellte darüber hinaus klar, daß bei fehlender Einwilligung der Übernehmer gezwungen sei, eine neue Firma zu bilden, und zitierte hierfür auch die Düringer-Entscheidung. Dies allerdings fälschlicherweise, da Düringer dies damals nicht ausgesprochen hatte.

201 HGB-RGRK-Ulmer 3. (1963) § 142, 31 S. 603 mit Hinweis auch auf die Rspr. des Kammergerichts (S.u.) und auf Geßler (S.o.)

202 Heymann-Emmerich: HGB (1989) § 142, 28 S. 279 und Fn. 44; 2. § 142, 29 S. 358 und Fn. 100 mit Hinweis auch auf die Rspr. des Kammergerichts.

203 Düringer / Hachenburg-Flechtheim: HGB 2. Auflage (1917) § 142, 2 S. 885, 3. (1932) § 142, 2 S. 885. Daneben mit Hinweis auf die Rspr. des Kammergerichts (S.u.) und auf Lastig (S.o.), Ehrenberg-Pisko (S.u.), Wieland (S.o.) und Staub-Pinner.

204 Oscar Pisko (1876 – 1939), geboren in Wien, jüdischer Abstammung, der ab 1918 außerordentlicher Professor, ab 1924 ordentlicher Professor in Wien war, wurde 1938 während der nationalsozialistischen Zeit des Amtes enthoben und erlag kurze Zeit darauf einer schweren Krankheit. Quelle: Göppinger: Juristen jüdischer Abstammung im „dritten Reich", 2. Auflage 1990 S. 219, 227 f.

205 Ehrenberg-Pisko: Handbuch des gesamten Handelsrechts (1914) S. 304 und Fn. 12

schafters. Die gegenteilige Auffassung des sechsten Zivilsenats des Reichsgerichts von 1893 wurde nicht mehr vertreten, geschweige denn zitiert. Als absolut herrschend galt nunmehr, daß der Grund des Ausscheidens unerheblich ist. Vertreter dieser Auffassung waren: 1908 **Hoeniger**[206] bei **Düringer** und **Hachenburg**,[207] 1910 **Ritter**,[208] 1911 **Brand**,[209] 1912 **Heilfron**,[210] im gleichen Jahr **Lehmann**,[211] seit 1911 auch bei **Litthauer** und **Mosse**, 1925 **Dove**,[212] 1929 **Goldschmitt**,[213] seit dieser Zeit **Könige**,[214] 1930 **Goldbaum**,[215] 1931 **Schwarz**,[216] von 1932 bis 1952 bei **Baumbach**,[217] 1939 **Hildebrandt** bei **Schlegelberger**,[218] seit 1940 bei **Heymann** und **Kötter**,[219] 1956 **Kamnitzer**,[220]

---

[206] Heinrich Hoeniger (1879 – 1961), jüdischer Abstammung, Bruder des Reichsgerichtsrates Viktor Hoeniger, wirkte in Freiburg und Kiel als Zivil- und Arbeitsrechtler, seit 1919 Herausgeber eines Jahrbuches für Arbeitsrecht. Er war von 1932 bis 1934 Professor in Kiel, wurde dann nach Frankfurt am Main versetzt, wo er 1935 entlassen wurde. 1938 emigrierte er in die USA, arbeitete dort als Dozent an Hochschulen in New York, kehrte 1950 wieder nach Deutschland zurück, wo er wieder als Professor in Frankfurt am Main tätig war. Quelle: Landau: Juristen jüdischer Herkunft im Kaiserreich und in der Weimarer Republik, in: Deutsche Juristen jüdischer Herkunft, hrsg. von Heinrichs / Franzki / Schmalz / Stolleis, 1993 S. 204; Göppinger: Juristen jüdischer Abstammung im „Dritten Reich", 2. Auflage 1990, S.340

[207] Düringer / Hachenburg-Hoeniger: HGB § 24, 2 2. (1908) S. 240, 3. (1939) S. 318

[208] Ritter: HGB (1910) § 24, 1d S. 43

[209] Brand: HGB (1911) § 24, 2b, cc S. 95. Brand gab als Ausscheiden i. S. d. § 24 HGB als Beispiel den Ausschluß gemäß § 140 HGB an und verwies diesbezüglich auf Staub und Makower.

[210] Heilfron: Lehrbuch des Handelsrechts 2. (1912) S. 128, der als Ausscheiden i. S. des § 24 HGB auch den Ausschluß gemäß § 140 HGB ansah. Dies findet allerdings weder in der Vorauflage noch in der nachfolgenden Auflage Erwähnung.

[211] Lehmann: Lehrbuch des Handelsrechts (1912) § 32. 6. b S. 160

[212] Dove: HGB (1925) § 24, 3 S. 20

[213] Goldschmitt: HGB (1929) § 24, 3 S. 50

[214] Könige: HGB § 24. c 2. (1929) S. 69, 4. (1936) S. 170

[215] Goldbaum: HGB und Gesetz gegen den unlauteren Wettbewerb (1930) § 24 S. 100; Wenzel Goldbaum (1881 – 1960), Berliner Rechtsanwalt jüdischer Abstammung, der als Spezialist des Urheber- und Theaterrechts galt und intensiv an urheberrechtlichen Zeitschriften mitarbeitete, 1933 nach Paris emigrierte, 1936 nach Ecuador und später nach Peru. Er war seit 1939 Mitarbeiter der schweizerischen Zeitschrift „Le droit d'Auteur" und 1946 Vertreter Ecuadors auf der Copyright Convention in Washington / USA. Quelle: Landau: Juristen jüdischer Herkunft im Kaiserreich und in der Weimarer Republik, in: Deutsche Juristen jüdischer Herkunft, hrsg. von Heinrich / Franzki / Schmalz / Stolleis 1993 S. 202; Göppinger: Juristen jüdischer Abstammung im „dritten Reich", 2. Auflage 1990 S. 282

[216] Neufeld / Schwarz-Schwarz: HGB (1931) § 24, 4 S. 89

[217] Baumbach: HGB § 24, 2 (1932) S. 51, 6. (1943) S. 98 f. ; -Duden § 24, 2 8. (1951) S. 105, 9. (1952) S. 107

[218] vgl. Schlegelberger-Hildebrandt: HGB (1939) § 24, 6 S. 149

[219] Heymann-Kötter: HGB § 24, 4 (1940) S. 41, 2. (1944) S. 42, 3. (1950) S. 45. Vgl. auch 4. (1971) S. 70, wo der Begriff des Ausscheidens i. S. d. § 24 HGB weiter als in §§ 138, 140, 133 HGB bezeichnet wurde.

[220] Kamnitzer: HGB 4. (1956) § 24. II. c S. 44

seit 1972 bei **Westermann**,[221] 1980 **Bohnenberg**,[222] 1989 **Emmerich**,[223] **Roth** 1996[224] und **Bokelmann**,[225] und zuletzt noch 1998 **Ammon**[226]. In dem Reichsgerichtsrätekommentar zum Handelsgesetzbuch begründete dies 1940 zunächst **Gadow** und später dann **Würdinger** damit, daß deshalb bei der Neufassung des § 24 HGB das Wort „Ausscheiden" an die Stelle des „Austretens" des früheren Art. 24 ADHGB gewählt worden sei.[227]

Weiterhin war seit der Entscheidung Düringers absolut herrschende Lehre, daß § 24 HGB selbst dann gilt, wenn durch das Ausscheiden eines Gesellschafters aus einer zweigliedrigen Gesellschaft aus der Handelsgesellschaft das Geschäft eines Einzelkaufmanns wird. Vertreter dieser Ansicht waren: 1908 **Hoeniger** bei **Düringer** und **Hachenburg**,[228] 1914 **Lehmann**,[229] 1929 **Goldschmitt**,[230] seit dieser Zeit **Könige**,[231] 1931 **Schwarz**,[232] 1932 **Ritter**,[233] 1938 bei **Krieger** und **Lenz**,[234] 1956 **Kamnitzer**,[235] seit 1940 bei **Heymann** und **Kötter**,[236] seit diesem Jahr auch **von Gadow** und dessen Nachfolger **Würdinger** als Bearbeiter im Reichsgerichtsrätekommentar zum Handelsgesetzbuch,[237] seit 1987 **Ruß** bei **Glanegger**,[238] seit 1989 **Emmerich** bei **Heymann**[239] und 1998 **Ammon**[240].

---

221 Westermann: Personengesellschaftsrecht (1972), 2. (1973), 3. (1975), 4. (1979) I 100 f. Rn. 141

222 Bohnenberg: HGB (1980) § 24. II. c S. 72

223 Heymann-Emmerich: HGB § 24, 6 (1989) S. 218, 2. (1995) S. 305

224 Koller / Roth / Morck-Roth: HGB 1996 § 24, 9 S. 198

225 MüKo-Bokelmann: HGB (1996) § 24, 8 S. 387

226 vgl. Röhricht / von Westphalen-Ammon: HGB (1998) § 24, 14 S. 449

227 vgl. HGB-RGRK-Gadow (1940) § 24, 4 S. 276; -Würdinger § 24, 4 2. (1953) S. 290 f. , 3. (1967) S. 354

228 Düringer / Hachenburg-Hoeniger: HGB § 24, 2 2. (1908) S. 240, 3. (1939) S. 318

229 Lehmann / Ring-Lehmann: HGB 2. (1914) § 24, 2 S. 122 unter Hinweis auf die Rspr. des Kammergerichts (s.u.) und des Reichsgerichts von 1891 (s.o.)

230 vgl. Goldschmitt: HGB (1929) § 24, 3 S. 50

231 vgl. Könige: HGB 2. (1929) § 24, c S. 69; 4. (1936) § 24 S. I70 § 24. c unter Hinweis auf die Rspr. des Kammergerichts (S.u.)

232 vgl. Neufeld / Schwarz-Schwarz: HGB (1931) § 24, 3 S. 89

233 Ritter: HGB 2. (1932) § 24, 2 S. 59 unter Hinweis auch auf die Rechtsprechung des Kammergerichts (s.u.)

234 Krieger / Lenz: Firma und Handelsregister § 24, 4 S. 113 die hierfür auf § 142 HGB verwiesen.

235 vgl. Kamnitzer: HGB 4. (1956) § 24. II. c S. 44

236 vgl. Heymann-Kötter: HGB § 24, 4 (1940) S. 41, 2. (1944) S. 42, 3. (1950) S. 45, 4. (1971) S. 70 unter Hinweis auf weitere Rspr. (s.u.)

237 HGB-RGRK-Gadow (1940) § 24, 4 S. 276; -Würdinger § 24, 4 2. (1953) S. 290 f. und 3. (1967) S. 354 mit Hinweis auch auf RG I 123/1891 (s.o.).

238 vgl. Glanegger-Ruß: HGB § 24, 3 (1987) S. 210, 2. (1990) S. 226, 3. (1993) S. 159, 4. (1996) S. 169

239 vgl. Heymann-Emmerich: HGB (1989) § 24, 6 und Fn. 8 S. 218; 2. (1995) § 24, 6 und Fn. 13 S. 305. Mit Hinweis auf weitere Rspr. (s.u.) und Schlegelberger-Hildebrandt (s.o.).

Düringer fand daneben nicht nur in der Literatur Zuspruch, sondern auch in der Rechtsprechung, ohne daß allerdings seine Entscheidung zitiert wurde. Der **erste Zivilsenat des Reichsgerichts** in Leipzig erklärte 1908 in **RG I 353/1907**[241], wieder unter der Mitwirkung von Düringer, daß § 24 HGB auch auf den Fall anwendbar ist, daß aus einer zweigliedrigen Gesellschaft ein Gesellschafter ausscheidet, und bestätigte insofern vierzehn Monate später seine eigene, von Düringer bearbeitete Entscheidung.

Düringers Ergebnis konkret auf die Firmenfortführung im Rahmen der Geschäftsübernahme gemäß § 142 HGB wurde 1940 ebenfalls von dem **zweiten Zivilsenat des Reichsgerichts**[242] in **RG II 67/1940** und davor, sowohl 1915 als auch 1929, von dem **Kammergericht** in Berlin bestätigt.[243] Das Kammergericht stellte dabei allgemein das freiwillige Ausscheiden dem unfreiwilligen gleich. Darüber hinaus bestätigte das Kammergericht 1921[244] zum wiederholten Mal, daß § 24 HGB auch dann gilt, wenn das Geschäft einer Zweipersonengesellschaft nach Ausscheiden eines Gesellschafters von dem anderen weitergeführt wird.

Das **Oberlandesgericht Hamm** entschied 1983, daß auch, wenn bei einer zweigliedrigen Gesellschaft ein Gesellschafter ausscheidet und der andere das Geschäft entsprechend § 142 HGB ohne Liquidation mit Aktiven und Passiven übernimmt, die Firmenfortführung sich nach § 24 HGB richtet.[245] Dieser Ansicht war auch der **Bundesgerichtshof**, der als Revisionsgericht über diesen Fall zwei Jahre später zu entscheiden hatte.[246] Der zweite Zivilsenat bestätigte dieses Ergebnis danach noch einmal 1988.[247] Der Bundesgerichtshof behandelte in diesen Entscheidungen nicht die Firmenfortführung im Rahmen der Geschäftsübernahme nach § 142 HGB, sondern die freiwillige Übernahme des Geschäfts der aufgelösten Gesellschaft ohne Liquidation mit Aktiven und Passiven durch einen der zwei ehemaligen Gesellschafter, der gegenüber den Fall des § 142 HGB

[240] Röhricht / von Westphalen-Ammon: HGB (1998) § 24, 14 S. 449 und Fn. 21 mit Hinweis auf weitere Rspr. (s.u.), Heymann-Emmerich (s.o.) und Schlegelberger-Hildebrandt (s.o.).
[241] RG I 353/1907 vom 09.05.1908 = Recht 1908 Beilage 2 S. 527 Nr. 2980 = JW 1908, 461 Nr. 33 = Holdheim [1908] 17, 237
[242] RG II 67/1940 vom 27.11.1940 (OLG Dresden) = RGZ 165, (260), 271
[243] vgl. KG 1a X 128/15 vom 26.02.1915 = KG KGJ 48, (122), 123 und KG 1b X 998/28 vom 21.02.1929 = KG JW 1929, 2156 Nr. 3. Bondi merkte in JW 1929, 2156 zu 3.) an, daß diese Entscheidung auf dem Boden der bisherigen Rspr. stehen würde.
[244] KG ZS 1a vom 27.05.1921 = OLGZ (1921) 41, 195
[245] OLG Hamm 8 U 280/1982 vom 29.08.1983 = ZIP 1983, 1198 ff.
[246] BGH II ZR 231/1983 (OLG Hamm) vom 09.07.1984 = BGHZ 92, 79 Nr. 12 = NJW 85, 59 Nr. 15 = JZ 86, 150 = MDR 85, 122 Nr. 15 = BB 84, 1962
[247] BGH II ZR 142/88 (OLG Celle) vom 09.01.1989 = LM § 24 HGB Nr. 16 = NJW 89, 1798 Nr. 9 = MDR 89, 887 Nr. 14 = ZIP 89, 368 = BB 89, 514

entsprechend zu behandelnd ist.[248] Es zeigt sich dadurch, daß auch der Bundesgerichtshof Düringers Ansicht für richtig hielt.

V. Ergebnis und Stellungnahme:

Düringer klärte mit der Reichsgerichtsentscheidung RG I 377/1906 vom 23. März 1907 die Position der Rechtsprechung in bezug auf die Firmenfortführung im Rahmen der Geschäftsübernahme gemäß dem ehemaligen § 142 HGB. Die Firmenfortführung wird im Rahmen dieser Geschäftsübernahme ausschließlich durch § 24 HGB und nicht durch § 22 HGB geregelt. § 142 HGB war insofern keine Spezialvorschrift zu § 24 HGB.

Dieses Ergebnis lag auf der Linie der damals vorherrschenden Lehre. Mit Düringers Entscheidung wurde diese Auffassung zur allgemeinen Meinung. Kritiker dieser Entscheidung fanden sich keine. Auch heute noch gilt Düringers Ergebnis in der Rechtsprechung und der Literatur als unumstritten. Obgleich Düringer nur den speziellen Fall des gerichtlich erzwungenen Ausschlußes eines Gesellschafters aus einer zweigliedrigen Gesellschaft behandelt hatte, gelang es ihm, die letzten Zweifel an der Anwendbarkeit des § 24 HGB auf das gerichtlich erzwungene Ausscheiden eines Gesellschafters aus einer Gesellschaft zu beseitigen. Heute ist unstreitig, daß das "Ausscheiden" im Sinne des § 24 HGB sowohl den freiwilligen Austritt als auch die unfreiwillige Ausschließung eines Gesellschafters aus einer bestehenden Handelsgesellschaft umfaßt. Die gegenteilige Ansicht des Reichsgerichts von 1893 wurde seit Düringers Reichsgerichtsentscheidung weder in der Rechtssprechung noch in der Literatur mehr erwähnt.

Der Auffassung Düringers ist beizutreten. Überzeugend ist sowohl das Argument, daß an die Stelle des Wortes "Austritt" des Art. 24 ADHGB in der Neufassung des § 24 HGB allgemein das "Ausscheiden" eines Gesellschafters getreten ist. Der Gesetzgeber korrigierte damit bewußt die sprachliche Ungenauigkeit, die bei Art. 24 ADHGB zu Auslegungsschwierigkeiten geführt hatte. Darüber hinaus spricht auch zugunsten Düringers Auffassung, daß das Recht am eigenen Firmennamen eine Ausprägung des Persönlichkeitsrechtes darstellt. Zur Übernahme des Namens eines Kaufmanns, unter dem er im Handelsleben aufgetreten ist, ist dessen Einwilligung erforderlich. Insofern kommt man durch Anwendung des § 24 HGB auf den Fall der Geschäftsübernahme bei Ausscheiden eines Gesellschafters aus einer Zweipersonengesellschaft (im Sinne des mittlerweile aufgehobenen § 142 HGB) zu einem sachgemäßen Ergebnis. Nach dieser Vorschrift ist die Zustimmung des ausscheidenden Gesellschafters zur Fortführung der Firma erforderlich, falls dessen Name in der Firma enthalten ist. Ein automatischer Übergang des

[248] vgl. OLG Hamm ZIP 1983, (1198), 1199

Firmennamens mit dem Geschäft gemäß § 142 HGB war daher mit Düringer abzulehnen.

Insgesamt war die Resonanz auf dieses Urteil sehr beachtlich, obgleich Düringer damit keine Neuerungen hervorgebracht hatte. Dies wird belegt durch die eindrucksvolle Anzahl der Zitierungen seiner Entscheidung, die auch heute noch fortdauert. Insofern erscheint diese Reichsgerichtsentscheidung von 1907 auch heute noch, fast ein Jahrhundert später, aktuell.

VI. Die Auswirkungen des Handelsreformgesetzes vom 22. Juni 1998:

Aufgrund der Aufhebung des § 142 HGB durch das Handelsreformgesetz von 1998 richtet sich die Ausschließung eines Gesellschafters aus einer Zweipersonengesellschaft mittlerweile nach § 140 HGB.

§ 140 HGB [Ausschließung eines Gesellschafters]

(1)1 Tritt in der Person eines Gesellschafters ein Umstand ein, der nach § 133 für die übrigen Gesellschafter das Recht begründet, die Auflösung der Gesellschat zu verlangen, so kann vom Gericht anstatt der Auflösung die Ausschließung dieses Gesellschafters aus der Gesellschaft ausgesprochen werden, sofern die übrigen Gesellschafter dies beantragen. 2 Der Ausschließungsklage steht nicht entgegen, daß nach der Ausschließung nur ein Gesellschafter verbleibt.

(2)Für die Auseinandersetzung zwischen der Gesellschaft und dem ausgeschlossenen Gesellschafter ist die Vermögenslage der Gesellschaft in dem Zeitpunkte maßgebend, in welchem die Klage auf Ausschließung erhoben ist.

Die Möglichkeit der Geschäftsübernahme für den verbleibenden Gesellschafter ist nicht mehr ausdrücklich erwähnt, ergibt sich allerdings vor allem aus dem eindeutigen Ziel des Gesetzgebers nach Unternehmenskontinuität.[249] Im Hinblick auf die Firmenfortführung ergibt sich ebenfalls keinerlei Veränderung der Rechtslage. Diese wird nach wie vor durch § 24 HGB geregelt. Nach dem Wortlaut von § 140 HGB ist lediglich von der Ausschließung eines Gesellschafters die Rede. Was mit dem bisherigen Geschäft und der Firma geschieht, wird in dieser Norm offen gelassen. Bezüglich der Firmenfortführung muß dabei auf die allgemeine Vorschrift des Firmenrechts zurückgegriffen werden. Insofern gelten die Erkenntnisse aus dem hier behandelten Problem unverändert.

---

[249] Dt. Bundestag und Bundesrat: Verhandlungen des dt. Bundestags (1997) Bd. 587 Drucksache 13/8444 S. 41 f.

C2 § 24 Abs. 2 HGB - Ist in der Firma „Gebrüder Eichmann" der Name des ausscheidenden Gesellschafters mit dem gleichlautenden Familiennamen enthalten? - RG I 377/1906

I. Tat- und Rechtsfrage:

Düringer war der Ansicht, daß sich die Firmenfortführung bei der Geschäftsübernahme gemäß § 142 HGB nach § 24 HGB richtet. Nach § 24 Abs. 2 HGB ist zur Fortführung der Firma die ausdrückliche Einwilligung des Ausscheidenden erforderlich, wenn dessen Name in der Firma enthalten ist. Der Reichsgerichtsrat mußte daher im vorliegenden Fall überprüfen, ob der Name des Beklagten in der Firma enthalten war, ob die Fortführung der Firma „Gebrüder Eichmann" durch den Kläger Heinrich Eichmann mit oder ohne Einwilligung seines beklagten Bruders Wilhelm Eichmann möglich war.

II. Die Rechtslage vor dem 23. März 1907:

In der Kommentierung Staubs erklärte der damalige Bearbeiter der Kommentierung des § 24 HGB **Stranz** 1906[250], daß unter dem Namen des Ausscheidenden im Sinne des § 24 Abs. 2 HGB nur der Name verstanden werden könne, der zur Bezeichnung der Persönlichkeit des Ausscheidenden dient und als solcher in der Firma enthalten ist. Ob nur der Familienname oder auch Vornamen Bestandteile der Firma sind, hielt er für irrelevant. Es sei Tatfrage, ob die Firma den Namen des Ausscheidenden enthält. Der bloße Gleichklang der Namen entscheide dies nicht. Hierbei ging Stranz auf die Frage ein, ob der Name des Ausscheidenden in der Firma enthalten und daher die Einwilligung des Ausscheidenden erforderlich ist, wenn die Firma „Gebrüder Jäger" lautet, die Brüder Hermann und Heinrich Jäger die Inhaber der Firma sind und Heinrich Jäger ausscheidet. Stranz bejahte dies, da beiden der Name Jäger gemeinsam sei und auch dem ausscheidenden Gesellschafter gehöre. Stranz war damals der einzige, der auf dieses Problem eingegangen war.

III. Die in RG I 377/1906 vom 23. März 1907 von Düringer dargestellte Rechtsauffassung:

Düringer entschied in dem Urteil **RG 377/1906** vom 23. März 1907[251], daß in der Firma „Ringofenziegelei Gebrüder Eichmann" der Name des Beklagten, des Bruders des Klägers, enthalten war und verwies diesbezüglich auf die Kommentierung Staubs. Die unveränderte Firma der offenen Handelsgesellschaft konnte der Kläger dadurch nach § 24 Abs. 2 HGB nur mit ausdrücklicher Einwilligung

---

250 Staub-Stranz 8. (1906) § 24, 3 S. 151

251 RG I 377/1906 vom 23.03.1907 (OLG Hamm) = RGZ 65, (379), 382 = JW 1907, (314), 315 = LZ 1907, 341 Nr. 1

des Beklagten fortführen. Düringer stellte klar, daß der Kläger auf die Erteilung dieser Einwilligung gegenüber seinem beklagten Bruder keinen Rechtsanspruch hat. Darüber hinaus betonte er, daß der Kläger dagegen weder die Einwilligung noch die Mitwirkung des Beklagten benötigt, wenn er das Geschäft unter der Firma „Ringofenziegelei Heinrich Eichmann" weiterführen will.

Nur zur unveränderten Fortführung der alten Firma wäre die Einwilligung des ausscheidenden Beklagten notwendig, da in der Firma „Gebrüder Eichmann" der Name jedes einzelnen Bruders enthalten war, welcher den Familiennamen Eichmann führte.

IV. Die Rechtslage nach dem 23. März 1907 - Reaktionen auf die Entscheidung RG I 377/1906 und Weiterentwicklung:

IV.1 Die Rechtsprechung:

1908 entschied der **erste Zivilsenat des Reichsgerichts** in **RG I 353/1907**[252], daß bei einer von zwei Brüdern gegründeten Gesellschaft die mit ihrem Familiennamen gebildete Firma „Gebrüder X" den Namen eines jeden von ihnen im Sinne des § 24 Abs. 2 HGB enthält, so daß beim Ausscheiden eines Bruders aus dem Geschäft der andere die Firma „Gebrüder X" nur mit Genehmigung des Ausscheidenden weiterführen darf. Der Düringer-Senat des Reichsgerichts zitierte hierzu seine eigene, ein Jahr alte Entscheidung RG I 377/1906 und bestätigte dadurch das Ergebnis Düringers. Obgleich Düringer bei diesem Urteil von 1908 nicht Berichterstatter war, war dennoch aufgrund dessen früherer Entscheidung sein Einfluß entscheidend.

Neu war an den Ausführungen des ersten Zivilsenats von 1908 lediglich die unter Hinweis auf § 19 Abs. 1 und 3 HGB[253] gemachte Klarstellung, daß die Vorschrift des § 24 Abs. 2 HGB und der Art. 24 Abs. 2 ADHGB unter Namen den Familiennamen des Gesellschafters versteht.

Beide Entscheidungen des ersten Zivilsenats wurden in bezug auf das hier erörterte Problem 1937 durch den **zweiten Zivilsenat des Reichsgerichts**, durch **RG II A 106/1937**, ebenfalls bestätigt.[254] Der zweite Zivilsenat stellte darüber

[252] RG I 353/1907 vom 09.05.1908 = JW 1908, 461 Nr. 33 = Recht 1908 Beilage 2 S. 527 Nr. 2980 = Holdheim [1908] 17, 237

[253] Die heute außer Kraft getretene Vorschrift lautete damals: § 19 HGB (1) Die Firma einer offenen Handelsgesellschaft hat den Namen wenigstens eines der Gesellschafter mit einem das Vorhandensein einer Gesellschaft andeutenden Zusatz oder die Namen aller Gesellschafter zu enthalten. (3) Die Beifügung von Vornamen ist nicht erforderlich.

[254] RG II A 106/1937 vom 21.12.1937 (OLG Naumburg a. S.) = RGZ 156, (363), 366

hinaus noch klar, daß die Voraussetzungen dafür, daß ein Name in der Firma enthalten ist, in § 24 Abs. 2 keine anderen als in § 19 HGB sind.

Der **Bundesgerichtshof** mußte sich bisher nicht mit der Firmenfortführung einer Gesellschaft mit dem Namen „Gebrüder X“ befassen. Allerdings würde auch er zu dem gleichen Ergebnis wie Düringer gelangen. Gründungsmitglieder, die den gleichen Familiennamen der Firma besitzen, waren in jedem Fall für diese namensgebend. „Name“ des ausgeschiedenen Gesellschafters im Sinne des § 24 HGB ist nicht nur der volle Name einer Person, also nicht nur der Vorname in Verbindung mit dem Familiennamen, sondern kann durchaus auch der Familienname allein sein. Namensgebend sind daher alle Gründungsgesellschafter, die zur Zeit der Firmengründung den gleichen Familiennamen wie die Firma besaßen. Erforderlich ist immer ein firmenrechtlicher Zusammenhang.[255] Dies war in dem von Düringer zu entscheidenden Sachverhalt der Fall.

IV.2 Die Literatur:

Düringers Ergebnis, daß in der Firma „Gebrüder Eichmann“ der Name jedes einzelnen Bruders enthalten ist, der diesen Familiennamen führt, wurde von einer Vielzahl von Autoren einfach übernommen. In dieser Weise beriefen sich auf die Entscheidung Düringers: 1910 **Ritter**,[256] 1911 **Brand**,[257] seit dieser Zeit bei **Litthauer** und **Mosse**,[258] **Hoeniger** bei **Düringer** und **Hachenburg**,[259] 1929 **Könige**,[260] seit 1939 **Hildebrandt** bei **Schlegelberger**,[261] 1956 **Kamnitzer**,[262] seit 1940 im Reichsgerichtsrätekommentar **von Gadow** und später **Würdinger**,[263] 1966 **Jordan**,[264] seit 1972 bei **Westermann**,[265] 1980 **Bohnenberg**,[266] seit

[255] vgl. hierzu BGH II ZR 231/83 (OLG Hamm) vom 09.07.1984 = BGHZ 92, 79 Nr. 12 = NJW 85, 59 Nr. 15 = JZ 86, 150 = MDR 85, 122 Nr. 15 = BB 84, 1962 und vor allem auch BGH II ZR 142/88 (OLG Celle) vom 09.01.1989 = LM § 24 HGB Nr. 16 = NJW 89, 1798 Nr. 9 = MDR 89, 887 Nr. 14 = BB 89, 514 = ZIP 89, 368.

[256] Ritter: HGB (1910) § 24, 1d S. 43; 2. (1932) § 24, 3 S. 59

[257] Brand: HGB (1911) § 24, 2. c S. 95

[258] Litthauer / Mosse: HGB § 24, 5 14. (1911) S. 28, 16. (1920) S. 29

[259] Düringer / Hachenburg-Hoeniger: HGB 3. (1939) § 24, 3 318

[260] Könige: HGB 2. (1929) § 24, c S. 670; 4. (1936) I S. 70 zu § 24.

[261] Schlegelberger-Hildebrandt: § 24, 6 (1939) S. 149, 2. (1959) S. 168, 3. (1955) S. 180, 4. (1960) S. 185

[262] Kamnitzer: HGB 4. (1956) § 24. III S. 44

[263] HGB-RGRK-Gadow (1940) § 24, 7 S. 276; -Würdinger 2. (1953) § 24, 7 S. 291, 3. (1967) § 24, 7a S. 354

[264] Jordan: Kleines Handbuch des Firmenrechts (1966) S. 157

[265] Westermann: Personengesellschaftsrecht (1972), 2. (1973), 3. (1975), 4. (1979) I 100 f. Rn. 141

[266] Bohnenberg: HGB (1980) § 24, IV S. 74

1989 **Emmerich** bei **Heymann**,[267] 1996 **Roth**[268] und im gleichen Jahr im Münchener Kommentar **Bokelmann**[269]. Einige von ihnen zitierten neben der Entscheidung Düringers auch die des Düringer-Senats von 1908.[270]

1929 verwies **Goldschmitt**[271], 1931 ebenso **Schwarz**[272], auf das Reichsgerichtsurteil RG I 377/1906 lediglich durch Bezugnahme auf das Ergebnis, daß die Einwilligung des ausgeschiedenen Gesellschafters auch dann erforderlich ist, wenn der Vorname nicht in der Firma enthalten ist. Dafür, daß in der Firma „Gebrüder E“ der Name jedes der Brüder E enthalten ist, zitierten sie dagegen die Entscheidung des ersten Zivilsenats von 1908, die allerdings auch auf Düringers Entscheidung von 1907 zurückzuführen ist.[273]

Ammon stellte 1998 das Ergebnis Düringers präziser dar: „Haben die Brüder X eine Personenhandelsgesellschaft mit der Firma Gebrüder X gegründet, enthält die Firma die Namen aller Gründungsgesellschafter, so daß es beim Ausscheiden eines Gesellschafters zur Firmenfortführung stets der Zustimmung nach § 24 Abs. 2 HGB bedarf.“[274]

Nur wenige Autoren gingen auf dieses Problem ein, ohne die Düringer-Entscheidung zu erwähnen. **Dorst**, der sich noch 1906 nicht mit dieser Problematik auseinandergesetzt hatte, hielt 1911 die Einwilligung eines ausscheidenden Gesellschafters auch dann erforderlich, wenn in der Firma einer offenen Handelsgesellschaft, deren Teilhaber zwei Brüder sind, statt der Name beider die Bezeichnung „Gebrüder“ mit dem einfachen Familiennamen enthalten ist.[275] Dorst verwies insoweit auf die spätere Entscheidung des ersten Zivilsenats des Reichsgerichts RG 353/1907[276], welche Düringers Urteil bestätigt hatte. **Ruß** bemerkte seit 1987, zuletzt 1996, ohne irgendwelches Zitieren, daß, wenn ein Bruder aus der Firma „Gebrüder A“ ausscheidet, er namensgebend war.[277]

---

267 Heymann-Emmerich: HGB (1989) § 24, 13 und Fn. 16 S. 220; 2. (1995) § 24, 13 und Fn. 28 S. 307

268 Koller / Roth / Morck-Roth: HGB (1996) § 24, 9 S. 198

269 HGB-MüKo-Bokelmann § 24, 11 und Fn. 26 S. 388

270 so 1910 Ritter, 1911 Brand, 1914 und 1920 bei Litthauer / Mosse, seit 1940 im Reichsgerichtsrätekommentar zum HGB von Gadow und später von Würdinger, 1989 Emmerich, der außerdem noch RG II A 106/37 zitierte.

271 Goldschmitt: HGB (1929) § 24, 5 S. 51

272 Neufeld / Schwarz-Schwarz: HGB (1931) § 24, 5 S. 89

273 s.o.

274 Röhricht / von Westphalen-Ammon: HGB (1998) § 24, 27 und Fn. 40 S. 453

275 Dorst: Der Kaufmann, die Gesellschaften des HGB und die GmbH 2. (1911) S. 39

276 s.o.

277 Glanegger-Ruß: HGB § 24, 9 (1987) S. 211, 2. (1990) S. 227, 3. (1993) S. 159, 4. (1996) S. 170

V. Ergebnis:

Düringer hatte mit RG 377/1906 vom 23.03.1907 eindeutig geklärt, daß in der Firma „Gebrüder X“ die Namen aller Gründungsmitglieder mit dem Namen X enthalten sind, so daß nach § 24 Abs. 2 HGB beim Ausscheiden eines Gesellschafters mit diesem Namen dessen ausdrückliche Einwilligung zur Fortführung der Firma erforderlich ist. Diese Auffassung gilt auch heute noch als unumstrittene Rechtsansicht. Da Düringer bei seiner Entscheidungsfindung allerdings ausdrücklich Staubs Kommentierung folgte, war sein eigentliches Verdienst die Verbreitung dieses Ergebnisses in der Rechtsprechung und der Literatur. Vor Düringers Entscheidung war lediglich Stranz in dem Handelsrechtskommentar von Staub auf diese Problematik eingegangen. Nach der Veröffentlichung des Reichsgerichtsurteils fanden sich dagegen bis zum heutigen Zeitpunkt immer mehr Autoren, die sich damit auseinandersetzten und sein 1907 veröffentlichtes Ergebnis darstellten.

D. Das Rechtsverhältnis der Gesellschafter gegenüber Dritten

Das Reichsgerichtsurteil RG I 33/1912 vom 30. Oktober 1912[278]

Der zugrunde liegende Sachverhalt:

Der angebliche Erfinder des echten Kölnisch Wassers, Johann Maria Farina, vererbte sein Geschäft auf seinen gleichnamigen Neffen, der es wiederum an seine drei Söhne weitervererbte. Nachdem einer der drei Söhne kinderlos verstorben war, waren die übrigbleibenden Söhne Johann Baptist und Carl Anton Hieronymus die alleinigen Inhaber des Geschäfts. 1830 schlossen die Eheleute Johann Baptist Farina einen notariellen „Kauf- und Verkaufs- respektiven Zessionsvertrag" mit ihren Kindern, in dem sie ihrem Sohn Johann Maria Farina das Geschäft übertrugen. Die weiteren Kinder, darunter der Sohn Ökonom Carl Anton Farina, wurden abgefunden und verpflichteten sich dafür im Gegenzug, weder unter dem Namen Farina noch einer anderen Firma eine Fabrikation von Kölnisch Wasser zu errichten. Nach dem Tod des Johann Baptist Farina erbte zunächst seine Witwe, schließlich nach deren Ableben deren zwei Töchter seinen Geschäftsanteil. Diese gründeten mit dem anderen Teilhaber des Geschäfts, Johann Maria Farina, dem Erben des Carl Anton Hieronymus, die offene Handelsgesellschaft „Johann Maria Farina gegenüber dem Jüllichplatz", die sie 1862 eintragen ließen.

Seit 1896 betrieb Franz Hubert Farina, ein Sohn des Ökonom Carl Anton Farina, zusammen mit zwei Kaufleuten unter der Firma „Johann Maria Farina & Co." gegenüber dem Ursulakloster ein Kölnisch-Wasser-Geschäft. Nach mehreren Personaländerungen schied schließlich Franz Hubert Farina aus der Gesellschaft aus. Das Geschäft wurde von dem verbliebenen Gesellschafter, dem Beklagten Döllgen, der später in die Gesellschaft eingetreten war, allein übernommen und weitergeführt. Die Firma wurde 1900 zunächst in „Johann Maria Franz Farina & Co zur St.Ursula", schließlich in „Johann Maria Farina & Cie." umgeändert. Mit der hier vorliegenden Klage machte die offene Handelsgesellschaft „Johann Maria Farina gegenüber dem Jüllichplatz" verschiedene Unterlassungsansprüche geltend, insbesondere den Antrag, dem Beklagten die Führung seiner Firma zu untersagen.

Prozeßgeschichte - Entscheidungen der Vorinstanzen:

Die Kammer für Handelssachen des Königlichen Landgerichts Köln hatte mit Endurteil vom 05.06.1909 dem Beklagten untersagt, zu behaupten, daß das von ihm hergestellte Kölnisch Wasser nach dem Originalrezept des ersten Erfinders hergestellt sei. Im übrigen hat es die Klage und die erhobene Widerklage des Beklagten abgewiesen.

Der erste Zivilsenat des Königlich Preußischen Oberlandesgerichts Köln hatte mit Urteil vom 17.11.1911 die Berufung des Beklagten zurückgewiesen. Auf die Berufung der Klägerin hatte es dem Beklagten unter anderem untersagt, sich im Betrieb eines Kölnisch-Wasser-Geschäfts einer Firma mit dem Namen Johann Maria Franz Farina zu bedienen und zu behaupten, das Kölnisch Wasser werde nach dem Originalrezept des ersten Erfinders hergestellt.

---

[278] RG I 33/1912 vom 30.10.1912 (OLG Köln) = Recht 1913 Nr. 465 und 561 = Kaufmann 1913, 44 f.

I. Die Haftung des neuen Gesellschafters für Altverbindlichkeiten der Gesellschaft - RG I 33/1912[279]

Rechtlicher Streitpunkt der hier vorliegenden Entscheidung war, ob der Beklagte als ein später in die offene Handelsgesellschaft eingetretener Gesellschafter auch an das Verbot, weder unter dem Namen Farina noch einer anderen Firma Kölnisch Wasser herzustellen, gebunden war.

Düringer mußte hierbei zunächst klarstellen, daß eine vertraglich übernommene Verpflichtung, seinen Namen nicht als Firma eines Konkurrenzunternehmens zu verwenden, nicht grundsätzlich unzulässig ist. Er kam zu dem Ergebnis, daß die in diesem Fall zugrunde liegende Vereinbarung wirksam ist und nicht gegen die guten Sitten verstößt. Der damalige Vertragszweck, der Klägerin die Fabrikation und den Vertrieb des Markenprodukts, des echten Kölnisch Wassers, ausschließlich unter ihrer Firma zu erhalten, sei erlaubt gewesen und habe die Erwerbstätigkeit der Kontrahenten in zulässiger Weise beschränkt. Durch diesen Vertrag sei kein Beteiligter gehindert gewesen, unter einer Firma mit seinem Namen irgend ein anderes Geschäft zu betreiben.[280]

Als nächstes stellte der Reichsgerichtsrat aufgrund der Vertragsauslegung fest, daß dieses vertraglich vereinbarte Wettbewerbsverbot nicht nur auf die beteiligten Vertragsparteien beschränkt war, sondern darüber hinaus auch deren Erben und Rechtsnachfolger betreffen sollte. Düringer begründete dieses Ergebnis mit dem erkennbaren wirtschaftlichen Zweck dieser Vereinbarung, dem Berechtigten die Rechte an dem Produkt zu sichern. „Das sorgsam gehütete, von den Kontrahenten schon damals als überaus wertvoll erkannte Fabrikationsgeheimnis und seine Verknüpfung mit der Firma wäre ein sehr fragwürdiger Besitz gewesen, wenn Recht und Verpflichtung aus dem Vertrag auf die einzelnen Personen, die den Vertrag tätigten, beschränkt gewesen wäre.“[281]

Düringer stellte weiter klar, daß das Wettbewerbsverbot, indem der Rechtsnachfolger eines der damaligen Kontrahenten, Franz Hubert Farina als der Sohn und Erbe des Ökonom Carl Anton Farina, eine geschäftliche Tätigkeit aufgenommen hatte, zu einer Geschäftsverbindlichkeit geworden war. Für Düringer war dessen geschäftliches Gewerbe mit jener negativen Verbindlichkeit behaftet. Düringer vertrat deshalb die Auffassung, daß das Wettbewerbsverbot zugleich auch eine

---

[279] RG I 33/1912 vom 30.10.1912 (OLG Köln) = Recht 1913 Nr. 465 und 561 = Kaufmann 1913, 44 f.

[280] vgl. RG I 33/1912 vom 30.10.1912 (OLG Köln) = Recht 1913 Nr. 465. Der Beklagte hatte geltend gemacht, daß eine derartige zeitlich unbeschränkte Verpflichtung, welche die wirtschaftliche Betätigung für Generationen und für alle Zeiten beschränke, mit dem Grundsatz der Gewerbefreiheit unvereinbar und daher gemäß Art. 1133 Code Civil nichtig sei.

[281] RG I 33/1912 vom 30.10.1912 (OLG Köln) Band IV 12, 39 S. 6 des Originalurteils

Geschäftsverbindlichkeit der von dem Rechtsnachfolger Franz Hubert Farina gegründeten offenen Handelsgesellschaft „Johann Maria Franz Hubert Farina" war, in welcher dieser seine geschäftliche Tätigkeit entfaltete.[282]

Die Hauptfrage des hier vorliegenden Falls war schließlich, ob der Beklagte als später eingetretener Gesellschafter und nach Austritt des letzten Gesellschafters als alleiniger Übernehmer des Geschäfts das Wettbewerbsverbot, das einen Mitgesellschafter und Mitbegründer der Gesellschaft belastet hatte, beachten mußte.

Düringer hatte es insoweit mit dem Problem der Haftung eines neu in die offene Handelsgesellschaft eintretenden Gesellschafters für alte Gesellschaftsverbindlichkeiten zu tun. Diese Frage richtet sich nach § 130 HGB. Diese Vorschrift wurde fast wörtlich dem Art. 113 ADHGB nachgebildet und gilt seit dem Inkrafttreten des Handelsgesetzbuches vom 10. Mai 1897 mit dem 01. Januar 1900 bis heute unverändert fort.

> **§ 130 HGB**:[283]
> (1)Wer in eine bestehende Gesellschaft eintritt, haftet gleich den anderen Gesellschaftern nach Maßgabe der §§ 128 und 129 für die vor seinem Eintritt begründeten Verbindlichkeiten der Gesellschaft, ohne Unterschied, ob die Firma eine Änderung erleidet oder nicht.
> (2) Eine entgegenstehende Vereinbarung ist Dritten gegenüber unwirksam.

II. Die Rechtslage vor dem 30. Oktober 1912:

II.1 Die Rechtsprechung:

Der erste Zivilsenat des Reichsgerichts hatte ohne Mitwirkung des Senatsangehörigen Düringer bereits 1907 in **RG I 407/1906**[284] entschieden, daß für den Abfindungsanspruch eines ausscheidenden Gesellschafters nicht nur die Mitgesellschafter haften, welche das Geschäft nebst Firma mit Aktiven und Passiven übernehmen, sondern darüber hinaus als Verbindlichkeit der fortgesetzten offenen Handelsgesellschaft auch die an die Stelle des ausscheidenden Gesellschafters neu eintretenden Gesellschafter, falls nichts Entgegenstehendes vereinbart wurde. Ein halbes Jahr später stellte Düringer als Berichterstatter des Reichsgerichtsurteils **RG I 502/1906**[285] klar, daß für die Erfüllung einer Gesell-

[282] vgl. RG I 33/1912 vom 30.10.1912 (OLG Köln) Band IV 12, 39 S. 7 des Originalurteils
[283] Art. 113 ADHGB lautete demgegenüber: Wer in eine bestehende Handelsgesellschaft eintritt, haftet gleich den andern Gesellschaftern für alle von der Gesellschaft vor seinem Eintritte eingegangenen Verbindlichkeiten, es mag die Firma eine Änderung erleiden oder nicht. Ein entgegenstehender Vertrag ist gegen Dritte ohne rechtliche Wirkung.
[284] RG I 407/1906 vom 27.03.1907 = LZ 1907, 500 Nr. 1. Düringer war zu dieser Zeit zwar Angehöriger des ersten Zivilsenats am Reichsgericht, wirkte allerdings bei dieser Entscheidung seines Gremiums nicht mit.
[285] RG I 502/1906 vom 21.09.1907 (OLG Frankfurt) = RGZ 66, 320 Nr. 76 = Recht 1907, 1329 f. Nr. 3360

schaftsverbindlichkeit alle Gesellschafter, sowohl die bereits vorhandenen als auch die noch später in die Gesellschaft eintretenden, nach § 130 HGB haften.

II.2 Die Literatur:

Die Rechtslage in bezug auf die Haftung der später eintretenden Gesellschafter für Altverbindlichkeiten einer offenen Handelsgesellschaft war durch das Gesetz, insbesondere durch die Vorschrift des § 130 HGB, und vor dem Inkrafttreten des neuen Handelsgesetzbuches durch den fast wortwörtlich gleichen Art. 113 ADHGB, eindeutig bestimmt. Nach dem Wortlaut des Gesetzes hafteten die neu eintretenden Gesellschafter gleich den anderen Gesellschaftern für die vor seinem Eintritt begründeten Gesellschaftsverbindlichkeiten. Dementsprechend fiel auch die Kommentierung dieses Problems einheitlich aus.[286]

Staub[287] und sein späterer Bearbeiter **Pinner**[288] bezeichneten die Rechtslage für den neu hinzutretenden Gesellschafter so, als seien die Gesellschaftsschulden zur Zeit seiner Mitgliedschaft entstanden. **Cosack**[289] beschrieb 1910 die Situa-

---

[286] vgl. Behrend: Lehrbuch des Handelsrechts (1896) 1. Band S. 520 f. ; Staub: HGB 6./7. (1900) § 130, 6 S. 424 f. ; Staub-Pinner: HGB § 130, 6 8. (1906) S. 495, 9. (1912) S. 555; Cosack: Lehrbuch des Handelsrechts 6. (1903) § 110. II. 2 S. 527 und 7. (1910) § 198. II. 4a S. 693; Goldmann: Das HGB 2. Band (1905) § 130, 9 S. 578; Makower: HGB 13. (1906) § 130. III S. 352; Ritter: HGB (1910) § 130, 1 S. 178; Brand: Das HGB (1911) § 130, 2 S. 377; Heilfron: Lehrbuch des Handelsrechts 2. (1912) 1. Band § 25, 3 S. 337

[287] Staub: ADHGB Art. 113 § 4 3./4. (1896) S. 195 f. , 5. (1897) S. 209; Staub: HGB 6./7. (1900) § 130, 6 S. 424 f.

[288] Staub-Pinner: HGB § 130, 6 8. (1906) S. 495, 9. (1912) S. 555

[289] Konrad Cosack (1855 - ?), Sohn eines Pfarrers und ordentlichen Professors für praktische Theologie, studierte in Berlin, München und Halle. Nach bestandener Referendarprüfung 1875 in Naumburg, Promotion 1877 in Halle und bestandener Assessorprüfung 1880 habilitierte er an der juristischen Fakultät in Berlin. Cosack war zunächst von 1882 bis 1885 Privatdozent, danach bis 1889 außerordentlicher Professor in Berlin. Danach wirkte er als ordentlicher Professor, zunächst von 1889 bis 1893 in Gießen, von 1893 bis 1896 in Freiburg und von 1896 bis 1915 in Bonn, wo er aus Gewissensgründen aufgrund erfolglos angestrebten Universitätsreform und anschließendem Streit mit dem Ministerium seine Professur plötzlich niederlegte. Drei Jahre später im Jahre 1918 kehrte er schließlich wieder an die Universität zurück, als Honorarprofessor in München. Cosack war vor allem Professor des deutschen bürgerlichen Rechts und des Handelsrechts, unterrichtete jedoch auch auf dem Gebiet der deutschen Rechtsgeschichte, des Zivilprozeßrechts, des Staatsrechts und des Kirchenrechts. Von seinen wissenschaftlichen Arbeiten sind insbesondere seine beiden Lehrbücher, das Lehrbuch über das Handelsrecht, das von 1888 bis 1923 zehn Auflagen erlebte, und das über bürgerliches Recht, welches in zwei Bänden erschien und von 1898 bis 1913 sechs Auflagen erlebte, zu nennen. Cosack war neben seiner Tätigkeit als Professor und Verfasser juristischer Werke Stadtverordneter und mehrfach nebenberuflich sogar Richter (am Amts- und Landgericht Berlin, 1902/03 am Bonner Landgericht und von 1916 bis 1918 am Bonner Kaufmannsgericht). Quelle: Die Rechtswissenschaft der Gegenwart in Selbstdarstellungen, 1. Band, hrsg. von Planitz, 1924 S. 1-24

tion des später hinzutretenden Gesellschafters so, als ob er der Gesellschaft schon von Anfang an angehört hätte.[290] **Goldmann** betonte 1905, daß die Haftung des neu eingetretenen Gesellschafters alle vor seinem Eintritt in die Gesellschaft begründeten Verbindlichkeiten der Gesellschaft umfaßt, unabhängig worin diese ihren Rechtsgrund haben.[291]

Auch **Brand** bemerkte 1911, daß der neue Gesellschafter nach § 130 HGB für alle vor seinem Eintritt begründeten Verbindlichkeiten der Gesellschaft haftet. Im Gegensatz zu Goldmann konkretisierte er jedoch diese Auffassung. Seiner Ansicht nach muß der neue Gesellschafter nicht nur für die durch den Geschäftsbetrieb der Gesellschaft entstandenen, sondern auch für alle sonstigen, der Gesellschaft zur Last fallenden Verpflichtungen einstehen. Zu diesen Verpflichtungen zählte Brand auch diejenigen, die sich auf die Führung der Gesellschaftsfirma beziehen, soweit sie wesentlich vermögensrechtlicher Natur sind, und berief sich insoweit auf das Reichsgerichtsurteil RG I 502/1906 Düringers von 1907[292].[293]

Makower stellte 1906 fest, daß die Gesellschaftsverbindlichkeit durch den Eintritt eines neuen Gesellschafters unberührt bleibt und daß dieser wie die anderen Gesellschafter dafür haftet. Eine Beschränkung der Haftung für Verbindlichkeiten der Gesellschaft, wie bei § 28 HGB für „alle im Betrieb des Geschäfts entstandenen Verbindlichkeiten", enthalte § 130 HGB nicht. Makower erklärte des weiteren, daß § 130 HGB lediglich die Haftung im Außenverhältnis und nicht das interne Verhältnis der Gesellschaft betrifft. Über die im inneren Verhältnis des neu eintretenden Gesellschafters gegenüber den bisherigen Gesellschaftern bestehende Verpflichtung zur Tilgung der bisherigen Gesellschaftsverbindlichkeiten bestimme § 130 HGB nichts. Hierüber entscheide im Einzelfall das Vertragsverhältnis.[294]

Für **Hagemann** lag 1911 in der Haftung des neu eingetretenen Gesellschafters gemäß § 130 HGB für alle schon bestehenden als auch der neuen Schulden der Gesellschaft für die offene Handelsgesellschaft die wesentliche Folgerung aus dem Gesamthandsprinzip.[295]

Der spezielle Fall, ob ein später in eine offene Handelsgesellschaft eingetretener Gesellschafter gemäß § 130 HGB auch für die Verpflichtung eines ehemaligen Mitgesellschafters, eine bestimmte Firma nicht zu führen, einzustehen hat, war

[290] Cosack: Lehrbuch des Handelsrechts 7. (1910) § 198. II. 4a S. 693
[291] Goldmann: Das HGB 2. Band (1905) § 130, 9 S. 578
[292] s.u.
[293] Brand: Das HGB (1911) § 130, 2 S. 377
[294] Makower: HGB 13. (1906) § 130. III S. 352
[295] Hagemann: Der Eintritt eines Gesellschafters in die OHG (1911) S. 90 f.

weder in der Rechtsprechung noch in der Literatur besprochen worden, so daß dies Düringer zum ersten Mal zu entscheiden hatte. Hierbei konnte der Reichsgerichtsrat allerdings auf eine vom Wortlaut des Gesetzes klare und in der Literatur einheitlich interpretierte Rechtslage zurückgreifen.

Als allgemeine Auffassung galt damals, daß ein späterer Eintritt eines Gesellschafters in eine bestehende Handelsgesellschaft bezüglich der Haftung für Gesellschaftsverbindlichkeiten keine Differenzierung gegenüber den anderen Gesellschaftern rechtfertigt. Der neu eingetretene Gesellschafter wurde in bezug auf seine Haftung im Außenverhältnis so angesehen, als ob er schon von Anfang an Gesellschafter gewesen wäre.[296]

Unterschiedliche rechtliche Auffassungen gab es lediglich, wie die Haftung des neu eintretenden entsteht. Hierbei wurde diskutiert, ob diese schon unmittelbar mit dem Eintritt in die bestehende Gesellschaft kraft Gesetz, mittels der Eintragung in das Handelsregister oder aufgrund einer sonstigen Kundmachung vollzogen wird.[297]

III. Die in RG I 33/1912 vom 30. Oktober 1912 von Düringer dargestellte Rechtsauffassung:

Düringer stellte in dem Reichsgerichtsurteil **RG I 33/1912** vom 30. Oktober 1912 als Ergebnis dar, daß die Verpflichtung, seinen Namen nicht als Firma zu einem Konkurrenzunternehmen zu benutzen, auch für eine von dem Erben des Schuldners gegründete offene Handelsgesellschaft gilt, und zwar auch dann, wenn der Erbe aus dieser offenen Handelsgesellschaft wieder ausscheidet.[298]

Für Düringer war es bei einer offenen Handelsgesellschaft, die im rechtsgeschäftlichen Verhältnis nach außen als Einheit auftritt, im Außenverhältnis undenkbar, daß eine Geschäftsverbindlichkeit der in Frage stehenden Art für den einen Gesellschafter bindend ist und für den anderen nicht existiert.

III.1 Das Reichsgerichtsurteil RG I 452/1903 vom 27. Februar 1904:

Düringer erklärte unter Berufung auf das Reichsgerichtsurteil des ersten Zivilsenats **RG I 452/1903** vom 27. Februar 1904, bei dem er selbst nicht mitgewirkt

---

[296] s.o.

[297] vgl. u.a. Behrend: Lehrbuch des Handelsrechts (1896) 1. Band S. 520 und Fn. 21 m. w. H.; vgl. auch Hagemann: Der Eintritt eines Gesellschafters in die OHG (1911) S. 94 ff. ; von Rechts wegen sofort mit wirksamen Eintritt in die Gesellschaft: u. a. Cosack: Lehrbuch des Handelsrechts 6. (1903) § 110. II. 2 S. 527 und 7. (1910) § 198. II. 4a S. 693; Schlegelberger-Schmidt: HGB 5. (1992) § 130, 16 S. 517; HGB-RGRK-Habersack 4. (1997) § 130, 2 S. 170 und § 130, 13 S. 176; Röhricht / von Westphalen-von Gerkan: HGB (1998) § 130, 6 S. 1199

[298] RG I 33/1912 vom 30.10.1912 (OLG Köln) = Recht 1913 Nr. 561

hatte, obgleich er zu diesem Zeitpunkt bereits diesem Senat angehörte[299], daß die Verpflichtung, eine bestimmte Firma nicht zu führen, Geschäftsverbindlichkeit sein kann.[300] Der erste Zivilsenat hatte damals im Hinblick auf § 25 HGB ausgeführt, daß unter „im Betriebe des Geschäfts begründeten Verbindlichkeiten“ und unter dem gleichbedeutenden Ausdruck “Geschäftsverbindlichkeiten“ Verpflichtungen verstanden werden, welche mit dem Geschäftsbetrieb in einer solchen engen, inneren Verbindung stehen, daß sie als eine Folge dieses Geschäftsbetriebes erscheinen.[301]

Düringer betonte, daß eine solche Geschäftsverbindlichkeit durch jeden neu eintretenden Gesellschafter mit übernommen wird, was sich aus § 130 HGB, dem ehemaligen Art. 113 ADHGB, ergebe. An dieser Stelle verwies er auf das Reichsgerichtsurteil **RG I 502/1906** vom 21. September 1907, das er selbst als Berichterstatter zu verantworten hatte, wo dies ausdrücklich besprochen worden sei.[302]

III.2 Das Reichsgerichtsurteil RG I 502/1906 vom 21. September 1907:

In diesem Reichsgerichtsurteil hatte Düringer klargestellt, daß eine Gesellschaftsschuld nach § 130 HGB auch für alle in der Zukunft in die Gesellschaft eintretenden Gesellschafter maßgebend bleibt, so daß diese ebenso für ihre Erfüllung haften müßten.[303]

---

[299] Wirth: Adelbert Düringer – Jurist zwischen Kaiserreich und Republik (1989) S. 5; Steitz: Adelbert Düringer am Reichsgericht (1902-1915) (1995) S. 13

[300] RG I 452/1903 vom 27.02.1904 (OLG Kiel) = RGZ 58, 21 Nr. 5. In dieser Entscheidung hatte die Klägerin (eine Aktiengesellschaft) mit dem Rechtsvorgänger der Beklagten (eine GmbH) gegen Zahlung eines Entgelts eine Änderung dessen Firmennamen bewirkt, um eine Verwechslung beider Handelsgeschäfte, die im gleichen Gewerbe tätig waren, zu vermeiden. Da der Übernehmer des Geschäfts sich nicht an diese Abmachung hielt und seinen Firmennamen entsprechend wieder ändern ließ, hatte die Klägerin Unterlassungsklage erhoben.

[301] RG I 452/1903 = RGZ 58, (21), 23 unter Hinweis auf RG III 241/1885 vom 12.01.1896 (OLG Celle) = RGZ 15, (51 Nr. 13), 54, wo dies bereits erklärt worden war, und RG V 51/1893 vom 31.05.1894 in Bolze [1894] 16, 189 f. Nr. 315. In RG I 452/1903 hatte das Reichsgericht die Vereinbarung, eine bestimmte Firma nicht zu führen, als Geschäftsverbindlichkeit bezeichnet, für die der Geschäftsübernehmer bei Weiterführung des Geschäfts gemäß § 25 Abs. 1 HGB unmittelbar hafte. Begründet hatte der Senat seine Entscheidung damit, daß der Betrieb des Handelsgeschäfts unter einer Firma, die der Firma der Klägerin ähnelte, für beide Teile Unzuträglichkeiten hervorgerufen hatte, und deshalb die Vereinbarung über die Änderung der Firma Folge des Geschäftsbetriebs war. In RG III 241/1885 zählte der dritte Zivilsenat eine aus dem damaligen § 2 des Haftpflichtgesetzes entspringende Schadensersatzpflicht eines Fabrikbesitzers gegenüber einem seiner Arbeiter aus einem Betriebsunfall. In RG V 51/1893 zählten zu den Geschäftsschulden der Gesellschaft und damit des Übernehmers die Mietverpflichtungen für die Betriebsräume.

[302] RG I 502/1906 vom 21.09.1907 (OLG Frankfurt) = RGZ 66, 320 Nr. 76 = Recht 1907, 1329 f. Nr. 3360

[303] RGZ 66, (320), 322 = Recht 1907, 1329 f. Nr. 3360

In **RG I 502/1906** hatte Düringer ausgesprochen, daß Verbindlichkeiten, die sich auf die Führung der Gesellschaftsfirma beziehen, von der offenen Handelsgesellschaft als Gesellschaftsschuld übernommen werden können. In dem konkreten Fall lag eine Vereinbarung zwischen den Gesellschaftern einer offenen Handelsgesellschaft vor, welche die Überlassung der Firma an Dritte für unzulässig erklärte. Diese Vereinbarung hielt Düringer nicht nur für eine persönliche Verbindlichkeit der Kontrahenten, die das interne Verhältnis der damaligen Gesellschafter betreffe, sondern auch für eine Gesellschaftsschuld der offenen Handelsgesellschaft, für deren Erfüllung nach § 130 HGB gleichfalls alle in der Folge eintretenden Gesellschafter einzustehen haben.

Sein Ergebnis begründete Düringer damals damit, daß Verbindlichkeiten, die sich auf die Firmenführung beziehen, im wesentlichen vermögensrechtlicher Natur sind. Darüber hinaus könne der Zweck der konkreten vertraglichen Bestimmung nur dann erreicht werden, wenn für ihre Erfüllung sämtliche unter der Firma der offenen Handelsgesellschaft vereinigten Personen, sowohl die damaligen als auch die künftig eintretenden, als Gesamtschuldner haften.[304]

Düringer führte in RG I 33/1912 weiter aus, daß der Beklagte mit seinem Eintritt in eine bestehende offene Handelsgesellschaft die hinsichtlich der Firmenführung für den Gesellschafter und Mitbegründer der Gesellschaft Franz Hubert Farina bestellte Verbindlichkeit übernommen hatte. Nachdem er das Geschäft nach Austritt des letzten Mitgesellschafters als Alleininhaber unter der bisherigen Firma weitergeführt hatte, haftete er weiter gemäß dem in § 25 HGB niedergelegten, einem alten Handelsgewohnheitsrecht entsprechendem Prinzip für die im Betrieb des Geschäfts begründete Verbindlichkeit.

Düringer stellte klar, daß sowohl die Verbindlichkeiten einer Gesellschaft als auch die Rechte einer Gesellschaft von einem Wechsel ihrer Mitglieder unabhängig sind.[305]

IV. Die Rechtslage nach dem 30. Oktober 1912 - Reaktionen auf die Entscheidung RG I 33/1912:

Das Reichsgerichtsurteil des ersten Zivilsenats RG I 33/1912 bewirkte keine allzu große Resonanz. Zwar gaben einige juristische Zeitschriften[306] dessen Er-

[304] RGZ 66, (320), 322

[305] vgl. RG I 33/1912 vom 30.10.1912 = Recht 1913 Nr. 561. Düringer berücksichtigte in dem hier vorliegenden Fall, daß das Verbot des Beklagten, eine bestimmte Firma nicht zu führen, auf der anderen Seite als entsprechender Anspruch ein Aktiva der unter der Firma der Klägerin betriebenen offenen Handelsgesellschaft darstellte, das auch bei einem Gesellschafterwechsel unbeeinflußt weiter bestehen bleibe.

[306] RG I 33/1912 vom 30.10.1912 (OLG Köln) = Recht 13 Nr. 465 und 561 = Kaufmann 1913, 44 f.

gebnis wieder, in der amtlichen Sammlung wurde es allerdings nicht veröffentlicht. Auch in der späteren Literatur finden sich nur wenige Autoren, welche die Entscheidung Düringers zur Kenntnis nahmen und in ihren Kommentierungen berücksichtigten.

Pinner, der Bearbeiter des Werkes von Staub, bemerkte von 1920 bis 1932 unter Hinweis auf die reichsgerichtliche Entscheidung Düringers, daß der neu eingetretene Gesellschafter nicht nur für die bisherigen Gesellschaftsschulden, sondern auch für die Verpflichtung haftet, eine bestimmte Firma nicht zu führen oder keinen Wettbewerb zu machen. Pinner verdeutlichte insoweit die Haftung des neuen Gesellschafters für alle Altverbindlichkeiten der Gesellschaft, als seien diese zur Zeit seiner Mitgliedschaft entstanden.[307]

Bei **Könige**[308] wurde sowohl 1929 als auch 1936 der neu eintretende Gesellschafter in bezug auf seine Haftung für Altverbindlichkeiten der Gesellschaft so angesehen, als wenn er schon im Augenblick der Entstehung der Schuld Gesellschafter gewesen wäre. Als Beispiele für die Haftung für Altverbindlichkeiten der Gesellschaft wurde einerseits die Haftung für die Abfindung des Ausgeschiedenen und andererseits unter Hinweis auf das Reichsgerichtsurteil Düringers die Haftung für Unterlassungspflichten der Gesellschaft, wie für Firmierungs- und Wettbewerbsverbote, aufgeführt.

Geßler stellte von 1939 bis zuletzt 1965[309] klar, daß der neu eintretende Gesellschafter für alle vor seinem Eintritt begründeten Verbindlichkeiten der Gesellschaft ohne Ausnahme haftet. Der neu eintretende Gesellschafter werde so angesehen, als ob er seit Inkrafttreten der Gesellschaft nach außen ihr Gesellschafter war. Geßler wies unter Bezugnahme auf die Reichsgerichtsentscheidung des ersten Zivilsenats von 1912 darauf hin, daß den später eingetretenen Gesellschafter die gleichen Unterlassungspflichten treffen wie sie für die anderen Gesellschafter bestehen. Als weitere Beispiele von Altverbindlichkeiten, für die der neue Gesellschafter haftet, führte Geßler noch gegen die Gesellschaft ergangene rechtskräftige Urteile an und die Abfindung des vor seinem Eintritt und aus Anlaß seines Eintritts ausgeschiedenen Gesellschafters[310].

[307] Staub-Pinner: HGB § 130, 6 10. (1920) S. 632, 11. (1921) S. 632, 12./13. (1926) S. 703, 14. (1932) S. 741 f.

[308] Könige: HGB § 130, 2 2. (1929) S. 254, 3. (1932) S. 254, 4. (1936) S. 67. II

[309] Schlegelberger-Geßler: HGB § 130, 21 (1939) S. 563, 2. (1950) S. 692 f. , 3. (1955) S. 978, 4. (1965) S. 1155. Dagegen erwähnte Karsten Schmidt, Geßlers Nachfolger als Bearbeiter in Schlegelbergers Kommentar, in der 5. Folgeauflage von 1992, das Reichsgerichtsurteil Düringers nicht mehr.

[310] unter Hinweis auf RG II 63/18 vom 02.07.1918 (OLG Stuttgart) = RGZ 93, (227), 228 und RG I 407/06 (s.o.)

Düringers Reichsgerichtsurteil von 1912 fand darüber hinaus auch in dem Großkommentar zum Handelsgesetzbuch Erwähnung. Von 1942 bis 1950[311] stellte der damalige Bearbeiter **Weipert** klar, daß die Haftung eines neu eingetretenen Gesellschafters sich auf alle bisherigen Schulden der Gesellschaft, ohne Rücksicht auf den Grund ihrer Entstehung, erstrecken würde und weiter als die Haftung nach §§ 25, 27 und 28 HGB gehe, die nur die im Betriebe des Geschäfts begründeten Verbindlichkeiten betreffen würden. Die Haftung des neuen Gesellschafters entspreche damit der Haftung der ursprünglichen Gesellschafter. Weipert führte als Beispiel auf, daß der neu eintretende Gesellschafter deshalb für die dem ausscheidenden Gesellschafter zu zahlende Abfindung haftet, die eine echte Gesellschaftsschuld ist, wenn nicht im Vertrag mit dem Ausscheidenden bestimmt ist, daß nur die übrigen Gesellschafter die Abfindung zu zahlen haben[312]. Er erklärte weiterhin, daß der neue Gesellschafter auch für sonstige Verpflichtungen der Gesellschaft aus den früheren Beziehungen des Ausscheidenden zur Gesellschaft, wie für die vertraglich übernommene Verpflichtung, dem Ausscheidenden keinen Wettbewerb zu machen oder eine bestimmte Firma nicht zu führen, haften würde und zitierte hierfür die Entscheidung Düringers.

Fischer übernahm 1973 die Bearbeitung Weiperts und größtenteils auch dessen Ausführungen. Das Ergebnis des Reichsgerichtsurteils des ersten Zivilsenats von 1912 erwähnte er allerdings nicht mehr.[313]

In der übrigen Literatur beschränkte man sich auf allgemeine Darstellungen über die Haftung des später in die Gesellschaft eintretenden Gesellschafters, ohne die Entscheidung Düringers oder dessen Ergebnis zu erwähnen. Allgemeine Auffassung war, daß der neu eintretende Gesellschafter gleich den anderen Gesellschaftern auch für die Gesellschaftsschulden haftet, die bereits vor seinem Eintritt in die Gesellschaft entstanden waren.[314]

---

[311] HGB-RGRK-Weipert § 130, 10 (1942) S. 244, 2. (1959) S. 274 f.

[312] unter Hinweis auf RG II 63/18 vom 02.07.1918 (OLG Stuttgart) = RGZ 93, (227), 228 und RG I 407/06 (s.o.)

[313] vgl. HGB-RGRK-Fischer 3. (1973) § 130, 24 S. 336 f.

[314] vgl. Lehmann / Ring-Lehmann: Das HGB 2. (1914) § 130, 3 S. 414; Cosack: Lehrbuch des Handelsrechts 8. (1920) § 218. I. 2a S. 478; 9. (1922), 10./11. (1923) § 217. I. 2a S. 481; Heilfron: Grundriß des Handelsrechts 3. (1928) § 22. IV S. 88; Neufeld / Schwarz-Schwarz: HGB (1931) § 130, 5 S. 359; Ritter: HGB 2. (1932) § 130, 3 S. 306; Düringer / Hachenburg-Flechtheim: HGB 3. (1932) § 130, 11 S. 735 f. ; Baumbach: HGB § 130, 2 (1932) S. 200, 6. (1943) S. 335; Baumbach / Hopt-Hopt: HGB 29. (1995) § 130, 3 S. 473; Heymann / Kötter: HGB § 130, 2 (1940) S. 158, 2. (1944) S. 164, 3. (1950) S. 172, 4. (1971) S. 457 f. ; HGB-RGRK-Fischer 3. (1973) § 130, 24 S. 336 f. ; Schlegelberger-Schmidt: HGB 5. (1992) § 130, 1 S. 513 und § 130, 16 S. 517; Heymann-Emmerich: HGB 2. (1996) § 130, 7 S. 246; HGB-RGRK-Habersack 4. (1997) § 130, 1, 2 S. 170 und § 130, 12, 13 S. 176

Hueck beschrieb von 1946 bis zuletzt 1971, daß der neue Gesellschafter nach außen für alle Gesellschaftsverbindlichkeiten unbeschränkt haftet, gleichgültig ob sie vor oder nach seinem Eintritt entstanden sind.[315] Für **Lehmann** umfaßte 1914[316] die Haftung des neuen Gesellschafters alle vor seinem Eintritt begründeten Verbindlichkeiten der Gesellschaft. **Cosack** beschrieb von 1920 bis 1923, daß der neue Gesellschafter für schon bestehende Gesellschaftsschulden in der gleichen strengen Art wie für solche haftet, die erst nach dessen Eintritt in die Gesellschaft begründet wurden.[317] **Schwarz** erklärte 1931[318] die Haftungssituation für den neu Eingetretenen wie schon vorher Staub und Pinner,[319] daß dieser so angesehen wird, als sei dieser schon bei Entstehung der Schulden Gesellschafter gewesen. Ebenso äußerte sich 1932 **Flechtheim** in dem Kommentar von **Düringer** und **Hachenburg**.[320] Dieser stellte darüber hinaus klar, daß § 130 HGB nur die Haftung des eintretenden Gesellschafters für die bestehenden Gesellschaftsschulden im Verhältnis zu den Gesellschaftsgläubigern regeln würde. Ob dieser auch im internen Verhältnis zu den Mitgesellschaftern dafür aufzukommen hat, bestimme sich nach dem Inhalt des Aufnahmevertrags. Flechtheim folgte insoweit Makower[321], der dies bereits 1906 festgestellt hatte.

Kötter sah 1971 den Sinn des § 130 HGB darin, daß die Gesellschafter einer offenen Handelsgesellschaft für die vor und nach ihrem Eintritt begründeten Gesellschaftsverbindlichkeiten nicht unterschiedlich haften sollen.[322] **Schmidt** erklärte 1992, daß nach dem Zweck dieser Norm alle Gesellschafter für sämtliche Gesellschaftsschulden einheitlich haften sollen. Dadurch würde sich § 130 HGB von § 28 HGB unterscheiden.[323] **Emmerich** war 1996 bezüglich des Regelungsgehalts dieser Norm einer Meinung mit Kötter und Schmidt. Für ihn zog das Gesetz damit die gebotene Folgerung aus der Akzessorietät der Gesellschafterhaftung.[324] Er betonte, daß das Haftungsstatut sämtlicher Gesellschafter der offenen Handelsgesellschaft ohne Rücksicht darauf, wann sie der Gesellschaft beigetreten sind, gleich ist.[325]

---

[315] Hueck: Das Recht der OHG (1946) S. 222, 2. (1951) S. 253 f. , 3. (1964) S. 287, 4. (1971) S. 393

[316] Lehmann / Ring-Lehmann: Das HGB 2. (1914) § 130, 2 S. 413 und § 130, 3 S. 414

[317] Cosack: Lehrbuch des Handelsrechts 8. (1920) § 218. I. 2a S. 478; 9. (1922) und 10./11. (1923) § 217. I. 2a S. 481

[318] Neufeld / Schwarz-Schwarz: HGB (1931) § 130, 5 S. 359

[319] s.o.

[320] Düringer / Hachenburg-Flechtheim: HGB 3. (1932) § 130, 11 S. 735 f.

[321] s.o.

[322] Heymann / Kötter: HGB 4. (1971) § 130, 2 S. 457 f.

[323] vgl. Schlegelberger-Schmidt: HGB 5. (1992) § 130, 1 S. 513 (m. H. a. HGB-RGRK-Fischer 4. (1973) § 130, 25; Karsten Schmidt Gesellschaftsrecht 2. (1991) §§ 49. IV. 2b; Honsell / Harrer ZIP 1983, (263), 262 f.)

[324] vgl. Heymann-Emmerich: HGB 2. (1996) § 130, 1 S. 244

[325] vgl. Heymann-Emmerich: HGB 2. (1996) § 130, 7 S. 246

Habersack begründete ein Jahr später diese auch von ihm vertretene Ansicht näher. Er war der Auffassung, daß § 130 HGB keinen Vertrauens- oder Verkehrsschutz, sondern aus Gründen der Rechtssicherheit und eines abstrakten Gläubigerschutzes einen einheitlichen Haftungsstatus sämtlicher Gesellschafter bezweckt.[326] Durch die Haftung jedes Gesellschafters für sämtliche Gesellschaftsschulden sollten die Gläubiger der Gesellschaft abgesichert werden. Insoweit war er einer Ansicht mit Lieb und Honsell und Harrer, die er zitierte.[327] Die Gläubiger sollten die Gesellschafter in Anspruch nehmen können, ohne auf den Zeitpunkt der Begründung ihrer Forderungen gegen die Gesellschaft Rücksicht nehmen zu müssen. Zudem wäre es ihnen kaum möglich, die im Zeitpunkt der Begründung ihrer Forderungen vorhandenen Gesellschafter zu bestimmen und liefen ansonsten Gefahr, daß der von ihnen in Anspruch genommene Gesellschafter geltend macht, er sei im fraglichen Zeitpunkt noch gar nicht Mitglied der offenen Handelsgesellschaft gewesen.

Einige Autoren versuchten darüber hinaus, an Hand von Beispielen die weite Haftung des neu eingetretenen Gesellschafters für Altverbindlichkeiten zu verdeutlichen. Als Beispiele wurden die Ergebnisse von den reichsgerichtlichen Entscheidungen RG I 383/1887[328], RG I 407/1906,[329] RG I 502/1906,[330] also insbesondere solche des ersten Reichsgerichtssenats, und RG II 63/1918[331] aufgeführt. **Lehmann** erwähnte darüber hinaus 1914 diejenigen Verbindlichkeiten, die von der Gesellschaft selbst früher, etwa aus § 25 oder § 28 HGB, übernom-

---

326 HGB-RGRK-Habersack 4. (1997) § 130, 13 S. 176

327 HGB-RGRK-Habersack 4. (1997) § 130, 2 S. 170 und Fn. 2; Lieb in Festschrift für Westermann (1974) S. (309), 323; Honsell / Harrer ZIP 1983, (259), 262 f.).

328 Lehmann / Ring-Lehmann: Das HGB 2. (1914) § 130, 2 S. 413 und § 130, 3 S. 414; Ritter: HGB 2. (1932) § 130, 3 S. 306; Düringer / Hachenburg-Flechtheim: HGB 3. (1932) § 130, 11 S. 735 f. ; Heymann-Emmerich: HGB 2. (1996) § 130, 7 S. 246 und Fn. 15; HGB-RGRK-Habersack 4. (1997) § 130, 13 Fn. 39 S. 176. In RG I 383/1887 vom 11.02.1888 = Bolze [1888] 5, 245 Nr. 749 hatte das Reichsgericht entschieden, daß ein neu in eine bestehende offene Handelsgesellschaft eingetretener Gesellschafter im Außenverhältnis für eine Gesellschaftsschuld selbst dann haftet, wenn er mit dem anderen Gesellschafter hierfür eine Freistellung vereinbart hatte.

329 Neufeld / Schwarz-Schwarz: HGB (1931) § 130, 5 S. 359; Ritter: HGB 2. (1932) § 130, 3 S. 306; Düringer / Hachenburg-Flechtheim: HGB 3. (1932) § 130, 11 S. 735 f. ; Heymann-Emmerich: HGB 2. (1996) § 130, 7 S. 246 und Fn. 15; HGB-RGRK-Habersack 4. (1997) § 130, 13 und Fn. 39 S. 176; wohl auch Hueck: Das Recht der OHG (1946) S. 222, 2. (1951) S. 253 f. ; 3. (1964) S. 287; 4. (1971) S. 393, der allerdings dessen Ergebnis wiedergab, ohne die Entscheidung selbst zu zitieren.

330 Lehmann / Ring-Lehmann: Das HGB 2. (1914) § 130, 2 S. 413 und § 130, 3 S. 414

331 Ritter: HGB 2. (1932) § 130, 3 S. 306; Baumbach: HGB § 130, 2 (1932) S. 200, 6. (1943) S. 335; HGB-RGRK-Habersack 3. (1973) § 130, 24 S. 337. In RG II 63/18 vom 02.07.1918 (OLG Stuttgart) = RGZ 93, 227 Nr. 72 (Zur Frage, ob Geschäftsschulden eines geschäftsunfähigen Einzelkaufmanns als Geschäftsverbindlichkeiten der später von ihm mitgegründeten offenen Handelsgesellschaft angesehen werden können, wenn dieser seine Firma in die Gesellschaft eingebracht hatte.)

men wurden.[332] **Schwarz** wies 1931[333], ebenso 1932 **Flechtheim**[334] in dem Kommentar von **Düringer** und **Hachenburg**, darauf hin, daß sich die Haftung des neuen Gesellschafters gemäß § 130 HGB auch auf rechtskräftig festgestellte Gesellschaftsschulden erstreckt. **Ritter** formulierte 1932 allgemein unter Hinweis auf die Reichsgerichtsurteile RG I 383/1887, RG I 407/1906 und RGZ 93, 228, daß der neue Gesellschafter auch für Gesellschaftsverbindlichkeiten gegenüber früheren Gesellschaftern haftet, und nannte darüber hinaus die Haftung aus früher rechtskräftig gewordenen Fehlurteilen gegenüber der Gesellschaft.[335] **Hopt** erklärte 1995 ohne irgendwelche Literaturhinweise, daß der neu eingetretene Gesellschafter auch für Altschulden der Gesellschaft gegenüber Mitgesellschaftern und ausgeschiedenen Gesellschaftern haftet.[336]

V. Ergebnis und Stellungnahme:

Düringers Reichsgerichtsentscheidung RG I 33/1912 von 1912 fand nach ihrer Verkündung in der Rechtswelt zunächst kaum Widerhall. Nur in einzelnen Zeitschriften wurde sie damals abgedruckt. Darüber hinaus fanden sich in der Literatur nur wenige Autoren, welche das Ergebnis von 1912 in ihren Kommentierungen oder Lehrbüchern aufnahmen. Düringers Urteil wurde dann aber 1920 bis 1932 bei **Staub**, von 1929 bis 1937 bei **Könige**, 1939 bis 1965 bei **Schlegelberger** und in dem Großkommentar, dem Reichsgerichtsrätekommentar zum Handelsgesetzbuch berücksichtigt, und damit in sowohl damals als auch heute noch sehr anerkannten Werken.[337] Darüber hinaus ist beachtenswert, daß sie zuletzt noch 1965[338], und damit 53 Jahre nach ihrer Verkündung, zitiert wurde.

Es lag wohl vor allem an der Klarheit des Gesetzes und an der eindeutigen, einheitlich aufgefaßten Rechtslage, daß die Resonanz auf die Reichsgerichtsentscheidung nicht allzu groß war. Düringer änderte mit seiner Entscheidung nichts an der Rechtslage. Vielmehr wurde sie, wie die Zitierungen in der Literatur aufzeigen, als eine Entscheidung für einen speziellen Einzelfall angesehen. Sein Ergebnis stellte lediglich ein Einzelbeispiel dar für das, was alles unter die Haftung eines später hinzutretenden Gesellschafters für Altverbindlichkeiten fallen konnte. Dies war das eigentlich Neue an dem Reichsgerichtsurteil RG I 33/1912. Düringer stellte durch sein Ergebnis zwar auch klar, daß § 130 HGB für den neuen Gesellschafter eine sehr weite Haftung und eine Gleichstellung gegenüber den anderen, bereits vorhandenen Gesellschaftern bewirkt, dies war allerdings

[332] Lehmann / Ring-Lehmann: Das HGB 2. (1914) § 130, 2 S. 413 und § 130, 3 S. 414
[333] Neufeld / Schwarz-Schwarz: HGB (1931) § 130, 5 S. 359
[334] Düringer / Hachenburg-Flechtheim: HGB 3. (1932) § 130, 11 S. 735 f.
[335] Ritter: HGB 2. (1932) § 130, 3 S. 306
[336] Baumbach / Hopt-Hopt: HGB 29. (1995) § 130, 3 S. 473
[337] zu Staub-Pinner, Schlegelberger-Geßler, Könige und HGB-RGRK-Weipert s.o.
[338] bei Schlegelberger-Geßler: HGB 4. (1965) § 130, 21 S. 1155; s.o.

schon damals allgemein herrschende Auffassung. Düringers Einfluß auf die Rechtsauslegung dieses Problemkreises war deshalb durch RG I 33/1912 gering. Die kritiklose Aufnahme seiner Entscheidung spricht allerdings auch in dem hier vorliegenden Fall für die Qualität Düringers Arbeit am Reichsgericht.

Das Reichsgerichtsurteil RG I 502/1906[339] vom 21. September 1907

Die Haftung des neuen Gesellschafters für Altverbindlichkeiten trotz fehlender Kenntnis - RG I 502/1906:

Mit dem Reichsgerichtsurteil des ersten Zivilsenats RG I 502/1906 vom 21. September 1907 liegt noch eine weitere Entscheidung vor, in der Düringer über eine Rechtsfrage des § 130 HGB zu entscheiden hatte. Düringer stellte 1907 in diesem Reichsgerichtsurteil - außer dem bereits oben[340] dargestellten Ergebnis - fest, daß der später in eine offene Handelsgesellschaft eintretende Gesellschafter nach § 130 HGB für die Erfüllung der vor seinem Eintritt begründeten Altverbindlichkeiten der Gesellschaft auch dann haftet, wenn er sie bei seinem Eintritt nicht gekannt hatte. Für die Haftung aus § 130 HGB sei die Kenntnis von der Gesellschaftsverbindlichkeit unerheblich, denn der gute Glaube werde hier nicht geschützt.[341]

Diese Entscheidung Düringers erschien in der amtlichen Sammlung und in verschiedenen bedeutenden juristischen Zeitschriften[342] und wurde in der Literatur von zahlreichen Autoren, zuletzt 1980,[343] zitiert.[344] Düringers Ergebnis, daß der später eingetretene Gesellschafter nach § 130 HGB für die Verbindlichkeiten der Gesellschaft ohne Rücksicht darauf haftet, ob er diese bei seinem Eintritt in die Gesellschaft kannte, wurde in der Literatur kritiklos übernommen. Eine Aus-

---

339 RG I 502/1906 vom 21.09.1907 (OLG Frankfurt) = RGZ 66, 320 Nr. 76 = Recht 1907, 1329 f. Nr. 3360

340 s.o.

341 RGZ 66, (320), 323 = JW 1907, 715 f. Nr. 28 = LZ 1907, 738 f. Nr. 4 = Recht 1907, 1329 f. Nr. 3360

342 RG I 502/1906 vom 21.09.1907 (OLG Frankfurt) = RGZ 66, 320 Nr. 76 = LZ 1907, 738 Nr. 4 = Recht 1907, 1329 Nr. 3360

343 Bohnenberg: HGB (1980) § 130. II S. 424

344 Ritter: HGB (1910) § 130, 1 S. 178, HGB 2. (1932) § 130, 3 S. 306 unter Hinweis auf OLG Hamburg (S.u.); Brand: Das HGB (1911) § 130, 2 S. 377; Litthauer / Mosse-Mosse: HGB 14. (1911) § 130, 3 S. 121; 16. (1920) § 130, 3 S. 142; Staub-Pinner: HGB § 130, 6 9. (1912) S. 555, 10. (1920) S. 632, 11. (1921) S. 632, 12./13. (1926) S. 703, 14. (1932) S. 741 f.; Lehmann / Ring-Lehmann: Das HGB 2. (1914) S. 413 und § 130, 3 S. 414; Dove-Kamnitzer: Das HGB (1925) § 130, 2 S. 98; Königе: HGB § 130, 2 2. (1929) S. 254, 3. (1932) S. 254, 4. (1936) S. 67. II; Neufeld / Schwarz-Schwarz: HGB (1931) § 130, 5 S. 359; Baumbach: HGB § 130, 2 (1932) S. 200, 6. (1943) S. 335, Baumbach / Hopt-Hopt: HGB 29. (1995) § 130, 3 S. 473; Schlegelberger-Geßler: HGB § 130, 21-24 (1939) S. 563, 2. (1950) S. 692 f. , 3. (1955) S. 978, 4. (1965) S. 1155; Heymann / Kötter: HGB § 130, 2 (1940) S. 158, 2. (1944) S. 164, 3. (1950) S. 172 [mit Hinweis daneben auf OLG Hamburg (s.u.)], 4. (1971) S. 457 f. unter Hinweis auch auf Schlegelberger-Geßler; HGB-RGRK-Weipert § 130, 10 (1942) S. 244, 2. (1959) S. 274 f; -Fischer 3. (1973) § 130, 24 S. 336 f. ; Heun: Deutsches Handelsrecht § 130 (1941) Fn. 27 S. 81, 2. (1944) Fn. 41 S. 88; Bohnenberg: HGB (1980) § 130. II S. 424

einandersetzung mit dieser Rechtsproblematik fand aufgrund der allgemeinen Akzeptanz dieser Entscheidung nicht statt. Statt dessen galt Düringers Auffassung seit der Verkündung von RG I 502/1906 am 21. September 1907 als einhellige Auffassung, welche auch heute noch ihre Gültigkeit hat.

Das **Oberlandesgericht Hamburg**[345] hatte 1921 Düringers Entscheidung bestätigt, indem es ebenfalls für die Entstehung der Haftung des neuen Gesellschafters nach § 130 HGB nicht dessen Kenntnis von den Altverbindlichkeiten voraussetzte. Es erklärte darüber hinaus, daß auch die Anfechtung des Gesellschaftsvertrags wegen Arglist den neuen Gesellschafter nicht von der Haftung nach § 130 HGB befreit. Die Entscheidung des ersten Zivilsenats des Reichsgerichts wurde dabei nicht erwähnt.

In der Literatur stellten **Cosack**[346], **Flechtheim**[347] und später **Schmidt**[348] ebenfalls Düringers Ergebnis dar, ohne sein Reichsgerichtsurteil zu zitieren. **Cosack** erklärte darüber hinaus, daß der neu eingetretene Gesellschafter sogar für die Gesellschaftsschulden haftet, die ihm bei seinem Eintritt in die Gesellschaft gar nicht bekannt sein konnten.[349] **Flechtheim** stellte klar, daß der neue Gesellschafter sich von der Haftung für ihm unbekannte Schulden nur durch Anfechtung seines Aufnahmevertrags befreien kann.[350]

Einige Autoren weiteten Düringers Ergebnis noch weiter aus, indem sie die Haftung des neu eingetretenen Gesellschafters selbst dann befürworteten, wenn die Gesellschaftsverbindlichkeiten ihm gegenüber absichtlich verschwiegen worden waren.[351] Sie stellten dabei klar, daß der neue Gesellschafter sich wegen des arglistigen Verschweigens nur an denjenigen, der dies zu verantworten hat, an seine Vertragspartner also, halten könne.

Selbst bei einer arglistigen Täuschung des neu eintretenden Gesellschafters wird überwiegend eine Haftung nach § 130 HGB für Altschulden befürwortet. Da die

---

[345] vgl. OLG Hamburg in HRZ 1921, 358 Nr. 104 = HGZ 1921 Hauptblatt (237), 238 f.
[346] Cosack: Lehrbuch des Handelsrechts 7. (1910) § 198. II. 4a S. 693, 8. (1920) § 218. I. 2a S. 478, 9. (1922) und 10./11. (1923) § 217. I. 2a S. 481, 12. (1930) § 19. II. 1a S. 48
[347] Düringer / Hachenburg-Flechtheim: HGB 3. (1932) § 130, 11 S. 735 f.
[348] Schmidt: Gesellschaftsrecht § 49. IV. 3 (1989) S. 1061, 2. (1991) S. 1188
[349] Cosack: Lehrbuch des Handelsrechts 8. (1920) § 218. I. 2a S. 478; 9. (1922) und 10./11. (1923) § 217. I. 2a S. 481, 12. (1930) § 19. II. 1a S. 48
[350] Düringer / Hachenburg-Flechtheim: HGB 3. (1932) § 130, 11 S. 735 f.
[351] Staub-Pinner: HGB § 130, 6 9. (1912) S. 555, 10. (1920) S. 632, 11. (1921) S. 632, 12./13. (1926) S. 703, 14. (1932) S. 741 f. ; Könige: HGB § 130, 2 2. (1929) S. 254, 3. (1932) S. 254, 4. (1936) S. 67. II; Neufeld / Schwarz-Schwarz: HGB (1931) § 130, 5 S. 359; Schlegelberger-Geßler: HGB § 130, 21-24 (1939) S. 563, 2. (1950) S. 692 f. , 3. (1955) S. 978, 4. (1965) S. 1155; HGB-RGRK-Weipert § 130, 10 (1942) S. 244, 2. (1959) S. 274 f. , -Fischer 3. (1973) § 130, 24 S. 336 f.

Anfechtung eines Gesellschaftsvertrags wegen arglistiger Täuschung gemäß § 123 BGB nach wohl einhelliger Ansicht entgegen § 142 BGB keine Rückwirkung hat,[352] vertritt die herrschende Lehre, daß auch die Haftung des neu eingetretenen Gesellschafters für die Altschulden der Gesellschaft gemäß § 130 HGB nicht mehr rückwirkend beseitigt werden kann.[353]

Honsell und **Harrer** sind dem 1983[354] entgegengetreten und befürworten eine persönliche Haftung des arglistig getäuschten Hinzugetretenen nach § 130 HGB nur für solche Verbindlichkeiten, die während seiner Mitgliedschaft entstanden sind.[355] Nur insoweit könne der Gedanke des Verkehrs- und des Vertrauensschutzes herangezogen werden. In dem Fall der arglistigen Täuschung des später in die Gesellschaft Eingetretenen sei die Anwendung der für die fehlerhafte Gesellschaft entwickelten Grundsätze auf die Haftungsfrage nach § 130 HGB nicht gerechtfertigt.[356] Die von § 130 HGB bezweckte Rechtssicherheit, den Gläubigern einen gleichmäßigen Zugriff auf sämtliche Gesellschafter ohne Rücksicht auf den Zeitpunkt ihres Eintritts zu geben, lasse sich nicht auf den anfechtbaren Beitritt eines Gesellschafters übertragen. Es wäre verfehlt, einen Schutzzweck dieser Norm zugunsten der Gläubiger der Gesellschaft zu konstruieren, der um jeden Preis verwirklicht werden muß. Im Spannungsverhältnis zwischen Rechtssicherheit und Einzelfallgerechtigkeit spreche die notwendige Güterabwägung für die Befreiung von der persönlichen Haftung des hinzugetretenen Gesellschafters, wenn dessen Beitritt auf arglistige Täuschung beruht.[357] Auf diese letztere Fallsituation braucht nicht weiter eingegangen zu werden, da Düringer sich damit nicht beschäftigt hatte.

Mit RG I 502/1906 hatte Düringer lediglich geklärt, dies aber für alle Zeiten, daß die Haftung des später eingetretenen Gesellschafters gemäß § 130 HGB auch die Altverbindlichkeiten der Gesellschaft betreffen, die diesem bei seinem Eintritt in die Gesellschaft unbekannt geblieben waren. Aufgrund der Rechtsentwicklung an Hand von diesem Reichsgerichtsurteil von 1907 läßt sich auf-

---

352 Honsell / Harrer ZIP 1983, 259. Vgl. auch die Grundsätze der fehlerhaften (faktischen) Gesellschaft, nach denen die Geltendmachung von Nichtigkeits- oder Anfechtungsgründen für die Vergangenheit ausgeschlossen ist, sobald die Gesellschaft in Vollzug gesetzt ist. In Fn. 3 m. w. N.

353 vgl. Honsell / Harrer ZIP 1983, 259 und Fn. 4 mit zahlreichen Literaturangaben und Hinweis auf die BGH-Rspr. (BGH II ZR 210/56 (OLG Köln) = BGHZ 26, (330 Nr. 47), 334 f. ; BGH II ZR 267/64 (OLG Düsseldorf) = BGHZ 44, 235 = NJW 1966, 107; BGH II ZR 158/69 (OLG Düsseldorf) = BGHZ 55, (5 Nr. 2), 7; BGH LM § 28 HGB Nr. 6 = NJW 1972, 1466 = MDR 1972, 848 = BB 1972, 895 = JuS 1972, 602), in Fn. 5 vor allem auf RG II 110/33 vom 13.10.1933 (OLG Dresden) = RGZ 142, (98 Nr. 17), 107

354 Honsell / Harrer ZIP 1983, 259 ff.

355 Honsell / Harrer ZIP 1983, 259 und 261 f.

356 vgl. Honsell / Harrer ZIP 1983, (259), 261

357 vgl. Honsell / Harrer ZIP 1983, (259), 262 f.

zeigen, daß Düringers Entscheidungen oftmals Ausgangspunkt für weiterreichende juristische Feststellungen und Auffassungen waren. Düringers Ergebnis des hier vorliegenden Falles, die Haftung des neu eingetretenen Gesellschafters nach § 130 HGB für unbekannte Altverbindlichkeiten, wurde von einigen Autoren unter Nennung seiner Reichsgerichtsentscheidung von 1907 auch auf eine Haftung für arglistig verschwiegene Altverbindlichkeiten der Gesellschaft ausgeweitet.

E. Das Ausscheiden von Gesellschaftern

Das Reichsgerichtsurteil RG I 300/1909/5 vom 22. Juni 1910[358]

Der zugrunde liegende Sachverhalt:

Die Parteien hatten 1904 eine offene Handelsgesellschaft gegründet, die der Beklagte im Herbst 1906 aufkündigte. Seit 01.01.1908 befand sich die offene Handelsgesellschaft daher in Liquidation. In diesem Stadium begehrte der Kläger die Ausschließung des beklagten Gesellschafters aus der Gesellschaft.

Prozeßgeschichte – Entscheidung der Vorinstanz:[359]

Der 19. Zivilsenat des königlich Preußischen **Kammergerichts zu Berlin** hatte mit Urteil vom 05.05.1909 die Ausschließung als unzulässig angesehen. Mit der Revision rügte der Kläger die Verletzung der §§ 131 ff., 142 HGB und meinte, daß es nicht einzusehen sei, warum bei einer offenen Handelsgesellschaft im Stadium der Liquidation ein Gesellschafter den Antrag auf Ausschließung eines anderen Gesellschafters aus der Gesellschaft nicht stellen kann.

I. Die Ausschließung eines Gesellschafters aus einer Personengesellschaft im Liquidationsstadium - RG I 300/1909/5[360]

I.1 Der Ausschluß eines Gesellschafters - die gesetzliche Regelung in den §§ 140, 142[361] HGB:

Die §§ 140, 142 HGB ermöglichten bzw. ermöglichen die gerichtliche, und somit zwangsweise Ausschließung eines Gesellschafters aus einer Gesellschaft. Voraussetzung hierfür ist, daß in der Person des Auszuschließenden ein Umstand eingetreten ist, der nach § 133 HGB für die übrigen Gesellschafter das Recht begründet, die Auflösung der Gesellschaft zu verlangen. Gemäß § 140 Abs. 1 HGB können die übrigen Gesellschafter in einem solchen Fall anstatt der Auflösung die Ausschließung des vertragsuntreuen Gesellschafters aus der fortbestehenden Gesellschaft verlangen.

Während § 140 HGB die Ausschließung eines Gesellschafters aus einer mehrgliedrigen Gesellschaft gewährt, war dies bei einer zweigliedrigen Gesellschaft nach § 142 HGB ebenfalls realisierbar. Diese letztgenannte Norm

---

[358] RG I 300/1909/5 vom 22.06.1910 (KG Berlin) = RGZ 74, 62 Nr. 19. Des weiteren veröffentlicht auszugsweise in JW 1910, 832 Nr. 65; und als Leitsatz in LZ 1910, 925 Nr. 4.

[359] Als 1. Instanz hatte die Kammer für Handelssachen des Landgerichts II Berlin in diesem Fall zu entscheiden.

[360] RG I 300/1909/5 vom 22.06.1910 (KG Berlin) = RGZ 74, 62 Nr. 19. Des weiteren veröffentlicht auszugsweise in JW 1910, 832 Nr. 65; und als Leitsatz in LZ 1910, 925 Nr. 4.

[361] § 142 HGB ist durch das HRefG vom 22. 6. 1998 aufgehoben worden. Zu den Auswirkungen s.u. IX.

gewährte dem vertragstreuen Gesellschafter das Recht, das Geschäft ohne Liquidation mit Aktiven und Passiven zu übernehmen. Die zweigliedrige Gesellschaft kann durch Ausscheiden eines Gesellschafters im Gegensatz zu § 140 HGB nicht fortbestehen, da hierfür eine Mehrzahl von Gesellschaftern erforderlich ist. § 142 HGB ermöglichte jedoch dem vertragstreuen Gesellschafter, das Geschäft der Gesellschaft im ganzen mit seinen Aktiven und Passiven ohne die normalerweise erfolgende Abwicklung der Gesellschaft zu übernehmen. Das Gesellschaftsunternehmen als solches blieb dadurch erhalten, und der ausgeschlossene, vertragsuntreue Gesellschafter erhielt gemäß § 142 Abs. 3 HGB lediglich die Rechte aus §§ 738 bis 740 BGB, also Rück-gabe-, Schuldbefreiungs- und Abfindungsanspüche gegenüber dem das Geschäft übernehmenden Gesellschafter. § 142 HGB stellte für die zweigliedrige Gesell-schaft das Pendant zu § 140 HGB dar, der für die mehrgliedrige Gesellschaft gilt.

§ 140 HGB [Ausschließung eines Gesellschafters]

(1) Tritt in der Person eines Gesellschafters ein Umstand ein, der nach § 133 für die übrigen Gesellschafter das Recht begründet, die Auflösung der Gesellschaft zu verlangen, so kann vom Gericht anstatt der Auflösung die Ausschließung dieses Gesellschafters aus der Gesellschaft ausgesprochen werden, sofern die übrigen Gesellschafter dies beantragen.

§ 142 HGB [Übernahme des Geschäfts durch einen Gesellschafter][362]

(1) Sind nur zwei Gesellschafter vorhanden, so kann, wenn in der Person des einen von ihnen die Voraussetzungen vorliegen, unter welchen bei einer größeren Zahl von Gesellschaftern seine Ausschließung aus der Gesellschaft zulässig sein würde, der andere Gesellschafter auf seinen Antrag vom Gerichte für berechtigt erklärt werden, das Geschäft ohne Liquidation mit Aktiven und Passiven zu übernehmen.

I.2 Ist auch während der Liquidation einer offenen Handelsgesellschaft die Ausschließung eines Gesellschafters zulässig?

Düringer hatte sich in dem Reichsgerichtsurteil RG I 300/1909/5 mit der Zulässigkeit einer Ausschließung eines Gesellschafters während der Liquidation einer offenen Handelsgesellschaft gemäß § 142 HGB auseinanderzusetzen.

§ 142 HGB ist seit Inkrafttreten des Handelsgesetzbuchs am 10. Mai 1897 bezüglich des ersten und dritten Absatzes bis 1998 nicht vom Gesetzgeber geändert worden.[363] Lediglich - der hier nicht interessierende - § 142 Abs. 2 HGB erfuhr durch das Einführungsgesetz zur Insolvenzordnung vom 05. Oktober 1994[364] eine Anpassung, die mit der Insolvenzordnung am 01. Januar 1999 in

---

[362] § 142 HGB ist durch HRefG vom 22.06.1998 [BGBl. I, 1474] aufgehoben worden. Zu den Auswirkungen: IX.

[363] Ebenso die bei diesem Rechtsproblem weiter bedeutenden Paragraphen § 133 HGB und § 140 HGB.

[364] BGBl. I, 2911

Kraft trat. Durch Art. 3 HRefG[365] vom 22. Juni 1998 wurde § 142 HGB schließlich aufgehoben. Indem durch die Handelsrechtsreform von 1998 in § 140 Abs. 1 Satz 2 HGB zugleich ausdrücklich normiert wurde, daß das Verbleiben nur eines Gesellschafters einer Ausschließung nicht entgegensteht, stellt sich auch heute noch die Frage der Ausschließung eines Gesellschafters aus einer Zweipersonengesellschaft während der Liquidation. Insoweit ist das Problem, das Düringer 1910 zu behandeln hatte, trotz der Aufhebung des § 142 HGB, nach wie vor aktuell.[366]

II. Die Rechtslage vor dem 22. Juni 1910:

Bereits vor in Kraft treten des Handelsgesetzbuches von 1897 hatte der erste Senat des **Reichsoberhandelsgerichts** mit Urteil vom 10. Mai 1872[367] entschieden, daß der Antrag auf Ausschließung eines Gesellschafters nicht bereits mit Aufkündigung der Gesellschaft gegenstandslos wird. Es begründete sein Ergebnis damit, daß Auflösung und Ausschließung sich voneinander sehr unterscheiden. Bei einer Aufkündigung der Gesellschaft würde in der Regel die Auflösung und Liquidation eintreten, während bei der Ausschließung eines Gesellschafters die Gesellschaft durch die übrigen Gesellschafter mit den bisherigen Rechten und Verbindlichkeiten fortgesetzt würde.

1886 beschäftigte sich **Behrend**[368] mit dem Problem der Ausschließung nach Auflösung der Gesellschaft gemäß dem damaligen Art. 128 AHGB, welcher dem § 140 HGB vorausging. Für ihn konnte die Ausschließungsklage nur erhoben werden, solange die Gesellschaft besteht und der Auszuschließende Mitglied der Gesellschaft ist. Nach Auflösung der Gesellschaft konnte die Ausschließung nicht mehr erfolgen, es sei denn, die Gesellschaft würde mit dem Auszuschließenden fortgesetzt. Der Anspruch auf Ausschließung werde aber nicht durch die Aufkündigung der Gesellschaft seitens des Auszuschließenden hinfällig. Auf diesen könnte jedoch verzichtet sein, falls die übrigen Gesellschafter die Kündigung vorbehaltlos akzeptieren. Behrend wies zudem darauf hin, daß die Ausschließung eines Gesellschafters nach Art. 128 AHGB die Willensübereinstimmung sämtlicher Gesellschafter mit Ausnahme des Auszuschließenden voraussetzt, die auf die Fortsetzung der Gesellschaft gerichtet sein muß.

Nach Inkrafttreten des Handelsgesetzbuchs von 1897 berief sich der Justizrat **Staub** in seinem Kommentar von 1900 auf die Entscheidung des Reichsoberhandelsgerichts von 1872 und stellte klar, daß die Möglichkeit der Ausschließung nach nunmehrigem § 140 HGB durch die Aufkündigung der Gesellschaft

---

365 Art. 3 HRefG vom 22.06.1998 = BGBl. I, 1474
366 Zu den Auswirkungen des Handelsrechtsreformgesetzes vom 22.06.1998 ausführlich IX.
367 ROHG I 348/72 vom 10.05.1872 = ROHGZ 6, 112
368 Behrend: Lehrbuch des Handelsrechts Fn. 4 zu § 80 S. 554

nicht beseitigt wird.[369] In der Folgeauflage des Kommentars zum Handelsgesetzbuch von 1906 wurde diese Auffassung von seinem Bearbeiter **Pinner** übernommen.[370]

Der Entscheidung des Reichsoberhandelsgerichts von 1872 schlossen sich ebenfalls **Goldmann**, 1905[371], und **Brandt** 1911[372], an. **Wimpfheimer**[373] behauptete darüber hinaus in seiner 1908 veröffentlichten Dissertation, daß das Oberhandelsgericht mit dieser Entscheidung die Möglichkeit des Ausschlußes eines Gesellschafters nach § 140 HGB während der Liquidation indirekt anerkenne.[374]

Die Ansicht des Reichoberhandelsgerichts wurde in der Literatur auf die entsprechenden Vorschriften des neuen Handelsgesetzes von 1897 angewendet. Dessen Erkenntnis war in der Zeit vor Veröffentlichung des Reichsgerichtsurteils des ersten Zivilsenats von 1910 maßgebend. Allgemeine Auffassung war deshalb, daß die Ausschließung eines Gesellschafters auch bei einer aufgekündigten Gesellschaft noch möglich ist. Die Rechtsfrage, ob die Ausschließung eines Gesellschafters allerdings auch nach eingetretener Auflösung und Liquidation noch möglich ist, wurde damals, mit Ausnahme von Behrend, der diese Frage bezüglich des AHGB behandelte, noch nicht explizit behandelt.

---

369 Staub: HGB 7./8. (1900) § 140, 1 S. 454

370 Staub-Pinner: HGB 8. (1906) § 140, 1 S. 525

371 Goldmann: HGB (1905) § 140, 8 S. 628 und § 132, 20 S. 586

372 Brand, Arthur: HGB (1911) § 140, 2c S. 399; Arthur Brandt (1893 – 1989), jüdischer Abstammung, von 1921 – 1933 Rechtsanwalt in Berlin, seit 1927/28 auch Notar, war als Strafverteidiger bekannt und mit der Ausbildung von Referendaren betraut. Er emigrierte 1933 nach England, wo er auf dem Gebiet des internationalen Rechts und als Sachverständiger für Deutsches Recht tätig war. 1938 wanderte er in die USA aus, wo er als Rechtsanwalt beim Obersten Gerichtshof Massachutes und später beim Bundesappellationsgericht New York arbeitete und in Dartmouth New Hampshire unterrichtete. 1945 erhielt er die amerikanische Staatsangehörigkeit. 1953 kehrte er nach Berlin zurück und wirkte dort bis 1970 wieder als Rechtsanwalt. Danach wurde er in Lugano ansässig. Quelle: Göppinger: Juristen jüdischer Abstammung im „Deutschen Reich", 2. Auflage 1990 S. 330

373 Heinrich Wimpfheimer (1877 - ?), Berliner Rechtsanwalt und Professor an der Handelshochschule in Berlin, wichtiger jüdischer Autor im Kartellrecht, welcher die Theorie des allgemeinen Kontrahierungszwanges für Monopole vertrat. Quelle: Landau: Juristen jüdischer Herkunft im Kaiserreich und in der Weimarer Republik, in: Deutsche Juristen jüdischer Herkunft, hrsg. von Heinrichs / Franzki / Schmalz / Stolleis, 1993 S.205

374 Wimpfheimer: Dissertation (1908) S. 66 Fn. 106. Diese Allgemeingültigkeit läßt sicht m. E. nach dem Urteil des ROHG nicht entnehmen. Von diesem Ergebnis geht der Autor offenbar selbst aus. Auf Seite S. 68 stellte er zudem – allerdings in einem anderen Zusammenhang - klar, daß § 156 HGB trotz entgegenstehenden Wortlaut die Vorschriften aller vorausgehender Titel (und damit auch §§ 140, 142 HGB) anwendbar erklärt.

III. Die in RG I 300/1909/5 vom 22. Juni 1910 von Düringer dargestellte Rechtsauffassung:

Düringer hat sich in diesem Urteil dem Ergebnis der Vorinstanz angeschlossen und die Ausschließung eines Gesellschafters im Stadium der Liquidation einer offenen Handelsgesellschaft abgelehnt.

Düringer begründete seine Meinung zum einem mit dem Hinweis auf § 142 Abs. 1 HGB und begann bei diesem Rechtsproblem seine Argumentation mit der Auslegung nach dem Gesetzeswortlaut. Nach Düringer setzte die Anwendung des § 142 Abs. 1 HGB eine noch bestehende Gesellschaft voraus. Eine sich in Liquidation befindende Gesellschaft war seiner Ansicht nach allerdings eine aufgelöste Gesellschaft, obgleich sie soweit als fortbestehend behandelt wird, als dies für den Liquidationszweck erforderlich ist.[375]

Um seine Ablehnung einer Gesellschafterausschließung aus einer offenen Handelsgesellschaft im Stadium der Liquidation zu begründen, berief sich Düringer auf den Zweck des § 142 Abs. 1 HGB und wendete somit die teleologische Auslegungsmethode an.

Nach seiner Ansicht war der Antrag nach § 142 Abs. 1 HGB unter den gesetzlichen Voraussetzungen zulässig, um entweder die Aufhebung des Gesellschaftsverhältnisses herbeizuführen oder um die Fortsetzung des Geschäfts unter Ausschluß einer Liquidation zu ermöglichen. Für Düringer konnte weder der eine noch der andere Zweck weiter in Frage kommen, wenn die Gesellschaft bereits aufgelöst und in das Liquidationsstadium getreten ist. Da die offene Handelsgesellschaft sich schon in Liquidation befand und nach seiner Überzeugung bereits aufgelöst war, hielt Düringer § 142 Abs. 1 HGB in dem seiner Entscheidung zugrundeliegenden Fall nicht mehr für anwendbar.[376]

IV. Die Rechtslage nach dem 22. Juni 1910 – Reaktionen auf die Entscheidung RG I 300/1909/5 und Weiterentwicklung:

IV.1 Die Entwicklung in der Rechtsprechung:

IV.1.a Der zweite Zivilsenat des Reichsgerichts:

Noch nicht einmal ein Jahr nach Verkündung der Reichsgerichtsentscheidung des ersten Zivilsenats hatte sich der zweite Zivilsenat des Reichsgerichts mit dem Problem der Ausschließungsmöglichkeit im Stadium der Liquidation

[375] RGZ 74, 62
[376] RGZ 74, 62

auseinanderzusetzen. Dem Urteil des zweiten Zivilsenats **RG II 565/1910**[377] vom 09. Juni 1911 lag der Fall zugrunde, daß der Mitgesellschafter nach erfolgter Kündigung, aber noch vor Eintritt der Auflösung den Klageantrag gemäß § 142 HGB stellte, das Geschäft mit den Aktiven und Passiven ohne Liquidation übernehmen zu können. Der Auflösungszeitpunkt trat während des Verfahrens ein.

Auch bei dieser insoweit zu RG I 300/1909/5 abweichenden Fallkonstellation folgte der zweite Zivilsenat der Ansicht Düringers und entschied unter ausdrücklichem Hinweis auf dessen Entscheidung von 1910, daß dem Antrag nach § 142 Abs. 1 HGB nicht mehr stattgegeben werden könne, nachdem die Gesellschaft bereits aufgelöst und damit in das Liquidationsstadium getreten sei.[378] Die Klage auf Geschäftsübernahme gemäß § 142 Abs. 1 HGB wurde daher für unstatthaft erklärt.

In dem Urteil **RG II 310/1918**[379] stellte der zweite Zivilsenat des Reichsgerichts später klar, daß das Übernahmerecht trotz Kündigung ausgeübt werden kann, solange die Kündigungsfrist noch läuft. Er begründete dies damit, daß das Übernahmerecht eine noch nicht aufgelöste Gesellschaft voraussetzt, und verwies hierzu ausdrücklich auf eine weitere seiner früheren Entscheidungen, auf RG II 186/1913 vom 24. Juni 1913. Neue Erkenntnisse brachte der zweite Senat hierdurch nicht hervor, denn das Reichsoberhandelsgericht hatte in diesem Sinne schon 1872 entschieden.[380] Zudem hatte schon Düringer in seiner Entscheidung darauf hingewiesen, daß das Übernahmerecht eine noch bestehende Gesellschaft voraussetzt. Der zweite Zivilsenat bestätigte insoweit nur dessen Entscheidung erneut.

In **RG II 317/1920**[381] stellte der zweite Zivilsenat des Reichsgerichts klar, daß die einmal erhobene Ausschließungsklage gemäß § 140 HGB oder die Geschäftsübernahmeklage nach § 142 HGB nachträglich auch auf andere als die zunächst geltend gemachten Umstände gestützt werden könne, insbesondere auch auf solche, die erst im Laufe des Prozesses eingetreten sind. Für die Entscheidung über die Ausschließung oder die Übernahme komme es nur darauf an, daß zur Zeit ihres Erlasses ein erheblicher Grund vorliegt, nicht darauf, in welchem Zeitpunkt dieser Grund eingetreten oder wann er im Prozeß vorgebracht worden ist. Darüber hinaus wiederholte der Senat,[382] daß sich die Aus-

[377] RG II 565/1910 = JW 1911, 721 Nr. 29 = LZ 1911, 695 Nr. 3
[378] JW 1911, 721
[379] RG II 310/18 v. 21.02.1919 (OLG Karlsruhe) = RGZ 95, 32 Nr. 11 = JW 1919, 381 Nr. 8
[380] ROHG I 348/72 vom 10.05.1872 = ROHGZ 6, 112; (s.o.)
[381] RG II 317/1920 vom 25.01.1921 (KG Berlin) = RGZ 101, 242 Nr. 66
[382] RGZ 101, (242), 243 unter Berufung auf RG I 404/06 vom 23.02.1907 (OLG Köln) = RGZ 65, 227 Nr. 58 und RG V 70/08 vom 23.05.1908 (LG Frankfurt) = RGZ 68, 410 Nr. 100 und Düringer / Hachenburg

schließung eines Gesellschafters und die Geschäftsübernahme mit Rechtskraft des Urteils vollziehe. Diese Entscheidung des Reichsgerichts ging zwar nicht auf das hier erörterte Problem ein, ob die Ausschließung eines Gesellschafters oder die Geschäftsübernahme auch noch während der Liquidation erhoben werden kann, ist allerdings für die spätere Entwicklung nicht uninteressant.

Die in der Entscheidung RG II 565/1910 zum Ausdruck kommende Ansicht, daß die Geschäftsübernahme nicht mehr möglich sei, wenn die Gesellschaft bereits aufgelöst und damit in die Liquidation getreten ist,[383] wurde von dem gleichen Zivilsenat des Reichsgerichts elf Jahre später durch **RG II 91/1921**[384] in einem ähnlich gelagerten Fall ausdrücklich aufgegeben. In diesem Urteil hatte sich der zweite Zivilsenat mit der Frage zu beschäftigen, ob die Klage eines Gesellschafters auf Ermächtigung zur Alleinübernahme des Geschäfts gemäß § 142 HGB notwendig dadurch erledigt wird, daß während des Prozesses die offene Handelsgesellschaft in Liquidation tritt.

In dem dieser Entscheidung zugrundeliegenden Fall hatte das Landgericht Freiberg einer Klage auf Geschäftsübernahme nach § 142 HGB stattgegeben. Während des Berufungsverfahrens starb der beklagte Gesellschafter. Eine Übernahmeregelung war in dem Gesellschaftsvertrag nicht enthalten. Der Erbe führte den Prozeß fort und stellte in dem Berufungsverfahren den Antrag auf Klageabweisung. Das Berufungsgericht Oberlandesgericht Dresden hielt eine Ausschließung und damit auch die Alleinübernahme des Geschäfts nach Eintritt der Liquidation für unstatthaft und berief sich ausdrücklich auf RG I 300/1909/5. Der erkennende zweite Zivilsenat folgte dem Berufungsgericht nicht. Da das Oberlandesgericht Dresden sein Urteil allerdings vor allem auf RG I 300/1909/5 stützte, hatte sich der erkennende zweite Zivilsenat des Reichsgerichts in seiner Urteilsbegründung mit der Ansicht Düringers auseinanderzusetzen.

Die Entscheidung Düringers, "die in der Literatur lebhaften Widerspruch hervorgerufen hat"[385], behandelte nach der Ansicht des zweiten Senats lediglich den Fall, daß die Klage auf Ausschließung des Mitgesellschafters erst nach Eintritt der Liquidation erhoben wird. Dem Reichsgerichtsurteil des ersten Zivilsenats von 1910 wurde damit Allgemeingültigkeit abgesprochen.[386]

In dem hier von dem zweiten Senat zu entscheidenden Fall hatte der Kläger bereits vor dem Tod, und damit – im Gegensatz zu RG I 300/1909/5 – vor

---

[383] JW 1911, 721
[384] RG II 91/1921 v. 20.09.1921 (OLG Dresden) = RGZ 102, 375 Nr.110 = JW 1922, 221 Nr.5
[385] RGZ 102, (375), 376 mit Hinweis auf Düringer / Hachenburg und Wieland; zu der kritischen Literatur s.u.
[386] RGZ 102, (375), 376

Eröffnung des Liquidationsstadiums nach §§ 131 Nr. 4, 145 HGB, auf Geschäftsübernahme geklagt. Beiden Urteilen lagen damit verschiedene Sachverhalte zugrunde.

Der zweite Zivilsenat des Reichsgerichts hielt nun – im Gegensatz zu dem ähnlich gelagerten Fall RG II 565/10 – die Geschäftsübernahme für statthaft. Seine Auffassung begründete der zweite Zivilsenat damit, daß durch die Prozeßverzögerung durch den Beklagten sich die Rechtslage des Klägers nicht verschlechtern darf. Hätte der Beklagte nämlich die begründete Klage sofort anerkannt, so wäre sein Tod ohne Einfluß geblieben. Auch die konstitutive Urteilswirkung in den Fällen der §§ 140, 142 HGB stehe der Geschäftsübernahmeklage im vorliegenden Fall nicht entgegen. § 140 Abs. 2 HGB bestimme ausdrücklich, daß für die Auseinandersetzung der Zeitpunkt der Klageerhebung maßgebend sein soll. Auch mache die Liquidation die Übernahme des Geschäfts im ganzen nicht tatsächlich unmöglich. Die Versilberung des Gesellschaftsvermögens kann vor allem durch Vereinbarung der Beteiligten aufgehalten sein. Des weiteren könne der Kläger einseitig durch einstwillige Verfügung die Liquidation hemmen.[387]

Aufgrund der Verschiedenheit der Sachlagen hielt der erkennende Senat eine Anrufung der vereinigten Zivilsenate für unnötig. Beide Urteile widersprachen sich nach der Ansicht des zweiten Zivilsenats insofern nicht. Der Entscheidung Düringers wurde durch diese Lösung eine geringe Bedeutung zugewiesen, da diese nur den speziellen Fall regeln würde, daß eine Ausschließungsklage erst nach Eintritt der Liquidation erhoben wird.

Das neue Ergebnis von RG II 91/1921 war, daß "der Eintritt der Liquidation als solcher – im Gegensatz zu einer durch die Liquidation etwa herbeigeführten Veräußerung des Gesellschaftsvermögens – die bereits vorher anhängig gemachte Klage unberührt läßt".[388]

Dieses Urteil wurde in der Folgezeit durch den zweiten Zivilsenat mehrfach bestätigt. 1924 wurde durch **RG II 544/1923**[389] das Berufungsurteil des Oberlandesgerichts Breslau aufrechterhalten. Das Berufungsgericht hatte unter Hinweis auf RG II 91/1921 die Auffassung abgelehnt, daß bei einer offenen Handelsgesellschaft die durch die Auflösung nach § 131 Nr. 4 HGB (durch den nach der Klageerhebung erfolgten Tod des Mitgesellschafters) herbeigeführte Liquidation eine Geschäftsübernahme ohne Liquidation ausschließt.[390]

---

[387] RGZ 102, (375), 377
[388] RGZ 102, (375), 377
[389] RG II 544/23 vom 28.10.1924 = JW 1925, 245 Nr. 31
[390] vgl. RG JW 1925, 245 Nr. 31

Auch das Reichsgerichtsurteil **RG II 226/1935**[391] vom 10. März 1936 entschied, daß die nach Klageerhebung durch Tod des beklagten Gesellschafters eingetretene Auflösung der offenen Handelsgesellschaft nicht daran hindert, dem klagenden Gesellschafter die Ermächtigung zur Alleinübernahme des Geschäfts zu erteilen. Hierzu berief sich der zweite Zivilsenat des Reichsgerichts ausdrücklich auf seine Entscheidung von 1921 und hob hervor, daß der Liquidationseintritt nach der Klageerhebung nicht dazu führen dürfe, die Übernahme des Geschäfts im ganzen unmöglich zu machen. Für die Zulässigkeit der Übernahmeklage spreche auch das praktische Bedürfnis, den Wert eines Geschäftes zu erhalten und den vertragstreuen Gesellschafter vor dem durch die Zerschlagung des Unternehmens drohenden Schaden gegen den Gesellschafter zu schützen, der in seiner Person einen wichtigen Grund zur Trennung gegeben hat. Für den zweiten Zivilsenat bestand ein besonderer Anlaß, ein bestehendes Unternehmen in der Hand des vertragstreuen Gesellschafters und damit dessen Existenzmöglichkeit zu erhalten.

Der zweite Zivilsenat des Reichsgerichts bestätigte ebenfalls 1936 mit **RG II 170/1936**[392], daß der Tod des übernahmeberechtigten Gesellschafters das Übernahmerecht nach § 142 HGB jedenfalls dann nicht zum Erlöschen bringt, wenn dieser bereits die Klage erhoben hatte. Der in die Gesellschaft eintretende Erbe könne die Geschäftsübernahme weiter verfolgen.[393]

1938 hatte sich der zweite Zivilsenat in **RG II 2/1938**[394] wiederum mit dem Problem der Übernahmeklage während der Liquidation auseinanderzusetzen. Dieser Reichsgerichtsentscheidung lag der Sachverhalt zugrunde, daß nach erklärter Kündigung der Gesellschaft und Ausübung eines vertraglichen Übernahmerechts, aber noch vor Eintritt derselben, die Klage auf Übernahme des Geschäfts durch die andere Gesellschafterin erhoben wurde. Während des Verfahrens trat Termin des vertraglichen Übernahmerechts ein.[395]

---

[391] RG II 226/35 vom 10.03.1936 = JW 1936, 2071 Nr. 11

[392] RG II 170/36 vom 18.12.1936 (KG Berlin) = RGZ 153, 274 Nr. 43

[393] RGZ 153, (274), 277

[394] RG II 2/38 vom 30.04.1938 = JW 1938, 2215 Nr. 29

[395] Die Besonderheit des Falles ist auch geschichtlich bedingt: Die das vertragliche Übernahmerecht ausübende Gesellschafterin war Nichtarierin, während die auf gesetzliche Übernahme klagende Gesellschafterin Arierin war. Das Landgericht wollte einem Nichtarier das Übernahmerecht aufgrund der heutigen Wirtschaftsauffassung überhaupt absprechen. Es war der Meinung, daß wenn auch die Gesetzgebung Juden von einer wirtschaftlichen Betätigung noch nicht schlechthin ausschließe, es doch mit Rücksicht auf den nationalsozialistischen Aufbau von Staat und Wirtschaft nicht angängig sei, eine Erweiterung ihres wirtschaftlichen Einflusses zuzulassen. Ein solcher würde aber durch einen rein nichtarischen Betrieb eintreten; vgl. JW 1938, 2214 f. Der zweite Zivilsenat des Reichsgerichts ließ sich allerdings durch diesen Umstand im vorliegenden Fall nicht beeinflussen.

Der zweite Zivilsenat stellte in dieser Entscheidung fest, daß die Übernahmeklage nach § 142 HGB auch nach Auflösung in dem dadurch erfolgten Abwicklungsstadium bis zur Vollbeendigung der Gesellschaft erhoben werden kann.

Ein allgemeiner Grundsatz, daß nach erklärter Kündigung der Gesellschafter nicht mehr berechtigt sei, das Übernahmerecht nach § 142 HGB auszuüben, bestehe nicht. Die Kündigungserklärung als solche habe auf die Fortdauer der Gesellschaft zunächst keinen Einfluß, da diese bis zu dem festgesetzten Kündigungstermin weiterhin als werbende Gesellschaft bestehen bleibe. Die Auflösung stehe dadurch lediglich bevor. Bis zu diesem Zeitpunkt bleibe das Geschäft in seinem Bestand unberührt und als solches erhalten, so daß es übernommen werden könne. Aber auch mit der – durch die Kündigung eingetretenen - Auflösung und der dadurch entstandenen Liquidation habe die Gesellschaft noch nicht aufgehört zu existieren, obgleich ihre werbende Tätigkeit beendet und durch den Abwicklungszweck ersetzt sei[396]. Die Gesellschafter blieben zunächst noch gesellschaftlich verbunden, und das Geschäftsvermögen behalte so lang seine Selbständigkeit, bis es aus der Rechtsgemeinschaft gelöst ist.[397]

Einschränkend fügte der zweite Zivilsenat des Reichsgerichts allerdings hinzu, daß die Übernahmeklage nur solange zum Ziel führen kann, als das zu übernehmende Geschäft überhaupt noch als zum Gesellschaftsvermögen gehörig besteht. Die Gesellschaft sei z.B. nicht mehr vorhanden, wenn das Gesellschaftsvermögen versilbert und die Schulden bezahlt sind oder wenn das Geschäft als ganzes veräußert ist. Eine gesellschaftsrechtliche Gebundenheit müsse noch bestehen und die Verfügungsgewalt der Gesellschaft dürfe ihr noch nicht entzogen sein. Die Übernahmeklage sei daher auch während des Abwicklungsstadiums nur bis zur Vollbeendigung der Gesellschaft möglich.[398]

IV.1.b Das Oberlandesgericht Hamburg:

Das **Oberlandesgericht Hamburg**[399] erklärte 1918, daß die Klage auf Auflösung der Gesellschaft nach § 133 HGB nur während des Bestehens der Gesellschaft möglich ist. Düringer hatte dies in seiner Entscheidung von 1910 schon für die Übernahmeklage nach § 142 Abs. 1 HGB klargestellt[400], die sich gemäß

[396] RG JW 1938, 2214 mit Hinweis auf RGZ 106, 65 = JW 1924, 169

[397] vgl. RG JW 1938, 2214

[398] vgl. RG JW 1938, 2214

[399] OLG Hamburg IV 126/18 vom 12.07.1918 = LZ 1918, 1293 Nr. 6

[400] vgl. RGZ 74, 62 Nr. 19 = JW 1910, 832 Nr. 65. Der erkennende Senat erklärte deshalb im vorliegenden Fall, daß der Übernahmeklage, auch wenn sie noch während des Bestehens der Gesellschaft erhoben wurde, nicht mehr stattgegeben werden könne, wenn bis zum Erlaß des Urteils der andere Teil das Geschäft wirksam übernommen hat, dieses auf ihn übergegangen und damit die Gesellschaft vollbeendet und erloschen ist. Die Wirksamkeit des ausgeübten

§§ 142 Abs. 1, 140 Abs. 1, 133 HGB nach den Voraussetzungen der Auflösung richtet. Seine reichsgerichtliche Entscheidung wurde insoweit durch das Urteil des Oberlandesgerichts Hamburg bestätigt.

Bei dem vom Oberlandesgericht Hamburg zu entscheidenden Fall hatte ein Gesellschafter nach Kündigung der offenen Handelsgesellschaft die Übernahmeklage erhoben. Während des Verfahrens trat der Kündigungstermin ein. Das Oberlandesgericht wies die Klage ab. Es begründete dies damit, daß die Auflösung nach § 133 HGB erst mit der Rechtskraft des Urteils eintritt und keine rückwirkende Kraft hat. Wenn zu diesem Zeitpunkt die Gesellschaft nicht mehr bestehe, könne ihre Auflösung nicht mehr erfolgen. Ein Recht auf Auflösung der Gesellschaft nach § 133 HGB habe ein Gesellschafter daher nur, solange er Mitglied der Gesellschaft ist.[401]

IV.1.c Der oberste Gerichtshof für die Britische Zone:

Der **erste Zivilsenat des obersten Gerichtshofs für die Britische Zone** in Köln nahm in seiner Entscheidung **OGH I ZS 37/1949**[402] vom 01. Dezember 1949 "mit der herrschenden Meinung"[403] an, daß die Ausschließung und die Übernahme noch im Liquidationsstadium beantragt und ausgesprochen werden kann. Einschränkend fügte der erkennende Senat hinzu, daß aufgrund des dem Gesellschaftsverhältnis zugrundeliegenden Treueprinzips sowie der besonders einschneidenden und für den auszuschließenden Gesellschafter meist benachteiligenden Wirkung der liquidationslosen Übernahme die Geschäftsübernahme zur Wahrung der beidseitigen Interessen nur als letztes Mittel in Betracht kommen darf.[404]

Bereits paar Monate später, in dem Urteil **OGH I ZS 49/1949**[405] vom 02. Februar 1950, mußte sich der erste Zivilsenat des obersten Gerichtshofs für die Britische Zone wieder mit einer erst im Liquidationsstadium erhobenen Übernahmeklage beschäftigen.

---

vertraglichen Übernahmerecht war somit im vorliegenden Fall streitentscheidend. Da das Oberlandesgericht Jena dies nicht geprüft hatte, hob der zweite Zivilsenat des Reichsgerichts das Berufungsurteil auf und verwies zurück.

401 OLG Hamburg LZ 1918, 1293 Nr. 6

402 OGH BrZ, Köln, I ZS 37/49 vom 01.12.1949 (OLG Schleswig) = NJW 1950, 184 Nr. 3

403 mit Hinweis auf Hueck: Das Recht der OHG § 29. IVO und die unter Anm. 18 aufgeführte Literatur

404 OGH NJW 1950, 184 Nr. 3.1 unter Hinweis auf RG II 148/34 vom 11.12.1934 (OLG Hamm) = RGZ 146, (169 Nr. 24), 180.

405 OGH BrZ Köln, I ZS 49/49 vom 02.02.1950 (OLG Düsseldorf) = OGHZ 3, 203 Nr. 37 = NJW 1950, 346 Nr. 2

Der Senat bestätigte sein Ergebnis aus I ZS 37/1949, daß die Übernahmeklage nach § 142 HGB auch noch im Liquidationsstadium erhobenen werden kann. Es wurde erweiternd hinzu gefügt, daß dies selbst dann gelte, wenn die Gründe erst während der Liquidation entstanden sind.[406]

In dieser Entscheidung setzte sich der erste Zivilsenat eingehend mit der Entwicklung dieses Problems in der Rechtsprechung und der Literatur auseinander. So ging er auch auf die reichsgerichtliche Entscheidung Düringers von 1910 ein. Nach dem Wortlaut der §§ 142, 140 HGB "anstatt der Auflösung" könne auf liquidationslose Übernahme des Geschäfts geklagt werden. Der erkennende Senat war der Ansicht, daß Düringer in seiner Reichsgerichtsentscheidung von 1910 daraus ableitete, daß während der Liquidation kein Gesellschafter mehr ausgeschlossen werden könne.[407] Dagegen führte er allerdings an, daß der Wortlaut des § 140 Abs. 1 HGB "anstatt der Auflösung" in dem Sinne zu verstehen sei, daß nur auf Auflösung der Gesellschaft oder auf Ausschließung eines Gesellschafters erkannt werden kann. Nicht gemeint sei damit, daß die Ausschließung nur solange vorgenommen werden dürfe, solange noch die Auflösung der offenen Handelsgesellschaft möglich ist. Es sei nicht ersichtlich, warum die Worte "anstatt der Auflösung" eine Ausschließung oder eine Geschäftsübernahme im Liquidationsstadium unzulässig machen sollen.

Der oberste Gerichtshof stimmte ausdrücklich mit dem zweiten Zivilsenat des Reichsgerichts[408] überein, daß die nach Erhebung der Übernahmeklage eingetretene Auflösung der offenen Handelsgesellschaft einer Anwendung des § 142 HGB nicht entgegensteht,[409] da für die Auseinandersetzung der Zeitpunkt der Klageerhebung maßgeblich sei. Zudem bestehe die Gesellschaft und die Verbundenheit ihrer Mitglieder auch nach Eintritt des Auflösungsereignisses weiter. Durch die Liquidation würde lediglich die werbende Tätigkeit beendet und durch den Abwicklungszweck ersetzt. Die Abwicklung verbiete nicht die

[406] unter ausdrücklichem Hinweis darauf, daß dies nicht nur für die OHG, sondern im Hinblick auf § 161 Abs. 2 HGB auch für die KG gelte, vgl. OGH NJW 1950, (346), 347 = OGHZ 3, (203), 209.

[407] Düringers entscheidender Punkt war, daß für ihn eine sich in Liquidation befindliche Liquidation bereits aufgelöst war. Insoweit spricht der Wortlaut des § 140 Abs. 1 HGB "anstatt der Auflösung" gegen die Möglichkeit der Ausschließung und damit auch gegen eine Geschäftsübernahme nach § 142 HGB, der auf § 140 HGB verweist. Denn begrifflich kann zwischen mehreren Möglichkeiten nicht mehr gewählt werden, wenn eine davon bereits eingetreten ist. M. E. nach leitet Düringer allerdings seine Ansicht auch aus dem Wortlaut des § 142 Abs. 1 HGB "Geschäftsübernahme ohne Liquidation" ab. Denn begrifflich ist eine Geschäftsübernahme "ohne Liquidation" nicht mehr möglich, wenn das Abwicklungsstadium, die Liquidation, bereits eingetreten ist. Vgl. weiter unten im Rahmen der Stellungnahme zu diesem Problem.

[408] So mit RG II 91/21, RG II 170/36 und RG II 2/38, (s.o.).

[409] NJW 1950, 346 = OGHZ 3, (203), 207

Rückwandlung in ein werbendes Unternehmen. Darüber hinaus könne der Ausschluß während der Liquidation durchaus zweckmäßig sein, um einen, die Abwicklung störenden Gesellschafter zu beseitigen oder um die Gesellschaft in eine werbende zurückzuversetzen. Unter Umständen bestehe ein praktisches Bedürfnis, den in dem Geschäft steckenden Wert zu erhalten und den Gesellschafter, der die Liquidation redlich, wirtschaftlich und vernünftig durchführen will, vor dem Mitgesellschafter zu schützen, der das Unternehmen rücksichtslos zerschlagen und für sich persönlich ausschlachten will.[410] Der zweite Zivilsenat berief sich bei seinen Ausführungen auf den zweiten Zivilsenats des Reichsgerichts und auf Hueck. Neu war bei der hier vorliegenden Entscheidung lediglich, daß die Geschäftsübernahme während der Liquidation auch aus solchen Gründen zugelassen werden kann, die erst während der Liquidation entstanden sind.

Bedenken sah der erkennende Senat lediglich darin, daß kein Gesellschafter ein Recht auf eine Umwandlungsvereinbarung oder darauf habe, das Geschäft allein fortzuführen. Außerdem könne der Beklagte stärker als bei der Übernahme eines werbenden Unternehmens zurückgesetzt werden. Deshalb erkannte auch der erste Zivilsenat ein Übernahmerecht im Liquidationsstadium nicht uneingeschränkt an. Ein Gesellschafterauschluß, und damit eine Übernahmeklage, sei bei einer sich in Liquidation befindlichen Gesellschaft gegenüber einer werbenden nur unter erschwerten Voraussetzungen zulässig.[411]

Die Geschäftsübernahme sei dann ungerechtfertigt, wenn dadurch der Kläger gegenüber dem Beklagten nicht zu billigende Vorteile erlangen würde. Als Gründe, die erst während der Liquidation hervorgegangen sind, seien daher nur solche zulässig, die keine Partei ungerechtfertigt bevorteilen oder benachteiligen.[412] Mit dieser Einschränkung folgte der erste Zivilsenat der Ansicht Weiperts[413], der § 140 HGB grundsätzlich auch dann anwendbar erklärte, wenn der wichtige Grund erst nach der Auflösung eintritt.

IV.1.d Der Bundesgerichtshof:

Der **Bundesgerichtshof** beschäftigte sich 1951 in seiner Entscheidung **BGH II ZR 10/1950**[414] mit dem Problem der Geschäftsübernahme während des Liquidationsstadiums. Nach dem zweiten Zivilsenat des Bundesgerichtshofs ist die Ge-

---

[410] Zu der ganzen Argumentation des OGH vgl. NJW 1950, 346 = OGHZ 3, (203), 206 f.

[411] OGHZ 3, (203), 2090

[412] OGHZ 3, (203), 208 und 213

[413] Der erste Zivilsenat des obersten Gerichtshofs der Britischen Zone zitierte an dieser Stelle Flad-Gadow. Der eigentliche Bearbeiter dieses Abschnittes (HGB-RGRK) war Weipert. Zu dessen Ansicht: s.u.

[414] BGH II ZR 10/1950 vom 04.04.1951 (OLG Düsseldorf) = BGHZ 1, 324 Nr. 54 = NJW 1951, 650 = LM § 145 HGB Nr. 1

schäftsübernahme nach § 142 HGB auch dann zulässig, wenn die Gesellschaft bereits aufgelöst ist und wenn die Übernahmegründe erst nach der Auflösung eingetreten sind. Einschränkend fügte der zweite Zivilsenat an, daß in diesem Fall das Übernahmerecht nur dann anerkannt werden könne, wenn in der Person des Gesellschafters liegende Gründe die Durchführung einer verständigen und sachgerechten Abwicklung gefährden würde.[415]

Die Liquidation der Gesellschaft schließe die Geschäftsübernahme nicht aus. Insoweit schloß sich der Bundesgerichtshof dem zweiten Zivilsenat des Reichsgerichts und dem obersten Gerichtshof der Britischen Zone an. Allerdings seien im Liquidationsstadium die besonderen Verhältnisse der Auflösung und Abwicklung entsprechend zu berücksichtigen. Insbesondere müsse dabei auf den Grundgedanken des § 142 HGB abgestellt werden. Diese Vorschrift beabsichtige nicht die Zerschlagung sondern die Bestandserhaltung des Geschäftsunternehmens, wenn dies den Plänen des vertragstreuen Gesellschafters entspricht. Der vertragstreue Gesellschafter solle nicht zu einer Auflösung der Gesellschaft und zu einer Versilberung des gemeinsamen Geschäftsunternehmens gezwungen werden. Das Übernahmerecht biete ihm die Möglichkeit, das Unternehmen nach seinen eigenen Absichten fortzuführen, was unter den gegebenen Verhältnissen jedoch nur durch Ausschließung des anderen Gesellschafters möglich sei. Die Geschäftsübernahme nach § 142 HGB setze nicht nur voraus, daß die in der Person des anderen Gesellschafters liegenden Gründe die gemeinsame Fortführung des Geschäfts unmöglich oder unzumutbar machen, sondern auch, daß vor Eintritt dieser Gründe die gemeinsame Geschäftsfortführung den Vereinbarungen beider Gesellschafter entsprach. Dieser Grundgedanke des § 142 HGB nötige zu einer erheblichen Einschränkung bei seiner Anwendung, wenn die Gesellschaft bereits aufgelöst ist und die Gründe, auf die das Übernahmerecht gestützt wird, erst nach der Auflösung hervorgetreten sind.[416]

Der zweite Zivilsenat des Bundesgerichtshofs war darüber hinaus der Ansicht, daß in einer Abwicklungsgesellschaft für einen Gesellschafter zum Zweck der Unternehmenserhaltung grundsätzlich kein schutzwürdiges Interesse mehr an dem vertragstreuen Verhalten des anderen Gesellschafters bestehe. Während der Liquidation beschränke sich dieses Interesse darauf, daß der andere Gesellschafter eine sachgemäße und gerechte Unternehmensabwicklung ermöglicht und gewährleistet. Nur wenn dies ohne Ausscheiden des anderen Gesellschafters unmöglich ist, könne die Zubilligung der Geschäftsübernahme nach § 142 HGB aus Gründen, die erst nach der Auflösung eingetreten sind, in Betracht kommen.[417]

---

[415] vgl. BGHZ 1, 324 f. (2. Leitsatz)
[416] BGHZ 1, (324), 330 f.
[417] BGHZ 1, (324), 332

Der Bundesgerichtshof war zudem davon überzeugt, daß das Übernahmerecht des § 142 HGB weder der Bestrafung des vertragswidrig handelnden Gesellschafters noch der Belohnung des vertragstreuen Gesellschafters diene. Es sei vielmehr das letzte Mittel zu der Verwirklichung des von beiden Gesellschaftern vertraglich vereinbarten Gesellschaftszwecks, wie er sich zur Zeit des vertragswidrigen Verhaltens des Gesellschafters darstellte.[418]

Der erkennende Senat schränkte dadurch die Anwendbarkeit des § 142 HGB während der Liquidation erheblich ein.

Diese Entscheidung wurde 1955 von dem gleichen Senat durch **BGH II ZR 139/1954**[419] in vollem Umfang bestätigt. Der Umstand der Auflösung stehe der Erhebung einer Übernahmeklage nicht entgegenstehe, sei aber für die Beurteilung einer erst danach erhobenen Übernahmeklage von wesentlicher Bedeutung. Dies gelte vor allem dann, wenn der klagende Gesellschafter die Auflösung der Gesellschaft durch Kündigung selbst herbeigeführt hat. Die Aufgabe der Gesellschafter beschränke sich bei einer aufgelösten, aber noch nicht abgewickelten Gesellschaft darauf, die Gesellschaft zu beenden und sei nicht mehr auf die Erhaltung des Unternehmens in gemeinsamer Zusammenarbeit gerichtet. Deshalb seien die Übernahmegründe nur noch danach zu beurteilen, ob die in der Person des anderen Gesellschafters liegenden Gründe der Durchführung einer sachgemäße und gerechten Abwicklung entgegenstehen, und danach, ob die Übernahme hierfür das äußerste Mittel darstellt. Dies gelte auch dann, wenn die Übernahmegründe bereits vor der Kündigung vorgelegen und bei einer werbenden Gesellschaft für die Geschäftsübernahme ausgereicht hätten, denn das Übernahmerecht bestehe nach der durch die Kündigung erfolgten Auflösung der Gesellschaft nicht unentziehbar fort. In einem solchen Fall könne der Rechtsbehelf des § 142 HGB nur noch dazu dienen, seine schutzwerten Belange im Rahmen der aufgelösten und abzuwickelnden Gesellschaft nach Maßgabe des Gesellschaftsvertrags zu schützen.

1960 bestätigte der gleiche Zivilsenat des Bundesgerichtshofs erneut in seiner Entscheidung **BGH II ZR 216/1959**[420]**,** unter Hinweis auf die Reichsgerichtsentscheidung II 2/1938, daß die Ausschließung eines Gesellschafters auch noch nach Kündigung der Gesellschaft[421] verlangt werden könne.

---

418 BGHZ 1, (324), 333

419 BGH II ZR 139/54 vom 22.12.1955 = BGH LM § 142 HGB Nr. 5

420 BGH II ZR 216/59 vom 07.11.1960 = WM 1961, 32

421 Der BGH führt in dieser Entscheidung (unter Zitierung von BGH WM 1960, 764; BGB-RGRK 11. (1960) § 736, 6 auf, daß der Rechtsgedanke des § 142 HGB auch für die bürgerlich-rechtliche Gesellschaft gelte

Der Bundesgerichtshofs führte seine Rechtssprechung zu diesem Problem 1966 durch **BGH II 183/1966**[422] fort. In diesem Urteil bestätigte der zweite Zivilsenat das Ergebnis aus BGH II ZR 10/1950, daß der Geschäftsübernahme, wenn die Gesellschaft bereits aufgelöst und erst danach Übernahmegründe eingetreten sind, nur dann zugebilligt werden kann, wenn durch den Verbleib des Beklagten in der Gesellschaft die Durchführung einer verständigen und sachgerechten Abwicklung gefährdet würde. Die Übernahmegründe würden allerdings dann nicht ihr Gewicht verlieren, wenn sie, wie in dem hier zugrundeliegenden Fall,[423] schon vor der Auflösung durch den Beklagten selbst herbeigeführt worden sind. Der auszuschließende Gesellschafter habe in einem solchem Fall kein schutzwertes Interesse mehr daran, daß der Betrieb des Unternehmens eingestellt und die Gesellschaft auseinandergestzt wird. Dem vertragstreuen Gesellschafter sei vielmehr durch Zubilligung des Übernahmerechts zu ermöglichen, das Unternehmen weiterzuführen. Nach dem Grundgedanken des § 142 HGB solle der vertragstreue Gesellschafter nicht zu der Auflösung der Gesellschaft und der Versilberung des gemeinsamen Geschäftes gezwungen werden. Ansonsten hätte es der vertragsuntreue Gesellschafter durch einen nach dem Gesellschaftsvertrag zulässigen Auflösungsbeschluß oder durch eine zulässige Kündigung in der Hand, die Rechtsposition des vertragstreuen Gesellschafters zu verkürzen.

IV.2 Die Entwicklung in der Literatur:

IV.2.a Der von Düringer entfachte Literaturstreit:

IV.2.a.α Der Streit zwischen Flechtheim und Hachenburg:

Der Rechtsanwalt **Flechtheim**[424] war einer der ersten, der auf das Reichsgerichtsurteil RG I 300/1909/5 reagierte. In einem Aufsatz in der Juristischen Wochenschrift[425] zu dem Thema, ob während der Liquidation der offenen Handelsgesellschaft ein Gesellschafter ausgeschlossen werden kann, kritisierte er 1911 erheblich[426] die Entscheidung Düringers, mit der er sich eingehend auseinandersetzte. Nicht nur mit dem Ergebnis war Flechtheim unzufrieden, sondern er hielt auch Düringers Begründung für zu knapp.[427] Entgegen Düringer war er der Ansicht, daß grundsätzlich auch nach erfolgter Auflösung und der damit begonne-

---

[422] BGH II 183/66 vom 23.11.1967 = WM 68, 221 ff. = BB 68, 230 f. = DB 68, 391 f.

[423] Im vorliegenden Fall handelte es sich um eine Kommanditgesellschaft. Allerdings behandelte der BGH dieses Rechtsproblem hier allgemein für alle Personenhandelsgesellschaften.

[424] Flechtheim war später mit Geiler Bearbeiter des Gesellschaftsrechts der 3. Auflage des Düringer / Hachenburg-Kommentars zum HGB von 1932

[425] Flechtheim JW 1911, 176 ff.

[426] Flechtheim schrieb in JW 1911, 176: "Das Urteil gehört zu den unerfreulichsten der letzten Zeit. "

[427] Flechtheim JW 1911, 176

nen Liquidation eine Gesellschafterausschließung oder eine Geschäftsübernahme durch einen der beiden Gesellschafter noch möglich ist.

Das Argument Düringers, daß eine sich in Liquidation befindliche Gesellschaft, obgleich sie für den Liquidationszweck als fortbestehend behandelt werde, aufgelöst sei und damit eine Ausschließungsklage ausschließe, da diese eine bestehende Gesellschaft voraussetze, hielt Flechtheim für eine logische aber "rein verbalistische"[428] Begründung. Düringers Ansicht führte er auf den ungünstigen Einfluß der "scholastischen Ausdrucksweise" des § 730 BGB ("gilt als fortbestehend") zurück. Für Flechtheim war allgemein gültig, was er mit einer anderen Reichsgerichtsentscheidung belegte[429], daß eine Gesellschaft in Liquidation keine "Fiktion" ist, sondern tatsächlich noch, nur mit eingeschränktem Zweck, weiterbesteht. Daher könne man zu Düringer umgekehrt argumentieren, daß eine Ausschließungsklage noch während der Liquidation zulässig sei.[430]

Die Begründung Düringers konnte Flechtheim nicht überzeugen. Für ihn war bei diesem Rechtsproblem entscheidend, ob die Aufrechterhaltung der produktiven Gesellschaftsseite für die Zulässigkeit der Klagen notwendig vorausgesetzt wird.[431]

Nach Flechtheim ersetzen die Klagen aus §§ 140 und 142 HGB die gewöhnliche Kündigungsklage nach § 133 HGB und wollen insofern die Auflösung der Gesellschaft herbeiführen. Flechtheim stimmte daher Düringer zu, daß die Auflösung einer Gesellschaft die Ausschließungs- und die Übernahmeklage in ihrer allgemeinen Funktion als Kündigungsklage hinfällig macht.[432]

Flechtheim bezweifelte im Gegensatz zu Düringer allerdings, daß eine Geschäftsfortsetzung unter Ausschluß der Liquidation nach Eintritt der Liquidation nicht mehr in Betracht kommt. Es sei nicht zu verstehen, weshalb die Ausschließung nach erfolgter Kündigung bis zum Ablauf der Kündigungsfrist, nicht aber mehr am nächsten Tage verlangt werden kann. Der Geschäftsbetrieb einer Liquidationsgesellschaft unterscheide sich nicht wesentlich von dem eines voll bestehenden Geschäfts und würde sich regelmäßig über einen längeren Zeitraum hinziehen. Der Übergang von dem einem Stadium in das andere sei fließend. Auch wenn mit Eintritt der Liquidation die produktive Seite der Gesellschaft beendet wird, sei damit nicht der in dem Geschäft als solchem

[428] Dagegen wehrte sich Düringer in RuW I, (57), 59. Die Auflösung der Gesellschaft und der Eintritt in die Liquidation seien keine "verbalistischen" Momente sondern Tatsachen. Es handele sich darum, "gegenüber der Macht der Tatsachen für die vorliegende Frage die richtigen rechtlichen Konsequenzen zu ziehen. "

[429] Hinweis auf RG VII 458/02 vom 14.04.1903 (OLG Colmar) = RGZ 54, (278 Nr. 74), 281

[430] Flechtheim JW 1911, 176

[431] Flechtheim JW 1911, (176), 177

[432] Flechtheim JW 1911, (176), 177

liegende wirtschaftliche Wert aufgegeben. Allgemein sei anerkannt, daß eine Liquidationsgesellschaft ohne Neugründung wieder in eine gewöhnliche Handelsgesellschaft zurückverwandelt werden könne, die Gesellschafter während der Liquidation eine andere Art der Auseinandersetzung wählen und das Geschäft im ganzen übertragen können.[433] Deshalb sei nicht zu verstehen, warum es unmöglich sein sollte, die Erhaltung des Geschäfts durch die vom Gesetz hierfür eingeführten Ausschließungs- und Übernahmeklage zu verfolgen. Denn gegenüber der gewöhnlichen Kündigung schließe die Geschäftsübernahme gemäß § 142 HGB die mit der Auflösung regelmäßig nach § 145 HGB eintretende Liquidation aus. Die Übernahmeklage nach § 142 HGB wolle daher die unnötige Zerstörung eines eingerichteten Gewerbebetriebs als wirtschaftlich wertvolles Gut verhindern.[434]

Die Versagung der Ausschließungsklage während der Liquidation würde zudem oft zu Unbilligkeiten führen, was er mit einem Fallbeispiel[435] zu belegen versuchte.

Darüber hinaus würde auch der Wortlaut des Gesetzes für seine Ansicht sprechen. Der Wortlaut des § 142 Abs. 1 HGB "das Geschäft ohne Liquidation mit Aktiven und Passiven zu übernehmen" bedeute nicht "ehe die Liquidation eingetreten ist", sondern "ohne weitere Liquidation". Flechtheim berief sich darauf, daß § 140 HGB, welcher die ihrem Ziel nach parallele Ausschließungsklage gewähre, diese Worte nicht enthält, weil bei § 140 HGB im Gegensatz zu § 142 HGB die Gesellschaft nicht aufgelöst werde.

Aber auch wenn der Wortlaut seiner Ansicht entgegenstehen würde, müßte für Flechtheim der klare Zweck des § 142 HGB, die Gesellschaft erhalten zu wollen, vorgehen.[436] Flechtheim betonte allerdings, daß einer Ausschließung oder Geschäftsübernahme während der Liquidation nur ausnahmsweise stattgegeben werden könnte. Die Gesellschafter hätten selbst bei Vorliegen wichtiger Kündigungsgründe kein Recht auf Ausschließung oder Geschäftsübernahme. Die Entscheidung darüber stehe vielmehr kraft Gesetz im richterlichen Ermessen. Im Rahmen dessen habe das Gericht die Interessen der Beteiligten gegeneinander abzuwägen. Es mache dabei einen erheblichen Unterschied, ob sich die Gesell-

---

[433] Hierfür berief sich Flechtheim auf Staub.
[434] vgl. Flechtheim JW 1911, (176), 177
[435] Flechtheim JW 1911, (176), 177: "Ein Geschäft hat jahrelang mit gutem Erfolg gearbeitet, geht dann aber aus unerklärlichen Gründen zurück; die Gesellschaft wird aufgelöst. Bei der Liquidation stellt sich heraus, daß ein Gesellschafter das Geschäft durch Unterschlagungen und sonstige Untreue um große Summen geschädigt und hierdurch die Verluste herbeigeführt hat. Sollen nun die anderen Gesellschafter zu dem ohnehin schon erlittenen Schaden auch noch mit gebundenen Händen zusehen, wie das mühsam aufgebaute Geschäft durch Liquidation zertrümmert wird?"
[436] Flechtheim JW 1911, (176), 177

schaft in Liquidation befindet. Daß Düringer eine solche Interessensabwägung nicht vorgenommen habe und die Übernahmeklage aus "rein formalistischen Gesichtspunkte" nicht zuließ, sah Flechtheim als wesentliches Manko seiner Entscheidung an.[437]

Der Rechtsanwalt **Hachenburg**[438], der zusammen mit seinem Freund Düringer seit 1897 einen Handelsrechtskommentar herausgab, war mit der Kritik Flechtheims an Düringers Entscheidung nicht einverstanden. Da dieser seinen Aufsatz als "praktischen Beitrag zum Methodenstreit"[439] verstand, sah sich Hachenburg dazu gezwungen, mit dessen Ausführungen näher auseinanderzusetzen.[440] Denn er warnte davor, Kritik von Gerichtsurteilen mit allgemeinen Methodenangriffen zu vermischen. Dies könne die deutsche Rechtspflege und ihr Ansehen im eigenen Volk und im Ausland gefährden. Er war der Ansicht, daß die getroffene Reichsgerichtsentscheidung nichts mit dem Methodenstreit zu tun habe.[441]

Hachenburg hielt die Entscheidung seines Freundes für richtig. Eine Übernahmeklage nach § 142 HGB kam auch für ihn nach Eintritt der Liquidation generell nicht mehr in Frage. Er hielt im Gegensatz zu Flechtheim die Urteilsbegründung des Reichsgerichts nicht formalistisch und rein logisch vorgehend, ohne wirtschaftliche Interessen zu berücksichtigen. Er war wie der erste Zivilsenat des Reichsgerichts der Meinung, daß die von § 142 HGB verfolgten Zwecke nach Eintritt der Liquidation nicht mehr eintreten können.

Hachenburg stimmte mit Flechtheim überein, daß bei einer aufgelösten Gesellschaft die Ausschließungsklage in ihrer allgemeinen Funktion als Kündigungsklage hinfällig geworden sei. Er kam allerdings im Gegensatz zu Flechtheim wie das Reichsgericht zu dem Ergebnis, daß der von Düringer aufgeführte Zweck des § 142 HGB, nämlich die Fortführung des Geschäfts zu ermöglichen, nach der Auflösung der Gesellschaft nicht weiter in Frage kommen kann. Das Übernahmerecht sei im Interesse der Gesellschafter mit Eintritt der Liquidation unbrauchbar und tatsächlich nicht mehr möglich[442].[443]

---

[437] Flechtheim JW 1911, (176), 177 f.
[438] Hachenburg JW 1911, 430 ff.
[439] so der Untertitel von Flechtheim JW 1911, 176
[440] Hachenburg JW 1911, 430
[441] Hachenburg JW 1911, (430), 432
[442] Hachenburg JW 1911, (430), 431: "sowenig man jemand, der schon auf der Straße sitzt, noch aus dem Hause hinauswerfen kann. " Für Flechtheim und Düringer hinke der Vergleich Hachenburgs. Flechtheim war in JW 1911, (479), 481 der Ansicht, daß sich beide Gesellschafter nach der Auflösung der Gesellschaft noch in demselben Haus befinden. Dieser Ansicht vertrat auch Ritter in ZHR 69, 310. Nach ihm sei das Haus noch bis zur Beendigung des Abbruchs bewohnbar und müsse bis dahin noch bewohnt werden. Düringer vertrat dagegen in RuW I, (57), 59 daß nach Eintritt der Liquidation beide Gesellschafter auf der Straße wären und daß das Haus abgetragen werde.

Hachenburg stellte klar, daß Flechtheim während der Liquidation jedem Gesellschafter ein Recht auf den Erwerb des Gesellschaftsvermögens als Einheit geben wolle, falls in der Person des anderen Gesellschafters Gründe vorliegen, die bei bestehender Gesellschaft die Ausschließung begründet hätten. Folgerichtig müsse man dann dieses Recht auch auf solche Fälle ausdehnen, in denen der Umstand in der Person eines Gesellschafters erst nach der Auflösung eintritt.[444] Einem Gesellschafter das Recht zu geben, die Gesellschaft zu lösen und das Gesellschaftsvermögen ohne Teilung zu behalten, sei aber etwas völlig anderes als das Recht, das Vermögen nach der Auflösung für sich zu verlangen. Bei einer bestehenden Gesellschaft ermögliche das Gesetz einen Gesellschafter zu entfernen, ohne das Geschäft zu vernichten. Bei einer bereits aufgelösten Gesellschaft gehe es andererseits um den Erwerb des anderen Gesellschaftsanteils, was kaufmännisch und rechtlich völlig verschieden sei.[445]

Für Hachenburg kam ein Übernahmerecht nach § 142 HGB nur dann in Betracht, wenn die Gesellschaft freiwillig durch einen von beiden Gesellschaftern aus Gründen, die nicht zur Ausschließung führen, aufgekündigt ist, und nicht, wenn ein Gesellschafter durch das Verhalten des anderen genötigt war, ihn auszuschließen, da in diesem Fall keine vorherige Auflösung vorläge. Es wäre daher nur der Fall möglich, daß ein Gesellschafter bei Kenntnis bestimmter Tatsachen berechtigt gewesen wäre, statt der Liquidation die Übernahme des Geschäfts zu fordern.[446]

Eine Übernahmeklage nach § 142 HGB könne während der Liquidation auch deshalb nicht zugelassen werden, da sie wirtschaftlich unvernünftig sei und nicht dem kaufmännischem Bedürfnis nach Erhaltung des Geschäfts entspräche. Jede Liquidation sei zwar ein Übel, allerdings müsse auch die lange Prozeßdauer einer Ausschließungsklage nach § 142 HGB, welche die Existenz der Gesellschaft nicht beeinflußt, beachtet werden. Falls der Kläger durch eine einstweilige Verfügung die Liquidation unterbreche, entstehe für beide Gesellschafter ein Schaden. Gewinnt der Kläger, erhalte dieser das zusammengefallene Geschäft, das im Prozeßstadium nicht mehr aufleben könne. Verliert er, habe er die Gesellschaft wegen Verzögerung der Liquidation geschädigt und sei einer Schadenersatzklage ausgesetzt. Ohne einstweilige Verfügung ginge die Liquidation weiter, so daß ein stattgebendes Urteil dem Kläger nichts nutzen würde. Stattdessen würde dieser auf Schadenersatz klagen.

---

443 Hachenburg JW 1911, (430), 432
444 Dies stellte dann auch später die Entwicklung in der Rechtssprechung dar. (s.o.)
445 vgl. Hachenburg JW 1911, (430), 431 f.
446 Hachenburg JW 1911, (430), 431

Hachenburg konnte ebenfalls Flechtheims Billigkeitsgründe, die dieser für seine Ansicht aufführte, nicht nachvollziehen.[447] Die Geschäftsübernahme hielt er nur für praktisch relevant, wenn das Geschäft gut gehe. Nur dann wäre die Geschäftszerstörung ein wirtschaftlicher Nachteil, so daß man die Liquidation als äußerstes Mittel zu vermeiden versuche. Bei einer Gesellschaftsauflösung wegen negativen Geschäftsgangs habe kein Gesellschafter Interesse an einer Übernahme sondern nur an einer Entschädigung für den Geschäftsruin, da der wirtschaftliche Wert des Geschäfts gerade vernichtet sei.[448]

Das Übernahmerecht wirke bei Bestehen der Gesellschaft wirtschaftlich günstig, da es die Unternehmensvernichtung verhindere und trotz Weiterführung des Geschäfts den Gesellschafter nicht dazu zwinge, bei Zerrüttelung der Beziehung weiterzuarbeiten. Ist die Gesellschaft dagegen aufgelöst, führe das Übernahmerecht zu einem wirtschaftlichen Schaden, da es die Liquidation hemme, ohne das Geschäft zu erhalten. Insofern bestehe zwischen der aktiv laufenden und der aufgelösten Gesellschaft nicht nur ein juristischer sonder auch ein wirtschaftlicher Unterschied.[449]

Flechtheim fühlte sich von Hachenburg mißverstanden und so zu einer Entgegnung[450] herausgefordert. Er stellte nunmehr klar, daß es ihm bei seinem ersten Beitrag weniger um die Kritik der einzelnen Entscheidung ging, sondern vielmehr um die in dieser Entscheidung angewandte Methode. Flechtheim wollte mit seiner Kritik aufzeigen, daß die Gerichte sich durch juristische Konstruktionen leiten ließen, ohne die wirtschaftliche Bedeutung des Einzelfalles zu berücksichtigen. Er hielt die Begründung der Reichsgerichtsentscheidung Düringers für methodisch verfehlt. Unerfreulich war für ihn, daß selbst in einem Fall wie in dem des § 142 HGB, wo das Gesetz dem freien richterlichen Ermessen Spielraum gewähre,[451] doch wieder rein logische Gründe entschieden hätten. Deshalb bedauerte er auch, daß das Reichsgericht nichts von dem materiellen Tatbestand mitgeteilt hätte. Er hielt die Urteilsbegründung zu knapp, weil die Darstellung der Lebensvorgänge bedeutsam sei, hier aber nicht genügend zur Kenntnis gebracht wurde.

Flechtheim verstand nicht Hachenburgs grundsätzliche und ausnahmslose Ablehnung der Geschäftsübernahme gemäß § 142 HGB für den schuldlosen Gesellschafter während der Liquidation. Die Übernahme vor und während der

[447] Flechtheims Fallbeispiel hielt er für unglücklich gewählt. Schon bei schlechter Geschäftslage, und nicht erst während der Liquidation, würde einem Geschäftsmann eine Unterschlagung auffallen. Flechtheim hielt später - in JW 1911, (479), 480 - entgegen, daß dies nur die Regel sei und es Ausnahmen gäbe.

[448] Hachenburg JW 1911, (430), 431

[449] Hachenburg JW 1911, (439), 432

[450] Flechtheim JW 1911, 479 ff.

[451] vgl. den Wortlaut des § 142 HGB: "kann"

Liquidation seien verschieden. Einerseits würde die Auflösung bereits vorher und andererseits gleichzeitig mit der Geschäftsübernahme erfolgen. Der Umstand, daß nach begonnener Liquidation die Übernahmeklage nur noch die eine Funktion erfüllen könne, könne nicht zur gänzlichen Ablehnung der Übernahmeklage während der Liquidation führen. Hierzu betonte Flechtheim noch einmal, daß auch während der Liquidation das Geschäft noch einen wirtschaftlichen Wert bilde, das oft erhaltenswert sei. Zudem könne die produktive Seite des Geschäfts auch während der Liquidation durch übereinstimmenden Gesellschafterwillen oder durch Verfügungen des Liquidators wieder hergestellt werden. Die Möglichkeit auf Schadenersatz sei im Gegensatz zu der Geschäftsübernahme nur ein schwacher Trost.[452]

Die Auflösung allein könne eine Ausschließungs- oder Übernahmeklage nicht ausschließen, da aufgrund der langen Prozeßdauer diese meist während des Rechtsstreits eintreten würde.[453] Hierfür verwies Flechtheim auf eine Entscheidung des zweiten Zivilsenats des Reichsgerichts[454], welcher die Übernahme nicht schon deshalb abgelehnt habe.[455]

Mit Hachenburg stimmte Flechtheim jedoch darin überein, daß sich der Schwebezustand des Rechtsstreits für die Gesellschaft wirtschaftlich nachteilig auswirkt. Dies gelte allerdings ebenso bei einer Klageerhebung vor Auflösung der Gesellschaft. Außerdem ließen sich die wirtschaftlichen Nachteile durch eine einstweilige Verfügung, welche die Weiterführung des Geschäfts anordnet, vermeiden. Für ihn waren dies Probleme des Einzelfalles, die bei einer Interessensabwägung zu berücksichtigen sind.[456]

Flechtheim hielt für die Zulässigkeit einer Ausschließungs- oder Übernahmeklage nicht den Zeitpunkt des Übernahmeverlangens für entscheidend, sondern ob das Geschäft im Einzelfall erhaltungswert[457] ist, in wieweit die Liquidation fortgeschritten[458] ist, und ob sie durch die Interessenlage gerechtfertigt ist. Denn er war davon überzeugt, daß auch während der Liquidation die Geschäftsübernahme durch einen oder mehrere Gesellschafter unter Ausschließung eines anderen wünschenswert, wirtschaftlich zweckmäßig und billigenswert sein kann.

---

[452] vgl. Flechtheim JW 1911, (479), 480

[453] m. E. nach übersieht Flechtheim, daß in solchen Fällen der Rechtsstreit für erledigt erklärt werden müßte.

[454] RG II 694/08

[455] Flechtheim 1911, (479), 481 f.

[456] vgl. Flechtheim 1911, (479), 482

[457] Flechtheim JW 1911, (479), 480 f.

[458] Flechtheim JW 1911, (479), 481

Es sei methodisch verfehlt, durch Aufstellung eines starren Rechtssatzes, wie die generelle Ablehnung der Übernahmeklage während der Liquidation,[459] eine gerechte Lösung zu verhindern.[460] Flechtheim betonte allerdings noch einmal, daß einer Übernahmeklage gemäß § 142 HGB während der Liquidation nur ausnahmsweise stattgegeben werden könne.[461]

IV.2.a.β Ritter:

Der damalige Landgerichtsdirektor **Ritter** aus Hamburg beschäftigte sich 1911 "über die Ausschließungsklage der Handelsgesellschafter".[462] Er kritisierte, daß in dem Reichsgerichtsurteil Düringers Gründe dafür, warum während der Liquidation der Zweck des Ausschließungsrechts nicht mehr erreicht werden kann, und warum die Aufhebung des Gesellschaftsverhältnisses und die "Fortsetzung des Geschäfts unter der Ausschluß der Liquidation" nicht mehr möglich sein sollen, nicht angegeben wurden.[463] Ritter war der Ansicht, daß die Auflösung und die Liquidation regelmäßig nicht das Recht der einzelnen Gesellschafter auf Ausschließung eines anderen beseitigen und regelmäßig nicht die Erledingung der Hauptsache bei einer bereits erhobenen Ausschließungsklage bewirken.[464] Nur wenn die Gesellschaft durch die Auflösung überhaupt nicht mehr besteht, wäre auch das Ausschließungsrecht in der Hauptsache erledigt und gegenstandslos[465]. Denn dann wären alle Gesellschafter ausgeschlossen. Vor allem wäre damit die Befriedigung des Ausschließungsrechts unmöglich geworden, weil niemand aus etwas, das nicht existiert, ausgeschlossen werden kann.[466] Wird nach Entstehung des Ausschließungsrechts, insbesondere nach der Klageerhebung die Gesellschaft aufgelöst, so sei dies auf den Bestand des Ausschließungsrechtes ohne jeden Einfluß.[467] Die Ausschließung eines Gesellschafters sei auch im Liquidations-stadium noch zulässig.[468]

---

[459] vgl. Flechtheim JW 1911, 479 f.
[460] vgl. Flechtheim JW 1911, (479), 481
[461] Flechtheim JW 1911, 479 und 177
[462] Ritter ZHR 69[1911], 287 ff.
[463] Ritter ZHR 69, (287), 293
[464] Ritter ZHR 69, (287), 297
[465] mit Hinweis auf Seckel "Gestaltungsrechte des Bürgerl. Rechts" in Festgabe der Berl. Jur. Ges. für Koch S. 234
[466] Ritter 69, (287), 292
[467] Ritter ZHR 69, (287), 296 f. Vor allem mit Hinweis auf ROHG 6, 112. Für den Fall der Auflösung nach Klageerhebung wurden zudem auf Makower HGB 13. (1906) I S. 374, Staub HGB 8. (1906) S. 525 und Ritter HGB (1910) S. 190 zitiert.
[468] Ritter ZHR 69, (287), 295 mit Hinweis auf ROHG 6, 112 und Wimpfheimer "Die Gesellschaften des Handelsrechts und des bürgerlichen Rechts im Stadium der Liquidation" S. 66

Ritter begründete seine Ansicht damit, daß mit der Auflösung noch kein dem Ausschließungsrecht entsprechender Zustand eingetreten sei. Das Gesetz bestimme nicht, daß das Ausschließungsrecht wegen Auflösung der Gesellschaft untergehen soll. Eine Ablehnung des Ausschließungsrechts nach Gesellschaftsauflösung würde zu einem unerträglichen, jedem Billigkeitsgefühl widersprechenden Ergebniss führen.[469]

Auch der Zweck der Ausschließungsrechte der §§ 140, 142 könne noch erreicht werden, wenn die Gesellschaft "nur" aufgelöst ist. Das Gegenteil wäre weder mit dem Inhalt der Gestaltungsrechte noch mit dem Wesen der Liquidation und auch nicht mit dem Standpunkte des Gesetzes vereinbar.[470] Die Auflösung selbst verhindere nicht die Ausschließung nach § 140 HGB und die Geschäftsübernahme nach § 142 HGB. Ein Gestaltungsrecht gehe zwar unter, wenn die Gestaltung eintritt, auf die das Recht gerichtet ist, denn es könne begrifflich nicht mehr bestehen, wenn sein Zweck erreicht sei.[471] Diese Wirkung trete aber nur dann ein, wenn wirklich der dem Gestaltungsrecht ganz und gar entsprechende Zustand eintritt.[472] Auflösungsrecht und Ausschließungsrecht seien voneinander verschiedene, unabhängige Rechte, soweit nicht die teilweise Gemeinsamkeit ihrer Voraussetzungen und ihr Wahlverhältnis in Betracht kommen.[473]

Diese Gestaltungsrechte hätten zudem unterschiedliche Ziele. Das Auflösungsrecht bezwecke nur die Aufhebung des Gesellschaftsverhältnisses, während das Ausschließungsrecht, auch im Fall des § 142 HGB, sowohl das alte Rechtsverhältnis aufhebe als auch ein anderes und neues begründe.[474]

Ritter war davon überzeugt, daß eine schon eingetretene Liquidation nicht einem Übernahmeverlangen entgegensteht, da § 142 Abs. 1 HGB nur ohne "weitere" Liquidation meine.[475] Allgemein sei zudem anerkannt, daß eine offene Handelsgesellschaft das Geschäft auch noch während der Liquidation an Dritte oder an einen oder mehrere Gesellschafter veräußern kann.[476] Auch ein Gesellschafterwechsel sei dann noch möglich. Gesellschafter können auch noch während der Liquidation in die Gesellschaft eintreten, aus ihr austreten oder

[469] vgl. Ritter 69, (287), 291 f.
[470] Ritter ZHR 69, (287), 296
[471] Ritter ZHR 69, (287), 289 mit Hinweis auf Seckel "Gestaltungsrechte des Bürgerl. Rechts" in Festgabe der Berl. Jur. Ges. für Koch S. 234
[472] Ritter ZHR 69, (287), 290
[473] Ritter ZHR 69, (287), 297 mit Hinweis auf Lehmann-Ring, Makower, Staub und RG VI 400/09 vom 30.06.1910 (OLG Köln) = RGZ 24, (139 Nr. 30), 140
[474] Ritter ZHR 69, (287), 298 f.
[475] Ritter ZHR 69, (287), 293
[476] Ritter ZHR 69, (287), 293 mit Hinweis auf Lehmann-Ring, Makower, Staub und Ritter.

sonstwie ausscheiden.[477] Die Gesellschaft bestehe in ihrer Einheit noch weiter.[478] Sie werde im Liquidationsstadium als eine in der Auflösung begriffene, als fortbestehend geltende oder als umgewandelte Gesellschaft verstanden.[479]

Für Ritter sprach gegen die Zulässigkeit des Ausschließungsrechts während der Liquidation auch nicht, daß § 156 HGB in bezug auf das Rechtsverhältnis der bisherigen Gesellschafter untereinander sowie der Gesellschaft gegenüber Dritten bis zur Beendigung der Liquidation die Vorschriften des zweiten und dritten Titels des ersten Abschnitts des zweiten Buchs des Handelsgestzbuchs für anwendbar erklärt, dagegen die Vorschriften des vierten Titels, wozu auch die §§ 140, 142 HGB gehören, nicht verweist. Hierbei handle es sich lediglich um eine Ungenauigkeit des Gesetzes. Soweit nichts Besonderes gelte, gelten im Stadium der Liquidation insgesamt die Vorschriften über die offene Handelsgesellschaft.[480]

Bei Auflösung der Gesellschaft durch Konkurs gemäß § 131 Nr. 5 HGB könnten die übrigen Gesellschafter nach § 141 Abs. 2 HGB die Fortführung der Gesellschaft unter sich, und damit die Ausschließung des Gemeinschuldners beschließen. Hier erkenne selbst das Gesetz an, daß die Ausschließung eines Gesellschafters sich mit dem Wesen der Liquidation verträgt.[481]

Nach Ritter würde auch der Gesetzeswortlaut nicht einer Ausübbarkeit des Ausschließungsrechts während der Liquidation entgegenstehen. § 140 HGB lasse nicht erkennen, daß das Ausschließungsrecht nur dann bestehen soll, wenn auch tatsächlich ein Recht auf Auflösung besteht. Vielmehr wolle § 140 HGB dem Berechtigten nur ein Wahlrecht geben zwischen diesen beiden Möglichkeiten geben.[482]

Die Auflösung der Gesellschaft verhindere vor allem dann nicht die Ausschließung eines Gesellschafters, wenn bereits Klage erhoben wurde. Die Ausschließung des Gesellschafter werde zwar erst mit Urteilsausspruch wirksam und die Gesellschaft bis zu diesem Zeitpunkt fortgesetzt. Indem das Gesetz aber in §§ 140 Abs. 2, 142 Abs. 3 HGB für die Auseinandersetzung den Klageerhebungszeitpunkt für maßgebend erklärt, wolle es die übrigen Gesellschafter vor willkürlichen Eingriffen in ihr Ausschließungsrecht schützen und eine Verschleppung des Ausschließungsprozesses durch den auszuschließenden Gesell-

[477] Ritter ZHR 69, (287), 295 unter Hinweis auf Wimpfheimer.
[478] Ritter ZHR 69, (287), 295 unter Hinweis auf Lehmann-Ring und Dernburg.
[479] vgl. Ritter 69, (287), 292 mit Hinweis auf Wimpfheimer.
[480] vgl. Ritter ZHR 69, (287), 294 unter Berufung auf Wimpfheimer, Dernburg und Lastig.
[481] Ritter ZHR 69, (287), 294
[482] Ritter ZHR 69, (287), 296 f.

schafter verhindern.[483] Hat der Gesellschafter durch die Klageerhebung alles getan, was in seinen Kräften steht, um sein Ausschließungsrecht zu verwirklichen, muß die Rechtsordnung dafür sorgen, daß dieses Recht auch noch verwirklicht werden kann.[484]

Ritter war davon überzeugt, daß dem Ausschließungsrecht bis zur vollständigen Beendigung der Gesellschaft grundsätzlich nichts mehr etwas anhaben kann.[485]

In einer "Nachschrift"[486] setzte sich Ritter vor allem noch mit der Veröffentlichung Hachenburgs auseinander. An dem ersten Aufsatz Flechtheims[487] hatte Ritter nichts auszusetzen. Hachenburgs Ausführungen[488] dagegen wären an der Natur des Ausschließungsrechts vorbeigegangen. Er sei von unzutreffenden Voraussetzungen ausgegangen. Außerdem sei dessen wirtschaftliche Betrachtung nicht überzeugend.[489] Ritter entgegnete Hachenburg, daß die Gesellschafter auch nach Auflösung noch die Gesellschaft bilden und zueinander im Gesellschaftsverhältnis stehen, auch wenn sich dieses geändert habe.[490] Ein Gesellschafter könne auch im Liquidationsstadium noch aus Gründen, die erst nach der Auflösung der Gesellschaft eintreten, ausgeschlossen werden. Die Folge wäre, daß die Liquidationsgesellschaft unter den übrigen Gesellschaftern fortbesteht und von diesen wieder zu einer Gesellschaft mit produktivem Zweck rekonstruiert werden könnte. Bei einer Gesellschaft mit nur zwei Gesellschaftern höre mit Ausschließung des anderen Gesellschafters die weitere Liquidation auf. Auch hier könne der übernehmende Gesellschafter das in Auflösung befindliche Geschäft weiter liquidieren oder rekonstruieren. Weil Geschäftsführung und Vertretung der Gesellschaft Aufgabe des Liquidators sind und dieser ersetzt werden kann, sei die Entstehung eines Ausschließungsrechts in einem solchen Fall allerdings nur theoretisch möglich.

Im Gegensatz zu Hachenburg vertrat Ritter die Ansicht, daß das Ausschließungsrecht, wenn es vor der Auflösung der Gesellschaft entstanden und nicht wieder erloschen ist, aufgrund eines dringend wirtschaftlichen Bedürfnisses und eines noch viel dringenderen Gebots der Gerechtigkeit noch während der Liquidation möglich sein muß.[491]

---

[483] Ritter ZHR 69, (287), 300 f.
[484] vgl. Ritter ZHR 69, (287), 305 f.
[485] Ritter ZHR 69, (287), 310
[486] Ritter ZHR 69, 310 ff.
[487] Flechtheim JW 1911, 176
[488] Hachenburg JW 1911, 430
[489] vgl. Ritter ZHR 69, 310
[490] Ritter ZHR 69, (310), 311
[491] vgl. Ritter ZHR 69, (287), 311 f.

Ritter bestätigte mit diesem Aufsatz seine zuvor veröffentlichte Ansicht. Er hatte 1910 dargelegt, daß die Hauptsache sich noch nicht erledigt hat, wenn die offene Handelsgesellschaft während des Ausschließungsprozesses z.B. durch Kündigung aufgelöst wird und berief sich insoweit auf die Reichsoberhandelsgerichtsentscheidung von 1872.[492] Neu war bei seinen Ausführungen von 1911 neben seiner ausführlichen Begründung lediglich, daß er diese Erkenntnis auch auf die Übernahmeklage des § 142 HGB ausweitete.

In seiner Folgeauflage seines Kommentars bestätigte Ritter 1932[493] noch einmal, daß die Hauptsache nicht erledigt ist, wenn die Gesellschaft während des Ausschließungsprozesses aufgelöst wird. Darüber hinaus stellte er klar, daß auch nach Auflösung der Gesellschaft noch die Ausschließungsklage aus der Liquidationsgesellschaft erhoben werden kann. Bei einer aufgelösten Gesellschaft könne freilich nicht mehr die Ausschließung "anstatt der Auflösung" verlangt werden. Ritter bemerkte allerdings: "Aber nichts berechtigt, sich an die Worte eines Gesetzes zu klammern, dessen Fassung so oft zu wünschen übrig läßt, wie gerade diejenigen des HGB." Er war der Meinung, daß der Gesetzgeber nur an den gewöhnlichen Fall gedacht habe und nicht daran, daß auch die Ausschließung aus der Liquidationsgesellschaft notwendig werden kann. Der Grundgedanke des § 140 HGB passe aber auch für diesen Fall.

Nach Ritter konnten die übrigen Gesellschafter die Ausschließung verlangen, wenn ihnen wegen eines in der Person des auszuschließenden Gesellschafters eingetretenen Umstandes nicht zuzumuten ist, das Liquidationsverhältnis mit diesem fortzusetzen. Daß die übrigen Gesellschafter die Liquidationsgesellschaft in eine gewöhnliche Gesellschaft zurückverwandeln wollen und können, sei irrelevant, denn deren Interesse an solcher Rückwandlung werde vom Gesetz nicht anerkannt.[494] Im Ausschließungsprozeß wäre zudem unmöglich, den verklagten Gesellschafter nach § 147 HGB als Liquidator vom Gericht abberufen zu lassen.[495]

Ritter war davon überzeugt, daß die Ausschließung selbst aus einer Gesellschaft, die gemäß § 133 HGB durch gerichtliche Entscheidung aufgelöst worden ist, noch verlangt werden kann, allerdings nur wegen eines anderen und nicht wegen desselben Grundes.

---

492 Ritter: HGB (1910) Anm. zu § 140 S. 190

493 Ritter: HGB 2. (1932) § 140, 3b S. 330; für die Übernahmeklage auch § 142, 1 S. 389

494 Damit wandte sich Ritter insoweit gegen ROHG I 348/72 und RG II 91/21 und II 544/23.

495 Ritter weiter: "so wenig, wie im Auflösungsprozeß eingewendet werden kann, daß die übrigen Gesellschafter dem Beklagten nach §§ 117, 127 HGB Geschäftsführung und Vertretung entziehen lassen können."

IV.2.a.γ Düringer und Flechtheim:

Düringer nutzte im November 1911 die Gelegenheit, seine eigene Entscheidung noch einmal zu erörtern.[496] Im Mittelpunkt seines Interesses stand allerdings nicht mehr die rein handelsrechtliche Frage, sondern eine Betrachtung der Methode der Rechtsprechung, da Flechtheim seine Kritik an dem Reichsgerichtsurteil I 300/1909/5 als "praktischen Beitrag zum Methodenstreit" bezeichnet hatte.

Düringer konnte dabei weder den Ausführungen Flechtheims noch Hachenburgs in jeder Hinsicht zustimmen. Gegen Flechtheims Kritik, daß die Entscheidung nicht den konkreten Sachverhalt angegeben habe,[497] führte er an, daß das Reichsgericht als Revisionsgericht nur über die Rechtsfrage, ob der Antrag nach § 142 Abs. 1 HGB noch im Liquidationsstadium gestellt werden könnte, zu entscheiden hatte und keine eigene Interessenentscheidung treffen könne, sondern stattdessen an das Berufungsgericht zurückverweisen müsse.[498] Hachenburgs Ansicht, daß die getroffene Reichsgerichtsentscheidung nichts mit dem Methodenstreit zu tun habe,[499] wies Düringer zurück. Düringer hielt die Ansicht von **Danz**[500], daß für die Anwendbarkeit einer Vorschrift auf den konkreten Tatbestand die Auslegung des Gesetzes nach dem Zweck maßgebend sei, in der hier zugrundeliegenden Entscheidung für zutreffend. Er habe bei seiner Entscheidung von 1910 diese "teleologische" Auslegungsmethode angewendet.

§ 142 Abs. 1 HGB sei eine Ausnahmevorschrift, denn es würde dem Wesen der gesellschaftlichen Vereinigung und dem Prinzip der Gleichberechtigung der Gesellschafter widersprechen, daß einer das Recht erhält, unter Ausschluß des anderen das Geschäft für sich allein zu übernehmen. Nur durch ihren besonderen Zweck, dem vertragstreuen Gesellschafter die Vorteile des Geschäfts zu erhalten und dieses vor den Folgen einer Liquidation zu bewahren, kann § 142 Abs. 1 HGB gerechtfertigt sein. Wo dieser Zweck aber nicht mehr erreicht werden kann, sei diese Ausnahmevorschrift nicht mehr anwendbar.[501]

Einer Übernahmeklage während der Liquidation gemäß § 142 Abs. 1 HGB würden praktische und wirtschaftliche Folgen entgegenstehen. Bei langer Prozeßdauer werde die Liquidation schon während des Prozesses beendet oder zumindest soweit fortgeschritten sein, daß von einer Fortführung des Geschäfts keine Rede mehr sein könne. Zur Erhaltung des Geschäfts müßte die Liquidation

---

[496] Düringer RuW I [1911], 57 ff.
[497] Flechtheim JW 1911, (176), 178
[498] Düringer RuW I, (57), 58
[499] Hachenburg JW 1911, (479), 482
[500] Hinweis auf Danz: "Rechtsprechung nach der Volksanschauung und nach dem Gesetz" – Iherings Jahrbuch 54, 1 ff.
[501] Düringer RuW I, (57), 58

durch eine einstweilige Verfügung eingestellt werden. Das Geschäft könnte bis zur Beendigung des Prozesses "nicht leben und nicht sterben", weil man nicht wüßte, ob es endgültig liquidiert wird oder in den Alleinbesitz eines Gesellschafters übergeht. Gerade der Handelsverkehr sträube sich gegen gegen derartige unklare und unsichere Verhältnisse. Ein normaler Geschäftsbetrieb und eine "gedeihliche" Entwicklung wäre für ein solches Geschäft ausgeschlossen. Es läge im Interesse beider Gesellschafter, daß die Liquidation so schnell als möglich ohne Hemmung von statten geht. Düringer entgegnete Flechtheim auch, daß für die Frage der Zulässigkeit der Übernahmeklage während der Liquidation nicht der Ausnahmefall sondern der Regelfall ausschlaggebend ist.[502]

Düringer führte schließlich zur Betätigung "seines" Reichsgerichtsurteil auch die zwischenzeitlich erlassene Entscheidung des zweiten Zivilsenats RG II 565/1910 auf.

Flechtheim nahm im Dezember 1911 zu Düringers Aufsatz und zum Methodenstreit bei dieser Rechtsfrage noch einmal Stellung.[503]

Der Kölner Rechtsanwalt bezeichnete Düringers Ansicht, wie sie in dessen Aufsatz zum Ausdruck kam, als vermittelnden Standpunkt im Methodenstreit. An der Reichsgerichtsentscheidung kritisierte er weiterhin, daß die Entscheidung von der reinen Rechtsfrage abhängig gemacht wurde, anstatt die konkreten Umstände zu berücksichtigen. Flechtheim stimmte Düringers bei, daß der infolge des Prozesses entstehende Schwebezustand nachteilig ist. Er wies aber, wie bereits früher,[504] darauf hin, daß dies keine Ausnahmeerscheinung für die hier erörterte Rechtsfrage sei. Bei einer Klage nach § 142 Abs. 1 HGB, die während einer bestehenden Gesellschaft erhoben und durchgeführt wird, sei die Unsicherheit viel schlimmer als bei einem sich schon in Liquidation befindlichem Geschäft. Nach §§ 142 Abs. 3, 140 Abs. 2 HGB sei für die Auseinandersetzung die Vermögenslage zur Zeit der Klageerhebung maßgebend, so daß bei erfolgreicher Übernahmeklage der ganze während des Prozesses entstandene Geschäftsgewinn und –verlust nur den einen Gesellschafter angehe.[505]

Düringers und Hachenburgs Argumentation gehe dahin, daß über eine Übernahmeklage unabhängig davon, ob sie vor oder nach der Auflösung der Gesellschaft rechtshängig geworden ist, nicht mehr entschieden werden könne, und richte sich nicht speziell gegen eine Klageerhebung auf Geschäftsübernahme während der Liquidation. Eine solche grundsätzliche Einschränkung sehe § 142 HGB nicht vor. Zutreffend sei lediglich, daß die gesetzliche Regelung der

[502] vgl. Düringer RuW I, (57), 59
[503] Flechtheim RuW I [1911], 72 ff.
[504] vgl. Flechtheim JW 1911, (479), 481
[505] vgl. Flechtheim RuW I, 72 f.

Ausschließungs- und Übernahmeklage den praktischen Bedürfnissen kaum entspreche. Die von Düringer und Hachenburg aufgedeckten Mängel könnten allerdings auch mit der zu langen Prozeßdauer unseres Rechtssystems begründet sein.[506]

IV.2.a.δ Der Soziologe Ernst Fuchs:[507]

Der Karlsruher Rechtsanwalt **Ernst Fuchs**, der als Vordenker und Wortführer der soziologischen Rechtsfindungsmethode galt,[508] erwähnte 1911[509] die Entscheidung Düringers als Beispiel eines falschen Reichsgerichtsurteils, das, wie der "Soziologe" Flechtheim aufgezeigt habe, praktisch unbrauchbar und ungerecht sei.

1912[510] nahm er ausführlicher zu dem geführten Literaturstreit Stellung und fand darin seine Methode bestätigt. Er wehrte sich gegen einen falschen Konstruktismus und war davon überzeugt, daß ein Urteil umso fachkundiger und gerechter werde, umso mehr das Soziologische berücksichtigt werde.[511] Für die Richtigkeit eines Urteils sei eine wirtschaftliche, ethische und zweckmäßige Wertung, das Soziologische, entscheidend.[512] Dies werde durch den Literaturstreit um das Rechsgerichtsurteil RG I 300/1909/5 deutlich, da hier die Gewinnung des gerechtesten und praktischsten Ergebnisses im Mittelpunkt stehe und somit "soziologisch gekämpft" werde.[513]

Fuchs stellte zunächst inhaltlich fest, daß der erste Zivilsenat mit seiner Entscheidung von 1910 eine Übernahmeklage während der Liquidation grundsätzlich ablehnte. Er stellte dann fest, daß § 142 Abs. 1 HGB die Ausschließungsbefugnis des § 140 HGB bei Gesellschaften von mehr als zwei Mitgliedern auf zweigliedrige Gesellschaften überträgt und die Möglichkeit zur Geschäftsübernahme ohne Liquidation bietet. Daraus habe das Reichsgericht nach der bekannten logischen Auslegung formal richtig und scharfsinnig konstruiert, daß bei einer Gesellschaft, die schon aufgelöst und in Liquidation sei, die gesetzliche Voraussetzung fehle und deshalb der Zweck nicht mehr

506 vgl. Flechtheim RuW I, (72), 73
507 Ernst Fuchs (1859 - 1929), Karlsruher Rechtsanwalt, der sich in Büchern und Aufsätzen mit den Fragen der Rechts- und Wahrheitsfindung beschäftigte. Er war einer der bekanntesten Vertreter der „Freirechtler", der im Rahmen seiner Rechtsfindungslehre bei der Lückenausfüllung die Anwendung einer soziologischen Methode forderte. Quelle: Kleinheyer / Schröder 3.Auflage 1989 S.93 ff.
508 Thomas Wirth: Adelbert Düringer – Jurist zwischen Kaiserreich und Republik S. 33
509 Ernst Fuchs bei Holdheim [1911] 20, (82), 86
510 Ernst Fuchs JW 1912, 267 ff.
511 Ernst Fuchs JW 1912, 267
512 vgl. Ernst Fuchs JW 1912, 267 f.
513 Ernst Fuchs JW 1912, (267), 268

erreicht werden könne. Gerade diese abstrakte Allgemeinheit hielt Fuchs allerdings durch Flechtheim für "schlagend" widerlegt.[514]

Zu Düringer und Hachenburg hielt Fuchs fest, diese würden die generelle Ablehnung der Übernahmeklage während der Liquidation dadurch begründen, daß in einem solchen Fall ein langwieriger Prozeß mehr Schaden als Nutzen stiften würde, daß ein normaler Geschäftsbetrieb und eine gedeihliche Entwicklung unmöglich seien, weil man nicht wüßte, ob das Geschäft endgültig liquidiert werden müsse, und daß der Handelsverkehr sich gegen derartige unklare und unsichere Verhältnisse sträube. Flechtheim entgegnete hierauf, daß jener Übelstand genauso bei einer während der Dauer des Gesellschaftsvertrags erhobene Ausschließungsklage auftrete.[515]

IV.2.b Weitere Reaktionen auf das Reichsgerichtsurteil RG I 300/1909/5:

IV.2.b.α Befürworter:

Der Reichsgerichtsentscheidung I 300/1909/5 schlossen sich in der Folgezeit nur wenige Autoren an. **Litthauer / Mosse** übernahmen das Ergebnis Düringers 1911[516] und vertraten dieses auch noch – unbeeindruckt von dem Literaturstreit über das Reichsgerichtsurteil - unverändert 1920[517].

Heilfron vertrat 1912[518], daß der Antrag auf Geschäftsübernahme nur während des Bestehens der offenen Handelsgesellschaft zulässig ist. Denn der Zweck des § 142 HGB, die ungestörte Fortsetzung des Geschäfts zu ermöglichen, sei, wenn die offene Handelsgesellschaft bereits in Liquidation getreten ist, nicht mehr zu erreichen. Insoweit war er der gleichen Ansicht wie Düringer, dessen Entscheidung er jedoch nicht zitierte. Diese Meinung gab Heilfron 1928 allerdings wieder auf.[519]

Auch **Lehmann / Ring** waren 1914 der Ansicht, daß § 142 HGB im Liquidationsstadium nicht mehr in Betracht kommt.[520] Die Übernahmeklage nach § 142 HGB sei keine Klage auf Ausschließung, sondern auf Auflösung der Gesellschaft und eine eigentümliche Form der Auseinandersetzung. Der Richter

514 Ernst Fuchs JW 1912, (267), 268

515 vgl. Ernst Fuchs JW 1912, 267 f.

516 Litthauer / Mosse: HGB 14. (1911) § 142, 2

517 Litthauer / Mosse: HGB 16. (1920) § 142, 2

518 Heilfron: Lehrbuch des Handelsrechts 1. Band 2. Auflage S. 350 Fn. 14

519 Heilfron erwähnte in seinem Lehrbuch des Handelsrechts 3. Auflage diese Problematik nicht mehr.

520 Lehmann / Ring: Das Handelsgesetzbuch für das deutsche Reich 2. (1914) § 142, 2 S. 445. In seiner Erstauflage von 1909 hatte sich Lehmann dagegen mit diesem Problem noch nicht auseinandergesetzt.

habe die Auflösung der Gesellschaft auszusprechen und diese, nicht das Ausscheiden, sei beim Handelsregister anzumelden. Die Klage sei daher mit der aus § 133 HGB grundsätzlich identisch und stelle deshalb nur eine zulässige Erweiterung des Klageantrags im Sinne von § 268 ZPO dar. Folglich sei in dieser Klage stets eine Auflösungsklage enthalten und der Richter könne möglicherweise nur dem Antrag auf Auflösung und nicht dem auf Übernahme stattgeben. In der Klage auf Auflösung der Gesellschaft nach § 133 HGB sei dagegen nicht der Antrag auf Übernahme nach § 142 HGB enthalten. Für die Zubilligung der Übernahmeklage nach § 142 HGB seien noch besondere Momente maßgebend und es gelte, wie bei § 140 HGB, ein strengerer Maßstab, da die Übernahmeberechtigung in persönlicher und in vermögensrechtlicher Hinsicht für den Beklagten schwerwiegende Folgen haben könne. Das stattgebende Urteil könne allerdings nur das Recht und nicht die Verpflichtung zur Übernahme aussprechen. Will der Kläger von dem Recht nicht Gebrauch machen, bleibe es bei den gewöhnlichen Folgen der Auflösung.

1925 vertrat **Dove**[521] noch die Auffassung Düringers, daß die Ausschließungsklage nicht mehr zulässig ist, sobald die Liquidation begonnen hat, obgleich dies erheblich kritisiert und von der Rechtssprechung bereits eingeschränkt wurde.[522]

Der Reichsgerichtsrat **Schwarz**[523] war 1932 generell der Ansicht, daß der Anspruch auf Ausschließung nicht mehr gegeben ist, wo die Auflösungsklage versagt. Falls die Auflösung schon eingetreten ist und die offene Handelsgesellschaft sich deshalb bereits in Liquidation befindet, sei die Auflösungsklage, und damit auch die Ausschließungklage, nicht mehr möglich, und folgte insoweit der Entscheidung Düringers von 1910. Eine Ausnahme sei allerdings dann zu machen, wenn die Ausschließungsklage vor Eintritt der Auflösung schon erhoben war. Der Reichsgerichtsrat zeigte sich somit voll und ganz als Verteidiger der zu diesem Rechtsproblem bereits ergangenen Rechtsprechung des Reichsgerichts.

IV.2.b.β Gegner:

Könige nahm 1910 zu dem hier erörterten Problem Stellung.[524] Die Reichsgerichtsentscheidung des ersten Zivilsenats RG I 300/1909/5, wie auch dessen vorübergehende Bestätigung durch den zweiten Zivilsenat in RG II 565/1910, hielt er nicht für verallgemeinerungsfähig. Aufgrund dieser Entscheidungen könne man nicht generell die Übernahmeklage während der

---

521 Dove: Das HGB mit Einführungsgesetz 2. (1925) § 140, 3 S. 105

522 vgl. Literaturstreit um das Reichsgerichtsurteil I 300/1909/5 und die Entwicklung in der Rechtsprechung.

523 Neufeld-Schwarz: HGB (1931) § 140, 1 S. 385

524 Könige LZ 1911, 690 ff.

Liquidation ausschließen.[525] Aus der Entscheidung Düringers sei zu folgern, daß es unerheblich ist, ob die wichtigen zur Ausschließung eines Gesellschafters berechtigenden Gründe vor oder nach der Auflösung eingetreten sind. Daraus ergebe sich, daß eine Übernahmeklage des vertragstreuen Gesellschafter unzulässig sei, wenn der vertragsuntreue Gesellschafter vor Klageerhebung von einem vertraglichen Kündigungsrecht Gebrauch gemacht hat und die dadurch bewirkte Auflösung während des Prozesses eintritt, wie das RG in II565/1910 erkannt habe.

In Düringers Entscheidung sei festgestellt worden, daß eine bereits aufgelöste Gesellschaft nicht nochmals aufgelöst werden kann. Dieser Grundsatz sei aber nicht immer gegenüber dem Interesse des vertragstreuen Gesellschafters an dem gemäß § 142 HGB gewährten Übernahmerecht unter Abfindung des vertragsuntreuen Mitgesellschafters vorrangig. Für eine Geschäftsübernahme nach § 142 HGB während der Liquidation spreche, daß die Gesellschaft bis zur Beendigung der Liquidation wenigstens als Liquidationsgesellschaft weiterbestehe.

Zudem sei der Zweck des § 142 HGB, die Entwertung des Geschäfts durch Liquidation und Löschung der Firma zu vermeiden, also „nicht den Unschuldigen mit dem Schuldigen leiden zu lassen". Der vertragstreue Gesellschafter habe ein berechtigtes, erhebliche Interesse an der Geschäftsübernahme während der Liquidation, da er nach § 24 HGB die Firma, das noch nicht verwertete Gesellschaftsvermögen und den Kundenstamm des Geschäfts erwerben könne.

Könige war davon überzeugt, daß auch im Liquidationsstadium schwere Verfehlungen eines Gesellschafters vorkommen können, die dessen Ausschluß wünschenswert machen können.[526] Könige bemerkte jedoch, daß vom Standpunkt des Gesetzes die Zulassung der Übernahmeklage nach § 142 HGB für Verfehlungen während der Liquidation bedenklich wäre. Denn § 142 HGB wolle aus Billigkeitsgründen nur den Eintritt der Liquidation verhindern. Der vertragstreue Gesellschafter könne im Fall des § 142 HGB, da nur ein Gesellschafter übrig bleibe, nur wirtschaftlich, nicht aber rechtlich, denselben Erfolg herbeiführen, wie wenn die Gesellschaft fortgesetzt werden würde. Daher würde bei einer Geschäftsübernahme nach § 142 HGB auch keine Gesamtrechtsnachfolge stattfinden, sondern der vertragstreue Gesellschafter erhalte das Geschäftsvermögen aufgrund des Anwachsungsrechts des § 738 BGB, der nach § 142 Abs. 3 HGB für die Auseinandersetzung anwendbar sei. Die nicht mehr erwerbende Liquidationsgesellschaft sei ein anderes Gebilde als die ein Handelsgewerbe betreibende offene Handelsgesellschaft.[527]

---

[525] Könige LZ 1911, 690 und 694
[526] Könige LZ 1911, (690), 691
[527] Könige LZ 1911, (690), 691 f.

Dennoch verhindere der Eintritt der Auflösung während des Prozesses nicht generell die Geschäftsübernahme. Zwar begründe die Geltendmachung selbst noch nicht den Anspruch zur Geschäftsübernahme, sondern erst die daraufhin ergehende rechtskräftige Entscheidung, entscheidend für den Anspruch sei allerdings der Klageerhebungszeitpunkt. Ein einmal begründeter Anspruch dürfe nicht durch den Zufall, daß der Prozeß sich über die Auflösung hinaus in die Länge zieht, wieder verloren gehen. Königе war daher der Ansicht, daß die einmal erhobene Übernahmeklage nach § 142 HGB die Auflösung der Gesellschaft durch Zeitablauf oder Kündigung mit der gewöhnlichen Wirkung nicht zuläßt. Wenn die Gesellschaft durch Zeitablauf oder Kündigung beendet und damit aufgelöst ist, müsse sie allerdings in Liquidation gehen, die mit rechtskräftiger Stattgabe der Geschäftsübernahme beendet werde. Der unschuldige Gesellschafter dürfe dann das noch vorhandene Vermögen und das Geschäft mit den Passiven nach § 142 HGB unter Abfindung des anderen Gesellschafters übernehmen und hätte zudem wohl auch ein Schadensersatzanspruch, der den Ausschließungsgrund als rechtliche Grundlage habe.[528]

Staub[529] und sein Bearbeiter **Pinner**[530] hatten sich zunächst, 1900 bzw. 1906, der Ansicht des Reichsoberhandelsgerichts von 1872 angeschlossen, daß durch Aufkündigung der Gesellschaft nicht die Ausschließung eines Gesellschafters unmöglich wird.

Die Entscheidung Düringers und deren zunächst erfolgten Bestätigungen[531] lehnte **Pinner** von Anfang an ab.[532] Unter Berufung auf Flechtheim, Fuchs, und später noch auf Ritter und Wieland, wies er darauf hin, daß weder begrifflich noch wirtschaftlich der Entzug der Rechte aus §§ 140 ff. HGB durch den Eintritt der Liquidation begründet werden kann. Auch in der aufgelösten Gesellschaft verbleibe eine Rechtsgemeinschaft unter den Gesellschaftern, die durch §140 HGB gelöst werden könne. Dieses Recht könne nicht durch den auf der Form beruhenden Hinweis entzogen werden, daß begriffsmäßig die Auflösung einer bereits aufgelösten Gesellschaft unmöglich sei.

Pinner konnte sich auch nicht den späteren Entscheidungen des zweiten Zivilsenats des Reichsgerichts[533] anschließen, der nur die Klageerhebung auf Ausschließung eines Gesellschafters nach Eintritt der Liquidation für unzulässig

[528] Könige LZ 1911, (690), 692 f.
[529] Staub: HGB 7./8. (1900) § 140, 1 S. 454; (s.o.)
[530] Staub-Pinner: HGB 8. (1906) § 140, 1 S. 525; (s.o.)
[531] durch RG II 565/10, II 310/18 und OLG Hamburg IV 126/18 (s.o.)
[532] Staub-Pinner: HGB 9. (1912) § 140, 1 S. 586 (erste Veröffentlichung seit RG II 300/09/5) und in den Folgeauflagen: § 140, 1 10. und 11. (1921) S. 667, 12./13. (1926) S. 740, 14. (1932) S. 780
[533] RG II 91/21 und RG II 544/23 (s.o.)

erklärte und insoweit die Reichsgerichtsentscheidung Düringers einschränkte.[534] Pinner hielt generell die Auflösungsklage im Liquidationszustand für möglich, unabhängig ob die Auflösung der Gesellschaft und damit die Liquidation vor oder nach Klageerhebung eingetreten ist.

In dem von **Düringer** und **Hachenburg** begründeten Handelsrechtskommentar setzte sich 1917 **Geiler**[535] erstmals und 1932 schließlich schließlich auch noch **Flechtheim** mit der Rechtsfrage, ob auch während der Liquidation die Ausschließung noch möglich ist, auseinander.[536]

Geiler lehnte die Ausschließung während der Liquidation einer Gesellschaft nicht kategorisch ab, sondern ließ sie unter den zwei Voraussetzungen zu, daß die übrigen Gesellschafter die Gesellschaft fortsetzen wollen und dies auch noch können. Allein die Auflösung der Gesellschaft schließe nicht schon ohne weiteres die Möglichkeit aus, das Gesellschaftsunternehmen den übrigen Gesellschaftern als Ganzes zu erhalten. Die aufgelöste Gesellschaft könne sich in eine produktive zurückverwandeln und im Fall des § 141 Abs. 2 HGB lasse das Gesetz die Ausschließung eines Gesellschafters auch nach Auflösung zu. Geiler war allerdings davon überzeugt, daß nach eingetretener Liquidation die

[534] Staub-Pinner: HGB § 140, 1 12./13. (1926) S. 740 und 14. (1932) S. 780

[535] Karl Geiler (1878 – 1953), Sohn eines (Ober-)Staatsanwaltes am Landgericht Mannheim und späterer Generalstaatsanwalt in Karlsruhe, ließ sich nach seinem Studium in Freiburg, Berlin und Heidelberg, wo er auch seine Referendarzeit absolvierte und promovierte, 1904 als Mannheimer Rechtsanwalt nieder und blieb dies bis zu seinem Lebensende. Geiler war ein Mitarbeiter von Hachenburg, mußte sich jedoch in der nationalsozialistischen Zeit von der Kanzlei seines jüdischen Kollegen trennen und trat in die Kanzlei von Wilhelm Zutt ein. Geiler wurde 1947 persönlicher Ordinarius für Internationales Recht an der Universität Heidelberg, war seit 1947, wie bereits von 1932 bis 1933, Mitglied der ständigen Deputation des Deutschen Juristentages, dessen geschäftsführenden Ausschuß er ab 1949 angehörte. Von der amerikanischen Militärregierung wurde der parteilose Karl Geiler als Ministerpräsident einer provisorischen, ersten Landesregierung von (Groß)Hessen berufen, die er bis zur Durchführung der ersten parlamentarischen Wahl leitete. Karl Geiler war er Präsident der Deutschen Europaakademie und der deutsch-französischen Gesellschaft und war in der UNESCO Mitglied der Sektion Erziehung. Er war als Mitglied der Aktienrechtskommission des Deutschen Anwaltsvereins (1925 bis 1929) und des Deutschen Juristentages (1926 bis 1928) an der Aktienrechtsreform beteiligt. Wissenschaftlich verfaßte der Wirtschaftsanwalt verschiedene Abhandlungen zu rechts- und gesellschaftspolitischen Themen und auf dem Gebiet des Wirtschaftsrecht, wirkte bei der 1908 erschienenen zweiten Auflage des Kommentars zum HGB von Düringer und Hachenburg mit und übernahm dort nach dem Tode von Adelbert Düringer dessen Darstellung des Gesellschaftsrechts und kommentierte schließlich auch den Teil über das Recht der Gesellschaft des bürgerlichen Rechts des 1925 in der 9. Auflage erschienenen BGB-Kommentars von Staudinger. Quelle: Scherner: Advokaten – Revolutionäre – Anwälte. Die Geschichte der Mannheimer Anwaltschaft, 1997 S. 272, 293 ff., 313, 321 f.

[536] Düringer / Hachenburg-Geiler: HGB 2. (1917) § 140, 11 S. 630 f. ; -Flechtheim: HGB 3. (1932) § 140, 11 S. 870 ff. In der 1. Auflage (1899-1905) wurde dagegen dieses Rechtsproblem noch nicht behandelt.

Ausschließungsklage die Auflösung der Gesellschaft nicht mehr verhindern kann. Bezüglich des Literaturstreits vermied er es Stellung zu beziehen. Er hielt beide vertretenen Ansichten nur für bestimmte Sachlagen durchgreifend.

Für die Möglichkeit der Ausschließung eines Gesellschafters während der Liquidation war für ihn zum einen der Wille der übrigen Gesellschafter zur Fortsetzung der Gesellschaft entscheidend. Die Auschließung allein aus dem Grund, um ohne diesen weiter zu liquidieren, widerspräche dem Zweck der Ausschließungsklage, die Auflösung der Gesellschaft und des Geschäftsganzen zu verhindern. Ob der vorgebrachte Grund die Ausschließung während der Liquidation rechtfertigt, müsse das Gericht nach freiem Ermessen für den Einzelfall entscheiden. Geiler betonte jedoch, daß nur schwerwiegende Gründe hierfür in Betracht kommen. Er schloß sich Hachenburg an, daß allgemein und insbesondere Verfehlungen eines Gesellschafters, die sich erst während der Liquidation ereignen, ausscheiden müssen. Solche könnten lediglich die Abberufung eines Gesellschafters als Liquidator gemäß § 147 HGB begründen. Als wichtiger Grund könne eine Verfehlung in Betracht kommen, die nachträglich bekannt wurde und bei deren Kenntnis die übrigen Gesellschafter auf Ausschließung anstatt der Auflösung geklagt hätten.

Für Geiler mußte zum anderen die Fortsetzung der alten Gesellschaft noch möglich sein. Hierbei sei der Stand der Liquidation maßgebend. Ist diese schon soweit fortgeschritten, daß die Gesellschaft nicht mehr als wirtschaftlich lebendiger Organismus angesehen werden kann, sei die Klage gegenstandlos und die übrigen Gesellschafter könnten nur noch eine neue Gesellschaft gründen. Ist dagegen die Liquidation aufgrund einer Vereinbarung oder einer einstweiligen Verfügung aufgehalten, so könne unter Umständen das Geschäft als ganzes für die übrigen Gesellschafter gerettet werden. Vor allem sei die Ausschließung dann billig, wenn die Klage bereits vor der Auflösung anhängig war. Das für die übrigen Gesellschafter wirtschaftlich wertvolle Recht auf Weiterführung der Gesellschaft ohne den auszuschließenden Teilhaber könne nicht allein dadurch hinfällig werden, daß während des Prozesses die Auflösung der Gesellschaft durch Zeitablauf oder Kündigung erfolgt, da ansonsten der Beklagte dieses Recht durch Prozeßverschleppung vereiteln könnte. Dies gelte nicht nur dann, wenn der auszuschließende Gesellschafter dem Urteil durch Kündigung zuvorkommen will, sondern auch dann, wenn während des Laufes der Kündigungsfrist die Ausschließungsklage erhoben wird[537].

Geiler stellte schließlich allgemein klar, daß die Ausschließungsklage dann gegenstandslos ist, wenn ihr Zweck nicht mehr erreicht werden kann. Dies sei der Fall, wenn die Gesellschaft bereits aufgelöst und das Geschäft mit Aktiven

[537] unter Hinweis u. a. auf ROHG I 348/1872 (s.o.)

und Passiven an einen Gesellschafter oder Dritten übertragen ist, oder wenn sie aufgelöst und die Liquidation beendet ist.

Flechtheim[538] schloß sich der Auffassung Geilers an und übernahm, ohne Berücksichtigung der mit Hachenburg und Düringer zu diesem Thema geführten Ausseinandersetzung, weitgehend dessen Bearbeitung dieser Rechtsfrage. Für Flechtheim war diese Problematik entschieden. So ergänzte er die Darstellung Geilers lediglich aufgrund der in der Zwischenzeit erlassenen Entscheidung des zweiten Zivilsenats des Reichsgerichts RG II 91/1921, durch die dessen frühere Auffassung in RG II 565/1910 ausdrücklich aufgegeben wurde. Diese Entscheidung des Reichsgericht bestätigte die Ansicht Geilers, daß die Ausschließung möglich sein muß, wenn die Klage bereits vor der Auflösung anhängig war.

1922 befaßte sich **Geiler**[539] noch einmal mit der Rechtsfrage, ob bei einer Personengesellschaft die Ausschließung eines Gesellschafters gemäß § 140 HGB oder die Geschäftsübernahme gemäß § 142 HGB auch noch nach Eintritt der Liquidation möglich ist und bezog hierbei zu der Entscheidung Düringers und vor allem zu der damals aktuellen Entscheidung des zweiten Zivilsenats des Reichsgerichts RG II 91/1921 Stellung.

Geiler lehnte die Entscheidung Düringers ab und schloß sich dem zweiten Zivilsenat an. Die Ausschließung eines Gesellschafters nach § 140 HGB und die Übernahme des Geschäfts durch den anderen Gesellschafter nach § 142 HGB müsse auch nach Eintritt der Liquidation möglich sein, wenn die Klage schon vorher erhoben war. Hierfür spreche die ganze Tendenz dieser gesellschaftsrechtlichen Bestimmungen, die geschaffene gesellschaftliche, geschäftliche und wirtschaftliche Organisation in ihrem Bestande zu schützen. Es sei kein Grund ersichtlich, diesen gesetzlichen Schutz während der Liquidation nicht mehr zuzulassen. Die Ausschließung eines Gesellschafters und die Übernahmeklage seien allerdings ausgeschlossen, wenn die Liquidation schon soweit fortgeschritten ist, daß die Organisation im wesentlichen bereits abgebaut ist, insbesondere das Gesellschaftsvermögen versilbert ist. Ist das Geschäft dagegen in seinem Kern noch vorhanden, seien Auschließungs- und Übernahmeklage praktisch noch möglich. Würde man nach Klageerhebung die Ausschließung eines Gesellschafters oder die Geschäftübernahme mit dem Liquidationseintritt nicht mehr zulassen, könnte der Beklagte diese Rechte durch Prozeßverschleppung bis zum Eintritt eines Auflösungsgrundes zunichte machen.

---

538 Düringer / Hachenburg-Flechtheim: HGB 3. (1932) § 140, 11 S. 870 ff.
539 Geiler JW 1922, 221 zu 5.) zu RG II 91/21 (s.o.)

Ob auch nach Liquidationseintritt die Klage eine Ausschließungs- oder Übernahmeklage noch erhoben werden kann, ließ Geiler, wie zuvor der zweite Zivilsenat, offen. Nach ihm sei diese Frage allerdings auch nicht allgemein zu beantworten. Vielmehr müsse im Einzelfalle geprüft werden, ob ein schutzwürdiges Interesse auf Fortbestand der gesellschaftlichen oder noch geschäftlichen Organisation vorhanden ist.

Für **Wieland** konnte 1921[540] die Klage auf Ausschließung eines Gesellschafters und auf Geschäftsübernahme[541] auch noch im Liquidationsstadium erhoben werden, sofern die übrigen Gesellschafter die Fortsetzung der Gesellschaft beschließen.

Die Auflösung schließe die nachträgliche Ausschließung nicht aus, da eine eingetretene Auflösung und eine bereits begonnene Liquidation wieder rückgängig gemacht werden könne. Die Gesellschafter könnten während der Liquidation im gegenseitigem Einverständnis die Fortsetzung der Gesellschaft beschließen. Dies gelte auch nach Ausschließung eines von ihnen. Da dadurch die Fortsetzung der Liquidation verhindert werden soll, könne dies solange verwirklicht werden, solange sie noch nicht vollständig durchgeführt ist. Mit der Fortsetzung der Liquidation vertrage sich dagegen die Ausschließung eines Gesellschafters nicht.

Die Ausschließung könne allerdings auch verlangt werden, wenn der Grund hierfür schon vor der Auflösung eingetreten ist, unabhängig davon, ob bereits Klage erhoben wurde oder nicht.[542] Zwar habe auch der ausschließende Gesellschafter nach Auflösung der Gesellschaft ein grundsätzlich unentziehbares Recht auf Liquidation, dieses habe er aber dann verwirkt, wenn ihm ein die Ausschließung rechtfertigendes Verhalten zur Last gelegt werden kann. Für den Abbruch einer bereits begonnenen Liquidation und für die Fortsetzung der Gesellschaft genüge somit die Einwilligung der übrigen Gesellschafter, wenn in der Person eines Gesellschafters ein Ausschließungsgrund vorliegt. Wieland stellte zusätzlich noch klar, daß die absoluten Auflösungsgründe[543] keine Ausschließungsgsgründe bilden.

Koenige stimmte sowohl 1929 als auch 1932 ausdrücklich dem zweiten Zivilsenat des Reichsgerichts[544] zu, daß die bereits erhobene Ausschließungsklage

[540] vgl. Wieland: Handelsrecht (1921) S. 715 f. Fn. 9 für die Ausschließungsklage während der Liquidation
[541] vgl. Wieland: Handelsrecht (1921) S. 723
[542] Wieland: Handelsrecht (1921) vgl. neben S. 716 Fortsetzung von Fn. 9 auch S. 723 Fn. 4
[543] Wieland führte als Beispiele auf: der Tod und nach Art. 123 Ziff. 3 AHGB auch die Geschäftsunfähigkeit eines Gesellschafters.
[544] RG II 91/21 und RG II 544/23, (s.o.).

auch nach Liquidationseintritt fortgeführt werden kann. Die generelle Ablehnung der Übernahmeklage während der Liquidation sei von der Literatur mit "guten Gründen bekämpft" worden. Ob die Übernahmeklage noch während der Liquidation erhoben werden kann, ließ er offen.[545]

Auch **Heun** schloß sich nur dieser Meinung des zweiten Reichsgerichtssenats[546] an.[547] Im Gegensatz zu 1941 fügte er 1944[548] hinzu, daß auch hier die Gesamtumstände des Falles die Ausschließung rechtfertigen oder sie als unbillig erscheinen lassen.

Baumbach und später Duden orientierten sich bei diesem Rechtsproblem fast ausschließlich an der Rechtsprechungsentwicklung. Für **Baumbach** war die Ausschließungsklage, wie er seit 1932 darlegte,[549] auch während der Liquidation zulässig, da das Gesellschaftsverhältnis in diesem Stadium fortbestehen würde. **Duden**, der Baumbachs Kommentar später fortführte, übernahm dessen Ansicht, folgte aber darüber hinaus vor allem dem obersten Gerichtshof für die Britische Zone.[550] Er stellte daher klar, daß dies nicht nur für die Auflösung nach Erhebung der Ausschluß- oder Übernahmeklage, sondern auch für die Klageerhebung nach Auflösung und auch aus Gründen, die erst während des Liquidationsstadiums entstanden sind, gelte. Die Geschäftsübernahme gemäß § 142 HGB dürfe dem Kläger nicht ungerechtfertigte Vorteile, dem Beklagten nicht ungerechtfertigte Nachteile bringen. Der Ausschluß während der Liquidation setze allerdings mehr voraus als bei der noch werbenden Gesellschaft und sei nur zulässig, wenn keine milderen Maßnahmen, wie die Abberufung als Liquidator, ausreichen. Später fügte Duden unter Berufung auf den Bundesgerichtshof hinzu, daß die Ausschließungs- oder Übernahmeklage als äußerstes Mittel zur Durchführung einer sachgemäßen und gerechten Abwicklung auch noch von dem Gesellschafter möglich ist, der die Gesellschaft selbst aufgekündigt hatte.[551] Duden stellte allerdings später unter Berufung auf die mittlerweile ergangene Entscheidung des Bundesgerichtshofs BGH II 183/1966 klar, daß diese Ein-

---

[545] vgl. Koenige: Handausgabe des HGB 2. (1929), 3. (1932) § 140, 3 S. 277

[546] RG II 91/21 und RG II 226/35, (s.o.).

[547] Heun: Deutsches Handelsrecht (1941) § 140 Fn. 51 S. 87; 2. (1944) Fn. 66 S. 95

[548] Heun: Deutsches Handelsrecht 2. (1944) Fn. 66 S. 95

[549] Baumbach: HGB (1932) § 140, 3 S. 215; 6. (1943) § 140, 3. B (gegen früher h.M.); Baumbach-Duden: HGB 8. und 9. (1951) § 140, 3. B S. 398 unter Hinweis auf RG II 91/21

[550] Baumbach-Duden: HGB 8. und 9. (1951) § 140, 3. B S. 398 mit Hinweis auf OGHZ 3, 203; so auch die folgenden Auflagen: 13. (1959) § 140, 1. C S. 385 bis einschließlich 18. (1968) § 140. 1. C S. 447

[551] Baumbach-Duden: HGB 13. (1959) § 140, 1. C S. 385 bis einschließlich 18. (1968) § 140. 1. C S. 447 zusätzlich mit Hinweis auf BGH-Rspr. (BGH II ZR 10/1950 (s.o.); BGHZ 22, 12; LM § 142 Nr. 55).

schränkung für den aufkündigenden Gesellschafter nicht gelte, wenn die Ausschließungs- oder Übernahmegründe vor der Auflösung eingetreten sind.[552]

In seiner Dissertation von 1936 befaßte sich auch **Dehler**[553] mit dem Problem.

Der allgemeinen Auffassung Düringers in RG I 300/1909/5 konnte er sich jedoch ebenso wenig anschließen wie deren „Einschränkung" durch den zweiten Zivilsenat mit RG II 91/1921. Für Dehler war der Eintritt der Liquidation kein Grund, das Ausschließungsrecht fortfallen zu lassen. Die Ausschließung eines Gesellschafters ließ er dann allerdings nur noch zu, wenn die übrigen Gesellschafter die bereits aufgelöste Gesellschaft unter sich fortsetzen wollen und können. Die Liquidation dürfe noch nicht so weit fortgeschritten sein, daß das Geschäft nicht mehr als eine Einheit angesehen werden kann.

Dehler begründete seine Auffassung damit, daß die Ausschließung mit dem Wesen der Liquidation vereinbar ist. Dies ergebe sich aus § 131 Nr. 5 i.V.m. § 141 Abs. 2 HGB. Danach werde die Gesellschaft aufgelöst, wenn über das Vermögen eines Gesellschafters der Konkurs eröffnet wird. Ist die Gesellschaft aufgelöst und damit in Liquidation getreten, könnten die übrigen Gesellschafter beschließen und dem Konkursverwalter erklären, daß der Gemeinschuldner ausgeschlossen und die bereits aufgelöste Gesellschaft unter den übrigen Gesellschaftern fortgesetzt wird. Die Auflösung der Gesellschaft verhindere somit nicht ohne weiteres, das Geschäftsunternehmen als Ganzes den übrigen Gesellschaftern zu erhalten.[554]

Die Ausschließung verfolge den Zweck, die Auflösung der Gesellschaft unter Beseitigung eines unbrauchbaren Gesellschafters zu vermeiden. Ist dieser Zweck nicht mehr zu erreichen, sei auch die Klage gegenstandslos. Ist die Liquidation bereits beendet oder das Geschäft mit Aktiven und Passiven an einen Dritten übertragen, sei das Ausschließungsrecht vor seiner Geltendmachung wieder untergegangen.[555]

Eingehender setzte sich drei Jahre später **Unterberg** in seiner Dissertation[556] mit diesem Thema auseinander.

---

552 Baumbach-Duden: HGB 19. (1971) § 140, 1. C S. 471 bis 28. (1989) § 140. 1. C S. 515

553 Dehler: Die Ausschließung von Gesellschaftern aus der OHG, Dissertation (1936) S. 19 f.

554 Insoweit folgte Dehler hier Ritter, der genauso schon 1911 argumentierte (s.o.). Zitiert wurden in Fn. 20 S. 20: Ritter, Flechtheim, Staub, Wieland; abweichend: Hachenburg, Düringer, Könige, Gierke und Lehmann-Ring.

555 vgl. Dehler: Die Ausschließung von Gesellschaftern aus der OHG (1936) S. 20

556 Unterberg: Die Verhinderung der Auflösungswirkungen bei der OHG, Dissertation (1939) S. 28 ff.

Für Unterberg bestanden im Liquidationsstadium gegen die Ausschließung eines Gesellschafters und gegen die Geschäftsübernahme grundsätzlich keine Bedenken.[557] Das Ergebnis der reichsgerichtlichen Entscheidung Düringers lehnte er ab. Für ihn handelte es sich bei dieser Rechtsfrage streng genommen um die Rückgängigmachung einer bereits eingetretenen Auflösung.[558] Gegen die Zulässigkeit des Gesellschafterausschlusses und der Geschäftsübernahme während der Liquidation bestünden weder begrifflich noch rechtlich Bedenken. Die offene Handelsgesellschaft höre mit Eintritt der Auflösung nicht auf, Gesellschaft zu sein, und die Gesellschafter würden auch danach noch eine Rechtsgemeinschaft bilden, aus der begrifflich ein Mitglied ausgeschlossen werden kann. Selbst das Gesetz lasse nicht nur die Rückwandlung der Liquidationsgesellschaft in eine produktive Gesellschaft zu,[559] sondern würde auch in § 141 Abs. 2 HGB ausdrücklich den Ausschluß eines Gesellschafters im Liquidationsstadium zwecks Erhaltung der offenen Handelsgesellschaft regeln[560].

Der Zweck des Gesetzes in §§ 140 und 142 HGB sei zudem, die Werte der gesellschaftlichen Organisation durch Ausschluß eines Teilhabers zu erhalten. Es bestünde kein ersichtlicher Grund, diesen Schutzzweck im Liquidationsstadium grundsätzlich abzulehnen.[561] Die Versagung der Ausschließung wäre vor allem oft unbillig, wenn die Klage bereits vor der Auflösung anhängig war. Das für die Unternehmenserhaltung so wertvolle Recht der Gesellschafter auf Fortsetzung der offenen Handelsgesellschaft dürfe nicht allein dadurch hinfällig werden, daß während des Prozesses die Auflösung der Gesellschaft durch Zeitablauf oder Kündigung erfolgt. Anderenfalls könnte der Beklagte das Recht des Klägers regelmäßig durch Prozeßverschleppung vereiteln. Insoweit stimmte Unterberg der Entscheidung des zweiten Zivilsenats RG II 91/1921 zu.

Nach Unterberg war die wichtigste Voraussetzung für die Zulässigkeit der Ausschließungs- und der Übernahmeklage während der Liquidation der Wille der übrigen Gesellschafter, die aufgelöste Gesellschaft fortzusetzen. Denn die Ausschließung eines Gesellschafters, nur um ohne ihn weiter zu liquidieren, würde dem Zweck der Ausschließungs- und Übernahmeklageklage, das Unternehmen zu erhalten, widersprechen und wäre deshalb unzulässig.[562]

---

[557] Unterberg: Die Verhinderung der Auflösungswirkungen bei der OHG (1939) S. 28 ff. , 116 für die Ausschließung. Für die Übernahmeklage gilt das gleiche, vgl. S. 120, wo auf die in § 7. I (S. 28 ff.) zu der Ausschließungsklage gemachten Feststellungen verwiesen wird.

[558] Unterberg: Die Verhinderung der Auflösungswirkungen bei der OHG (1939) S. 28 Fn. 120

[559] Unterberg: Die Verhinderung der Auflösungswirkungen bei der OHG (1939) S. 29 unter Hinweis auf §§ 134, 144 HGB; vgl. auch § 9

[560] Unterberg: Die Verhinderung der Auflösungswirkungen bei der OHG (1939) S. 29; vgl. auch § 11. III

[561] vgl. Unterberg: Die Verhinderung der Auflösungswirkungen bei der OHG (1939) S. 29

[562] Unterberg: Die Verhinderung der Auflösungswirkungen bei der OHG (1939) S. 30 mit zahlreichen Literaturangaben in Fn. 126: so auch Geiler, Düringer / Hachenburg, Wieland; zu

Unterberg ließ die Ausschließungs- und die Übernahmeklage ausdrücklich auch dann zu, wenn sie während der Kündigungsfrist gegen den kündigenden Gesellschafter erhoben wurde, und die Gesellschaft aufgrund der Kündigung während des Prozesses aufgelöst wird. Es verstoße nicht gegen Treu und Glauben und gegen den Grundsatz der Gesellschaftstreue, wenn die Gesellschafter von den Rechten Gebrauch machen, die ihnen die Rechtsordnung zur Erhaltung des gesellschaftlichen Unternehmens zur Verfügung stellt.[563]

Unterberg betonte, daß einer Ausschließungs- und einer Übernahmeklage nach erfolgter Auflösung allerdings nur ausnahmsweise stattgegeben werden könne. Im Liquidationsstadium müßten die Gründe hierzu schwerwiegend sein. Die Entscheidung darüber, ob der vorgebrachte Grund wichtig genug erscheint, läge zudem im freien Ermessen des Gerichts. Unterberg war davon überzeugt, daß Verfehlungen eines Gesellschafters erst während der Liquidation im allgemeinen nicht die Rückumwandlung der Liquidationsgesellschaft durch Ausschluß des anderen Gesellschafters rechtfertigen, und berief sich insoweit auf Hachenburg und Flechtheim.

Unterberg war auch der Ansicht, daß eine Ausschließungs- und eine Übernahmeklage dann gegenstandslos ist, wenn die offene Handelsgesellschaft bereits wieder erloschen ist, d.h. wenn sie aufgelöst und die Liquidation beendet ist, da der Zweck des Ausschließungs- und Übernahmebegehrens, die Erhaltung des Unternehmens, nicht mehr erreicht werden könnte. Eine Umwandlung der Liquidationsgesellschaft sei nicht mehr denkbar, wenn die Liquidation schon so weit fortgeschritten ist, daß die gesellschaftliche Organisation im wesentlichen bereits abgebaut ist. Die Gesellschafter könnten dann nur noch eine neue Gesellschaft gründen.[564]

Im **Schlegelberger** Kommentar zum Handelsgesetzbuch wurde sich mit der Rechtsproblematik, ob die Ausschließung eines Gesellschafters noch verlangt

---

weitgehend: Staub, Ritter und vor allem Amecke-Mönnighof, die eine Ausschließungsklage nach Auflösung der OHG ganz allgemein zulassen, gleichgültig ob die übrigen Gesellschafter die OHG fortsetzen wollen oder nicht. Für die Zulässigkeit des Ausschlusses nach Auflösung außer den schon zitierten: Flechtheim, Ritter, Fuchs (in JW 12, 267: zustimmend für den Fall der Rechtshängigkeit der Klage bei Auflösung), Könige und RG II 91/21 (s.o.), II 544/23 (s.o.) unter Aufgabe des Standpunktes von RG I 300/09 (s.o.).

[563] Unterberg: Die Verhinderung der Auflösungswirkungen bei der OHG (1939) S. 30. Hierzu berief er sich in Fn. 127 auf Ritter, Düringer / Hachenburg, RG II 565/10 und ROHG 6, 112.

[564] vgl. Unterberg: Die Verhinderung der Auflösungswirkungen bei der OHG (1939) S. 28 und 29

werden kann, wenn die Gesellschaft bereits aufgelöst ist, von Anfang an, seit der Erstauflage 1939, auseinandergesetzt.[565]

Der Bearbeiter **Geßler** war davon überzeugt, daß eine anhängige Ausschließungsklage nicht durch die Liquidation gegenstandslos wird, da auch während der Liquidation noch berechtigte Gründe für die Ausschließung eines Gesellschafters sprechen könnten. Insoweit schloß sich Geßler der Meinung des zweiten Zivilsenats des Reichsgerichts[566] an. Aber auch diese Ansicht hielt er noch zu eng.

Geßler war der Ansicht, daß grundsätzlich eine Ausschließungsklage auch erst während der Liquidation noch erhoben werden kann. § 140 HGB würde nicht Ausschließung "anstatt der Auflösung" aussprechen. Des weiteren könne die Ausschließung eines Gesellschafters nach Auflösung der Gesellschaft nicht nur dann zugelassen werden, wenn die übrigen Gesellschafter die Gesellschaft in eine werbende zurückverwandeln wollen und das noch möglich ist. Mit Recht weise Ritter darauf hin, daß der Grundgedanke des § 140 HGB auch in der Liquidation gilt. Die Gesellschafter könnten ein erhebliches Interesse daran haben, die Liquidation ohne den Störenfried durchzuführen und ihn abzufinden. Geßler bemerkte hierzu allerdings, daß an eine Ausschließung während der Liquidation besonders hohe Anforderungen zu stellen seien und in der Regel andere Maßnahmen genügen.

Ab 1950[567] stellte Geßler zusätzlich klar, daß eine Ausschließungsklage nicht mehr erhoben werden kann, wenn die Gesellschaft bereits voll beendet ist.[568]

1992 löste **Schmidt** Geßler als Bearbeiter ab und überarbeite die hier erörterte Problematik neu,[569] wobei er allerdings dessen Ergebnisse nicht abänderte, sondern lediglich ergänzte.

Für Schmidt bestand die Ausschließungsmöglichkeit auch noch in einer aufgelösten offenen Handelsgesellschaft und Kommanditgesellschaft.[570] Die Ausschließung eines Gesellschafters sei nach Gesellschaftsauflösung nur unter

565 Schlegelberger-Geßler: HGB § 140, 7 (1939) S. 615, 2. (1950) S. 757, 3. (1955) S. 1047, 4. (1963) S. 1241

566 RG II 91/21 und RG II 226/35

567 Schlegelberger-Geßler: HGB § 140, 7 2. (1950) S. 757, 3. (1955) S. 1047, 4. (1963) S. 1241 f.

568 Für Geßler könnte dies – unter Hinweis auf Hueck und RG II 2/38 - bedeutsam werden, wenn aufgrund der Kündigung eines Gesellschafters der andere das Geschäft mit Aktiven und Passiven übernommen hat und nunmehr in seiner Person liegender Gründe die Ausschließungsklage erhoben wird oder vorher erhoben worden ist.

569 Schlegelberger-Schmidt: HGB 5. (1992) § 140, 3 S. 713 f.

570 Schmidt bezeichnete dieses Ergebnis als herrschende Meinung.

erschwerten Voraussetzungen zulässig[571] und nur solange möglich, solange die Gesellschaft noch nicht beendet ist.[572]

Bezüglich des Vorliegens von Ausschließungsgründen nach Auflösung der Gesellschaft unterschied Schmidt, ob die Ausschließung die Fortsetzung der Gesellschaft oder nur die reibungsfreie Abwicklung der Gesellschaft ermöglichen soll.[573] Falls die Ausschließung eine Fortsetzung der Gesellschaft ermöglichen soll, galten nach Schmidt die für die werbende Gesellschaft entwickelten Grundsätze.[574] Solange allerdings nur die Abwicklung betrieben wird, käme in einer aufgelösten Gesellschaft dagegen ein wichtiger Ausschließungsgrund nur in seltenen Fällen in Betracht. Nur wenn besondere Umstände eine ordnungsgemäße und gerechte Abwicklung gefährdet erscheinen lassen, wäre eine Ausschließung möglich. Zudem sei die Abberufung vom Liquidatorenamt gemäß § 147 HGB vorrangig.[575]

Weipert stellte sowohl 1942[576] als auch 1950[577] klar, daß die Ausübung des Ausschließungs- und des Übernahmerechtes[578] auch noch im Liquidationsstadium der Gesellschaft möglich ist. Dies gelte nicht nur für den Fall, daß die Ausschließungsklage schon vor der Auflösung erhoben ist, sondern auch dann, wenn dies danach erfolgt. Es bestehe nämlich kein Grund, den übrigen Gesellschaftern in diesem Fall das einmal entstandene Recht zu entziehen. Die Ausschließung sei grundsätzlich auch dann nicht ausgeschlossen, wenn der wichtige Grund erst nach der Auflösung eingetreten oder bekannt geworden ist. Nach Weipert müsse der wichtige Grund im Zeitpunkt der Urteilsfällung vorliegen. Der Ausschließungsklage könne nur dann stattgegeben werden, wenn die übrigen Gesellschafter nach der Überzeugung des Gerichts die ernstliche Absicht haben, das Unternehmen fortzusetzen, und sie dazu in der Lage sind.

Der verklagte Gesellschafter dürfe die Verwirklichung des Ausschließungsrechts nicht gegen Treu und Glauben verhindern, etwa dadurch, daß er den Ausschließungsprozeß verzögert und durch beschleunigte Durchführung der Abwicklung die Vollbeendigung der Gesellschaft herbeiführt. Die Fortsetzung der Abwicklung könnte dann zur Wahrung der Belange der Kläger unter Umständen durch einstweilige Verfügung verboten werden. Eine Ausschließung sei

---

571 Schlegelberger-Schmidt: HGB 5. (1992) § 140, 24 S. 722
572 Schlegelberger-Schmidt: HGB 5. (1992) § 140, 3 S. 713
573 vgl. Schlegelberger-Schmidt: HGB 5. (1992) § 140, 3 S. 713 f.
574 Schlegelberger-Schmidt: HGB 5. (1992) § 140, 24 S. 722
575 Schlegelberger-Schmidt: HGB 5. (1992) § 140, 3 S. 713 f.
576 HGB-RGRK-Weipert (1942) § 140, 13 S. 369 ff.
577 HGB-RGRK-Weipert 2. (1950) § 140, 13 S. 412 f. (Inhalt wie 1. Auflage)
578 HGB-RGRK-Weipert (1942) § 142, 6. Weipert stellte hier klar, daß für die Geltendmachung des Übernahmerechts nach § 142 HGB die gleichen Voraussetzungen gelten wie für die Ausschließung eines Gesellschafters nach § 140 HGB.

allerdings dann nicht mehr möglich, wenn im Zeitpunkt der Urteilsfällung die Abwicklung der Gesellschaft schon soweit fortgeschritten ist, daß die Wiederaufnahme des werbenden Betriebs unmöglich ist. Dies sei der Fall, wenn das Unternehmen mit der Firma verkauft oder das Vermögen ganz oder zum größten Teil versilbert ist.

Gegenüber der Entscheidung Düringers wandte Weipert ein, daß aus dem Wortlaut des § 140 HGB „Ausschließung anstatt der Auflösung" nur folge, daß Auflösung und Ausschließung nicht gleichzeitig geltend gemacht werden können. Der Zweck des § 140 HGB, die Gesellschaft ohne den ungeeigneten Gesellschafter zu erhalten, spreche nicht für[579] eine Beschränkung des Ausschließungsrechts auf die Zeit vor der Auflösung. Die bereits erfolgte Auflösung müsse nicht zum Untergang der Gesellschaft führen, da die Gesellschafter die Fortsetzung und damit die Umwandlung in eine werbende Gesellschaft beschließen könnten. Steht ein Gesellschafter der Erreichung dieses Zieles entgegen, so müsse auch nach Auflösung dessen Ausschließung aus einem in seiner Person liegenden Grunde möglich sein. Wenn die übrigen Gesellschafter den vor der Auflösung eingetretenen Ausschließungsgrund klageweise geltend gemacht haben, so sei auch kein durchschlagender Grund erkennbar, weshalb sie wegen des Eintritts der Auflösung an den ungeeigneten Gesellschafter gebunden sein sollen.

Die Tatsache der Auflösung müsse allerdings bei der gebotenen Abwägung aller Umstände beachtet werden. Bezüglich des Vorliegens eines wichtigen Grundes für eine Ausschließung differenzierte Weipert danach, ob die Gesellschaft noch fortgeführt oder beendet werden soll. Soll die Abwicklung weiter durchgeführt werden, sei die Ausschließung eines Gesellschafters nur ausnahmsweise gerechtfertigt, wenn ansonsten die ordnungsgemäße Abwicklung unmöglich ist. Die Abwicklung könne nämlich gemäß §§ 146 Abs. 2, 147 Abs. 2 HGB durch Gesellschafter- oder Gerichtsbeschluß einzelnen Gesellschaftern oder Dritten übertragen werden. Die Gesellschafter würden in der Liquidation nur noch ausnahmsweise persönlich zusammenwirken. Deshalb gäbe es in der Regel keinen Anlaß zu der weitergehenden Ausschließung. Darüber hinaus könne die Ausschließung nur mit äußerster Zurückhaltung in Betracht kommen, wenn der wichtige Grund nicht in einem Verschulden des betreffenden Gesellschafters, sondern in einer anderen Ursache, z.B. Krankheit, bestehe.[580]

---

[579] Weipert benutzte hier das Wort "gegen". Hierbei kann es sich m. E. nach nur um ein Versehen handeln, denn Weipert argumentierte ja gerade gegen die Beschränkung des Ausschließungsrecht auf die Fälle vor der Auflösung.

[580] Nach Weipert – HGB-RGRK - § 140, 13 (1942) S. 370 bzw. 2. (1950) S. 412 - konnte darüber hinaus auch das Interesse der übrigen Gesellschafter, die Abwicklung ohne den betreffenden Gesellschafter durchzuführen, um das Unternehmen allein günstig zu verkaufen, keinen wichtigen Grund darstellen. Gleiches galt für ihn, wenn die übrigen Gesellschafter den anderen auf Grund einer Vertragsbestimmung, nach der im Interesse der Erhaltung des'

1973 bearbeite **Ulmer** im Großkommentar den Ausschluß eines Gesellschafters im Liquidationsstadium.[581] Er wies darauf hin, daß mit der "ganz herrschenden Meinung" und der "ständigen Rechtsprechung seit RG II 2/1938" die Ausschlußklage auch noch nach Auflösung der Gesellschaft zuzulassen ist.[582] Ulmer war davon überzeugt, daß der Wortlaut des § 140 Abs. 1 HGB" Ausschließung anstatt der Auflösung" nur klarstellen soll, daß Auflösung und Ausschließung nicht nebeneinander verlangt werden können, und somit nur scheinbar dieser Ansicht entgegenstehen würde. Ulmer begründete seine Auffassung damit, daß es dem Zweck des § 140 HGB entsprechen würde, vor allem wenn die Ausschlußklage die Fortsetzung der Gesellschaft unter den übrigen Gesellschaftern ermöglichen soll. Andererseits könne auch das Interesse an einer ordnungsmäßigen, nicht durch ständige Quertreibereien behinderten Durchführung der Liquidation im Einzelfall die Ausschlußklage noch während der Liquidation rechtfertigen, wenn weniger einschneidende Regelungen wie die Abberufung des Störers als Liquidator nach § 147 HGB nicht ausreichen.[583]

Entsprechend dieser verschiedenen Zwecke nahm Ulmer auch eine Differenzierung für die Beurteilung des Ausschlußgrundes vor.[584] Umstände, die einem Verbleiben des Störers in der werbenden Gesellschaft entgegenstehen würden, würden während der Liquidation nur ausreichen, wenn der Ausschluß des Gesellschafters der Fortsetzung als werbende Gesellschaft dienen soll. Die klagenden Gesellschafter müßten hierfür ihre ernsthafte Fortsetzungsabsicht nachweisen und die Fortsetzung dürfe nicht durch weitgehende zwischenzeitliche Abwicklungsmaßnahmen, etwa durch die Veräußerung des Unternehmens, gefährdet sein.[585]

Soll dagegen der Ausschluß nur die ordnungsmäßige Abwicklung der Gesellschaft ermöglichen, so seien an den Ausschlußgrund weitergehende Anforderungen zu stellen. Er sei nur dann anzuerkennen, wenn ohne den Ausschluß eine sachgemäße Abwicklung nicht zu erreichen wäre.[586] Regelmäßig sei es hier zumutbar, den Verbleib des Störers in der Gesellschaft bis zur vollständigen Liquidation zu dulden. Da das persönliche Zusammenwirken aller

---

Unternehmens das Guthaben eines Ausscheidenden nur nach den Buchwerten bestimmt wird, abfinden wollen.

[581] HGB-RGRK-Ulmer 3. (1973) § 140, 25-28 S. 574 f. : Der Ausschluß im Liquidationsstadium

[582] HGB-RGRK-Ulmer 3. (1973) § 140, 25 S. 574 mit zahlreichen Angaben zur Rechtsprechung und Literatur.

[583] vgl. HGB-RGRK-Ulmer 3. (1973) § 140, 25 S. 574

[584] HGB-RGRK-Ulmer (1942) § 140, 26. Ulmer folgte insoweit ausdrücklich Hueck gegenüber der Auffassung von BGH II ZR 10/50 (s.o.).

[585] HGB-RGRK-Ulmer 3. (1973) § 140, 26 unter Hinweis auf RG II 2/38.

[586] HGB-RGRK-Ulmer 3. (1973) § 140, 26 u. H. a. OGH BrZ Köln I ZS 49/49 und BGH II ZR 10/50 (s.o.).

Gesellschafter nur ausnahmsweise in Betracht komme, sei die weitergehende Maßregel der Ausschließung in der Regel neben den Rechtsbehelfen gemäß §§ 146 Abs. 2, 147 HGB nicht erforderlich.[587]

Nach Ulmer ergaben sich für die Berücksichtigung von Ausschlußgründen aus der zwischenzeitlichen Auflösung in zeitlicher Hinsicht keine Besonderheiten. Für ihn konnten wie sonst alle Umstände bis zur letzten mündlichen Verhandlung in der Tatsacheninstanz berücksichtigt werden. Bei deren Bewertung müsse allerdings der Eintritt der Liquidation beachtet werden, da er auch Auswirkungen auf die Vertragspflichten der Gesellschafter habe, insbesondere auf die gegenseitige Treuepflicht. Vorfälle, die im Rahmen einer werbenden Gesellschaft einen groben Vertragsverstoß und insoweit einen Ausschließungsgrund darstellen, hätten nach Auflösung der Gesellschaft nicht notwendig das gleiche Gewicht.[588]

Nach Beendigung der Gesellschaft sei für eine Ausschlußklage schließlich kein Raum mehr, da der Personenverband, aus dem der Ausschluß erfolgen soll, nicht mehr bestehe.

Ulmer wies darauf hin, daß die Gesellschaft erlischt, wenn ein Gesellschafter wirksam von seinem, ihm vertraglich eingeräumtem Übernahmerecht Gebrauch macht. Diese Wirkung könnte nicht dadurch beseitigt werden, daß die übrigen Gesellschafter gegen den Übernehmer die Ausschlußklage erheben. Die Gesellschaft sei auch beendigt und die Ausschlußklage in der Hauptsache erledigt, wenn die Übernahme vor Eintritt der Rechtskraft des Ausschlußurteils erfolgt. In diesem Fall sei allerdings die Wirksamkeit der Übernahmeerklärung sorgfältig zu prüfen, denn der Einwand unzulässiger Rechtsausübung läge nahe, wenn ein bereits vorher entstandener Ausschlußanspruch vereitelt werden soll. Darüber hinaus dürfte auch der nach § 140 HGB verklagte Gesellschafter den Ausschluß nicht dadurch verhindern, daß er den Prozeß verschleppt und gleichzeitig die beschleunigte Abwicklung zum Zweck der Vollbeendigung der Gesellschaft betreibt. Hier könnten die Kläger dem Beklagten auch die weitere Abwicklung durch einstweilige Verfügung untersagen, anstatt ihn als Liquidator abzusetzen.[589]

---

587 vgl. HGB-RGRK-Ulmer 3. (1973) § 140, 26. Für Ulmer kam die Ausschlußklage nur äußerst selten noch in Betracht, wenn der wichtige Grund nicht in einem Verschulden des betreffenden Gesellschafters, sondern in einer anderen Ursache, z.B. unverschuldeter Krankheit, besteht. Darüber hinaus stelle das Interesse der übrigen Gesellschafter, die Abwicklung ohne den Beklagten durchzuführen, um das Unternehmen allein günstig zu verkaufen, keinen wichtigen Grund dar. Die Absicht, den auszuschließenden Gesellschafter durch Verweisung auf den Abfindungsanspruch finanziell schlechter zu stellen, könnte die Ausschlußklage nicht rechtfertigen.

588 vgl. HGB-RGRK-Ulmer 3. (1973) § 140, 27 S. 575

589 vgl. HGB-RGRK-Ulmer 3. (1973) § 140, 28 u. H. a. Rspr. des RG (II 91/21 und II 2/38)

Auch für **Hueck**, wie er seit 1946 darlegte,[590] konnte die Ausschließung eines Gesellschafters noch nach der Auflösung der offenen Handelsgesellschaft beantragt werden, solange diese noch als Liquidationsgesellschaft besteht. Dieses Ergebnis hielt Hueck in dieser "früher sehr bestrittenen" Rechtsfrage für die herrschende Meinung.[591]

Für Hueck war kein Grund ersichtlich, warum durch den Wortlaut des § 140 HGB „anstatt der Auflösung" eine Ausschließung während der Liquidation unzulässig sein sollte. In einem solchen Stadium könne zwar nicht der Ausschluß an die Stelle der Auflösung treten, wie es § 140 HGB voraussetzt, aber § 140 HGB betreffe lediglich den Normalfall.

Der Ausschluß könne darüber hinaus trotz Liquidationsbeginn zweckmäßig sein. Zum einen könne er einen die ordnungsmäßige Durchführung der Liquidation störenden Gesellschafter beseitigen, und zum anderen könne er vor allem einen Gesellschafter entfernen, der einer Fortsetzung der offenen Handelsgesellschaft im Wege steht, und damit die Rückumwandlung der Liquidationsgesellschaft in eine werbende Gesellschaft ermöglichen.

Nach Erlaß der Entscheidungen des Obergerichtshofs I ZS 37/1949 und des Bundesgerichtshofs BGH II ZR 10/1950, stellte Hueck unter Hinweis auf diese Rechtsprechung dar, daß die Klage auch auf Gründe gestützt werden kann, die erst während des Liquidationsstadiums entstanden sind.[592] Für Hueck mußte allerdings die Tatsache, daß die Auflösung der offenen Handelsgesellschaft schon eingetreten ist, bei der Prüfung, ob ein wichtiger Grund für die Ausschließung vorliegt, berücksichtigt werden.

Soll die Gesellschaft nicht fortgesetzt sondern beendet werden, sei zu prüfen, ob für die kurze Zeit eine so einschneidende Maßnahme wie der Ausschluß eines Gesellschafters wirklich noch erforderlich ist. Meist werde in einem solchen Fall die Abberufung des störenden Gesellschafters als Liquidator gemäß § 147 HGB genügen.[593] Der Ausschluß dürfe nicht lediglich dazu dienen, den auszuschließenden Gesellschafter hinsichtlich seines Abfindungsguthabens schlechter zu stellen und den klagenden Gesellschaftern finanzielle Vorteile zu bringen.

[590] Hueck: Das Recht der OHG (1946) S. 247 ff. § 29. 6. Kapitel. c. γ; 2. (1951) S. 284; 3. (1964) S. 324 f. ; 4. (1971) S. 441 f. Rn. 25-29

[591] Hueck: Das Recht der OHG (1946) S. 247 Fn. 18, 2. (1951) S. 284 Fn. 19, 3. (1964) S. 324 Fn. 25, 4. (1971) S. 441 Fn. 25 mit zahlreichen Literaturangaben.

[592] Hueck: Das Recht der OHG 2. (1951) S. 284 und Fn. 20; 3. (1964) S. 324 u. Fn. 26; 4. (1971) S. 441 und Fn. 26

[593] Hueck: Das Recht der OHG (1946) S. 248 und Fn. 19; 2. (1951) S. 284 und Fn. 21; 3. (1964) S. 324 und Fn. 27; 4. (1971) S. 442 und Fn. 27 mit Hinweis auf Düringer / - Hachenburg, die den Ausschluß in einem solchen Fall für völlig unzulässig halten; dagegen Ritter und Schlegelberger.

Der Ausschluß eines Gesellschafters sei dagegen viel eher zuzulassen, wenn dadurch das Unternehmen erhaltet werden soll. Dies gelte vor allem für die Übernahmeklage gemäß § 142 HGB bei der zweigliedrigen Gesellschaft. Dieses Übernahmerecht werde nicht dadurch beseitigt, daß die offene Handelsgesellschaft ohnehin, etwa durch Kündigung, aufgelöst ist.[594]
Eine Ausschlußklage sei allerdings dann nicht mehr möglich, sobald die offene Handelsgesellschaft voll beendigt ist, weil dann keine Gemeinschaft mehr vorhanden sei, aus der jemand ausgeschlossen werden könnte. Es genüge auch nicht, daß die Ausschlußklage vorher erhoben ist. Das Urteil, das den Ausschluß herbeiführt, muß vor diesem Zeitpunkt erlassen sein. Eine früher eintretende Vollbeendigung der Gesellschaft würde die Ausschlußklage gegenstandslos machen.

Für Hueck gelte dies, wenn bei Kündigung das Unternehmen auf einen Gesellschafter übergehen soll und die Kündigungsfrist abgelaufen ist, bevor die Ausschlußklage durchgeführt ist. Dieses Beispiel relativierte Hueck dadurch, daß seiner Ansicht nach eine Kündigung wirkungslos sein kann, wenn sie einen schon entstandenen Ausschließungsanspruch vereiteln soll, da darin ein Mißbrauch des Kündigungsrechtes liegen kann. Ebenso könne die Ausübung eines vertraglichen Übernahmerechts durch einen Gesellschafter, gegen den Ausschließungsgründe bestehen oder gegen den bereits eine Ausschließungsklage erhoben ist, ein unzulässiger Mißbrauch dieses Rechts sein.[595]

1951 befaßte sich **Fischer** mit diesem Rechtsproblem und schrieb zu der kurze Zeit vorher erlassene Entscheidung des Bundesgerichtshofs BGH II ZR 10/1950 eine Anmerkung.[596] Er war der Ansicht, daß die Entscheidung des Bundesgerichtshof eine bewußte Fortbildung der Rechtssprechung des Reichsgerichts[597] ist, die schon durch die Entscheidung des Obersten Gerichtshofes für die Britische Zone I ZS 49/1949 angedeutet worden sei. Der

[594] Hueck widersprach später – vgl. Das Recht der OHG 3. (1964) S. 324 f. Fn. 28; 4. (1971) S. 442 Fn. 28 – weitgehend der „stark einschränkenden" Ansicht des BGH's (BGH II ZR 10/50 (s.o.); BGH DB 1968, 391) für Gründe, die erst nach der Auflösung der Gesellschaft entstehen. Es habe in solchen Fällen nicht immer den Vereinbarungen beider Gesellschafter entsprochen, das Unternehmen aufzulösen. In vielen Fällen würden überwiegende Gründe für die Bejahung des Übernahmerechts sprechen. Die Auflösung der OHG werde nicht immer durch Vereinbarung herbeigeführt und könne auch auf der Kündigung eines Gesellschafters beruhen. Der vertragstreue Gesellschafter sei zu schützen. Die Erhaltung des Unternehmens liege im Interesse des vertragstreuen Gesellschafter s und der Allgemeinheit. In der Praxis sei zudem oft schwer festzustellen, ob die Gründe für das Übernahmerecht vor oder nach der Auflösung entstanden sind.

[595] Hueck: Das Recht der OHG (1946) S. 248 Fn. 20; 2. (1951) S. 284 f. Fn. 22; 3. (1964) S. 325 Fn. 29; 4. (1971) S. 443 Fn. 29. mit Verweis auf RG II 2/38 (s.o.).

[596] Fischer in Anmerkung zu BGH LM § 145 HGB Nr. 1

[597] Fischer nannte in erster Linie RG II 2/38

Bundesgerichtshof schließe sich damit dem Reichsgericht an, daß § 142 HGB auf eine bereits aufgelöste, aber noch in der Abwicklung sich befindene Gesellschaft anwendbar ist. Gegenüber der Entscheidung des Reichsgericht RG II 2/1938 halte der Bundesgerichtshof allerdings wesentliche Einschränkungen für geboten, die sich aus dem Grundgedanken des § 142 HGB und den Besonderheiten der Abwicklungsgesellschaft ergeben würden. Bei der Anwendung des § 142 HGB sei, worauf auch das Schrifttum hingewiesen habe,[598] eine Unterscheidung notwenig, ob der Grund für die Zubilligung des Übernahmerechts bereits vor oder erst nach der Auflösung der Gesellschaft eingetreten ist, und ob dieser Grund auf die Auflösung der Gesellschaft von Einfluß gewesen ist.

In Bezug auf die Rechtsprechung des Reichsgerichtes stellte Fischer darüber hinaus fest, daß das Reichsgericht bei diesem Rechtsproblem seine Entscheidungen vornehmlich mit "formallogischen Erwägungen" begründet hatte. Bei der Entscheidung Düringers hätte es im wesentlichen auf die Tatsache der Auflösung der Gesellschaft und in RG II 2/1938 auf den Tatbestand der Abwicklungsgesellschaft abgestellt und damit die Besonderheiten einer aufgelösten, aber noch nicht abgewickelten Gesellschaft nicht weiter berücksichtigt.

Auch **Hartmann** beschäftigte sich seit 1959[599] mit diesem Rechtsproblem und erkannte die Anwendbarkeit von § 140 HGB grundsätzlich auch nach Eintritt der Liquidation an.

Hartmann begründete dies damit, daß nach der „herrschenden Rechtsauffassung“ sich mit Beginn der Auflösung lediglich der Gesellschaftszweck ändere, ohne daß die Gesellschaft unmittelbar untergeht. Das Ziel der offenen Handelsgesellschaft liege dann nicht mehr in dem Betrieb, sondern in der Aufgabe des Unternehmens. Dadurch werde der Bestand der Gesellschaft als solcher nicht in Frage gestellt.

Auch der Wortlaut des § 140 HGB „Ausschließung anstatt der Auflösung“ stehe dieser Auffassung nicht entgegen. Damit werde „nach herrschender Meinung" lediglich eine Alternative für die in Frage kommenden Maßnahmen gestellt. Auf beides könne nicht zugleich erkannt werden.

Für Hartmann war der Ausschluß eines Gesellschafters während der Liquidation gerechtfertigt, wenn die übrigen Gesellschafter die offene Handelsgesellschaft wieder in eine werbende Gesellschaft verwandeln wollen, also das Unternehmen aufleben lassen und die Gesellschaft ohne den störenden Partner fortsetzen

598 Fischer verwies diesbezüglich auf Hueck S. 331 m. w. N.
599 Hartmann: Der lästige Gesellschafter in der Wirtschaftspraxis (1959), 3. (1972) S. 7 f.

wollen.[600] Allgemein sei anerkannt, daß die Umwandlung einer in der Auflösung befindlichen offenen Handelsgesellschaft in eine produktive Gesellschaft möglich ist. Zudem entspreche dies dem Grundsatz, das Unternehmen nach Möglichkeit vor der Vernichtung zu bewahren. Für eine Ausschließung in einem solchen Fall sei allerdings der Nachweis erforderlich, daß der betreffende Gesellschafter eine fruchtbare Fortsetzung der Offenen Handelsgesellschaft behindere. Hierfür würden strengere Maßstäbe gelten als für das zwangsweise Ausscheiden aus einer werbenden Gesellschaft, weil in einem solchen Fall die übrigen Gesellschafter ihren Willen und ihre Fähigkeit[601] zur Fortführung der offenen Handelsgesellschaft glaubhaft machen müssen, während dies bei einer produktiven Gesellschaft nicht beweisbedürftig sei. Hartmann wies ferner darauf hin, daß der Ausschließungswunsch der übrigen Gesellschafter nicht mit ihrem vorigen Verhalten in Widerspruch stehen darf.[602]

1972[603] ergänzte Hartmann, daß Ausschließungsgründe, die erst während der Auflösung eintreten, ausscheiden. Zudem seien, wenn die Auflösung durch den auszuschließenden Gesellschafter herbeigeführt wurde, normale Maßstäbe maßgebend, weil andernfalls ein vertragsuntreuer Gesellschafter durch seine Kündigung die Rechtsposition der übrigen beeinträchtigen könnte. Seine Kündigung könnte dann allerdings rechtsmißbräuchlich und deshalb wirkungslos sein. Darüber hinaus seien ebenfalls normale Maßstäbe anzulegen, wenn ein Ausschließungsgrund erst während der Auflösung offenbar wird, bei dessen Kenntnis die übrigen Gesellschafter nicht die Auflösung, sondern die Ausschließung des störenden Partners angestrebt hätten.

Als Rechtsfertigungsgrund käme für die Ausschließung im Zustand der Liquidation zudem in Betracht, daß die übrigen Gesellschafter, welche weiterhin die Gesellschaft beenden wollen, durch Anwesenheit eines lästigen Mitgliedes an

---

600 Hartmann: Der lästige Gesellschafter in der Wirtschaftspraxis (1959) S. 7, 3. (1972) S. 7 f.

601 Hartmann – vgl. (1959) Fn35, 3. (1972) Fn. 41 unter Hinweis auf Düringer / Hachenburg - wollte damit zum Ausdruck bringen, daß die Klage gegenstandlos ist, wenn die Liquidation schon soweit fortgeschritten, daß das Geschäft nicht mehr als wirtschaftlich lebendiger Organismus anzusehen ist.

602 Hartmann verdeutlichte dies – (1959) S. 7, 3. (1972) S. 8 mit Hinweis in Fn. 36 bzw. 46 auf BGH II ZR 139/54 = LM § 142 Nr. 5 zum "gleichgelagerten" Fall der Geschäftsübernahme - mit dem Beispiel, daß der Teilhaber, wenn er die Gesellschaft gekündigt und damit die Auflösung veranlaßt hat, nicht später an einer Ausschließungsklage gegen einen anderen Gesellschafter beteiligen könne, durch welche die offene Handelsgesellschaft fortgesetzt werden soll. Dies stünde in direktem Widerspruch zu der vorher bewirkten Kündigung und der daran geknüpften Auflösungsabsicht.

603 Hartmann: Der lästige Gesellschafter in der Wirtschaftspraxis 3. (1972) S. 7 f.

einer ordnungsgemäßen und befriedigenden Abwicklung ernsthaft behindert werden.[604]

Die Ausschließung sei allerdings stets das äußerste Mittel und nur dann anwendbar, wenn andere, weniger einschneidende Maßnahmen keinen Erfolg versprechen.[605] Dieser Grundsatz verdiene besondere Beachtung, wenn die Vollbeendigung der Gesellschaft angestrebt wird. Die Ausschließung lasse sich dann in der Regel dadurch vermeiden, daß dem lästigen Gesellschafter das aktive Mitwirkungsrecht an der Liquidation gemäß § 147 HGB entzogen wird.

Anzumerken ist zudem, daß auch Hartmann die Ausschließungsklage ablehnte, wenn die Gesellschaft untergegangen ist, wenn die Gesellschaft beendet ist und das Unternehmen nicht mehr besteht oder von einem anderen Gesellschafter oder einem Dritten übernommen worden ist. Für ihn konnte das Ausschlußrecht auch dann schon zweifelhaft sein, wenn die Gesellschaft und die Bindung an das Unternehmen nur noch für einen beschränkten kurzen Zeitraum erhalten bleiben sollen.[606]

Emmerich ging 1989[607] nur noch kurz auf das Problem ein. Er hielt den Ausschluß eines Gesellschafters bis zur Beendigung der Gesellschaft, und daher auch noch während der Liquidation, für zulässig. In diesem Stadium sei die Ausschließung allerdings in der Regel nur noch möglich, um die Gesellschaft ordnungsgemäß abwickeln zu können und hierzu dessen Abberufung als Liquidator nach § 147 HGB nicht ausreicht, oder wenn nur dadurch eine Rückwandlung der Gesellschaft in eine werbende Gesellschaft erreicht werden kann. Auch Emmerich orientierte sich demnach fast ausschließlich an der Rechtsprechung zu diesem Rechtsproblem.[608]

---

[604] Hartmann: Der lästige Gesellschafter in der Wirtschaftspraxis (1959) S. 7 f. , 3. (1972) S. 8. Hartmann hielt dies 1959 noch für umstritten. Als diese Fallgruppe ablehnend zitierte er in Fn. 37 Düringer-Hachenburg, als grundsätzlich ablehnenden Autor Weipert. Zusätzlich wies Hartmann darauf hin, daß die Befürworter, zu denen er in Fn. 38 Hueck und Baumbach-Duden zählte, § 140 HGB in einem solchen Fall nur in engen Grenzen gerechtfertigt ansahen. 1972 hielt Hartmann diese Streitfrage für entschieden und wies darauf hin, daß die Anwendbarkeit von § 140 HGB von der Rechtslehre, zu der er unter Fn. 48 Ritter, Hueck, Duden und Weipert zählte, einhellig vertreten und in der Rechtsprechung, wobei er in Fn. 49 BGH 10/50 und BGH II 183/66 erwähnte, bejaht werde.

[605] Hartmann: Der lästige Gesellschafter in der Wirtschaftspraxis (1959) S. 8 mit Hinweis in Fn. 39 auf S. 4 f. , 3. (1972) S. 8 mit Hinweis in Fn. 50 auf S. 5.

[606] Hartmann: Der lästige Gesellschafter in der Wirtschaftspraxis (1959) und 3. (1972) S. 6

[607] Heymann-Emmerich: HGB (1989) Band 2, § 140, 4 S. 261

[608] vgl. Heymann-Emmerich: HGB (1989) Bd. 2 S. 261 Fn. 7. Emmerich zitierte Entscheidungen des RG, OGH, BGH, NGH, dagegen mit Hartmann und Hueck lediglich zwei Vertreter der Literatur.

Von Gerkan erkannte 1998[609] ebenfalls an, daß die Ausschließung auch bei einer bereits aufgelösten Gesellschaft möglich ist. Für ihn stellte sich dabei unter Bezug auf den Bundesgerichtshof[610] die Frage, ob der Ausschließungsgrund eine Fortdauer der Mitgliedschaft des Auszuschließenden während der Abwicklung wirklich unzumutbar macht. Stehe ein Gesellschafter einer beabsichtigten sinnvollen Fortsetzung einer aufgelösten Gesellschaft im Weg, könne er vor die Wahl gestellt werden, an der Fortsetzung mitzuwirken oder seine Ausschließung hinzunehmen.[611]

Daneben gab es eine Reihe anderer Autoren, die die Entscheidung Düringers RG I 300/09/5 ablehnten und die Übernahmeklage nach § 142 HGB auch nach Auflösung und Liquidationseintritt noch für zulässig hielten, meist ohne sich weiter mit dieser Rechtsfrage auseinanderzusetzen.

Von Gierke[612] schloß sich insoweit dieser Gegenmeinung an. Sowohl 1929 als auch 1933 ergänzte er unter Berufung auf die Rechtsprechung des zweiten Zivilsenats in RG II 317/1920[613], daß die Übernahmeklage auch auf Gründe gestützt werden kann, die erst während des Prozesses hervortreten.[614] 1929 folgte **Goldschmitt**.[615] Uneingeschränkt ließ **Möhle** 1957[616] die Übernahmeklage während

---

609 Röhricht / von Westphalen-von Gerkan: HGB (1998) § 140, 2

610 Röhricht / von Westphalen-von Gerkan: HGB (1998) § 140, 2 Fn. 3: BGH II ZR 10/50 (s.o.); BGH II ZR 183/66; BGH WM 1968, 221, 223.

611 Röhricht / von Westphalen-von Gerkan: HGB (1998) § 140, 2 Fn. 4 mit Hinweis auf BGH ZIP 1986, 91 f.

612 von Gierke: Handelsrecht und Schiffahrtsrecht 2. (1926) § 34. IV. 1b S. 165; § 33. III. 3a 3. (1929) S. 204, 4. (1933) S. 235; 5. (1941) § 54. II. 2a S. 140; § 35. II. 2a 6. (1949) S. 193, 8. (1958) S. 219. Julius von Gierke (1875 – 1960). Quelle: Quelle: Landau: Juristen jüdischer Herkunft im Kaiserreich und in der Weimarer Republik, in: Deutsche Juristen jüdischer Herkunft, hrsg. von Heinrich / Franzki / Schmalz / Stolleis 1993 S. 140. Nicht zu verwechseln mit Otto von Gierke (1841 – 1921), der zunächst 1871 außerordentlicher Professor in Berlin, später ab 1871 ordentlicher Professor in Breslau, ab 1884 in Heidelberg und schließlich ab 1887 in Berlin, war ab 1872 Mitglied des Vereins für Sozialpolitik und Mitgründer des evangelischen sozialen Kongresses. Otto von Gierke sorgte 1888/1889 mit seiner Kritik zum ersten Entwurf des BGB für Aufsehen. 1909 wurde er Ehrendoktor der Universität Harvard und 1911 in den erblichen Adelsstand erhoben. Gierkes Werk „Das Deutsche Genossenschaftsrecht", das insgesamt dreieinhalbtausend Seiten umfaßt und trotz seines Umfanges in verschiedene Sprachen übersetzt wurde, mit dessen Teilstück (1.100 handgeschriebene Folioseiten) er 1867 habilitierte, verkörpert „eine als Ganzes wohl unüberbietbare Dogmengeschichte der Körperschaften", blieb jedoch ebenso wie sein zweites großes Werk „Deutsche Privatrecht", welches in drei Bänden (Allgemeiner Teil nebst Personenrecht, Sachenrecht und Recht der Schuldverhältnisse) erschien, blieb unvollendet. Quelle: Kleinheyer / Schröder: Deutsche Juristen aus fünf Jahrhunderten, 3.Auflage 1989 S.96 ff.

613 RGZ 101, (242), 245

614 von Gierke: Handelsrecht u. Schiffahrtsrecht § 33.III.3a 3. (1929) S. 204, 4. (1933) S. 235

615 Goldschmitt: HGB (1929) § 140, 1 S. 247, der dies als streitig ansah.

616 Möhle: Die Personengesellschaft 2. (1957) Anm. 5 S. 190

der Liquidation zu, selbst wenn die Gründe erst im Liquidationsstadium gegeben sind. **Bandasch**, ab 1960, ließ die Möglichkeit der Ausschließung unabhängig davon zu, ob die Gesellschaft werbend tätig ist oder liquidiert wird, allerdings nur bis zur Vollbeendigung der Gesellschaft.[617] **Lehmann / Dietz** hielten 1970[618] die Ausschlußklage auch noch im Liquidationsstadium für möglich, verlangten allerdings hierfür strenge Maßstäbe, insbesondere wenn es um die Übernahmeklage nach § 142 HGB geht. **Stauf** bemerkte in seiner Dissertation von 1979, daß die Ausschließung in der Liquidation allgemein anerkannt sei. Er wies allerdings darauf hin, daß im Liquidationsstadium aufgrund des veränderten Zwecks für die Ausschließung nur Gründe relevant seien, die das gedeihliche Zusammenarbeiten der Gesellschafter im Hinblick auf die Abwicklung verhindern.[619] **Bohnenberg** schloß sich 1980[620] der Ansicht des zweiten Zivilsenats des Reichsgerichts in RG II 2/1938 an, daß der Anspruch auf Ausschließung auch noch während der Liquidation geltend gemacht werden kann. **Westermann** hielt den Ausschluß eines Gesellschafters auch noch im Liquidationsstadium möglich, wenn er das Mittel zur Fortsetzung der Gesellschaft ist, oder wenn ohne ihn die ordnungsgemäße Liquidation nicht möglich ist. Dies gelte allerdings nur bis zur Beendigung der Liquidation, denn danach bestünde hierzu keine Gefahr mehr.[621] Ähnlich äußerte sich **Piehler** 1995.[622] Er ließ die Ausschlußklage auch noch im Liquidationsstadium zu, wenn sie das Ziel verfolgt, die Gesellschaft als werbende fortzuführen oder wenn ohne den Ausschluß die Liquidation nicht ordnungsgemäß möglich ist. **Glanegger**, **Niedner**, **Renkl** und **Ruß** und zuletzt 1996 der Bearbeiter **Stuhlfelner** bejahten das Rechtsschutzinteresse für eine Ausschließungsklage bei der offenen Handelsgesellschaft oder bei der Kommanditgesellschaft bis zur Vollbeendigung der Gesellschaft, auch nach Auflösung.[623]

---

617 Bandasch: HGB (1960) § 140, 5; 2. (1973) § 140, 5; 3. (1980) § 140, 8; HGB-GK 4. (1989 / Stand 12/94) § 140, 18

618 Lehmann / Dietz: Gesellschaftsrecht 3. (1970) § 23. II. 1b S. 182. Lehmann hatte dagegen in seiner Erstauflage - Handelsrecht II. Teil: Gesellschaftsrecht (1949) - dieses Problem noch nicht erörtert.

619 Stauf: Zum Tatbestandsmerkmal wichtiger Grund in den §§ 133, 140, 142 HGB, Dissertation (1979) S. 100 f.

620 Bohnenberg: HGB (1980) § 140. III S. 461

621 Westermann: Personengesellschaftsrecht 2. (1973), 3. (1975), 4. (1979) I 413; Handbuch der Personengesellschaften 4. Auflage / Stand 6/97 I 290a Rn. 413.

622 Riegger / Weipert-Piehler: Münchener Handbuch des Gesellschaftsrecht (1995) § 67, 27 S. 1176

623 Glanegger: HGB 2. (1990) § 130, 2; HGB-HD-Stuhlfelner: Handels-, Bilanz-, Steuerrecht 4. (1996) § 140, 2

V. Ergebnis und Stellungnahme:

Die Reichsgerichtsentscheidung Düringers von 1910 wurde von Anfang an von der Literatur erheblich kritisiert. Sie entfachte in den Folgejahren einen lebhaften Literaturstreit, der zwischen **Flechtheim** und **Hachenburg** begann und schließlich mit **Fuchs**, **Ritter** und selbst **Düringer** fortgeführt wurde. Im Mittelpunkt der Kritik stand nicht allein die inhaltliche Entscheidung, sondern auch die Rechtsanwendungsmethode Düringers. Das Urteil Düringers wurde zum Gegenstand des damals herrschenden Methodenstreits, bei dem es um die Anwendung freirechtlichen Gedankenguts in der Rechtsprechung ging, was wohl vor allem an der für Düringer ungewohnten knappen Urteilsbegründung lag. Die Kritik der Freirechtler an diesem Urteil Düringers war allerdings nur bedingt berechtigt.

Flechtheim bezeichnete Düringers spätere Ausführung als eine vermittelnde Ansicht bezüglich des Methodenstreits.[624] Darüber hinaus hatte seine Entscheidung nicht nur mit dem Wortlaut des Gesetzes, sondern auch mit Hilfe der teleologischen Auslegung unter Berücksichtigung wirtschaftlicher Interessen zu begründen versucht. Dies bemerkte Düringers Freund **Hachenburg**[625] und ergibt sich aus Düringers später gemachten eigenen Erläuterungen[626] zu seinem Urteil. Insoweit ist auch die Kritik von **Flechtheim**[627], **Fuchs** und **Fischer**[628] zurückzuweisen, daß in der Entscheidung nur rein formalistische Gründe bzw. lediglich formallogische Erwägungen angeführt worden wären.

Die Entscheidung Düringers konnte sich ebenfalls in der Rechtsprechung nicht durchsetzen. Nach anfänglicher Bestätigung durch **RG II 565/1910** und **RG II 310/1918** des zweiten Zivilsenats des Reichsgerichts und durch **OLG Hamburg IV 126/1918**, wurde es durch den zweiten Zivilsenat des Reichsgerichts in **RG II 91/1921** unter Aufgabe dessen Entscheidung von 1910 eingeschränkt und nur für den Spezialfall anwendbar erklärt, daß die Ausschließungs- oder Geschäftsübernhameklage erst nach Eintritt der Liquidation erhoben wird. Spätestens seit dieser Zeit war allgemeine Meinung, daß der Eintritt der Liquidation die bereits vorher anhängige Klage unberührt läßt. 1938 stellte der zweite Zivilsenat des Reichsgerichts dann in **RG II 2/1938** fest, daß die Übernahmeklage nach § 142 HGB auch nach Auflösung in dem dadurch erfolgten Abwicklungsstadium bis zur Vollbeendigung der Gesellschaft erhoben werden kann. Diese fortführende Auffassung wurde spätestens mit dieser Entscheidung zur ganz herrschenden Meinung in der Literatur und der

[624] Flechtheim in RuW I, 72
[625] Hachenburg JW 1911, 430
[626] Düringer RuW I, 57 ff.
[627] Flechtheim JW 1911, 176
[628] vgl. Fischer in Anmerkung zu BGH LM § 145 HGB Nr. 1 und Fuchs JW 1912, 267

Rechtssprechung. Damit hatte die ursprüngliche Ansicht Düringers völlig an Bedeutung verloren. Düringers Entscheidung blieb allerdings bis zum heutigen Zeitpunkt die mit Abstand am meisten zitierte Meinung und wurde zuletzt noch 1992[629] erwähnt. Selbst Entscheidungen des zweiten Zivilsenats RG II 91/1921 und RG II 2/1938 fanden in der Literatur nicht solche Beachtung.[630] Weitere bedeutende Urteile waren die Entscheidung des obersten Gerichshofs der Britischen Zone **OGH I ZS 37/1949** und **OGH I ZS 49/1949**, und die Urteile des Bundesgerichtshofes **BGH II ZR 10/1950** und zuletzt **BGH II ZR 183/1966**, welche die Rechtsprechung des Reichsgerichts fortsetzten und konkretisierten.[631] In der Literatur wurden am meisten die Veröffentlichungen von **Ritter**, **Flechtheim**, **Hachenburg**, **Könige**, **Geiler**, **Pinner**, **Fuchs**, **Düringer**, **Geßler**, **Weipert** und **Hueck** zitiert,[632] die alle Kritiker der Entscheidung Düringers waren. Anhänger der Entscheidung des ersten Zivilsenats RG I 300/09/5 fanden sich mit **Hachenburg**, **Litthauer / Mosse**, vorübergehend mit **Heilfron**, mit **Lehmann / Ring**[633], **Dove** und zuletzt, nur noch eingeschränkt, mit **Schwarz** nur wenige. Vor allem nach 1932 wurde die Entscheidung Düringers nur noch als Gegenansicht angeführt.

Problematisch erscheint bei der hier erörterten Rechtsfrage lediglich der Fall, daß die Klage auf Ausschließung nach § 140 HGB oder auf Geschäftsübernahme gemäß § 142 HGB erst nach Auflösung der Gesellschaft erhoben wird. Der Eintritt der Auflösung der Gesellschaft nach bereits erhobener Klage darf das Recht aus § 140 oder § 142 HGB nicht zunichte machen. Ansonsten hätte es der beklagte Gesellschafter, wie viele Autoren zu Recht bemerkten,[634] durch Verschleppung des Prozesses und durch gleichzeitig - aus anderen Gründen - betriebene Auflösung und Abwicklung der Gesellschaft in der Hand, seine Ausschließung oder die Geschäftsübernahme zu verhindern. Es darf nicht zugelassen werden, daß ein vertragsuntreuer Gesellschafter das dem vertragstreuen Gesellschafter vom Gesetzgeber selbst gewährtes Recht zu Nichte macht. Inso-

[629] bei Schlegelberger-Schmidt: HGB 5. (1992) § 140, 3 S. 713

[630] RG I 300/09/5 wurde bis zum heutigen Zeitpunkt von 22 verschiedenen Autoren zitiert, RG II 91/21 dagegen von 16, RG II 2/38 sogar nur von 7, OGH I ZS 49/49 von 6, BGH II ZR 10/50 von 9 und BGH II 183/66 von 5.

[631] s.o.

[632] Diese Autoren waren diejenigen, die von anderen Autoren in der Literatur am meisten genannt wurden: Ritter 12, Flechtheim 11, Hachenburg und Könige 9, Geiler 8, Pinner 7, Fuchs 6, Düringer, Geßler, Weipert je 5 und Hueck 4. Die anderen Autoren fanden jeweils weniger Berücksichtigung. Von der Rechtsprechung wurden daneben lediglich Geßler zweimal und Hueck und Geiler je einmal zitiert.

[633] Victor Ring (1857 – 1934), Jurist jüdischer Abstammung, Oberjustizrat, war bis ungefähr 1922 Vizepräsident des Kammergerichts in Berlin. Quelle: Göppinger: Juristen jüdischer Abstammung im „dritten Reich“, 2. Auflage 1990 S. 219, 228

[634] vgl. u. a. Ritter ZHR 69, (287), 305 f. , Könige LZ 1911, (690), 692 f. ; Geiler JW 1922, 221; HGB-RGRK-Weipert (1942), 2. (1950) § 140, 13; Unterberg: Die Verhinderung der Auflösungswirkungen bei der OHG (1939) S. 30. (s.o.)

weit ist auch dem zweiten Zivilsenat des Reichsgerichts in **RG II 91/1921** und seinen Bestätigungen durch **RG II 544/1923**, **RG II 226/1935** und **RG II 170/1936** zuzustimmen.

Eindeutig stellt sich auch die Sachlage dar, wenn die Liquidation abgeschlossen und die Gesellschaft voll beendet ist oder wenn das Geschäft der Gesellschaft weiter veräußert wurde.[635] In diesen Fällen besteht keine Gesellschaft mehr, aus der ein Gesellschafter ausgeschlossen werden kann. Es ist dann auch kein wirtschaftlicher Wert mehr vorhanden, der übernommen werden kann. Tritt einer dieser Umstände während des Rechtsstreits ein, wird der Kläger diesen für erledigt erklären müssen, da sein Klageverlangen, die Ausschließung eines Gesellschafters oder die Geschäftsübernahme, damit gegenstandslos geworden ist. Es kann dann nur noch um Schadenersatz gestritten werden.

Offen bleibt damit nur noch die Frage, ob die Klage auf Ausschließung gemäß § 140 HGB und die auf Geschäftsübernahme gemäß dem damaligen § 142 HGB auch noch nach bereits eingetretener Auflösung der Gesellschaft, also im Liquidationsstadium, zulässig ist bzw. war.

Die Übernahmeklage richtete sich gemäß § 142 Abs. 1 HGB nach den Voraussetzungen der Ausschließung und verwies insofern auf § 140 HGB. Die Ausschließung eines Gesellschafters kann nach § 140 Abs. 1 HGB "anstatt der Auflösung" verlangt werden. Nach dem Wortlaut der §§ 142 Abs. 1, 140 Abs. 1 HGB könnte man daher, wie Düringer in RG I 300/09/5, vertreten, daß eine Ausschließung nach § 140 HGB und damit auch eine Geschäftsübernahme nach § 142 HGB nur dann verlangt werden kann bzw. konnte, wenn die Auflösung der Gesellschaft noch möglich ist, also die Gesellschaft gerade noch nicht aufgelöst ist. Auf der anderen Seite könnte man, wie eine Vielzahl von Autoren[636], vertreten, daß dieser Wortlaut den übrigen Gesellschaftern lediglich die Wahl zwischen Auflösung einer Gesellschaft einerseits und Ausschließung eines Gesellschafters andererseits ermöglichen soll und beide Varianten nicht voneinander bedingt sein sollen. Beide Auslegungsmöglichkeiten sind nach dem Wortlaut des § 140 HGB denkbar.

Befindet sich eine Gesellschaft bereits in Liquidation ist begrifflich eine Geschäftsübernahme „ohne Liquidation" im Sinne des damaligen § 142 Abs. 1 HGB nicht möglich. Allerdings könnte man, wie einige Autoren vertreten,[637]

---

[635] So auch die allgemeine Meinung. (s.o.)

[636] vgl. Ritter ZHR 69, (287), 296 f. ; Schlegelberger-Geßler: HGB 1. -4. Auflage § 140, 7; HGB-RGRK-Weipert (1942), 2. (1950) § 140, 13; -Ulmer 3. (1973) § 140, 25; Hueck: Recht der OHG (1946) S. 146, 2. (1951) S. 284, 3. (1964) S. 324 f. , 4. (1971) S. 441 f. und OGH I ZS 49/49. (s.o.)

[637] vgl. Flechtheim JW 1911, 177; Ritter ZHR 69, (287), 293 u. HGB 2. (1932) § 140, 3b (s.o.)

dagegen einwenden, daß damit lediglich „ohne weitere Liquidation" gemeint war. Denn natürlich sind verschiedene Abwicklungsmaßnahmen auch wieder umkehrbar. Zudem besteht das Geschäft, solange die Liquidation noch nicht vollends abgeschlossen ist, nach wie vor als wirtschaftlicher Wert, auch wenn dieser mit Dauer des Liquidationsprozesses geschmälert wird. Entscheidend ist deshalb, inwieweit infolge der Liquidation schon nicht mehr rückgängig machbare wirtschaftlich bedeutende Folgen eingetreten sind. Ist die Gesellschaft zumindest teilweise noch vorhanden, ist eine Geschäftsübernahme ohne weitere Liquidation grundsätzlich möglich.

Die Auslegung nach dem Wortlaut ermöglicht somit keine eindeutige Lösung bezüglich des hier erörterten Problems, ob auch nach Eintritt der Liquidation noch die Ausschließung gemäß § 140 HGB verlangt werden kann oder die Geschäftsübernahme gemäß dem damaligen § 142 HGB verlangt werden konnte, und muß deshalb durch weitere Auslegungsmethoden ergänzt werden.
Wendet man die systematische Auslegung nach der Stellung der §§ 140, 142 HGB im Gesetz an, gelangt man allerdings auch noch nicht zu einem eindeutigen Ergebnis. §§ 140, 142 HGB befinden sich im vierten Titel des zweiten Buchs des Handelsgesetzbuchs. Die Liquidation ist dagegen im fünften Titel des zweiten Buchs geregelt. § 156 HGB verweist allerdings in bezug auf das Verhältnis der bisherigen Gesellschafter untereinander bis zur Beendigung der Liquidation auf die Vorschriften des zweiten und dritten Titels, soweit sich nicht aus dem gegenwärtigen, fünften Titel oder aus dem Zweck der Liquidation ein anderes ergibt.

§ 156 HGB [Rechtsverhältnisse der Gesellschafter]
Bis zur Beendigung der Liquidation kommen in bezug auf das Rechtsverhältnis der bisherigen Gesellschafter untereinander sowie der Gesellschaft zu Dritten die Vorschriften des zweiten und dritten Titels zur Anwendung, soweit sich nicht aus dem gegenwärtigen Titel oder aus dem Zweck der Liquidation ein anderes ergeben.

Hält man sich streng an den Wortlaut des § 156 HGB, könnte man zu dem Schluß kommen, daß im Liquidationsstadium die Vorschriften des vierten Titels nicht anwendbar sind. Dagegen wird von verschiedenen Autoren[638] angeführt, daß nach § 156 HGB trotz dessen ausdrücklichen Verweis nur auf den zweiten und dritten Titel auch Paragraphen weiterer Titel, wie beispielsweise §§ 140, 142 HGB, anwendbar sind. Teilweise wird dies als ein Redaktionsversehen oder als eine Ungenauigkeit des Gesetzes angesehen. Dieses Problem soll hier nicht

---

[638] vgl. Wimpfheimer: Die Gesellschaften des Handelsrechts und des bürgerl. Rechts im Stadium der Liquidation (1908) S. 68; Ritter ZHR 69, (287), 294 unter Berufung auf Wimpfheimer, Dernburg: Bürgerliches Recht 3. (1906) II, 2 S. 652; Lastig: Auflösung der kaufmännischen Gesellschaft - Halleschen Festschrift für Dernburg S. 180. so heute auch wohl die h.M., vgl. Koller / Roth / Morck-Koller: HGB (1996) § 156, 1 S. 388, Baumbach-Hopt: HGB 29. (1995) § 156, 5 S. 539, Röhricht / von Westphalen-von Gerkan: HGB (1998) § 156, 1 S. 1322

näher vertieft werden. Festzuhalten ist lediglich, daß insofern auch die systematische Auslegung das hier erörterte Problem nicht eindeutig zu lösen vermag.

Insofern muß vor allem die teleologische Auslegung zu Hilfe gezogen werden. Hierbei ist vor allem die wirtschaftliche Bedeutung eines Geschäfts zu beachten. Das Unternehmen ist ein Baustein unserer Wirtschaft. Andere Unternehmen, die mit dieser Gesellschaft in einer geschäftlichen Beziehung stehen, sind unter Umständen von dieser abhängig und werden von ihr beeinflußt. Für den einzelnen Gesellschafter und alle Angestellten bildet es die Existenzgrundlage. Im Vordergrund sollte deshalb die Erhaltung eines Geschäfts als Teil des Wirtschaftslebens und als Existenzgrundlage, vor allem für den vertragstreuen Gesellschafter, stehen und nicht die Zerstörung eines funktionierenden Betriebs. Sinn und Zweck der §§ 142, 140 HGB ist bzw. war es gerade, das Geschäft und die übrigen Gesellschafter vor einem Gesellschafter zu schützen, der wesentliche Pflichten des Gesellschaftsvertrags im Sinne des § 133 Abs. 2 HGB verletzt. Das Recht des vertragsuntreuen Gesellschafters an der Liquidation der Gesellschaft muß demgegenüber naturgemäß zurückstehen. Der ausgeschlossene Gesellschafter ist wirtschaftlich auch nicht schutzlos gestellt. Ihm verbleiben gemäß § 142 Abs. 3 HGB, §§ 738 bis 740 BGB die Rechte einer normalen Auseinandersetzung mit dem Übernehmer des Geschäfts. Gegenüber dem vertragstreuen Gesellschafter kann er Rückgabe-, Befreiungs- und Abfindungsansprüche nach § 738 Abs. 1 Satz 2 BGB geltend machen.

Daß während des Prozesses für die Gesellschaft wirtschaftliche Schäden entstehen können, liegt auf der Hand. Düringer wies zu Recht darauf hin, daß der Handelsverkehr sich gegen unklare Verhältnisse sträube.[639] Daher ist nicht auszuschließen, daß Geschäftspartner bei Kenntnis des Rechtsstreits aufgrund des ungewissen Prozeßausgangs zurückziehen mit der Folge, daß das Geschäft zurückgeht. Aber dies allein berechtigt noch nicht dazu, eine Ausschließungs- oder Geschäftsübernahmeklage abzulehnen. Denn wie Flechtheim[640] und Fuchs[641] mit Recht bemerkten, besteht dieses Problem immer bei der Klageerhebung nach § 140 oder § 142 HGB, und nicht nur dann, wenn die Gesellschaft sich bereits im Liquidationsstadium befindet. Wenn das Gesetz die Klage auf Ausschließung oder Geschäftsübernahme ausdrücklich zuläßt, kann sie wegen möglicher negativer Folgen nicht abgelehnt werden. Um diese zu vermeiden, stehen andere Möglichkeiten zur Verfügung, wie die Anordnung der Fortführung der Gesellschaft oder der Einstellung der Liquidation bis zur Beendigung des Rechtsstreits aufgrund einstweiliger Verfügung oder aufgrund einer Vereinbarung zwischen den Parteien. Hier handelt es sich immerhin um das beidseitige Interesse, wirtschaftliche Schäden zu vermeiden.

---

[639] Düringer RuW I, 57

[640] vgl. Flechtheim 1911, (479), 482

[641] Fuchs JW 1912, 267 f.

Die teleologische Auslegung ist nach dem hier gesagten gegenüber einer strengen Auslegung nach dem Wortlaut der §§ 140, 142 HGB und gegenüber einer systematischen Auslegung vorzuziehen. Insofern war der generellen Ansicht Düringers, daß im Liquidationsstadium die Ausschließung eines Gesellschafters nicht mehr in Betracht komme, nicht zuzustimmen.

VI. Die Auswirkungen des Handelsrechtsreformgesetzes vom 22. Juni 1998:

§ 142 HGB hatte lediglich 1998 durch das Einführungsgesetz zur Insolvenzordnung[642] eine Anpassung erfahren, indem im zweiten Absatz die Worte „der Konkurs" durch „das Insolvenzverfahren" ersetzt wurden. Ansonsten galt diese Norm seit Inkrafttreten des HGB mit dem 01. Januar 1900 unverändert. Durch das Handelsrechtsreformgesetz vom 22. Juni 1998 ist die Vorschrift des § 142 HGB nunmehr insgesamt aufgehoben worden.[643]

Der Gesetzgeber verfolgte mit der Handelsrechtsreform von 1998 das Ziel, die Fortführung von Personenhandelsgesellschaften anstelle ihrer Auflösung als gesetzliche Regel zu normieren. Die Personenkontinuität sollte hinter dem Gesichtspunkt der Unternehmenskontinuität zurücktreten. Der Bundestag vertrat dabei die Auffassung, daß die Auflösung von Personenhandelsgesellschaften aus gesellschafterbezogenen Gründen grundsätzlich nicht den wirtschaftlichen Interessen der Gesellschafter und der Gläubiger der Gesellschaft entspricht, da ein möglicherweise florierendes Unternehmen zerschlagen werde.[644]

Indem § 142 HGB bei dem Ausscheiden eines Gesellschafters die Erhaltung des Unternehmens sicherstellen wollte, verfolgte diese Norm die gleiche Zielsetzung. Dennoch hielt der Bundestag § 142 HGB insgesamt, und nicht nur den hier interessierenden ersten Absatz, für überflüssig.[645]

§ 142 HGB ermöglichte dem verbleibenden Gesellschafter die Geschäftsübernahme nach Ausschluß des anderen Gesellschafters aus einer Zweipersonengesellschaft und galt deshalb als Parallelnorm zu § 140 HGB, welcher die Ausschließung eines Gesellschafters aus einer mehrgliedrigen Gesellschaft regelte. Indem der nunmehrige § 140 Abs. 1 Satz 2 HGB klarstellt, daß das Übrigbleiben nur eines Gesellschafters einer Ausschließungsklage nicht entgegensteht, richtet

[642] EGInsO vom 05.10.1994 = BGBl. I, 2911

[643] Art. 3 HRefG vom 22.06.1998 0 BGBl. I 1474

[644] vgl. Dt. Bundestag und Bundesrat: Verhandlungen des dt. Bundestags (1997) Bd. 587 Drucksache 13/8444 S. 42 f. ; zu der zutreffenden Begründung des Bundestags: s.o.

[645] Dt. Bundestag und Bundesrat: Verhandlungen des dt. Bundestags (1997) Bd. 587 Drucksache 13/8444 S. 67 f. ; zu der Aufhebung des § 142 Abs. 2 HGB: s.o.

sich die Ausschließung eines Gesellschafters generell, ob aus einer zwei- oder mehrgliedrigen Gesellschaft, nach § 140 HGB.

Dieser Hinweis in §140 Abs. 1 Satz 2 HGB war nach Wegfall des § 142 HGB zur Klarstellung notwendig geworden. Ansonsten hätte der Gesetzgeber sein gesetztes Ziel, die Unternehmenskontinuität zu stärken, nicht, sondern das Gegenteil erreicht. Im Ergebnis hat sich bei der Ausschließung eines Gesellschafters aus einer Personenhandelsgesellschaft durch das Handelsrechtsreformgesetz von 1998 nichts geändert.

Durch die Neuregelung ist bei einer Zweipersonengesellschaft der Aspekt der Ausschließung eines Gesellschafters in den Vordergrund gestellt worden. Indem die Geschäftsübernahme durch den verbleibenden Gesellschafter nicht mehr erwähnt wird, wurde dieser Aspekt dagegen in den Hintergrund gerückt. Der Bundestag sah allerdings in bezug auf das Übernahmerecht keinen Grund für eine Sonderregelung, wie sie § 142 HGB darstellte. Für ihn war es anerkannt, daß eine zweigliedrige Personengesellschaft bei Austritt eines Gesellschafters ohne Liquidation erlischt und das Gesellschaftsvermögen dem verbleibenden Gesellschafter anfällt.[646] Auch für Schmidt[647] trat die Geschäftsübernahme automatisch ein. Die Rechtskraft des Ausschließungsurteils nach § 142 Abs. 1 HGB hatte für ihn dingliche Wirkung.

Dem Bundestag ist zuzustimmen. Die Ausschließung eines Gesellschafters aus einer Zweipersonengesellschaft bewirkt lediglich, daß die Gesellschaft nicht mehr existieren kann, nicht aber auch die Zerstörung des Unternehmens. Dieses bleibt ohne anderslautende Vereinbarung der Gesellschafter weiterhin bestehen. Eine Liquidation der Gesellschaft findet nicht ohne weiteres statt. Stattdessen erhält der ausgeschlossene Gesellschafter eine wertmäßig identische Abfindung nach § 105 Abs. 3 HGB, § 738 Abs. 1 BGB. Dadurch wird das Unternehmen als wirtschaftlicher Faktor erhalten, was gerade das Ziel der Handelsrechtsreform von 1998 war.

Die Aufhebung des § 142 HGB in Verbindung mit der klärenden Feststellung in § 140 Abs. 1 Satz 2 HGB 1998 bewirkte keine inhaltliche Änderung der Rechtslage, weder in bezug auf Ausschließung eines Gesellschafters noch in bezug auf die Übernahme des Geschäfts durch den verbleibenden Gesellschafter. Die Neuregelung war insofern im Hinblick auf die stets wachsenden Gesetze zur Schaffung einer einheitlichen und klareren Rechtslage in bezug auf die Ausschließung eines Gesellschafters zu begrüßen.

---

646 Dt. Bundestag und Bundesrat: Verhandlungen des dt. Bundestags (1997) Bd. 587 Drucksache 13/8444 S. 67 m. w. N. , wobei auf die verschiedenen dogmatischen Ansätze hingewiesen wurde.

647 Schlegelberger-Schmidt: HGB 5. (1992) § 142, 25

Das hier erörterte Problem ist dadurch allerdings nicht geklärt worden. Insofern gelten die hier erarbeiteten Ergebnisse unverändert fort. Gerade das wirtschaftliche Ziel der Handelsrechtsreform von 1998, die Unternehmen zu schützen, spricht jedoch für die herrschende Lehre, welche die Ausschließung eines Gesellschafters auch noch während der Liquidation zuläßt.

F. Die Auseinandersetzung nach dem Ausscheiden eines Gesellschafters

Das Reichsgerichtsurteil des ersten Zivilsenats RG I 468/1904 vom 18. Februar 1905[648]

Der zugrundeliegende Sachverhalt:

Die Parteien betrieben gemeinsam eine offene Handelsgesellschaft, aus der der Kläger später ausschied. In dem Auseinandersetzungsvertrag übernahm der Beklagte das Geschäft mit den Aktiven und Passiven. Schon während des Bestehens der Gesellschaft hatte ein Dritter Zahlungsklage gegen die Gesellschaft erhoben. Der Beklagte und der Kläger im Prozeß selbst hatten diese geltend gemachte Forderung bestritten. Der Kläger verlangte von dem Beklagten nach § 738 BGB Befreiung von dieser Forderungsschuld oder Sicherheitsleistung gemäß §§ 232 ff. BGB.

Prozeßgeschichte - Die Entscheidungen der Vorinstanzen:

Die **zweite Kammer für Handelssachen des königlichen Landgerichts Duisburg** hatte durch Urteil vom 09.03.1904 nach dem Klageantrag erkannt. Auf die Berufung des Beklagten hatte das **königliche Oberlandesgericht Hamm** durch Urteil vom 30.6.1904 die Entscheidung der Erstinstanz abgeändert und die Klage abgewiesen.

Rechtsfragen des Reichsgerichtsurteils RG I 468/1904 vom 18. Februar 1905

In dem Urteil RG I 468/1904 vom 18. Februar 1905 hatte es Düringer mit dem Verhältnis ehemaliger Gesellschafter nach Auflösung einer offenen Handelsgesellschaft zu tun. Für ihn stellten sich im damaligen Rechtsstreit zwei Rechtsfragen:

a) Ist § 738 BGB entsprechend auf das Verhältnis früherer Gesellschafter zueinander bei Weiterführung des Geschäfts der aufgelösten offenen Handelsgesellschaft durch einen der Teilhaber anwendbar?

b) Ist § 738 Abs. 1 BGB, insbesondere Abs. 1 Satz 3, auch auf streitige Schulden anwendbar?

I.1 Analoge Anwendung des § 738 BGB bei Weiterführung des Geschäfts einer aufgelösten offenen Handelsgesellschaft durch einen der früheren Teilhaber?

Nachdem das Oberlandesgericht Hamm als Berufungsgericht § 738 BGB auf den hier vorliegenden Sachverhalt ohne weiteres angewendet hatte, sah sich Düringer dazu gezwungen, die Anwendbarkeit dieser Rechtsvorschrift näher zu erläutern. Eine direkte Anwendung des bis zum heutigen Tag unveränderten

[648] RG I 468/1904 v. 18.02.1905 (OLG Hamm) = RGZ 60, 155 Nr. 36 = JW 1905, 231 Nr. 8

§ 738 BGB schied seiner Meinung nach aus, da nach dem Gesetz, damals wie heute, vorausgesetzt wird, daß zumindest ein Gesellschafter aus einer fortbestehenden Gesellschaft ausscheidet.

Im vorliegenden Fall wurde durch das Ausscheiden des Klägers die bestehende Zweimanngesellschaft notwendigerweise aufgelöst, so daß für Düringer eine Situation wie in den Fällen des § 142 HGB vorlag, in denen das Geschäft von der offenen Handelsgesellschaft ohne Liquidationserfordernis auf einen Teilhaber als Einzelkaufmann übergeht. Für diese Fälle gelte daher auch § 738 BGB analog für das Verhältnis der früheren Gesellschafter zueinander.

Düringer verwies hierbei ausdrücklich auf die 15 Monate alte Reichsgerichtsentscheidung **RG I 240/1903**[649], bei der er ebenfalls als Angehöriger des ersten Zivilsenats mitgewirkt hatte, und auf einschlägige Literatur[650], ohne weiter auf dieses Problem einzugehen. Er korrigierte das ungenaue Berufungsurteil und wies richtigerweise darauf hin, daß im vorliegenden Rechtsstreit § 738 BGB nur analog angewendet werden könne. Der Gesetzgeber hatte zwischendurch durch den hinzugefügten § 142 Abs. 3 HGB klargestellt, daß für die Auseinandersetzung einer zweigliedrigen Gesellschaft die für den Fall des Ausscheidens eines Gesellschafters aus einer Gesellschaft geltenden Vorschriften entsprechende Anwendung finden, und damit Düringers Auffassung gesetzlich bestätigt.

Durch das Handelsrechtsreformgesetz vom 22. Juni 1998 ist diese Regelung mittlerweile wieder fortgefallen. Nunmehr ist die Anwendung der Abfindungsregeln Folge der auch auf den Fall des Ausscheidens aus einer Zweipersonengesellschaft anwendbaren Norm § 140 Abs. 1 HGB, wie der Bundestag mit Recht bemerkte.[651]

Da Düringer diese Rechtsfrage durch die Reichsgerichtsentscheidung RG I 240/1903 vom 11. November 1903 des ersten Zivilsenats, an der er als Senatsangehöriger beteiligt war, als entschieden ansah und nicht näher darauf einging, soll hier lediglich auf das nachfolgende Hauptproblem des Falles eingegangen werden.

[649] RG I 240/1903 vom 11.11.1903 = JW 1904, 37 Nr. 4

[650] Staub: HGB § 142 Anm. 4 u. Exkurs zu § 141, Anm. 30, Lehmann-Ring Bd. I, 341 Nr. 12

[651] vgl. Dt. Bundestag und Bundesrat: Verhandlungen des dt. Bundestags (1997) Bd. 587 Drucksache 13/8444 S. 68

I.2 § 738 Abs. 1 Satz 3 BGB - Anspruch auf Sicherheitsleistung oder Befreiung bei streitigen Schulden? – RG I 468/1904

Die zentrale Rechtsfrage in dem zugrundeliegenden Rechtsstreit war für den Reichsgerichtsrat, ob § 738 Abs. 1 BGB, insbesondere dessen Satz 3, auf streitige Schulden anwendbar ist.

Dieses Rechtsproblem ist in der Vergangenheit immer wieder in der Literatur aufgegriffen und erörtert worden. Da § 738 BGB noch unverändert gilt, handelt es sich hierbei auch heute noch um ein aktuelles Problem.

§ 738 BGB [Auseinandersetzung beim Ausscheiden]

(1) 1 Scheidet ein Gesellschafter aus der Gesellschaft aus, so wächst sein Anteil am Gesellschaftsvermögen den übrigen Gesellschaftern zu. 2 Diese sind verpflichtet, dem Ausscheidenden die Gegenstände, die er der Gesellschaft zur Benutzung überlassen hat, nach Maßgabe des § 732 zurückzugeben, ihn von den gemeinschaftlichen Schulden zu befreien und ihm dasjenige zu bezahlen, was er bei der Auseinandersetzung erhalten würde, wenn die Gesellschaft zur Zeit seines Ausscheidens aufgelöst worden wäre. 3 Sind gemeinschaftliche Schulden noch nicht fällig, so können die übrigen Gesellschafter dem Ausscheidenden, statt ihn zu befreien, Sicherheit leisten.

(2) Der Wert des Gesellschaftsvermögens ist, soweit erforderlich, im Wege der Schätzung zu ermitteln.

Nach § 738 Abs. 1 Satz 2 BGB haben die übrigen Gesellschafter den ausscheidenden Gesellschafter von den gemeinschaftlichen Schulden zu befreien. Nach § 738 Abs. 1 Satz 3 BGB können die übrigen Gesellschafter bei gemeinschaftlichen Schulden, die noch nicht fällig sind, dem Ausscheidenden, statt ihn zu befreien, auch Sicherheit gemäß §§ 232 ff. BGB leisten. § 738 BGB redet hierbei allerdings nur von nicht fälligen Schulden. Streitige Schulden sind im Gesetzestext dagegen nicht erwähnt. Insofern stellt sich die Frage, ob auch bei bestrittenen Forderungen eine Befreiungspflicht besteht oder Sicherheitsleistungen zu erbringen sind.

Düringer ging in dem Urteil RG I 468/1904 systematisch und aus heutiger Sicht geradezu lehrbuchmäßig vor. Nachdem er festgestellt hatte, daß § 738 BGB entsprechend bei Übernahme des Geschäfts der aufgelösten offenen Handelsgesellschaft mit den Aktiven und Passiven durch einen der beiden Teilhaber und damit in dem hier zugrundeliegenden Fall generell anwendbar war, konnte er auf das Problem der analogen Anwendbarkeit des § 738 Abs. 1 BGB auf streitige Schulden eingehen. Hierbei zitierte er zunächst den Wortlaut des § 738 Abs. 1 Satz 3 BGB, um auf das Problem aufmerksam zu machen. Im Anschluß daran erfolgte eine umfassende Darstellung des in der Literatur bestehenden Meinungsstreits. Dabei stellte er die einzelnen vertretenen Auffassungen kurz vor, bevor er sein Ergebnis ausführlich und streng systematisch begründete.

II. Die Rechtslage vor dem 18. Februar 1905:

II.1 Die Düringer bekannten Rechtsauffassungen:

II.1.a Die herrschende Lehre Plancks:

Die meisten Autoren in der Literatur richteten sich vor Erscheinen der Reichsgerichtsentscheidung RG I 468/1904 am 18. Februar 1905 nach der im Jahr 1900 veröffentlichten Meinung Plancks. Düringer selbst beschrieb die **herrschende Lehre** in dem Urteil wie folgt:[652]

„Die in der Literatur herrschende Meinung nach dem Vorgang Planck's nimmt an, daß, was in § 738 BGB von den noch nicht fälligen Schulden gesagt sei, ob paritatem rationis auch von den bestrittenen Schulden gelten müsse, und der Ausscheidende hiernach berechtigt sei, von den übrigen Gesellschaftern Sicherheit dafür verlangen, daß er nicht in die Lage kommt, solche Schulden demnächst zahlen zu müssen."

Nach **Planck**[653] mußte sich der ausscheidende Gesellschafter, wenn die gemeinschaftlichen Schulden noch nicht fällig sind, mit Sicherheitsleistung begnügen. Dasselbe nahm er für den Fall an, daß die Verbindlichkeiten bestritten sind. Der Ausscheidende konnte nach Planck also bei noch nicht fälligen oder streitigen Schulden Sicherheitsleistung statt der Befreiung verlangen.

Dernburg[654] übernahm 1901 Planck's Ergebnis und berief sich ausschließlich auf ihn.[655] **Goldmann** stellte 1905 klar, daß Planck mit Recht die bestrittenen

---

[652] RGZ 60, (155), 158

[653] Planck: BGB, 2. Band 1./2. (1900) § 738 Anmerkung am Ende

[654] Heinrich Dernburg (1829 – 1907), trat 1841, obgleich beide Eltern aus jüdischen Familien stammten, gemeinsam mit seinem Bruder zum evangelischen Glauben über. Die Eltern sowie beide Söhne wurden 1841 getauft. Dernburg vertrat als Student 1848 und 1849 für die Ziele der Paulskirche ein, beendete 1850 seine Dissertation über „Emptio bonorum" mit höchster Auszeichnung, habilitierte 1852 in Heidelberg bei Karl Adolf von Vangerow, einem der bekanntesten deutschen Pandektenjuristen mit der Schrift „Über das Verhältnis der hereditatis petitio zu den erbschaftlichen Singularklagen", und wirkte als Professor in Zürich, ab 1862 in Halle und schließlich in Berlin, nachdem Ihering und Windscheid abgelehnt hatten, wo er im preußischen Herrenhaus u.a. Mitglied der Kommission für Justizangelegenheiten war. Er war Verfasser verschiedener Monographien zu einzelnen Instituten des römischen Rechts, welche zu Standardwerken der damaligen Zeit wurden, und Autor bedeutender Lehrbücher des preußischen Rechts, seine Hauptwerke waren das „Lehrbuch des preußischen Privatrechts", welches in drei Bände (1871-1880) und mit fünf Auflagen bis 1897 als bedeutendstes Lehrbuch für ein Deutschen Partikularrecht im 19.Jahrhundert galt, seine „Pandekten", welche ebenfalls in drei Bänden (1884-1887) erschienen und bis 1912 acht Auflagen erreichten und neben der Darstellung Windscheids als das erfolgreichste und bedeutendste Lehrbuch des Pandektenrechts galt, und später sein Lehrbuch „Das bürgerliche Recht des deutschen Reiches und

Verbindlichkeiten den noch nicht fälligen gleichstellte, und die fortgesetzte Gesellschaft auch in diesem Fall dem Ausscheidenden, statt ihn zu befreien, Sicherheit leisten kann.[656]

Enneccerus[657] und **Lehmann** vertraten 1901 die Ansicht, daß „wohl auch" bezüglich streitiger Schulden Sicherheitsleistung genüge.[658] Ein Hinweis auf die gleichlautende Ansicht Plancks fehlte bei ihnen allerdings ebenso wie bei **Knoke** und **Crome**, welche das gleiche Ergebnis vertraten. **Knoke** erklärte, daß die Gesellschafter dem bisherigen Gesellschafter auch bei bestrittenen Forderungen Sicherheit leisten können, um ihn gegen die Ansprüche der Gläubiger zu schützen.[659] **Crome** stellte die Bestrittenheit der Schuld der mangelnden Fälligkeit generell gleich und gelangte so zu dem selben Ergebnis.[660] Da deren Meinungen nach der von Planck veröffentlicht wurden (Enneccerus / Lehmann 1901[661], Knoke 1901[662] und Crome 1902[663]), muß man sie zu den Anhängern von Plancks Lehre rechnen.

Preußens", welches ab 1898 ff. in fünf Bänden erschien. Dernburg erwarb sich den Ruhm des eigentlichen Begründers einer Wissenschaft vom Preußischen Privatrechts und war zu seiner Zeit von den damals bedeutenden Juristen einer der fleißigsten und solidesten Juristen. Quellen: Kleinheyer / Schröder: Deutsche Juristen aus fünf Jahrhunderten, 3.Auflage S.337 Nr. 19a; Landau: Juristen Jüdischer Herkunft im Kaiserreich und in der Weimarer Republik, in: Deutsche Juristen Jüdischer Herkunft, hrsg. von Heinrich, Franzki, Schmalz, Stolleis S.192, insbesondere Luig: Heinrich Dernburg (1829-1907) – Ein „Fürst" der Spätpandistik und des preußischen Privatrechts, in: Deutsche Juristen Jüdischer Herkunft, hrsg. von Heinrich, Franzki, Schmalz, Stolleis S.231 ff.; Stolleis: Ein biographisches Lexikon, Von der Antike bis zum 20. Jahrhundert, 1995 S. 168

655 Dernburg: Das Bürgerliche Recht des dt. Reichs u. Preußens 1. u. 2. (1901) 2. Bd. 2. Abt. § 362. II. 2 S. 552 u. Fn. 1

656 Goldmann: Das Handelsgesetzbuch vom 10. 5. 1897, Band 2, § 138, 17 S. 610

657 Ludwig Enneccerus (1843 – 1928) war Professor für römisches Recht in Göttingen und Marburg, von 1887 bis 1890 und von 1893 bis 1898 Mitglied des Reichstages, u.a. als Referent für die ersten beiden Bücher des zweiten Entwurfes zum BGB, Begründer und Mitherausgeber des großen und bedeutenden Werkes von Enneccerus / Kipp / Wolff / Kipp: Lehrbuch des Bürgerlichen Rechts, welches für gut ein halbes Jahrhundert Standardwerk war, dessen erster Band er 1900 und später in zwei Abteilungen 1927 und 1928 selbst bearbeitet hatte. Quellen: Kleinheyer / Schröder: Deutsche Juristen aus fünf Jahrhunderten 3.Auflage (1989) S.338 Nr.21a, Medicus: Martin Wolff (1872-1953) – Ein Meister an Klarheit, in: Deutsche Juristen Jüdischer Herkunft, hrsg. von Heinrichs / Franzki / Schmalz / Stolleis (1993) S. 543

658 Enneccerus / Lehmann: Bürgerliche Recht 2. (1901) Band 1 § 314. I. 3 S. 742

659 Knoke: Das Recht der Gesellschaft nach dem BGB für das dt. Reich (1901) S. 129

660 Crome System des dt. Bürgerlichen Rechts (1902) Band 2, § 285, 18 und Fn. 18

661 Enneccerus / Lehmann: Bürgerliche Recht 2. (1901) Band 1

662 Knoke: Das Recht der Gesellschaft nach dem BGB für das dt. Reich (1901) S. 129

663 Crome: System des dt. Bürgerlichen Rechts, Band 2 (1902)

Matthiass berief sich dagegen, nachdem er 1899 das Problem der streitigen Schulden im Rahmen des § 738 BGB nicht erwähnt hatte,[664] bereits 1900 ausdrücklich auf Planck.[665] Mit ihm stimmte er überein, daß der Ausscheidende bei streitigen wie bei noch nicht fälligen Gesellschaftsschulden Sicherheitsleistung für die Befreiung verlangen kann. Als Gegenmeinung führte er Cosack an.[666]

II.1.b Gegenauffassungen zu Plancks herrschender Lehre:

Cosack sprach zunächst, sowohl 1900[667] als auch 1901[668], dem ausgeschiedenen Gesellschafter das Recht ab, wegen streitiger Schulden Sicherheit zu verlangen. 1904 gab er schließlich seine alte Auffassung auf und schloß sich ausdrücklich der herrschenden Gegenmeinung Plancks an, zu denen er den Bearbeiter von Plancks Kommentar André, Knoke und Crome zählte.[669]

Kober sprach sich in der 1901 erschienen Erstauflage des **von Staudinger**-Kommentars zum Bürgerlichen Gesetzbuch gegen einen Anspruch des ausscheidenden Gesellschafters auf Sicherheitsleistung gegenüber den übrigen Gesellschaftern bei streitigen Schulden aus. Die Meinung Planck's lehnte er unter Hinweis auf eine fehlende gesetzliche Grundlage ab.[670]

Nach **Goldmann** und **Lilienthal** war die Sicherheitsleistung statt der Befreiung, worunter keine Schuldenberichtigung zu verstehen sei, gemäß § 738 Abs. 1 Satz 3 BGB keine Pflicht, sondern ein Recht der verbleibenden Gesellschafter gegenüber dem Ausgeschiedenen. Der ausgeschiedene Gesellschafter könne bei streitigen Verbindlichkeiten weder Befreiung noch Sicherheitsleistung verlangen. Einen Anspruch auf Befreiung von den gemeinschaftlichen Verbindlichkeiten, und nicht nur auf Sicherheitsleistung, hätte er erst, wenn er das Bestehen der Forderung nachweist.[671] Goldmann und Lilienthal widersprachen mit dieser Auffassung ausdrücklich Cosack, Dernburg, Knoke und Planck.[672]

---

[664] Matthiass: Lehrbuch des Bürgerlichen Rechts 1. Band (1899), S. 564
[665] Matthiass: Lehrbuch des Bürgerlichen Rechts 1. Band 3. und 4. (1900) § 128 3. Kapitel V. B Fn. 2 S. 634
[666] Matthiass: 3. und 4. (1900) S. 634 Fn. 2
[667] Cosack: Lehrbuch des dt. Bürgerlichen Rechts 2. Band (1900) § 269 I. 2. b. δ S. 388
[668] Cosack: Lehrbuch des dt. Bürgerlichen Rechts 2. Band 3. (1901) § 279. I. 2. b. δ S. 413 und Fn. 7 m. H. a. Planck
[669] Cosack: Lehrbuch des Bürgerlichen Rechts 2. Band 4. (1904) § 279. b. δ und Fn. 7 S. 448
[670] von Staudinger-Kober: BGB Band 2 (1901) § 738, II. 3. b (S. 582)
[671] Goldmann / Lilienthal: BGB, 2. (1903) § 200, 3 (zu §§ 738-740) Fn. 19 S. 781
[672] Goldmann / Lilienthal: BGB, 2. (1903) S. 781 Fn. 19

II.2 Weitere, von Düringer nicht aufgeführte Literaturmeinungen:

Mit der Rechtsproblematik, ob bei streitigen Schulden § 738 Abs. 1 Satz 3 BGB entsprechend anwendbar ist, beschäftigten sich in der Zeit zwischen Inkrafttreten des Bürgerlichen Gesetzbuches mit dem 01. Januar 1900 und dem Erlaß des Reichsgerichtsurteils des ersten Zivilsenats RG I 468/1904 am 18. Februar 1905 auch die Dissertationen von Goesch[673] und von Höver[674].[675]

Goesch setzte sich 1900 ausdrücklich mit der Meinung Planck's auseinander, die er ablehnte. Für einen Anspruch auf Sicherheitsleistung bei streitigen Schulden fehle eine ausdrückliche gesetzliche Regelung. Hätte der Gesetzgeber auch für den Fall, daß ein Gesellschafter ausscheidet und die Gesellschaft von den übrigen Gesellschaftern fortgeführt wird, Sicherheitsleistung gewollt, hätte er dies bestimmt, da die streitigen Verbindlichkeiten für den Fall der totalen Auflösung der Gesellschaft gesetzlich geregelt seien.[676] Einen schwebenden Rechtsstreit der Gesellschaft rechnete Goesch zu deren schwebenden Geschäfte, für deren Verluste auch keine Sicherheitsleistungspflicht der verbleibenden Gesellschafter bestehe.[677]

Höver dagegen gab 1905 dem Ausgeschiedenen einen Anspruch auf Sicherheitsleistung bei noch nicht fälligen und bestrittenen gemeinschaftlichen Verbindlichkeiten.[678] Zu diesem Ergebnis gelangte er nach analoger Anwendung des § 733 Abs. 1 Satz 2 BGB. Goesch schloß sich damit Planck, Dernburg und Knoke an und lehnte die an dem Gesetzeswortlaut orientierte, den Anspruch auf Sicherheitsleistung ablehnende, Gegenauffassung von Goesch und vor allem

---

673 Goesch: Das Ausscheiden eines Gesellschafters aus der Gesellschaft nach dem BGB (1900)

674 Höver: Verlust der Zugehörigkeit zu einer Gesellschaft nach römischem Recht und BGB (1905)

675 Beide Autoren wurden von Düringer in seiner Entscheidung RG I 468/04 nicht erwähnt. Ob Düringer sie bewußt nicht erwähnt hatte, ist nicht bekannt, aber auch irrelevant, da beide Autoren keine neue Auffassung vertraten. Unabhängig davon, halte ich sie dennoch für erwähnenswert, da sie im Gegensatz zu den meisten anderen Autoren versuchten, ihre Meinung auch argumentativ zu belegen.

676 vgl. insoweit § 738 BGB gegenüber § 733 BGB. Interessant ist, daß sich Goesch mit dieser Argumentation auf Seiten der h. M. sah. In den Folgejahren nach Erscheinen seiner Dissertation bis zur Veröffentlichung der RG I 468/04 zeigt sich jedoch, daß die meisten Autoren der Auffassung Planck's folgen.

677 Goesch: Das Ausscheiden eines Gesellschafters aus der Gesellschaft nach dem BGB (1900) S. 52 f.

678 Höver: Verlust der Zugehörigkeit zu einer Gesellschaft nach römischem Recht und BGB (1905) S. 57 und 75

von Cosack[679] ab.[680] Seiner Meinung nach waren die Folgen bei dem Ausscheiden eines Gesellschafters mit den Folgen bei der Auflösung einer Gesellschaft vergleichbar. Daher müßten die Gesellschafter nicht nur bei der Auflösung der Gesellschaft vor dem Zugriff der Gläubiger durch Zurückbehaltung der für die Berichtigung der streitigen Verbindlichkeiten erforderlichen Beträge geschützt werden, sondern sei in beiden Fällen aus demselben Grund eine Sicherstellung gerechtfertigt.[681]

II.3 Zusammenfassung der Situation vor dem 18. Februar 1905:

Die analoge Anwendung des § 738 Abs. 1 Satz 3 BGB für streitige Schulden war in der Literatur umstritten. Als herrschende Auffassung galt, wie auch Düringer in seinem Urteil festgestellt hatte, der Standpunkt Plancks, welcher diese befürwortete. Dieser 1900 veröffentlichten Meinung folgten noch im selben Jahr **Matthiass**, 1901 **Enneccerus / Lehmann**, **Dernburg** und **Knoke**, 1902 **Crome**, ab 1904 auch **Cosack**, der sowohl 1900 als auch 1901 noch das Gegenteil vertreten hatte, und 1905 **Goldmann** und **Höver**.

Plancks Auffassung war die dominierende Meinung, mit der es sich auseinanderzusetzen galt. So wurde sie nicht nur am meisten zitiert[682], sondern auch von allen Autoren der Gegenauffassungen aufgeführt.

Eine Sicherheitsleistungspflicht der übrigen Gesellschafter gegenüber dem Ausgeschiedenen für streitige Schulden aufgrund einer analogen Anwendung des § 738 Abs. 1 Satz 3 BGB lehnten 1900 **Goesch** und zunächst bis 1904 **Cosack**, seit 1901 **Kober** und seit 1903 **Goldmann / Lilienthal** ab. Nach ihnen hatte der ausgeschiedene Gesellschafter bei streitigen Schulden keinen Anspruch auf Sicherheitsleistung.

III. Die in RG I 468/1904 vom 18. Februar 1905[683] von Düringer dargestellte Rechtsauffassung:

Düringer konnte sich der herrschenden Meinung nicht anschließen. Er lehnte eine entsprechende Anwendung des § 738 Abs. 1 Satz 3 BGB für streitige

[679] Erwähnenswert ist, daß Cosack zwar in seinen 1900 und 1901 erschienenen Erstauflagen eine Gegenmeinung zu Planck vertrat, diese aber bereits 1904 und damit vor Veröffentlichung der Dissertation Höver's aufgegeben hatte.

[680] Höver: Verlust der Zugehörigkeit zu einer Gesellschaft nach römischem Recht und BGB (1905) S. 57 Fn. 1

[681] Höver: Verlust der Zugehörigkeit zu einer Gesellschaft nach römischem Recht und BGB (1905) S. 57

[682] Am meisten zitiert wurden damals Planck, dann mit Abstand dahinter Knoke, danach Dernburg und Cosack

[683] RG I 468/1904 v. 18.02.1905 (OLG Hamm) = RGZ 60, 155 Nr. 36 = JW 1905, 231 Nr. 8

Schulden ab. Der ausgeschiedene Gesellschafter könne nur Schuldbefreiung verlangen, wenn er die Existenz der bestrittenen Forderung nachweist. Sicherheitsleistung dagegen könne der Ausgeschiedene bei streitigen Schulden überhaupt nicht verlangen.

Zu diesem Ergebnis gelangte Düringer durch die Auslegung nach dem Wortlaut, der systematischen, historischen und teleologischen Auslegung des § 738 BGB.

III.1 Auslegung nach dem Wortlaut und systematische Auslegung:[684]

Düringer erklärte, daß das Gesetz in § 738 Abs. 1 Satz 3 BGB nur von dem Fall, daß gemeinschaftliche Schulden noch nicht fällig sind, spreche. Nach seiner Auffassung hatte der Gesetzgeber innerhalb der Regelung des § 738 BGB die streitigen Schulden bewußt nicht geregelt. Ein Übersehen des Gesetzgebers könne nicht angenommen werden, da dieser mit § 733 Abs. 1 Satz 2 BGB, also nur wenige Paragraphen vorher, eine gemeinsame Bestimmung für fällige und streitige Schulden für den Fall der Auseinandersetzung getroffen habe.

III.2 historische Auslegung:[685]

Die Beratungen in der zweiten Kommission für das Bürgerliche Gesetzbuch ergaben nach Düringers Ansicht mit Bestimmtheit, daß man den Fall des § 738 Abs. 1 Satz 3 BGB in Übereinstimmung mit den in § 257 S.2 und § 775 Abs. 2 BGB geregelten Fällen entscheiden wollte. Die dort statuierte Befugnis des Ersatzpflichtigen bzw. des Hauptschuldners zur Sicherheitsleistung statt der Schuldbefreiung habe man auf den Fall beschränken wollen, daß die Verbindlichkeit noch nicht fällig ist. Hierzu verwies Düringer auf die Protokolle der zweiten Lesung zum Entwurf des Bürgerlichen Gesetzbuches.[686] Dieser Standpunkt des Gesetzgebers kam für Düringer auch in der Übereinstimmung der Fassung zum Ausdruck.

III.3 teleologische Auslegung:[687]

Düringer war der Ansicht, daß eine Ausdehnung des Anwendungsbereichs von § 738 BGB auf streitige Schulden ebenfalls nicht nach Billigkeitsgründen in Betracht kommt. Ein anderer Standpunkt würde einseitig den ausscheidenden Gesellschafter begünstigen. Der Ausscheidende könne die Gefahr, für streitige Schulden der Gesellschaft ohne vorherige Deckung oder Sicherung seitens der

---

684 RGZ 60, (155), 158

685 RGZ 60, (155), 158

686 RGZ 60, (155), 158 unter Hinweis auf von Achillesu in Bd. 2 S. 366, 479, 518 bearbeiteten Protokollen.

687 RGZ 60, (155), 158 f.

übrigen Teilhaber Zahlung leisten zu müssen, durch prozessuale Rechtsbehelfe verringern.

Falls der ausgeschiedene Gesellschafter klageweise in Anspruch genommen würde, könne er den übrigen Gesellschaftern den Streit verkünden und wegen seines Regreßanspruches Arrest erwirken. In jedem Fall, auch ohne eine Klage abzuwarten, könne er durch negative Feststellungsklage das Bestehen der streitigen Schulden gerichtlich klären lassen. Die Gefahr, daß die übrigen Teilhaber der fortgesetzten Gesellschaft durch „frivoles" Bestreiten der gemeinschaftlichen Schulden sich ihrer Schuldbefreiungspflicht entziehen können, bestünde nicht, da das Gesetz kein gegen Treu und Glauben verstoßendes Verhalten schützt.

Eine Sicherheitsleistungspflicht der übrigen Gesellschafter gegenüber dem Ausgeschiedenen für Schulden, mit deren alsbaldiger Berichtigung sie nicht gerechnet haben, weil sie diese mit gutem Grunde bestreiten können, könne im Einzelfall „zweifellos" zu großen Härten und Unbilligkeiten führen. Der Grund lag für Düringer darin, daß dadurch dem Gesellschaftszweck unter Umständen für längere Zeit bedeutende Mittel entzogen würden.

Durch die Anwendung der verschiedenen Auslegungsmethoden begründete Düringer eingehend seine Ablehnung der entsprechenden Anwendung des § 738 BGB für streitige Schulden. Nach seiner Ansicht hatte der Gesetzgeber die streitigen Schulden in § 738 BGB bewußt nicht geregelt, was er mit der Auslegung nach dem Wortlaut, der systematischen und historischen Auslegung belegte. Mit der teleologischen Auslegung stellte Düringer dar, daß eine Sicherheitsleistungspflicht für streitige Schulden den ausgeschiedenen Gesellschafter einseitig bevorteilen würde und die Gesellschafter, welche die Gesellschaft weiterführen, im Einzelfall aufgrund des dadurch entzogenen Gesellschaftskapitals stark belasten könnte.

IV. Die Rechtslage nach dem 18. Februar 1905 - Reaktionen auf RG I 468 / 1904 und Weiterentwicklung:

IV.1 Die Reaktionen und die weitere Entwicklung bei den von Düringer zitierten Autoren:

Planck setzte sich 1907[688] mit dem Reichsgerichtsurteil Düringers eingehend auseinander, wobei er seine früher vertretene Gegenauffassung, daß § 738 Abs. 1 Satz 3 BGB auch auf streitige Verbindlichkeiten auszudehnen sei, aufgab. Der ausscheidende Gesellschafter müsse, wenn er von streitigen Schulden Befreiung

688 Planck: BGB 3. (1907) § 738. 2. b S. 776

oder für diese, falls sie noch nicht fällig sind, Sicherheitsleistung verlangt, deren Existenz beweisen.

Planck folgte aber nicht nur Düringers Ergebnis, sondern auch dessen Argumentation. Überzeugend fand er dessen Vergleich zwischen § 738 und § 733 BGB und der dadurch zum Ausdruck kommenden bewußten Regelung des § 738 BGB durch den Gesetzgeber. Des weiteren stimmte er mit ihm überein, daß eine Sicherheitsleistungspflicht zwar dem Interesse des ausscheidenden Gesellschafters entsprechen würde, andererseits die übrigen Gesellschafter unter Umständen schwer treffen könnte. Deshalb sprächen ebenfalls „überwiegende Billigkeits- und Zweckmäßigkeitsrücksichten" gegen eine Ausdehnung des § 738 BGB.

Durch das Reichsgerichtsurteil vom 18. Februar 1905 war für Planck endgültig geklärt, daß § 738 Abs. 1 Satz 3 BGB für streitige Schulden nicht entsprechend anwendbar ist.[689] Während er noch vorher von fast allen Autoren in der Literatur zitiert wurde, verlor er bezüglich der Frage der analogen Anwendbarkeit des § 738 BGB für streitige Schulden in der Zeit nach dem 18. Februar 1905 immer mehr an Bedeutung und wurde nur noch gelegentlich[690], das letzte Mal 1939[691], zitiert.

Mit Planck hatte Düringer den wichtigsten Vertreter, den Wegbereiter der damals herrschenden Lehre überzeugt und damit den wichtigsten Schritt zur Beilegung des Rechtsstreits um die Auslegung des § 738 BGB getan.

Bereits 1906 ließ sich **Dernburg** von Düringers „guten Gründen" ebenfalls überzeugen. Ab diesem Zeitpunkt lehnte er unter Berufung auf die Reichsgerichtsentscheidung Düringers die Gleichbehandlung der streitigen Schulden gegenüber den nicht fälligen Schulden ab.[692]

Mit **Enneccerus** konnte Düringer 1908 einen weiteren Vertreter der damals noch vorherrschenden Auffassung Plancks[693] gewinnen.[694] Seit dieser Zeit ver-

[689] vgl. Planck: BGB 4. (1928) § 738. 2. b S. 1321, der nur noch Düringers Reichsgerichtsentscheidung darstellte.

[690] Planck wurde zunächst noch als Gegenmeinung zu RGZ 60, 155 zitiert; so 1906 bei Dernburg und Staub. 1912 bei Staudinger und sogar noch 1917 bei Düringer / Hachenburg, obgleich Planck 1907 seine frühere Meinung aufgab. Als Befürworter von RG I 468/04 (s.o.) wird Planck bei Dernburg 1915, bei Staudinger 1929 und 1939 und bei Düringer / Hachenburg 1932 erwähnt.

[691] von Staudinger-Geiler, BGB 10. (1939) § 738. II. 3

[692] Dernburg: Das Bürgerliche Recht des dt. Reichs und Preußens 3. (1906) 2. Band 2. Abt. § 362. II. 2 S. 630 und Fn. 3 und 4. (1915) 2. Band 2. Abt. § 362. II. 2 und Fn. 3 S. 774

[693] So der Hinweis bei Enneccerus: Lehrbuch des Bürgerlichen Rechts 3. (1908) 1. Band § 402. I. 3 S. 1023: „anders die früheren Auflagen mit der bisher herrschenden Ansicht"

trat Enneccerus die Auffassung, daß § 738 Abs. 1 Satz 3 BGB nicht auf streitige Schulden auszudehnen ist und der ausscheidende Gesellschafter, wenn er Befreiung verlangt, das Bestehen der Schuld beweisen muß.[695] Damit folgte er ausdrücklich der Reichsgerichtsentscheidung Düringers und Staudingers.[696]

1910 gab **Matthiass** ebenfalls seine frühere Auffassung[697] auf und schloß sich Düringer an, indem er § 738 BGB im Gegensatz zu § 733 BGB nicht mehr auf streitige Schulden bezog.[698]

Cosack hingegen hatte zunächst, sowohl 1900 als auch 1901, dem ausgeschiedenen Gesellschafter kein Recht auf Sicherheit wegen streitiger Schulden gegeben.[699] Nachdem er sich aber 1904 der damals herrschenden Lehre Planck's angeschlossen hatte[700], vermied er es nach Veröffentlichung des Reichgerichtsurteils seine Meinung noch einmal zu ändern. 1912 und 1913 ignorierte er die Entscheidung Düringers und veröffentlichte lediglich seine 1904 vertretene Auffassung.[701] Während er 1904 zu seiner Unterstützung noch **Planck-André**, **Crome** und **Knoke** auf seiner Seite wußte, nannte er seit 1912 nur noch letztere.[702] Da beide nach Erscheinen Düringers Entscheidung keine Neuauflagen ihrer Werke herausgegeben hatte, konnte sich Cosack damit allerdings keiner neuen Erkenntnisse bedienen. 1924 gab Cosack schließlich seine Auffassung auf und erwähnte das Problem der analogen Anwendbarkeit des §738 Abs. 1 Satz 3 BGB für streitige Schulden nicht mehr.[703] Er schien wohl anerkannt zu haben, daß diese Rechtsfrage endgültig geklärt und mit der Zeit unstreitig geworden war.

Von den anderen Autoren, namentlich von **Crome**, **Knoke**, **Goldmann / Lilienthal** und **Goldmann**, kann keine Reaktion auf das Reichsgerichtsurteil vom 18. Februar 1905 dargestellt werden, da deren zitierten Werke nicht in einer weiteren Auflage herausgegeben wurden. Crome und vor allem Knoke wurden

---

694 Enneccerus: Lehrbuch des Bürgerlichen Rechts 3. (1908) 1. Band § 402. I. 3 S. 1023; Enneccerus / Lehmann: Das bürgerliche Recht 2. (1901) Bd. 1 § 314. I. 3 S. 742. (s.o.)

695 Enneccerus: Lehrbuch des Bürgerlichen Rechts 3. (1908), 4./5. (1910), 6. -8. (1912), 7. (1920), 9. -11. (1915) § 402. I. 3 Fn. 4; Enneccerus / Lehmann: Lehrbuch des Bürgerlichen Rechts 11. (1930) § 179. I. 3 Fn. 4; 12. (1932) § 179. I. 3 Fn. 2; 13. (1950), 14. (1954), 15. (1958) § 182, I. 3 Fn. 2.

696 Enneccerus: Lehrbuch des Bürgerlichen Rechts 3. (1908) § 402. I. 3 Fn. 4 S. 1023; siehe auch die weiteren Auflagen.

697 Matthiass: Lehrbuch des Bürgerlichen Rechts 1. Band 3. und 4. (1900) § 128 3. Kapitel V. B Fn. 2 S. 634

698 Matthiass: Lehrbuch des Bürgerlichen Rechts 5. (1910) § 128. V und Fn. 3 S. 356

699 Cosack: Lehrbuch des Bürgerlichen Rechts (1900) 2. Band § 269. I. 2. b. δ S. 388 und 3. (1901) 1. Band, § 279 I. 2. b. □ S. 413

700 Cosack: Lehrbuch des Bürgerlichen Rechts 4. (1904) 2. Band § 279. b. δ und Fn. 7 S. 448

701 Cosack: Lehrbuch des Bürgerlichen Rechts 5. (1912), 6. (1913) § 281. I. 2. δ

702 Cosack: Lehrbuch des Bürgerlichen Rechts 5. (1912), 6. (1913) § 281. I. 2. δ Fn. 2

703 Cosack / Mitteis: Lehrbuch des dt. Bürgerlichen Rechts 7. und 8. (1924)

in der späteren Literatur noch als Gegenmeinungen zu der Reichsgerichtsentscheidung und der damit entstanden herrschenden Auffassung zitiert. Während Crome noch in der Zeit von 1910 bis 1913[704] mehrere Male erwähnt wurde, hielt sich Knoke dagegen bis 1939[705] als zitierte Gegenauffassung.

Für den **Staudinger**-Kommentar zum Bürgerlichen Gesetzbuch änderte sich durch die Rechtsprechung des Reichsgerichts mit dem 18. Februar 1905 nichts. Das Ergebnis des ersten Zivilsenats hatte **Kober** schon vorher vertreten.[706] Kober hatte die Ablehnung einer Sicherheitsleistung bezüglich strittiger Forderungen ursprünglich nur mit der fehlenden gesetzlichen Grundlage begründet. 1906 fügte er seiner Argumentation hinzu, daß das Gesetz bei § 738 BGB im Gegensatz zu § 733 BGB die strittigen Forderungen nicht erwähnt.[707] Während als Gegenmeinungen noch Planck und Knoke zitiert wurden, wurde das Reichsgerichtsurteil RG I 468/1904, obwohl bereits erlassen, in dieser Auflage noch nicht erwähnt.[708] Aufgrund der neu ergänzten Begründung seiner Auffassung mit dem Vergleich des § 738 mit § 733 BGB, den Düringer bereits 1905 in seinem Urteil zog[709], ist aber auch hier ein Einfluß Düringers wahrscheinlich. Später bezog sich Kober schließlich ausdrücklich auf das reichsgerichtliche Urteil mit seiner „eingehenden Begründung" und „zahlreichen Literaturangaben".[710]

Sowohl 1929[711] als auch 1939[712] ging der mittlerweile diesen Bereich des Bürgerlichen Gesetzbuchs bearbeitende **Geiler** nur noch kurz auf das Problem der analogen Anwendbarkeit des § 738 BGB für streitige Schulden ein, indem er lediglich klarstellte, daß für strittige Forderungen keine Sicherheitsleistung begehrt werden kann. Geiler verwies diesbezüglich auf die „zutreffenden Gründe" des Reichsgerichtsurteils.[713] Wurden 1929 noch Dernburg[714], Staub-Pinner und Knoke als abweichende Auffassungen genannt,[715] so war es 1939 nur noch Knoke.[716] Die Rechtsfrage schien somit endgültig geklärt zu sein.

[704] Zuletzt 1913 zitiert von Cosack: Lehrbuch des Bürgerlichen Rechts, 5. (1912) § 281. I. 2 Fn. 2
[705] Zuletzt 1939 zitiert von Staudinger-Geiler, Kommentar zum BGB, 10. (1939) § 738. II. 3
[706] von Staudinger-Kober: BGB Bd. 2 (1901) § 738, II. 3. b (S. 582)
[707] von Staudinger: BGB 2. (1906) § 738. II. 3. b
[708] von Staudinger: BGB 2. (1906) § 738. II. 3. b
[709] RGZ 60, (155), 158
[710] von Staudinger: BGB 5./6. (1910) und 7./8. (1912) § 738. II. 3. b
[711] von Staudinger-Geiler: BGB 9. (1929) § 738. II. 3
[712] von Staudinger-Geiler: BGB 10. (1939) § 738. II. 3
[713] von Staudinger-Geiler: BGB 9. (1929) und 10. (1939) § 738. II. 3
[714] wie oben erwähnt vertrat Dernburg jedoch ab 1906 die Meinung des Reichsgerichts
[715] von Staudinger-Geiler: BGB 9. (1929) § 738. II. 3
[716] von Staudinger-Geiler: BGB 10. (1939) § 738. II. 3

1975 stellte Geiler unter Berufung auf die reichsgerichtliche Entscheidung klar, daß auch für nicht fällige Schulden nach § 738 Abs. 1 Satz 3 BGB keine Sicherheitsleistung, sondern nur Schuldbefreiung verlangt werden kann.[717]

Auf die streitigen Schulden ging er darüber hinaus näher ein. Dies wahrscheinlich deshalb, weil in der Zwischenzeit Oegg und Staub bei der entsprechenden Anwendung des § 738 BGB darauf abstellten, ob trotz Bestrittenheit der Forderung mit deren Bestehen verständigerweise zu rechnen ist.[718] Dieser Auffassung hielt Geiler mit der „richtigen herrschenden Meinung“[719] entgegen, daß der ausscheidende Gesellschafter das Bestehen der Gesellschaftsschuld, von der er befreit werden will, zu beweisen hat und nicht „ohne weiteres“ für eine streitige Schuld Sicherheit verlangen kann.[720] Das Bestehen der Gesellschaftsschuld war für ihn Voraussetzung für einen Schuldbefreiungsanspruch.

Dieser herrschenden Meinung schloß sich 1991[721] auch **Keßler** an, der hierzu ebenso wie sein Vorgänger Geiler an erster Stelle die Reichsgerichtsentscheidung Düringers anführte.[722] Die Gegenmeinung Oegg's und Staub's erwähnte er dagegen nicht mehr.

IV.2 Die weitere Entwicklung in der Literatur:

IV.2.a Anhänger der Meinung Düringers:

Neumann[723], der zunächst auf das Problem der streitigen Schulden bei § 738 BGB nicht eingegangen war,[724] übernahm Ende 1905 die gerade erst veröffent-

---

[717] von Staudinger-Geiler: BGB 10./11. (1975) § 738, 3b

[718] vgl. von Staudinger-Geiler: BGB 10./11. (1975) § 738, 3c unter Nennung von Oegg und Staub (zu diesen: S.u.)

[719] von Staudinger-Geiler: BGB 10./11. (1975) § 738, 3c: Interessant ist, daß die Reichsgerichtsentscheidung von 1905 bei weitem die älteste Quelle der zahlreich zitierten Vertreter der h. M. ist. Als h. M. wird weiter aufgeführt Enneccerus-Lehmann, Palandt-Gramm, Erman, Soergel, Hueck, HGB-RGRK-Weipert, Schlegelberger und Baumbach-Duden.

[720] von Staudinger-Geiler: BGB 10./11. (1975) § 738, 3c

[721] von Staudinger-Keßler: BGB 12. (1991) § 738, 6

[722] von Staudinger-Keßler: BGB 12. (1991) § 738, 6: h. M. = RGZ 60, 155, BGB-RGRK-von Gamm, Erman-Schulze-Wenck, Hueck, Palandt-Thomas, Soergel-Schultze-von Lasaulx.

[723] Hugo Neumann (1859 – 1915), jüdischer Berliner Rechtsanwalt, von 1903 bis zu seinem plötzlichen Tod 1915 Herausgeber und Schriftleiter der Juristischen Wochenschrift (JW), die seit 1872 als Organ des Anwaltsvereins erschien und in Neumanns Zeit an Bedeutung zunahm und sich für den praktischen Juristen als wichtigste Zeitschrift etablierte, 1904 Begründer des Juristischen Jahrbuches. Quelle: Landau: Juristen jüdischer Herkunft im Kaiserreich und in der Weimarer Republik, in: Deutsche Juristen jüdischer Herkunft, hrsg. von Heinrichs / Franzki / Schmalz / Stolleis, 1993 S.152 und Jungfer: Julius Magnus (1867 – 1944) – Mentor und Mahner der freien Advokatur, in: Deutsche Juristen jüdischer Herkunft, hrsg. von Heinrichs / Franzki / Schmalz / Stolleis, 1993 S.519

lichte reichsgerichtliche Auffassung und stellte unter Hinweis auf diese kurz fest, daß sich die Pflicht zur Befreiung und Sicherheitsleistung des § 738 BGB nicht auf streitige Schulden erstreckt.[725] Er erwähnte allerdings nicht, daß dies in der Literatur umstritten war. Für ihn war dieses Problem vielmehr mit der Entscheidung Düringers endgültig entschieden.[726] In gleicher Weise folgten auch **Litthauer / Mosse**[727], **Achilles / Greiff**[728] und **Heymann / Kötter**[729].

Seit 1906[730] verneinte auch **Oertmann**[731], der diese Rechtsfrage zuvor ebenfalls nicht erörtert hatte,[732] mit dem Reichsgerichtsurteil und seinen „durchschlagenden Gründen" eine Befreiungs- und Sicherheitsleistungspflicht für streitige Verbindlichkeiten. Er wies außerdem wie Düringer darauf hin, daß ein Befreiungsanspruch besteht, wenn die Existenz der bestrittenen Schuld bewiesen wird.[733]

In gleicher Weise folgten der Entscheidung Düringers seit 1907 **Fischer / Henle**[734], 1932 zunächst **Warneyer**[735], **Friesecke**[736] , **Gramm**[737] und **Thomas**[738] und auch 1968 in seiner Dissertation **Stoeckle**[739].

Friesecke, **Gramm** und **Thomas**, die Bearbeiter des Palandt-Kommentars, erklärten darüber hinaus, daß bei Nachweis des Bestehens der streitigen Schuld seitens der übrigen Gesellschafter auch Sicherheitsleistung statt Befreiung genügen würde.

---

724 vgl. Neumann: Handausgabe des BGB 3. (1903) 1. Band Anm. zu § 738 S. 458
725 Neumann: Handausgabe des BGB 4. (1905) 1. Band § 738, 3 S. 480
726 Neumann: Handausgabe des BGB 5. (1909) und 6. (1912) 1. Band § 738, 3
727 Spätestens seit 1911: Litthauer / Mosse: HGB § 738, 3 14. (1911) S. 152, 16. (1920) S. 153
728 Spätestens seit 1939: Achilles / Greiff: BGB 15. (1939), 16. (1941) § 738, 2; 17./18. (1941), 20. (1958), 21. (1958) § 738, 3
729 Seit 1940 von Beginn an: Heymann / Kötter: HGB (1940) § 138, 7 S. 170; 2. (1944) § 138, 8 S. 176; 3. (1950) § 138, 7 S. 185; 4. (1971) § 138, 7 S. 501
730 Oertmann: Kommentar zum BGB 2. (1906), 3./4. (1910), 5. (1929) § 738, 2
731 Paul Oertmann (1865 – 1938), außerordentlicher Professor in Berlin, ordentlicher Professor in Erlangen und Göttingen, 1934 emeritiert, Zivil- und Prozeßrechtler, der durch seine zahlreichen Kommentare bekannt wurde. Im Streit zwischen Begriffs- und Interessenjurisprudenz galt er als Vermittler. Quelle: Kleinheyer / Schröder: Deutsche Juristen aus fünf Jahrhunderten, 3.Auflage 1989 S.356 f. Nr. 79c
732 Oertmann: Kommentar zum BGB (1899) Anm. zu § 738 S. 468
733 Oertmann: Kommentar zum BGB 2. (1906) § 738, 2 S. 799 f.
734 Fischer / Henle: BGB 7. (1907), 8. (1909), 10. (1919), 11. (1921) § 738, 4. Auch sie gingen vor RG I 468/04 auf das Problem der streitigen Schulden nicht ein, vgl. 2. (1898), 3. (1899), 5. (1902), 6. (1904)
735 Warneyer: Kommentar zum BGB, 2. (1932) 1. Band § 738 S. 1287
736 Palandt-Friesecke: BGB 2. (1939) 5. (1942) § 738, 2b
737 Palandt-Gramm: BGB 7. (1949) bis 42. (1983) § 738, 2b
738 Palandt-Thomas: BGB ab 43. (1984) bis 54. (1995) § 738, 2b, ab 56. (1997) § 738, 3b
739 Stoeckle: Dissertation (1968) S. 120 f.

Fischer / Henle und **Stoeckle** erklärten noch, daß der ausscheidende Gesellschafter auch bei geführtem Nachweis statt Schuldbefreiung keine Sicherheitsleistung verlangen kann, und gingen insoweit wohl, wie die Bearbeiter Palandts, auch bei streitigen Schulden von einem Recht der übrigen Gesellschafter aus, statt Befreiung Sicherheit leisten zu können.[740]

Im **Reichsgerichtsrätekommentar** wurde zunächst sowohl 1910[741] als auch 1913[742] von dem damaligen Bearbeiter **Burlage** unter Hinweis auf die Entscheidung von 1905 eine Sicherheitsleistungspflicht für streitige Schulden abgelehnt. Näher wurde auf dieses "bestrittene" Ergebnis nicht eingegangen. Hatte Düringer zu diesem Zeitpunkt mit Planck[743] schon den Wegbereiter der ehemals herrschenden Gegenmeinung vollständig auf seiner Seite, so zögerte man in seinem eigenen Lager, ihm uneingeschränkt zu folgen. Von 1922 bis 1953 zeigten sich der Bearbeiter **Oegg**[744] und 1928 der Bearbeiter **Seyn**[745] als - zumindest eingeschränkte - Gegner der Düringers.

Oegg verneinte eine Sicherheitsleistungspflicht nicht mehr uneingeschränkt. Für sie war entscheidend, ob mit dem Bestehen der streitigen Forderung zu rechnen ist.[746]

1960[747] wurde schließlich von dem nachfolgenden Bearbeiter **von Gamm** uneingeschränkt der reichsgerichtlichen Entscheidung von 1905 gefolgt. Seitdem[748] wurde für streitige Schulden nicht nur eine Sicherheitsleistungspflicht abgelehnt, sondern auch für eine Befreiungspflicht von dem ausgeschiedenen Gesellschafter der Beweis über das Bestehen der Gesellschaftsverbindlichkeit gefordert. Da § 738 Abs. 1 Satz 2 BGB im Gegensatz zu § 733 BGB die streitigen Schulden nicht erwähne, müsse der allgemeine Grundsatz gelten, wonach der Berechtigte die Voraussetzungen für den von ihm geltend gemachten Anspruch beweisen muß. Die Frage der Anwendbarkeit des § 738 BGB für streitige Schulden war damit im Reichsgerichtsrätekommentar 45 Jahre nach der Veröffentlichung der Entscheidung Düringers in dessen Sinne geklärt worden.

---

740 Im Gegensatz zu Goldmann / Lilienthal, die bei streitigen Schulden den übrigen Gesellschaftern dieses Recht verweigerten, so in BGB 2. (1903) § 200 Fn. 19 S. 781.

741 BGB-RGRK (1910) 1. Band § 738, 4 S. 547

742 BGB-RGRK (1913) 1. Band § 738, 4

743 vgl. Planck: BGB 3. (1907) § 738, 2b S. 776 und s.o.

744 BGB-RGRK-Oegg 4. (1922), 5. (1923), 7. (1929), 8. (1934), 9. (1939), 10. (1953) § 738, 4

745 BGB-RGRK-Seyn 6. (1928) § 738, 4; im weiteren ist nur noch die Rede von Oegg, da Seyn in der 6. Auflage die Meinung Oeggs übernommen hatte.

746 BGB-RGRK-Oegg 4. (1922), 5. (1923), 6. (1928), 7. (1929), 8. (1934), 9. (1939), 10. (1953) § 738, 4

747 BGB-RGRK-von Gamm 11. (1960) § 738, 8 S. 851

748 BGB-RGRK-von Gamm 11. (1960) und auch 12. (1978), § 738, 8

In dem von **Düringer** selbst zusammen mit **Hachenburg** 1899 begründeten Kommentar findet sich zunächst kein Hinweis auf das Problem der Anwendung des § 738 BGB bei streitigen Schulden.[749] Das damals neue Bürgerliche Gesetzbuch wurde zwar schon am 18. August 1996 ausgefertigt, war aber noch nicht in Kraft getreten. Dies geschah erst mit dem 01. Januar 1900. Düringer und Hachenburg bezogen daher erst 1917 zu diesem Rechtsproblem Stellung, wobei sie die reichsgerichtliche Entscheidung Düringers von 1905 mit ihren „zutreffenden Gründen" in bezug auf die Ablehnung eines Anspruchs auf Sicherheitsleistung für streitige Forderungen übernahmen.[750] Während zunächst noch Planck, Dernburg, Staub und Knoke als abweichende Auffassungen zitiert wurden, waren es 1932 nur noch die drei Letztgenannten, da Planck mittlerweile neben Wieland als Befürworter der reichsgerichtlichen Auffassung bezeichnet werden konnte.

Auch andere Autoren gingen nur auf das Problem der Sicherheitsleistung ein. Viele von ihnen beschränkten sich dabei darauf, eine Gleichstellung der streitigen Schulden mit den nicht fälligen Schulden abzulehnen. **Goldschmitt** bezog die Befugnis des § 738 Abs. 1 Satz 3 BGB, statt Befreiung Sicherheit leisten zu können, nicht auf streitige Verpflichtungen.[751] **Loening / Basch / Straßmann** lehnten bei streitigen Schulden eine Sicherheitsleistung wie bei nicht fälligen Schulden ab.[752] Laut **Keidel** war für strittige Schulden nicht Sicherheit zu leisten.[753] **Warneyer** erklärte seit 1931 im Gegensatz zu früher[754] unter Hinweis auf das Reichsgerichtsurteil Düringers nur noch, daß sich § 738 Abs. 1 Satz 3 BGB nicht auf streitige Schulden bezieht.[755] **Weipert** stellte in dem Reichsgerichtsrätekommentar zum Handelsgesetzbuch 1942 unter Angabe des Reichsgerichtsurteils lediglich klar, daß bei § 738 BGB für streitige Forderungen nicht das gleiche gilt wie für noch nicht fällige Schulden.[756] **Schulze-Wenck** bei **Erman**[757] zählte bei § 738 BGB die streitigen Forderungen nicht zu den nicht fälligen For-

---

[749] Düringer / Hachenburg: HGB 1. Band (1899)

[750] Düringer / Hachenburg: HGB 2. (1917) Band 4 Anm. 289 S. 248; 3. (1932) Band 2 1. Hälfte Anm. 289 S. 329

[751] Goldschmitt: HGB (1929) § 142, 12 S. 251

[752] Loening / Basch / Straßmann: BGB (1931) § 738, 1b

[753] Keidel: Handausgabe des BGB auf Grund von Staudingers Kommentar 3. (1931) § 738, 6

[754] Warneyer: Kommentar zum BGB 2. (1932) 1. Band § 738 S. 1287; und s.o.

[755] Warneyer: Das BGB 6. (1933) § 738, 2; 7. (1938), 10. (1942), 11. (1950) Bem. zu § 738

[756] HGB-RGRK-Weipert 2. Band (1942) § 138, 11 S. 326

[757] Walter Ermann (1904 – 1982), jüdischer Abstammung, war ab 1930 Landgerichtsrat in Münster. Erman wurde seit 1933 von Beförderungen ausgeschlossen. Er war von 1930 bis 1936 Dozent an der Universität Münster, 1946 Privatdozent, 1948 apl. Professor, habilitierte 1951 in Köln, war seit 1958 ordentlicher Professor, nach Kriegsende Richter am Obersten Gerichtshof der britischen Zone und danach Präsident des Landesprüfungsamtes Düsseldorf. Er war Herausgeber eines Handkommentars zum BGB von der 1. Auflage 1953 bis 5. Auflage 1972, zuletzt Mitherausgeber. Quelle: Göppinger: Juristen jüdischer Abstammung im „Deutschen Reich", 2. Auflage 1990, S. 334

derungen und verwies diesbezüglich auf die Entscheidung Düringers.[758] Der nachfolgende Bearbeiter **Westermann** erwähnte die streitigen Schulden nicht mehr und stellte den nicht fälligen Forderungen nur die möglichen gleich.[759] Da streitige Forderungen nicht unbedingt zu den möglich gehören, ist insofern nicht von einer Meinungsänderung auszugehen.

Die Bearbeiter des **Soergel**-Kommentars **Scherling**[760], **Erdsiek**[761], **Schultze-von Lasaulx**[762] und **Hadding**[763] hielten für streitige Schulden keine Sicherheitsleistung für notwendig. **Schultze-v.Lasaulx** wies zusätzlich noch darauf hin, daß der ausscheidende Gesellschafter für Schuldbefreiung das Vorliegen einer Gesellschaftsschuld beweisen muß,[764] und schloß hierbei die streitigen Schulden nicht aus. Insoweit folgte er Düringer weiter als seine Vorgänger. **Hadding** ließ diesen Passus in seiner Bearbeitung fort. Da er aber bezüglich des Befreiungsanspruchs auf die Beweislast hinwies,[765] ist davon auszugehen, daß er Gleiches meinte.

Ritter setzte 1910, ohne näher darauf einzugehen, die streitigen Schulden den noch nicht fälligen gleich und erklärte, daß die Gesellschaft in beiden Fällen gegenüber dem ausgeschiedenen Gesellschafter zur Sicherheitsleistung verpflichtet sei.[766] Das Reichsgerichtsurteil von 1905 erwähnte er nicht.

1932[767] ging Ritter auf dieses Problem näher ein. Für ihn kam es dabei nicht darauf an, ob die Schulden streitig oder unstreitig sind, sondern darauf, ob sie tatsächlich bestehen. Er erklärte, daß diese Auffassung „im einzelnen Fall zweifellos zu großen Härten führen kann" und folgte damit insoweit der nunmehr zitierten Reichsgerichtsentscheidung Düringers. Für ihn führte die Befreiungspflicht in den meisten Fällen, vor allem bei der offenen Handelsgesellschaft, zu Nachteilen und Unbilligkeiten.

Ritter wurde von einigen Autoren als Gegner der mittlerweile vorherrschenden Ansicht Düringers zitiert.[768] Da Ritter 1910 zunächst § 738 Abs. 1 Satz 3 BGB für streitige Schulden ohne jede Begründung analog anwendete, auch zu Recht.

---

[758] Erman-Schulze-Wenck: BGB (1952), 3. (1962), 4. (1967), 5. (1972), 6. (1975) § 738, 1
[759] Erman-Westermann: BGB, 8. (1989) § 738, 9
[760] Soergel-Scherling: BGB, 2. (1923), 3. (1926), 4. (1929) 1. Band § 738, 3
[761] Soergel-Erdsiek: BGB, 8. (1952) 2. Band § 738, 3
[762] Soergel / Siebert-Schultze-von Lasaulx: BGB 9. (1962), 10. (1962) Band 3 § 738, 4
[763] Soergel-Hadding: BGB 11. (1985) Band 4 § 738, 6
[764] Soergel / Siebert-Schultze-v. Lasaulx: BGB 9. (1962), 10. (1962) Band 3 § 738, 4
[765] Soergel-Hadding: BGB 11. (1985) Band 4 § 738, 6
[766] Ritter: HGB (1910) § 138, 3 S. 186
[767] Ritter: HGB 2. (1932) § 138, 3c, bb S. 321
[768] So z.B. Staub-Pinner: HGB 13. (1926) Anhang zu § 141, 10; Schlegelberger: HGB (1939), 2. (1950) § 138, 16

Ritters 1932 veröffentlichte Meinung stellte allerdings eine Abkehr von seiner damaligen Ansicht dar. Er erklärte zwar das Bestrittensein der Forderung für gleichgültig, verlangte aber für einen Befreiungsanspruch, daß die Schuld tatsächlich besteht, was im Streitfall derjenige zu beweisen habe, der Rechte daraus herleitet.[769] Ob etwas tatsächlich existiert, kann aber nur dann behauptet werden, wenn dies nachgewiesen ist. Ritter folgte daher sowohl argumentativ als auch im Ergebnis Düringer. Insoweit ist mit Hueck übereinzustimmen, daß Ritter nicht mehr als Gegner bezeichnet werden konnte.[770]

Leonard befaßte sich mit dem Thema, ob § 738 BGB auch für streitige Schulden anwendbar ist, nicht näher, stellte aber 1931 unter Hinweis auf die reichsgerichtliche Entscheidung allgemein fest, daß der ausscheidende Gesellschafter dann von Schulden befreit werden muß, soweit deren Bestand feststeht.[771]

Baumbach erklärte 1932, daß der Ausscheidende für streitige Schulden weder Befreiung noch Sicherheit verlangen kann und trat insoweit Düringer bei, da „das Gegenteil die Verbleibenden unerhört hart belästigt".[772]

Diese Auffassung übernahm unter Hinweis auf das Reichsgericht auch der spätere Bearbeiter **Duden**.[773] Als neues Argument wurde hinzugefügt, daß bei einer von einem Dritten behaupteten, von der Gesellschaft bestrittenen Schuld dem Ausscheidenden ein Risiko wie aus einer noch unbekannten Schuld verbleibt.

Bei **Schlegelberger** verneinte von 1939 bis 1963 **Geßler** unter Hinweis auf das Reichsgerichtsurteil von 1905 für strittige Schulden eine Befreiungs- oder Sicherstellungspflicht und wies darauf hin, daß der Befreiungsanspruch allgemein zu großen Belastungen der Gesellschaft führen kann.[774]

Der nachfolgende Bearbeiter **Schmidt** folgte Geßler 1992 nicht mehr in dieser Allgemeinheit.[775] Schmidt war der Ansicht, daß es bezüglich einer Befreiungs- oder Sicherstellungspflicht im Einzelfall auf das Risiko der Inanspruchnahme

---

769 vgl. Hueck: Das Recht der OHG (1946) S. 260 Fn. 72; 2. (1951) S. 298 Fn. 75; 3. (1964) S. 339 Fn. 86; 4. (1971) S. 461 Fn. 86

770 Ritter wurde fälschlicherweise als Gegner zitiert: von Schlegelberger: HGB (1939), 2. (1959) § 138, 16 und von Staub-Pinner: HGB 13. (1932) Anhang zu § 141, 10, dem man allerdings zu Gute halten muß, daß Ritter seine Auffassung erst im gleichen Jahr korrigierte.

771 Leonhard: Besonderes Schuldrecht (1931) 2. Band S. 293

772 Baumbach: HGB (1932) § 138, 3. B. b

773 vgl. Baumbach / Duden: HGB 13. (1959) § 138. C S. 376; so auch 28. (1989) § 138, 4. C S. 500 und 29. (1995), § 138, 14 S. 494

774 Schlegelberger-Geßler: HGB (1939), 2. (1950), 3. (1955), 4. (1963) 1. Band § 138, 16

775 Schlegelberger-Schmidt: HGB 5. (1992) § 138, 29 S. 640

ankommt und vertrat daher gegenüber Düringer, dessen Entscheidung er im Gegensatz zu Geßler nicht mehr zitierte, eine vermittelnde Auffassung.[776]

Nach **Hueck** war seit 1946 für den Befreiungsanspruch Voraussetzung, daß der Anspruch wirklich besteht. Der ausscheidende Gesellschafter, der Befreiung fordert, müsse daher im Streitfall das Bestehen der Schuld nachweisen. Sicherheit könne er für streitige Schulden nicht ohne weiteres verlangen.[777] Hierzu verwies Hueck auf das Reichsgerichtsurteil Düringers und die „seitdem herrschende Lehre", zu der er Weipert, Schlegelberger, Palandt, Staudinger-Geiler bzw. seit 1964 Staudinger-Kessler, Ritter[778], bis 1951 auch Baumbach und seit 1964 noch Fischer zählte.[779]

Diese Ansicht bezeichnete **Westermann** von 1972 bis zuletzt 1979 als herrschende Meinung. Auch nach Westermann, der sich auf die Düringer-Entscheidung berief, konnte der ausgeschiedene Gesellschafter bei streitigen Verbindlichkeiten keine Sicherheit verlangen und hatte für einen Befreiungsanspruch im Streitfall das Bestehen der Verbindlichkeit zu beweisen.[780] Als Begründung fügte er ergänzend an, daß der ausgeschiedene Gesellschafter vor treuwidrigem Verhalten der verbleibenden Gesellschafter zu schützen ist. Bezüglich der Befreiungs- und Sicherheitsleistungspflicht des § 738 BGB erklärte er allgemein, daß diese für die Gesellschaft lästig sein kann.[781]

Im **Münchener Kommentar** zum Bürgerlichen Gesetzbuch vertrat **Ulmer** seit der Erstauflage von 1980 die Auffassung, daß der ausgeschiedene Gesellschafter als Gläubiger des Befreiungsanspruchs gemäß § 738 BGB, falls das Bestehen der Gesellschaftsverbindlichkeit streitig ist, hierfür die Beweislast trägt.[782] Eine Gleichstellung der streitigen Schulden mit den betagten Schulden im Sinne von § 738 Abs. 1 Satz 3 BGB wurde unter Hinweis auf die Reichsgerichtsentscheidung von 1905 abgelehnt.[783]

Koller schloß sich 1996 in vollem Umfang der Entscheidung Düringers an. Auf das Problem der Anwendbarkeit des § 738 BGB für streitige Schulden ging er

[776] Zur Auffassung Schmidts genauer: S.u. (vermittelnde Auffassungen)
[777] Hueck: Das Recht der OHG (1946) S. 260; 2. (1951) S. 298; 3. (1964) S. 339; 4. (1971) S. 461
[778] s.o. bei der Auseinandersetzung mit Ritter
[779] Hueck: Das Recht der OHG (1946) S. 260 Fn. 72; 2. (1951) S. 298 Fn. 75; Fn. 86 3. (1964) S. 339, 4. (1971) S. 461
[780] Westermann: Personengesellschaftsrecht (1972), 2. (1973), 3. (1975), 4. (1979) Rn. 439
[781] Westermann: Personengesellschaftsrecht (1972), 2. (1973), 3. (1975), 4. (1979) Rn. 441
[782] MüKo-Ulmer: BGB (1980), 2. (1986) § 738, 52 und 55; 3. (1997) § 738, 62
[783] MüKo-Ulmer: BGB (1980), 2. (1986) § 738, 55; 3. (1997) § 738, 62

zwar nicht näher ein, stellte aber klar, daß für streitige Schulden Ausnahmen gelten und zitierte hierfür die Reichsgerichtsentscheidung von 1905.[784]

IV.2.b Gegner der Meinung Düringers:

IV.2.b.α uneingeschränkte Befürworter einer Befreiungs- und Sicherheitsleistungspflicht:

Staub setzte sich schon 1900 mit den Rechten des ausscheidenden Gesellschafters auf „Ausantwortung von Gesellschaftsvermögen und Befreiung von Verbindlichkeiten" gegenüber den übrigen Gesellschaftern auseinander.[785] Zu der Befreiungspflicht und der Möglichkeit zu Sicherheitsleistung im Rahmen des § 738 BGB äußerte er sich allgemein. Schon damals erklärte Staub, daß diese Pflichten bei den verbleibenden Gesellschafter zu großen Belastungen führen können,[786] und nahm damit ein Argument Düringers gegen eine Ausweitung des Anwendungsbereichs des § 738 BGB vorweg. Auf das Problem der entsprechenden Anwendung des § 738 BGB für streitige Schulden ging er damals allerdings noch nicht ein. Mit dieser Rechtsfrage beschäftigte man sich erst in den Folgeauflagen.

Der Bearbeiter **Pinner** vertrat 1906[787] den Standpunkt, daß die verbleibenden Gesellschafter gegenüber dem Ausgeschiedenen auch bei streitigen Schulden zu Schuldbefreiung verpflichtet sind und statt dessen Sicherheit leisten können. Damit schloß er sich unter Hinweis auf Planck und Dernburg der noch vorherrschenden Meinung an. Die gegenteilige Auffassung von Goldmann / Lilientahl lehnte er ab. Die Reichsgerichtsentscheidung, obgleich schon erlassen, fand in dieser Auflage keine Berücksichtigung.

Pinner änderte seine Meinung nicht mehr[788], obgleich er das reichsgerichtliche Urteil Düringers zur Kenntnis genommen hatte[789], und wandelte sich so von einem Anhänger der ehemals herrschenden Lehre zu einem Vertreter der Mindermeinung.[790] Er stellte sich damit auf die Seite des ausscheidenden Gesell-

---

784 Koller / Roth / Morck-Koller: HGB (1996) § 138, 3 S. 353

785 Staub: HGB 6./7. (1900) Exkurs zu § 141, Anm. 10

786 Staub empfahl „vorsorgliche Vertragsschließung", um den verbleibenden Gesellschafter diesbezüglich „Erleichterungen zu verschaffen".

787 Staub-Pinner: HGB 8. (1906) 1. Band Exkurs zu § 141, 10 S. 532 f.

788 Staub-Pinner: HGB 11. (1921), 12./13. (1926) und 14. (1932) 1. Band Anhang zu § 141, 10

789 RG I 468/04 (s.o.) wurde seit 11. (1921) von Staub-Pinner: HGB im Anhang zu § 141, 10 zitiert.

790 Darüber kann in der 11., 12./13. und 14. Auflage auch nicht der Hinweis auf die in RG I 468/04 (s.o.) angeführte Literatur hinweg täuschen, da die meisten dieser Autoren sich in der Zwischenzeit schon dem RG und Staudinger angeschlossen hatten. Auch mit den in der

schafters, denn ansonsten würde seine von Staub übernommene Meinung, daß die Befreiungspflicht bzw. die alternative Sicherheitsleistung die verbleibenden Gesellschafter stark belästigen könne,[791] gerade einer Ausweitung des Anwendungsbereichs des § 738 BGB entgegen sprechen.

Wieland dagegen berief sich 1921 ausdrücklich auf Staub und gab dem ausgeschiedenen Gesellschafter, im Gegensatz zu der von ihm als Gegenmeinung zitierten Reichsgerichtsentscheidung, auch für bestrittene Schulden einen Anspruch auf Befreiung und Sicherstellung, da er auf deren Anerkennung oder Bestreitung keinen Einfluß mehr habe.[792]

IV.2.b.β uneingeschränkte Befürworter einer Sicherheitsleistungspflicht für streitige Schulden:

Ritter befürwortete zunächst 1910, ohne näher darauf einzugehen, bei streitigen wie bei den noch nicht fälligen Schulden eine Sicherheitsleistungspflicht der Gesellschaft gegenüber dem ausgeschiedenen Gesellschafter.[793] Diese Auffassung gab er allerdings 1932 auf.[794]

IV.2.b.γ vermittelnde Auffassungen - eingeschränkte Befürworter einer Befreiungs- bzw. Sicherheitsleistungspflicht:

Rosenthal hatte 1906, trotz Veröffentlichung des Reichsgerichtsurteils Düringers, das Problem der streitigen Schulden im Rahmen des § 738 BGB nicht erwähnt.[795] Sowohl 1919[796] als auch 1927[797] verneinte er dann, zunächst ohne die Reichsgerichtsentscheidung zu nennen,[798] ein Recht des Ausscheidenden auf Sicherheitsleistung bei streitigen Schulden, allerdings - im Gegensatz zu Düringer - nur solange das Bestehen der Schuld noch nicht nachgewiesen ist. Rosenthal folgte daher nur eingeschränkt Düringer, der eine Sicherheitsleistungspflicht uneingeschränkt ablehnte.[799]

14. Auflage zusätzlich zitierten Autoren Ritter und Wieland befindet sich Pinner zu dieser Zeit in der Minderheit.

[791] Staub-Pinner: HGB 8. (1906) Exkurs zu § 141, 10; 11. (1921), 12./13. (1926), 14. (1932) Anhang zu § 141, 10

[792] Wieland: Handelsrecht (1921) 1. Band § 64. 6. c Fn. 28 S. 720

[793] Ritter: HGB (1910) § 138, 3 S. 186

[794] vgl. Ritter: HGB 2. (1932) § 138, 3c, bb S. 321, und vor allem s.o.

[795] Rosenthal: BGB 7. (1906) § 738 S. 232

[796] Rosenthal: BGB 9. (1919) Anm. zu § 738: Rn. 66 S. 232

[797] Rosenthal: BGB 11. (1927) Anm. zu § 738: Rn. 66

[798] Zitierung von RG V 282/01 vom 05.02.1902 (OLG Königsberg) = 50, (163 Nr. 35), 166 seit: Rosenthal: BGB 14. (1953) und 15. (1965) § 738 Rn. 66

[799] RGZ 60, (155), 159; und s.o. ; Rosenthal berief sich daher bezüglich einer Sicherleistungspflicht bei nachgewiesen Bestehen der Schuld fälschlicherweise auf RG I 468/04 !

Von 1922 bis einschließlich 1953 wurde in dem **Reichsgerichtsrätekommentar** von seinem damaligen Bearbeiter **Oegg** im Gegensatz zu den früheren Auflagen und der Entscheidung Düringers für streitige Forderungen eine Sicherheitsleistungspflicht nicht uneingeschränkt abgelehnt. Oegg stellt vielmehr auf den Einzelfall ab. Für ihn war entscheidend, „ob trotz Bestreitenseins der Forderung mit ihrem Bestehen vernünftigerweise zu rechnen ist“.[800]

Ulmer folgte in dem Großkommentar von **Staub** 1971[801] ebenso nur eingeschränkt der die Befreiungspflicht ganz ablehnenden Meinung des Reichsgerichts, zu der er noch Geßler und Hueck zählte, und setzte sich insoweit der zitierten Auffassung Pinners entgegen. Ulmer verneinte für streitige Schulden eine Befreiungspflicht der Gesellschaft zumindest, solange auch der ausgeschiedene Gesellschafter die Zahlung wegen Rechtsunsicherheit verweigern kann.

Auch bei **Schlegelberger** lehnte 1992[802] der neue Bearbeiter **Schmidt** im Gegensatz zu dessen Vorgänger Geßler und Düringer eine Befreiungs- und Sicherheitsleistungspflicht für streitige Schulden nicht uneingeschränkt ab. Er war der Ansicht, daß es diesbezüglich auf das Risiko der Inanspruchnahme im Einzelfall ankomme, da das Bestreiten einer Verbindlichkeit nicht das Risiko des Gesellschafters beseitigt. Er vertrat allerdings wie Geßler, daß der Befreiungsanspruch zu großen Belastungen der Gesellschaft führen kann. Die Entscheidung Düringers wurde jedoch nicht mehr erwähnt.

V. Ergebnis und Stellungnahme:

V.1 Ergebnis:

Düringer beeinflußte mit dem Reichsgerichtsurteil RG I 468/1904 vom 18. Februar 1905 nachhaltig die damalige und heutige Literatur. Er kippte mit seiner sehr durchdachten und klaren reichsgerichtlichen Entscheidung die damals herrschende Lehre. Mit zunehmender Zeit schlossen sich ihm mehr Autoren in der Literatur an, so daß sich seine Auffassung schließlich als herrschende Lehre durchsetzte und dies auch bis zum heutigen Zeitpunkt blieb.

Diejenigen, die sich schon vor 1905 mit dem Problem der Ausdehnung des § 738 BGB auf streitige Schulden beschäftigt hatten, konnten sich den Feststellungen Düringers nicht verschließen. Fast ausnahmslos gaben die Vertreter der damals noch herrschenden Ansicht nach Veröffentlichung des Reichsgerichtsurteils ihre Meinung, daß der ausgeschiedene Gesellschafter gegenüber den

[800] BGB-RGRK-Oegg 4. (1922), 5. (1923), 6. (1928), 7. (1929), 8. (1934), 9. (1939), 10. (1953) § 738, 4
[801] HGB-RGRK-Ulmer 3. (1973) 2. Band § 138, 16 S. 458
[802] Schlegelberger-Schmidt: HGB 5. (1992) § 138, 29 S. 640

übrigen Gesellschaftern auch bei streitigen Schulden ein Anspruch auf Sicherheitsleistung analog § 738 Abs. 1 Satz 3 BGB habe bzw. daß die streitigen Schulden den nicht fälligen Verbindlichkeiten gleichzusetzen seien, auf und schlossen sich Düringer an. Dabei wurde nicht nur sein Ergebnis übernommen, sondern vielfach auch seine bestechende Argumentation.

Von den Vertretern der damals herrschende Lehre Planck's, die Düringer in seinem Urteil zitiert hatte, gaben 1906 **Dernburg**[803], 1907 selbst **Planck**[804], 1908 **Enneccerus**[805] und 1910 **Matthiass**[806] ihre gegenteiligen Auffassungen auf und schlossen sich Düringers Ansicht an. Auch in der Folgezeit änderten sie ihre Auffassung nicht mehr.[807] Mit dem Reichgerichtsurteil von 1905 war für sie das Problem endgültig entschieden.

Eine Ausnahme stellte **Cosack** dar, der auch nach Veröffentlichung der Entscheidung Düringers nicht von seiner Auffassung abwich und dem ausgeschiedenen Gesellschafter auch bei streitigen Schulden weiterhin einen Anspruch auf Sicherheitsleistung analog § 738 Abs. 1 Satz 3 BGB gab.[808] Cosack hatte allerdings bereits 1904, und damit gerade ein Jahr vor Verkündung der Reichsgerichtsentscheidung, seine ursprüngliche Auffassung, daß der Ausgeschiedene für streitige Schulden kein Recht auf Sicherheitsleistung gegenüber den verbliebenen Gesellschaftern habe, aufgegeben und sich der vorherrschenden Ansicht Plancks angeschlossen.[809] Er konnte nicht wissen, daß gerade seine ursprünglich vertretene Auffassung mit der Entscheidung Düringers zur herrschenden Ansicht werden sollte. Seine Meinung konnte er allerdings, ohne unglaubwürdig zu werden, nicht wieder zugunsten der Ansicht Düringers aufgeben. Statt dessen ignorierte Cosack die Reichsgerichtsentscheidung[810], bis er schließlich seine Gegenauffassung 1924 aufgab, indem er nicht mehr auf das Problem der streitigen Schulden im Rahmen des § 738 BGB einging[811].

Von den weiteren zitierten **Crome**, **Goldmann**, **Goldmann / Lilienthal**, und **Knoke** und den von Düringer nicht genannten **Goesch** und **Höver** läßt sich leider keine Reaktion feststellen, da sie nach Veröffentlichung des Reichsgerichtsurteils ihre Lehrwerke nicht fortsetzten.

---

803 Dernburg: Das Bürgerliche Recht 1. und 2. (1901) Band 2 2. Abt. § 362. II. 2 S. 630 und Fn. 3; und s.o.

804 Planck: BGB 3. (1907) § 738, 2b S. 776; und s.o.

805 Enneccerus: Lehrbuch des Bürgerlichen Rechts 3. (1908) 1. Bd. § 402. I. 3 S. 1023; u. s.o.

806 Matthiass: Lehrbuch des Bürgerlichen Rechts 5. (1910) § 128. V und Fn. 3 S. 356; und s.o.

807 s.o.

808 Cosack: Lehrbuch des Bürgerlichen Rechts 5. (1912) und 6. (1913) § 281. I. 2.; und s.o.

809 Cosack: Lehrbuch des Bürgerlichen Rechts 4. (1904) Band 2 § 279. b. δ S. 448; und s.o.

810 Cosack erwähnte in den Folgeauflagen seines Lehrbuchs die Reichsgerichtsentscheidung nicht einmal.

811 Cosack / Mitteis: Lehrbuch des Bürgerlichen Rechts 7./8. (1924); und s.o.

Auch bei **Staudinger** zeigte die Entscheidung Düringers Wirkung. Der Bearbeiter **Kober** hatte zwar schon 1901 das Ergebnis Düringers vertreten,[812] nutzte aber die Entscheidung Düringers dazu, seine Meinung mit dessen neuer Argumentation weiter zu belegen.[813] Kober verwies zudem ausdrücklich auf die Reichsgerichtsentscheidung von 1905 mit deren eingehenden Begründung und zahlreichen Literaturangaben. Auch die späteren Bearbeiter **Geiler** und **Keßler** beriefen sich in erster Linie auf das Düringer-Urteil.[814]

Die Reichsgerichtentscheidung RG I 468/1904 wurde aber nicht nur bei den Autoren, mit denen sich Düringer im Urteil selbst auseinandergesetzt hatte, aufgenommen, sondern fand darüber hinaus zahlreiche Anhänger in der Literatur.

Viele Autoren übernahmen in ihren Lehrbüchern und Kommentaren einfach das Ergebnis Düringers, daß bei streitigen Schulden nach § 738 BGB weder eine Befreiungs- noch eine Sicherheitsleistungspflicht bestehe, ohne auch nur näher auf das Problem einzugehen oder es zu begründen. In dieser Weise folgten **Neumann**[815], **Litthauer / Mosse**[816], **Achilles / Greiff**[817] und **Heymann / Kötter**[818] der reichsgerichtlichen Auffassung Düringers. **Koller** verwies dagegen für das Problem der streitigen Schulden bei § 738 BGB gleich auf die Reichsgerichtsentscheidung, ohne auch nur ein bestimmtes Ergebnis darzustellen.[819]

Andere Autoren, wie **Oertmann**[820]**Fischer / Henle**[821], zwischendurch **Warneyer**[822], **Hueck**[823], Palandt-**Friesecke**[824], **-Gramm**[825],**-Thomas**[826], Soergel-

[812] von Staudinger-Kober: BGB Band 2 (1901) § 738. II. 3b S. 582; und s.o.
[813] Kober wies im Gegensatz zu früher auf den Vergleich Düringers zwischen § 738 und § 733 BGB hin: von Staudinger-Kober: BGB 5./6. (1910) und 7./8. (1912) § 838. II. 3b
[814] von Staudinger-Geiler: BGB 9. (1929), 10. (1939) § 738. II. 3; -Keßler 10./11. (1975) § 738, 3b; 12. (1991) § 738, 5
[815] Seit 1905 Neumann: Handausgabe des BGB 4. (1905), 5. (1909), 6. (1912) 1. Bd. § 738, 3
[816] Spätestens seit 1911: Litthauer / Mosse: HGB § 738, 3 14. (1911) S. 152, 16. (1920) S. 153; und s.o.
[817] Spätestens seit 1939: Achilles / Greiff: BGB, 15. (1939), 16. (1941) § 738, 2; 17./18. (1941), 20. (1958), 21. (1958) § 738, 3; und s.o.
[818] Seit 1940 von Beginn an: Heymann / Kötter: HGB (1940) § 138, 7 S. 170; 2. (1944) § 138, 8 S. 176; 3. (1950) § 138, 7 S. 185; 4. (1971) § 138, 7 S. 501; und s.o.
[819] vgl. Koller / Roth / Morck-Koller: HGB (1996) § 138, 3 S. 353; und s.o.
[820] Seit 1906 Oertmann: Kommentar zum BGB 2. (1906), 3./4. (1910), 5. (1929) § 738, 2; s.o.
[821] Fischer / Henle: BGB 7. (1907), 8. (1909), 10. (1919), 11. (1921), § 738, 4; und s.o.
[822] Warneyer: Kommentar zum BGB 2. (1932) 1. Band § 738 S. 1287; und s.o.
[823] vgl. Hueck: Das Recht der OHG (1946) S. 260, 2. (1951) S. 298, 3. (1964) S. 339, 4. (1971) S. 461; und s.o.
[824] Palandt-Friesecke: BGB 2. (1939), 5. (1942) § 738, 2b; und s.o.
[825] Palandt-Gramm: BGB 7. (1949) bis 42. (1983) § 738, 2b; und s.o.
[826] Palandt-Thomas: BGB ab 43. (1984) bis 54. (1995) § 738, 2b, ab 56. (1997) § 738, 3b; s.o.

Schultze-v. Lasaulx[827], Soergel-**Hadding**[828] und **Stoeckle**[829], gingen auch von diesem Ergebnis aus, wiesen aber bezüglich einer Befreiungspflicht darauf hin, daß diese nur dann bestünde, wenn der ausgeschiedene Gesellschafter das Bestehen der Schuld nachweist. Teilweise wurde dabei noch auf das Recht der Gesellschafter, statt Befreiung Sicherheit leisten zu können, hingewiesen.[830] **Baumbach**[831] und bei Schlegelberger **Geßler**[832] wiesen darüber hinaus darauf hin, daß eine Befreiungspflicht die verbleibenden Gesellschafter hart belasten würde.

Viele Autoren, wie **Goldschmitt**[833], **Loening / Basch / Straßmann**[834], **Warneyer**[835], **Weipert**[836], Erman-**Schulze-Wenck**[837], Erman-**Westermann**[838] beschränkten sich darauf, unter Hinweis auf die Entscheidung Düringers eine Gleichstellung der streitigen Schulden mit den nicht fälligen Schulden abzulehnen. Im Münchener Kommentar stellte **Ulmer** zudem noch klar, daß der ausgeschiedene Gesellschafter für einen Befreiungsanspruch die Beweislast trägt.[839] Andere, wie **Düringer / Hachenburg**[840], **Keidel**[841], Soergel-**Scherling**[842], Soergel-**Erdsiek**[843], lehnten lediglich unter Hinweis auf die Reichsgerichtsentscheidung von 1905 für streitige Schulden eine Sicherheitsleistungspflicht ab. **Leonhard**[844]ging dagegen nur auf die Befreiungspflicht ein, für die er wie Düringer den Nachweis über das Bestehen der Schuld forderte.[845]

---

[827] vgl. Soergel / Siebert-Schultze-v. Lasaulx: BGB 9. (1962), 10. (1962) Band 3 § 738, 4; s.o.
[828] vgl. Soergel-Hadding: BGB 11. (1985) Band 4 § 738, 6; und s.o.
[829] Stoeckle: Dissertation (1968) S. 120 f. ; und s.o.
[830] so bei Palandt, wohl auch Fischer / Henle und Stöckle
[831] vgl. Baumbach: HGB (1932) § 138, 3. B. b; und s.o.
[832] vgl. Schlegelberger-Geßler: HGB (1939), 2. (1950) und 3. (1955) § 138, 16; und s.o.
[833] Goldschmitt: HGB (1929) § 142, 12 S. 251; und s.o.
[834] Loening / Basch / Straßmann: BGB (1931) § 738, 1b; und s.o.
[835] Warneyer: Das BGB 6. (1933), § 738, 2; 7. (1938), 10. (1942), 11. (1950) Bem. zu § 738; und s.o.
[836] HGB-RGRK-Weipert 2. Band (1942) § 138, 11 S. 326; und s.o.
[837] Erman-Schulze-Wenck: BGB (1952), 3. (1962), 4. (1967), 5. (1972), 6. (1975) § 738, 1, und s.o.
[838] Erman-Westermann: BGB, 8. (1989) § 738, 9, und s.o.
[839] vgl. MüKo-Ulmer: BGB (1980), 2. (1986) § 738, 55, 3. (1997) § 738, 62; und s.o.
[840] Düringer / Hachenburg: HGB 2. (1917) Bd. 4 Anm. 289 S. 248; 3. (1932) Bd. 2 1. Hälfte Anm. 289 S. 329; und s.o.
[841] Keidel: Handausgabe des BGB auf Grund von Staudingers Kommentar, 3. (1931) § 738, 6; und s.o.
[842] vgl. Soergel-Scherling: BGB 2. (1923), 3. (1926), 4. (1929) 1. Band § 738, 3; und s.o.
[843] vgl. Soergel-Erdsiek: BGB 8. (1952) 2. Band § 738, 3, und s.o.
[844] Franz Leonhard (1879 – 1950) war von 1899 bis zu seinem Tod Professor jüdischer Herkunft in Marburg, unterbrochen nur durch die Nazizeit, die er in Deutschland in größter Zurückgezogenheit überlebte. Sein wissenschaftlicher Ruf beruhte auf einem Erbrechtskommentar von 1912 und seinem zweibändigen Schuldrechtslehrbuch (1929 – 1931), welches neben dem Werk von Philipp Beck als die wichtigste Darstellung des Schuldrechtes in der

Die meisten Autoren übernahmen die Ergebnisse der Reichsgerichtsentscheidung und unterschieden sich nur im Umfang der Darstellung des Problems. Nur wenige Autoren, die sich Düringers Ansicht von 1905 anschlossen, versuchten diese mit eigenen Argumenten weiter zu belegen. Insoweit waren **Baumbach / Duden**[846] und **Westermann**[847] Ausnahmen.

Gegnerische Auffassungen gegenüber dem Reichsgerichtsurteil wurden nach Verkündung des Reichsgerichtsurteils am 18. Februar 1905 zur Seltenheit. Fast alle Vertreter der alten vorherrschenden Meinung Plancks schlossen sich früher oder später Düringer an. Neue Vertreter einer gegnerischen Auffassung gab es nur noch vereinzelt.

Uneingeschränkte Befürworter einer Befreiungs- und Sicherheitsleistungspflicht bei streitigen Schulden waren lediglich Staub-**Pinner**[848] und **Wieland**[849]. **Ritter**, der zunächst die Ansicht vertrat, daß auch bei streitigen Schulden Sicherheit zu leisten ist,[850] ließ sich dagegen von Düringer überzeugen und umstimmen.[851]

Als vermittelnde Auffassungen galten Rosenthal, Oegg, Ulmer und Schlegelberger-Schmidt.

Rosenthal gab bei streitiger aber nachgewiesener Schuld im Gegensatz zu Düringer dem ausgeschiedenen Gesellschafter ein Recht auf Sicherheitsleistung.[852] Auch **Oegg** lehnte eine Sicherheitsleistungspflicht nicht uneingeschränkt ab, stellte aber darauf ab, ob mit dem Bestehen der bestrittenen Forderung zu rechnen ist.[853] Oegg's Bedeutung schwand allerdings, indem die nachfolgenden Bearbeiter im **Reichsgerichtsrätekommentar** zum Bürgerlichen Gesetzbuch **Fischer** und **von Gamm** eine Sicherheitsleistung mit der Reichsgerichtsentscheidung Düringers verneinte.[854]

Weimarer Zeit galt. Quellen: Landau: Juristen jüdischer Herkunft im Kaiserreich und in der Weimarer Republik, in: Deutsche Juristen jüdischer Herkunft hrsg. von Heinrichs / Franzki / Schmalz / Stolleis 1993 S.194; Göppinger: Juristen jüdischer Abstammung im „Dritten Reich", 2. Auflage 1990, S. 346

845 vgl. Leonhard: Besonderes Schuldrecht (1931) 2. Band S. 293; und s.o.

846 vgl. Baumbach / Duden: HGB 13. (1959) § 138. C S. 376; Baumbach / Duden / Hopt: HGB 28. (1989) § 138, 4. C S. 500; 29. (1995) § 138, 14 S. 494; und s.o.

847 vgl. Westermann: Personengesellschaftsrecht (1973), 2. (1973), 3. (1975), 4. (1979) Rn. 439; und s.o.

848 vgl. Staub-Pinner: HGB 8. (1906) - 14. (1932) Exkurs / Anhang zu § 141, 10; und s.o.

849 vgl. Wieland: Handelsrecht (1921) 1. Band § 64, 6c Fn. 28 S. 720

850 vgl. Ritter: HGB (1910) § 138, 3 S. 186, und s.o.

851 vgl. Ritter: HGB 2. (1932) § 138, 3c, bb S. 321; und vor allem s.o.

852 vgl. Rosenthal: BGB14. (1953), 15. (1965) § 738, 66, und s.o.

853 vgl. BGB-RGRK-Oegg: 4. (1922), 5. (1923), 7. (1929), 8. (1934), 9. (1939), 10. (1953) § 738, 4; und s.o.

854 BGB-RGRK-Fischer 11. (1960) § 738, 8; -von Gamm 12. (1978) § 738, 8

Ulmer lehnte 1971 eine Befreiungspflicht seitens der übrigen Gesellschafter zumindest so lange ab, als auch der ausgeschiedene Gesellschafter wegen Rechtsunsicherheit die Zahlung für die gemeinschaftliche Schuld verweigern kann.[855]

Für Schlegelberger-**Schmidt**, wie er 1992 ausführte, hing eine Befreiungs- und Sicherheitsleistungspflicht im Gegensatz dazu von dem Risiko der Inanspruchnahme im Einzelfall ab.[856]

Die Bedeutung dieser vermittelnden Auffassungen war äußerst gering. Sie wurden in der Literatur so gut wie nicht aufgegriffen.[857]

Die Reichsgerichtsentscheidung Düringers wurde zum Maß aller Dinge in der Frage der Anwendbarkeit des § 738 BGB für streitige Schulden. Ihre Bedeutung läßt sich auch daran feststellen, daß dieses Urteil seit seiner Verkündung am 18. Februar 1905 von fast allen Autoren, die sich mit dem Thema der analogen Anwendbarkeit des § 738 BGB für streitige Schulden beschäftigten, bis zum heutigen Zeitpunkt zitiert wurde.

Andere Autoren erlangten dagegen nur während einer relativen kurzen Zeitspanne Bedeutung und wurden im Gegensatz zu Düringers Entscheidung nur vereinzelt zitiert. **Planck** wurde zuletzt 1939[858], **Dernburg** bis 1932[859], **Knoke** bis 1939[860], **Ritter** von 1932[861] bis 1971[862], **Weipert** von 1942[863] bis 1975[864], **Baumbach** von 1942[865] bis 1975[866], **Hueck** von 1962[867] bis 1991[868], **Schlegelberger** von 1942[869] bis zuletzt 1992[870] erwähnt. Selbst **Staudinger**, der schon

---

[855] HGB-RGRK-Ulmer 3. (1973) 2. Band § 138, 16 S. 458; und s.o.
[856] vgl. Schlegelberger-Schmidt: HGB 5. (1992) § 138, 29 S. 640; und s.o.
[857] Zitiert wurde lediglich Oegg - zwischendurch - bei von Staudinger-Keßler 10./11. (1975) § 738, 3b, c
[858] Bei von Staudinger-Geiler: BGB 10. (1939) § 738. II. 3
[859] Bei Baumbach: HGB § 138, 3. B. b; Warneyer: Kommentar zum BGB 2. (1932) Anm. zu § 738 S. 1287, Düringer / Hachenburg-Geiler: HGB 3. (1932) § Bd. 2 1. Hälfte Anm. 289 S. 329
[860] Bei von Staudinger-Geiler: BGB 10. (1939) § 738. II. 3
[861] Bei Staub-Pinner: HGB 14. (1932) Anhang zu § 142, 10
[862] Bei Hueck: Das Recht der OHG 4. (1971) S. 461 Fn. 86
[863] Bei Schlegelberger-Geßler: HGB 2. (1950) § 138, 16
[864] Bei von Staudinger-Keßler: BGB 10./11. (1975) § 738, 3b, c
[865] Bei Hueck: Das Recht der OHG (1946) § 29, 5c S. 260 Fn. 72
[866] Bei von Staudinger-Keßler: BGB 10./11. (1975) § 738, 3b, c
[867] Bei Soergel / Siebert-Schultze-v. Lasaulx: BGB 9. (1962) Band 3 § 738, 4
[868] Bei von Staudinger-Keßler: BGB 12. (1991) § 738, 5, 6
[869] Bei Hueck: Das Recht der OHG (1946) § 29, 5c S. 260 Fn. 72; HGB-RGRK-Weipert (1942) 2. Bd. § 138, 11 S. 326
[870] Bei Schlegelberger-Schmidt: HGB 5. (1992) § 138, 29 S. 640

vor Düringer für streitige Schulden Sicherheitsleistung nach § 738 BGB ablehnte, wurde zuletzt 1971 zitiert.[871]

Düringer konnte mit seiner Entscheidung RG I 468/1904 die damals herrschende Lehre kippen und die meisten Autoren von seiner Ansicht überzeugen. Daß darüber hinaus seine Auffassung auch heute noch als absolut herrschende Meinung[872] gilt, lag wohl vor allem an seiner äußerst systematischen Vorgehensweise und seiner durchdachten ausführlichen Argumentation. Kein anderer Jurist hat sich so ausgiebig und ausführlich mit dem Thema einer entsprechenden Anwendung des § 738 BGB für streitige Schulden auseinandergesetzt, wie er damals in seinem Urteil.

Überzeugend war sicherlich auch, daß er sich mit allen bedeutenden Auffassungen in der Lehre eingehend auseinandersetzte. Seine Vorgehensweise in der Begründung durch Wortlautauslegung, systematische, historische und teleologische Auslegung ist aus heutiger Sicht lehrbuchmäßig aufgebaut und umfassend. Bis heute wurden seiner Argumentation nichts nennenswertes mehr hinzugefügt.

V.2 Stellungnahme:

Düringers Auffassung konnte sich zu Recht als absolut herrschend durchsetzen. Eine Befreiungspflicht oder eine Sicherheitsleistungspflicht der übrigen Gesellschafter gegenüber dem ausgeschiedenen Gesellschafter würde die bestehende Gesellschaft zu sehr belasten, da ihr ansonsten unnötig Kapital, wenn auch nur für kurze Zeit, entzogen würde.

Sicherlich ist der ausgeschiedene Gesellschafter aufgrund seiner zunächst trotz seines Ausscheidens aus der Gesellschaft weitergehenden Haftung für Altverbindlichkeiten der Gesellschaft, also solchen, die bis zu seinem Ausscheiden entstanden sind, generell schutzbedürftig.[873] Allerdings besteht bei streitigen

[871] Alle anderen Autoren wurden noch weniger zitiert. Die meisten Nennungen nach Verkündung von RG I 468/04 hatten - ohne Anspruch auf Vollständigkeit - (6) Dernburg, Schlegelberger, (5) Staudinger, (4) Planck, Knoke, Weipert, (3) Ritter, Baumbach und Hueck. Im Vergleich dazu wurde die Entscheidung Düringers von 32 (!) verschiedenen Autoren erwähnt.

[872] Als h. M. auch bezeichnet bei: seit 1946 Hueck: Das Recht der OHG (1946) S. 260, 2. (1951) S. 298, 3. (1964) S. 339, 4. (1971) S. 461; seit 1962 Soergel: BGB 9. (1962), 10. (1969) § 738, 4, 11. (1985) § 738, 6; 1971 Heymann / Kötter: HGB 4. (1971) § 138, 7 S. 501; seit 1975 von Staudinger: BGB 10./11. (1975) § 738, 3b, c, 12. (1991) § 738, 5, 6.

[873] Für die OHG begrenzt § 159 HGB die zeitliche Nachhaftung des ausgeschiedenen Gesellschafters auf 5 Jahre. Für die GbR bestand zunächst keine vergleichbare Regelung. Durch das NachhBG vom 18.03.1994 - BGBl. I, 560 – ist die Nachhaftung für die GbR durch den neu angefügten § 736 II BGB im Sinne der entsprechenden Vorschriften der Personenhandelsgesellschaften zeitlich begrenzt worden. Die OHG-Vorschriften §§ 159, 160 HGB gelten insofern entsprechend.

Schulden nicht die gleiche Gefahr der Inanspruchnahme wie bei den noch nicht fälligen Verbindlichkeiten. Eine nicht fällige Verbindlichkeit existiert bereits tatsächlich. Für den ausgeschieden Gesellschafter besteht daher schon das Risiko seiner Inanspruchnahme. Die Schuld steht fest, nur muß sie noch nicht beglichen werden, da sie noch nicht durchsetzbar ist. Bei streitigen Schulden dagegen ist deren Existenz gerade fraglich. Eine Haftung für diese mag möglich sein, sicher ist sie aber noch nicht. Es fehlt für den ausgeschiedenen Gesellschafter damit die konkrete Gefahr seiner Inanspruchnahme. Ein solches Risiko existiert erst dann, wenn die Verbindlichkeit auch nachgewiesen ist. Eine Sicherstellung seitens der verbleibenden Gesellschafter ist daher in diesem Stadium noch nicht erforderlich.

Nicht nur die Auslegung nach dem Wortlaut, die systematische und die historische Auslegung spricht, wie Düringer überzeugend belegt hatte, gegen eine Anwendung des § 738 Abs. 1 Satz 3 BGB bei streitigen Schulden, sondern gerade auch die Auslegung nach dem Sinn und Zweck. Insofern ist Düringer in dieser Rechtsfrage voll und ganz zuzustimmen.

2.Teil: Die Kommanditgesellschaft

G. Das Verhältnis der Komplementäre gegenüber den Kommanditisten

Das Reichsgerichtsurteil RG I 668/1904[874] vom 20. Mai 1905

Der zugrundeliegende Sachverhalt:

Ein Komplementär hatte in seiner Eigenschaft als persönlich haftender Gesellschafter mit einem Dritten dessen Aufnahme als weiteren Kommanditisten vereinbart. Die Kommanditisten hatten dem Komplementär hierzu keine Vollmacht erteilt und auch nicht in sonstiger Weise an dem Vertragsschluß mitgewirkt. Die Kommanditisten und der persönlich haftende Gesellschafter meldeten später gemeinsam die Aufnahme des Dritten als weiteren Kommanditisten zum Handelsregister an.

Prozeßgeschichte - Entscheidung der Vorinstanz:

Urteil des **fünften Zivilsenats des königlich Preußischen Kammergerichts zu Berlin** vom 23. November 1904.[875]

I. Die eigenmächtige Aufnahme eines weiteren Kommanditisten durch einen Komplementär - RG I 668/1904[876]

Adelbert Düringer hatte es in der Reichsgerichtsentscheidung RG I 668/1904 vom 20. Mai 1905 mit Problemen der Kommanditgesellschaft zu tun. Der Reichsgerichtsrat hatte sich in dem hier zugrundeliegenden Fall zunächst mit einem Problem auseinanderzusetzen, welches das Innenverhältnis der Kommanditgesellschaft, das Rechtsverhältnis der Gesellschafter zueinander, betraf.

Er hatte darüber zu entscheiden, ob der Komplementär eigenmächtig einen weiteren Kommanditisten in die Gesellschaft wirksam aufnehmen kann. Ist hierzu die Mitwirkung der anderen Gesellschafter, auch die der Kommanditisten, erforderlich, oder kann ein geschäftsführender Komplementär alleine, ohne Zustimmung der Kommanditisten, einen neuen Kommanditisten in die Gesellschaft rechtswirksam aufnehmen?

---

[874] RG I 668/04 vom 20.05.1905 (KG Berlin) = Recht 1905, 474 f. Nr. 1879 und 568 Nr. 2347 = Kaufmann 905, 65 Nr. 1 u. 66 Nr. 2 = Holdheim [1905] 14, 234

[875] Ein Ergebnis wurde leider nicht mitgeteilt. Da aber der Beklagte Revision einlegte, hatte das Gericht wohl nach dem Klageantrag des Klägers erkannt.

[876] RG I 668/04 vom 20.05.1905 (KG Berlin) = Recht 1905, 474 f. Nr. 1879 und 568 Nr. 2347 = Kaufmann 905, 65 Nr. 1 u. 66 Nr. 2 = Holdheim [1905] 14, 234

I.1 Die gesetzliche Grundlage:

I.1.a Die Vorschriften des ADHGB:

In dem alten Allgemeinen Deutschen Handelsgesetzbuch von 1861 war mit Art. 98 ADHGB für die offene Handelsgesellschaft eine Vorschrift vorhanden, die die Aufnahme eines Dritten in die Gesellschaft durch einen einzigen Gesellschafter allein, ohne die Zustimmung der anderen Gesellschafter, nicht zuließ.

Art. 98 ADHGB:
Ein Gesellschafter kann ohne die Einwilligung der übrigen Gesellschafter keinen Dritten in die Gesellschaft aufnehmen. Wenn ein Gesellschafter einseitig einen Dritten an seinem Anteil beteiligt oder seinen Anteil an denselben abtritt, so erlangt dieser gegen die Gesellschaft unmittelbar keine Rechte; er ist insbesondere zur Einsicht der Handelsbücher und Papiere der Gesellschaft nicht berechtigt.

Bei den Vorschriften über die Kommanditgesellschaft findet sich weder eine vergleichbare Bestimmung noch ein Verweis auf diese. Im Rahmen der grundlegenden Vorschrift des Art. 158 ADHGB über die Geschäftsführung einer Kommanditgesellschaft wird allerdings generell auf die Bestimmungen der offenen Handelsgesellschaft verwiesen, sofern in den speziellen Vorschriften über die Kommanditgesellschaft nichts abweichendes geregelt ist.

Art. 157 ADHGB:
Das Rechtsverhältnis der Gesellschafter untereinander richtet sich zunächst nach dem Gesellschaftsvertrag. Soweit keine Vereinbarung getroffen ist, kommen die gesetzlichen Bestimmungen über das Rechtsverhältnis der offenen Gesellschafter untereinander auch hier zur Anwendung, jedoch mit den Abweichungen, welche die nachfolgenden Artikel (158 bis 162) ergeben.

Insoweit muß auch auf Art. 103 ADHGB hingewiesen werden, der für die offene Handelsgesellschaft nähere Ausführungen zur Art und Weise der Mitwirkung anderer Gesellschafter bei Handlungen machte, die über den gewöhnlichen Betrieb des Handelsgewerbes der Gesellschaft hinaus gehen.

Art. 103 ADHGB:
Ein Beschluß sämtlicher Gesellschafter muß vor der Vornahme von Geschäften eingeholt werden, welche über den gewöhnlichen Betrieb des Handelsgewerbes der Gesellschaft hinausgehen, oder welche dem Zweck derselben fremd sind. Dies ist auch dann erforderlich, wenn die Geschäftsführung einem Gesellschafter oder mehreren Gesellschaftern übertragen ist. Zur Fassung des Beschlusses ist Stimmeneinhelligkeit erforderlich. Ist diese nicht zu erlangen, so muß die Handlung, in Ansehung deren Beschluß gefaßt werden soll, unterbleiben.

Mit Art. 158 ADHGB existierte daneben auch eine Bestimmung über die Verteilung der Geschäftsführungsbefugnis innerhalb einer Kommanditgesellschaft

Art. 158 ADHGB:
Die Geschäftsführung der Gesellschaft wird durch den oder die persönlich haftenden Gesellschafter besorgt.
Ein Kommanditist ist zur Führung der Gesellschaft weder berechtigt noch verpflichtet. Er kann gegen die Vornahme einer Handlung der Geschäftsführung durch die persönlich haftenden Gesellschafter (Art. 99-102) Widerspruch nicht erheben.

Demnach hatte der Kommanditist im Rahmen der Geschäftsführung grundsätzlich keinerlei Befugnisse und Mitwirkungsrechte.

I.1.b Die Vorschriften des HGB und deren Vergleich zu denen des ADHGB:

Das Rechtsverhältnis der Gesellschafter einer Kommanditgesellschaft untereinander richtet sich heute, wie zur Zeit der Entscheidungsverkündung unverändert, in erster Linie nach den Vereinbarungen, die im Gesellschaftsvertrag getroffen wurden. Ansonsten gelten nach § 163 HGB die besonderen gesetzlichen Bestimmungen §§ 164 bis 169 HGB. Da § 161 Abs. 2 HGB allgemein die Vorschriften der offenen Handelsgesellschaft für die Kommanditgesellschaft für anwendbar erklärt, sofern in §§ 161 – 177 HGB nichts Abweichendes geregelt ist, sind hierbei auch die für das Rechtsverhältnis der Gesellschafter einer offenen Handelsgesellschaft untereinander maßgebenden Vorschriften der §§ 110 – 122 HGB zu beachten.

Eine besondere Vorschrift in bezug auf das Verhältnis der Kommanditisten gegenüber den Komplementären stellt vor allem § 164 HGB dar, welche seit Inkrafttreten des neuen Handelsgesetzbuchs im unveränderten Wortlaut, vorbehaltlich einer anderweitigen Vereinbarung im Gesellschaftsvertrag, die Geschäftsführungsbefugnis regelt.

§ 164 HGB:
Die Kommanditisten sind von der Führung der Geschäfte der Gesellschaft ausgeschlossen; sie können einer Handlung der persönlich haftenden Gesellschafter nicht widersprechen, es sei denn, daß die Handlung über den gewöhnlichen Betrieb des Handelsgewerbes hinausgeht. Die Vorschriften des § 116 Abs. 3 bleiben unberührt.

Bei der Kommanditgesellschaft obliegt das Recht und die Pflicht zur Führung der Geschäfte der Gesellschaft in der Regel den Komplementären. Der Kommanditist hat hierbei grundsätzlich, wie schon nach dem ADHGB, keine Mitwirkungsrechte. Lediglich bei Handlungen der persönlich haftenden Gesellschafter, die über den gewöhnlichen Betrieb des Handelsgewerbes hinausgehen, gibt § 164 Satz 1 2. Halbsatz HGB dem Kommanditisten ein Widerspruchsrecht.

Welche Handlungen die Geschäftsführungsbefugnis allerdings umfaßt und welche darüber hinausgehen, ist in den speziellen Vorschriften des HGB über die Kommanditgesellschaft nicht geregelt. Eine Bestimmung, die sich hiermit auseinandersetzt, existiert dagegen für die offene Handelsgesellschaft mit § 116 HGB.

§ 116 HGB:
(1)Die Befugnis zur Geschäftsführung erstreckt sich auf alle Handlungen, die der gewöhnliche Betrieb des Handelsgewerbes der Gesellschaft mit sich bringt.
(2)Zur Vornahme von Handlungen, die darüber hinaus gehen, ist ein Beschluß sämtlicher Gesellschafter erforderlich.
(3)Zur Bestellung eines Prokuristen bedarf es der Zustimmung aller geschäftsführenden Gesellschafter, es sei denn, daß Gefahr in Verzug ist. Der Widerruf der Prokura kann von jedem der zur Erteilung oder zur Mitwirkung bei der Erteilung befugten Gesellschafter erfolgen.

Vergleicht man beide Vorschriften miteinander, so gibt § 164 Satz 1 2.Halbsatz HGB dem Kommanditisten ein Widerspruchsrecht für Handlungen, die über den gewöhnlichen Betrieb des Handelsgewerbes hinausgehen, während bei einer offenen Handelsgesellschaft in einem solchen Fall § 116 Abs. 2 HGB ein Beschluß sämtlicher Gesellschafter fordert.

Da § 161 Abs. 2 HGB subsidiär für die Kommanditgesellschaft auf die Vorschriften der offenen Handelsgesellschaft verweist, ist insoweit fraglich, ob § 164 HGB bezüglich § 116 HGB eine Sondervorschrift darstellt, die diese allgemeine Bestimmung verdrängt. Die Frage lautet demnach, ob bei außergewöhnlichen Geschäften ein Beschluß sämtlicher Gesellschafter, auch der Kommanditisten, erforderlich ist.

Eine andere Frage betrifft die Wirksamkeit der Handlungen der Komplementäre bzw. der geschäftsführenden Gesellschafter gegenüber Dritten. Im Außenverhältnis ist insoweit die Vertretungsmacht maßgebend. Diese obliegt bei der Kommanditgesellschaft gemäß §§ 125 bis 127 in Verbindung mit § 161 Abs. 2 HGB den Komplementären. Ob ein Komplementär alleine oder nur alle Komplementäre gemeinsam die Gesellschaft vertreten, kann nach § 125 Abs. 2 HGB in Verbindung mit § 161 Abs. 2 HGB durch den Gesellschaftsvertrag geregelt werden.

Die Kommanditisten sind dagegen von der Vertretung der Kommanditgesellschaft gemäß § 170 HGB gesetzlich zwingend ausgeschlossen. Auch durch den Gesellschaftsvertrag kann eine solche Regelung nicht herbeigeführt werden.[877]

[877] § 170 HGB [Vertretung der Kommanditgesellschaft]: „Der Kommanditist ist zur Vertretung der Gesellschaft nicht ermächtigt. " Diese Regelung ist zwingend. Für das Außenverhältnis der Kommanditgesellschaft existiert keine gegenüber § 163 HGB vergleichbare Vorschrift, die dem Gesellschaftsvertrag den Vorrang gegenüber den gesetzlichen Bestimmungen gibt. § 163 HGB gilt nur für das Innenverhältnis der Kommanditgesellschaft und verweist lediglich auf die §§ 164-169 HGB als dispositive Vorschriften.

Aber sind in dem hier von Düringer zu entscheidenden Fall überhaupt die Vorschriften über die Geschäftsführung, insbesondere der § 164 HGB, und die Bestimmungen über die Vertretung der Gesellschaft anwendbar?

Düringer hatte in dem hier zugrunde liegenden Sachverhalt über folgende Frage zu entscheiden: Kann der Komplementär ohne Mitwirkung der Kommanditisten, insbesondere ohne deren Zustimmung, einen neuen Kommanditisten in die Kommanditgesellschaft rechtsgültig aufnehmen?

II. Die Rechtslage vor dem 20. Mai 1905:

II.1 Die Rechtslage nach dem ADHGB:[878]

II.1.a Die Rechtsprechung auf der Grundlage des ADHGB:

1874 hatte das **Reichsoberhandelsgericht** in **ROHG I 131/1874**[879] entschieden, daß der geschäftsführende Gesellschafter einen Dritten nicht ohne Zustimmung der übrigen Gesellschafter als stillen Gesellschafter in eine offene Handelsgesellschaft aufnehmen kann. Die Existenz eines stillen Gesellschafters einer offenen Handelsgesellschaft ändere nichts in der Vertragsbefugnis der Gesellschafter Dritten gegenüber. Der aufzunehmende stille Gesellschafter sei in dieser Beziehung allerdings kein Dritter, da seine Aufnahme die Erweiterung des Kreises der mit gesellschaftlichen Rechten und Pflichten bekleideten Personen betreffe. Ein solcher innerer Akt der Gesellschaft kann der geschäftsführende Gesellschafter ohne Verletzung wichtiger Interessen der übrigen Gesellschafter nicht ohne deren Einwilligung vollziehen. Das Reichsoberhandelsgericht berief sich insofern auf Art. 98 Abs. 1 ADHGB, der zwar direkt nur die Aufnahme eines offenen Gesellschafters betreffe, aber darüber hinaus auch Ausdruck eines die Aufnahme eines stillen Gesellschafters treffenden Prinzips darstelle.

Das Abkommen zwischen dem geschäftsführenden Gesellschafter und dem aufzunehmenden stillen Gesellschafter könne nicht als wirksamer Gesellschaftsvertrag anerkannt werden, sondern lasse nur ein normales Gläubigerverhältnis entstehen.

Das Reichsoberhandelsgericht tendierte in dieser Entscheidung dazu, Art. 98 Abs. 1 ADHGB nicht nur als Vorschrift der offenen Handelsgesellschaft anzusehen, sondern darüber hinaus als ein allgemeingültiges Prinzip für die Aufnahme eines beliebigen Gesellschafters.

---

[878] Das HGB vom 10.05.1897 trat zusammen mit dem BGB am 01.01.1900 in Kraft und löste das ADHGB ab.

[879] ROHG I 131/1874 vom 27.02.1874 (Appellgericht Leipzig) = ROHGZ 13, (62 Nr. 19), 63 f. = Seuffert's Archiv 30, 340 Nr. 209

II.1.b Die Literatur auf der Grundlage des ADHGB:

Für **Puchelt** war Art 98 ADHGB bereits 1874[880] ein Prinzip, welches die einseitige Aufnahme eines Gesellschafters ohne die Zustimmung der übrigen Gesellschafter verbietet, auch wenn sie durch den geschäftsführenden Gesellschafter erfolgt. Puchelt begründete dies, indem er eine einseitige Änderung des Gesellschaftsvertrags als unstatthaft erklärte, und wies darauf hin, daß man nur seine Rechte, nicht aber seine Verbindlichkeiten, zedieren kann. Zwar sei jeder Gesellschafter befugt, über seinen Gesellschaftsanteil zu verfügen, dadurch werde aber sein Verhältnis zur Gesellschaft als ursprünglicher Gesellschafter nicht verändert. Die unbefugte Aufnahme eines neuen Gesellschafters sei gegenüber der Gesellschaft unwirksam.[881]

Später fügte er seinen Ausführungen noch das in bezug auf die Aufnahme eines stillen Gesellschafters gleichlautende Ergebnis des Reichsoberhandelsgerichts aus dem gleichen Jahr hinzu, wendete dieses allerdings darüber hinaus auch auf die unbefugte Aufnahme eines Kommanditisten an.[882]

1893 erklärte Puchelt, daß die Aufnahme eines neuen Gesellschafters die Einwilligung aller Gesellschafter verlangt, auch die der Kommanditisten. Diese könne stillschweigend und im Voraus erteilt werden[883] und brauche nur gegenüber dem Abtretenden erklärt zu werden[884].[885]

Indem Puchelt Art. 98 ADHGB offensichtlich auch auf die Aufnahme eines Kommanditisten anwendete, faßte er den Anwendungsbereich dieser Vorschrift weiter auf als das Reichsoberhandelsgericht.

Auch andere Autoren sahen in Art. 98 Abs. 1 ADHGB ein allgemeingültiges Prinzip für die Aufnahme eines neuen Gesellschafters.

Von Kräwel führte bereits 1862 in bezug auf Art. 98 Abs. 1 ADHGB aus, daß diese Bestimmung aus der Natur des Gesellschaftsvertrages folge.[886]

---

[880] Puchelt: Commentar zum ADHGB (1974) Art. 98, 1 S. 159; so auch später Art. 98, 1 2. (1976) S. 178, 4. (1893) S. 208 f.

[881] Siehe auch Puchelt: Commentar zum ADHGB (1974) Art. 98, 3 S. 159; 2. (1976) Art. 98, 2 S. 179

[882] Puchelt: Commentar zum ADHGB Art. 98, 1 2. (1976) S. 178, 4. (1893) S. 209

[883] So auch schon Obertribunal Berlin vom 21. 5. 1867 = GZ 15, (219), 220 f. , wie Puchelt zu Recht hinwies.

[884] unter Hinweis auf ROHG III 690/1875 vom 21. 6. 1875 = ROHGZ 17, 353 Nr. 78

[885] Puchelt: Commentar zum ADHGB 4. (1893) Art. 98, 3 S. 209

[886] von Kräwel: ADHGB (1862) Art. 98. I S. 124

Von Hahn äußerte sich ähnlich. Für ihn war die Vorschrift selbstverständlich, da ein Gesellschaftsvertrag nur durch Einwilligung aller Gesellschafter geschlossen werden kann, und wies auf die Ansicht des Reichsoberhandelsgerichts von 1874 hin.[887]

Für **Makower**[888] konnte selbst der geschäftsführende Gesellschafter[889] ohne die Einwilligung der übrigen, die bereits im Voraus erteilt werden könne, keinen Dritten in die Gesellschaft aufnehmen. Der Dritte erlange in einem solchen Fall keine unmittelbaren Rechte gegen die Gesellschaft. Dies folge aus der Natur des Gesellschaftsvertrages und gelte daher auch für die Aufnahme eines stillen Gesellschafters, wofür er die Entscheidung des Reichsoberhandelsgerichts von 1874 anführte.

Für **Endemann** hatte 1876 ein Kommanditist durch Art. 98 ADHGB ein Widerspruchsrecht gegen die Aufnahme neuer Mitglieder, das durch Art. 158 ADHGB nicht aufgehoben werde.[890]

Lastig erklärte 1881[891], daß der Eintritt bzw. die Aufnahme einer fremden Person in eine offene Handelsgesellschaft die Zustimmung aller augenblicklicher Mitglieder fordert, da der Beitritt Dritter zu einem Vertrag stets – mit Ausnahme der Verträge zugunsten Dritter – die Mitwirkung sämtlicher Vertragschließender voraussetze. Dies regele Art. 98 ADHGB für die Aufnahme eines offenen Handelsgesellschafters, nicht aber für die eines Kommanditisten oder eines stillen Gesellschafters.

Nimmt eine offene Handelsgesellschaft jemanden als Kommanditisten oder als stillen Gesellschafter auf, handle es sich nicht um eine Vermehrung der Mitglieder der offenen Handelsgesellschaft, sondern um die Schließung eines Vertrages über eine neue Kommanditgesellschaft oder stille Gesellschaft. Dabei sei der eine Kontrahent, die offene Handelsgesellschaft, Komplementär oder Geschäftsinhaber, und der andere, der Dritte, Kommanditist oder stiller Gesellschafter. Dies stelle ein außergewöhnlicher Akt der Geschäftsführung dar, der nach Art. 103 ADHGB einen vorherigen einstimmigen Beschluß sämtlicher Mitglieder der offenen Handelsgesellschaft erfordert.

---

[887] von Hahn: Commentar zum ADHGB 3. (1877) S. 342 Art. 98 § 1 und Fn. 1
[888] Makower: ADHGB 5. (1873) Fn. 23. a (zu Art. 98) S. 112 f. ; 10. (1890) Fn. 23. a (zu Art. 98) S. 107
[889] unter Hinweis auf Art. 1861 code civil
[890] Endemann: Das Dt. Handelsrecht 3. (1876) § 52. IV S. 227 und Fn. 8
[891] Endemann-Lastig: Handbuch des dt. Handels-, See- und Wechselrechts (1881) § 89 S. 379 gegen ROHG I 131/74

Staub[892]erklärte sowohl 1896 als auch 1897, daß Art. 98 ADHGB sich nur mit der Zulässigkeit der Aufnahme eines offenen Gesellschafters beschäftigt. Für ihn durfte auch ein stiller Gesellschafter oder ein Kommanditist nicht ohne Zustimmung aller Gesellschafter aufgenommen werden. Dies folgerte er allerdings nicht aus Art. 98 ADHGB wie das Reichsoberhandelsgericht, das dies für die Aufnahme eines stillen Gesellschafters festgestellt hatte, sondern aus Art. 103 ADHGB. Er berief sich insofern auf Lastig.

Bei ungewöhnlichen Geschäften des Handelsgewerbes einer Kommanditgesellschaft war man sich in der Literatur über die Mitwirkungsrechte der Kommanditisten uneinig. Da Art. 158 ADHGB hierüber nichts eindeutiges aussagte, räumten die einen den Kommanditisten lediglich ein Widerspruchsrecht[893] ein, während die anderen ein positives Zustimmungsrecht befürworteten[894], welches sie aus Art. 103 ADHGB herleiteten.

Von Hahn sprach sich für ein Widerspruchsrecht der Kommanditisten aus und begründete dies mit dem Gebrauch der Worte „Handlung der Geschäftsführung“ und deren Erläuterung durch das Zitat „Art. 99 bis 102“ in Art. 158 Abs. 3 ADHGB.[895] **Staub** leitete aus dem Wortlaut des Art. 158 ADHGB ab, daß die Kommanditisten kein Widerspruchsrecht bei Geschäftsführungsakten der Art. 99 bis 102 ADHGB haben.[896] Bei ungewöhnlichen Geschäften sei ihnen dagegen ihr Zustimmungsrecht nach Art. 103 ADHGB nicht durch Art. 158 ADHGB entzogen.[897] **Puchelt** erklärte, daß die Beschränkung der Kommanditisten durch Art. 158 ADHGB nur die gewöhnliche Geschäftsführung umfaßt und wies, wie später **Staub**[898] darauf hin, daß Art. 103 ADHGB davon nicht berührt wird. Das Recht der Zustimmung zu ungewöhnlichen Geschäften müsse um so mehr gewahrt werden, als in der Eingehung außergewöhnlicher Geschäfte auch ein wesentlich interessierendes Abweichen vom Gesellschaftsvertrag liegt.[899]

---

[892] Staub: ADHGB Art. 98 § 3 3./4. (1896) S. 166, 5. (1897) S. 178

[893] von Hahn: Commentar zum ADHGB Art. 158 § 2 S. 558: aus Art. 158 i. V. m. Art. 103 ADHGB

[894] Puchelt: Commentar zum ADHGB Art. 158, 4 (1874) S. 257 f. , 2. (1976) S. 285, 4. (1893) S. 340; Cosack: Lehrbuch des Handelsrechts 2. (1893) § 88. IV. 2a S. 519; Behrend: Lehrbuch des Handelsrechts 1. Band § 88 S. 630; Staub: ADHGB Art. 158 § 4 3./4. (1896) S. 278, 5. (1897) S. 293 ungenau, da er auch von einem Einspruchsrecht spricht. Aufgrund der Berufung auf Cosack aber dennoch dieser Ansicht zuzuordnen.

[895] vgl. von Hahn: Commentar zum ADHGB Art. 158 § 2 S. 558

[896] Staub: ADHGB 3./4. (1896) Art. 158 § 6 S. 278, 5. (1897) Art. 158 § 7 S. 294

[897] Staub: ADHGB Art. 158 § 4 3./4. (1896) S. 278, 5. (1897) S. 293

[898] Staub: ADHGB Art. 158 § 4 3./4. (1896) S. 278, 5. (1897) S. 293

[899] Puchelt: ADHGB Art. 158, 4 (1874) S. 257 f. , 2. (1976) S. 285; 4. (1893) S. 340

II.1.c Zusammenfassung der Situation auf der Grundlage des ADHGB:

Die Rechtslage für die Aufnahme eines neuen offenen Gesellschafters war durch Art. 98 ADHGB eindeutig gesetzlich festgelegt. Nach dieser Vorschrift konnte kein Gesellschafter ohne die Zustimmung der übrigen einen weiteren Gesellschafter aufnehmen. Problematisch war bei den Personengesellschaften insofern nur die Aufnahme eines stillen Gesellschafters und die eines Kommanditisten, da diese nicht ausdrücklich geregelt waren.

Während das **Reichsoberhandelsgericht** in **ROHG I 131/1874** Art. 98 Abs. 1 ADHGB auch für die Aufnahme eines stillen Gesellschafters anwendete, fehlte es in der Rechtsprechung an einer vergleichbaren Entscheidung für die Aufnahme eines weiteren Gesellschafters bei der Kommanditgesellschaft.

In der Literatur sah die Situation ähnlich aus. Die meisten Autoren folgten, was die Aufnahme eines stillen Gesellschafters betraf, der Ansicht des Reichsoberhandelsgerichts von 1874. Mit der Aufnahme eines weiteren Gesellschafters, insbesondere eines weiteren Kommanditisten, beschäftigte man sich dagegen nur selten. Allgemein bestand wohl Einstimmigkeit, daß generell ohne die Mitwirkung der übrigen Gesellschafter, in einer Kommanditgesellschaft auch der Kommanditisten, kein weiterer Gesellschafter, in eine bestehende Personengesellschaft aufgenommen werden konnte.

Die Herleitung dieses Ergebnisses erfolgte dagegen allerdings nicht einheitlich. Die meisten Autoren sahen in Art. 98 ADHGB, wie das Reichsoberhandelsgericht, ein allgemeingültiges Prinzip verankert, das über die Aufnahme eines offenen Gesellschafters hinaus anwendbar war. **Lastig** und **Staub** hingegen folgerten dieses Ergebnis aus Art. 103 ADHGB[900], und somit aus einer Vorschrift, welche die Geschäftsführung der Gesellschaft betraf.

Bei der Kommanditgesellschaft war darüber hinaus im Rahmen der Geschäftsführung streitig, ob die Kommanditisten bei Geschäften, die über den gewöhnlichen Betrieb des Handelsgewerbes hinausgehen, mitwirken müssen. Die meisten Autoren befürworteten ein positives Zustimmungsrecht,[901] welches sie

[900] Bei der Kommanditgesellschaft galt dies im Zusammenhang mit den Art. 157, 158 ADHGB (Wortlaut s.o.).

[901] Puchelt: Commentar zum ADHGB Art. 158, 4 (1874) S. 257 f. , 2. (1976) S. 285, 4. (1893) S. 340; Cosack: Lehrbuch des Handelsrechts 2. (1893) § 88. IV. 2a S. 519; Behrend: Lehrbuch des Handelsrechts 1. Band § 88 S. 630; Staub: ADHGB Art. 158 § 4 3./4. (1896) S. 278, 5. (1897) S. 293 ungenau, da er auch von einem Einspruchsrecht spricht. Aufgrund der Berufung auf Cosack aber dennoch dieser Ansicht zuzuordnen.

aus Art. 103 ADHGB herleiteten, während die anderen den Kommanditisten lediglich ein Widerspruchsrecht[902] einräumten.

II.2 Die Rechtslage vor dem 20. Mai 1905 nach dem HGB:[903]

II.2.a Die Rechtsprechung:

Der **erste Zivilsenat des Reichsgerichts** hatte sich in **RG I 104/1902**[904] vom 14. Juli 1902 unter Mitwirkung des im gleichen Monat erst neu hinzugekommenen Reichsgerichtsrats Düringer mit der Frage beschäftigt, ob der persönlich haftende Gesellschafter mit einem Dritten rechtswirksam dessen Eintritt in die Kommanditgesellschaft vereinbaren kann.[905] Insoweit hatte sich der erste Zivilsenat fast drei Jahre vor Düringers eigener Entscheidung mit demselben, hier erörterten Rechtsproblem auseinanderzusetzen.

Das Reichsgericht kam damals zu dem Ergebnis, daß die Aufnahme eines weiteren Gesellschafters in eine bereits bestehende Gesellschaft eine Vereinbarung unter sämtlichen Gesellschaftern erfordert. Sowohl bei der offenen Handelsgesellschaft als auch bei der Kommanditgesellschaft seien wie bei der Gesellschaft des Bürgerlichen Rechts ein Gesellschaftsvertrag unter den Gesellschaftern erforderlich.[906] Die Zuziehung eines neuen Gesellschafters sei nicht denkbar, ohne daß die Gesellschaft in ihren inneren Beziehungen, hinsichtlich des Anteils der Gesellschafter am Gesellschaftsvermögen, sowie am Gewinn und Verlust, auf eine neue Grundlage gestellt wird. Dies stelle eine Veränderung der inneren Struktur der Gesellschaft und der Sonderrechte der einzelnen Gesellschafter dar und könne deshalb nur unter allseitiger Zustimmung erfolgen.[907]

Das Reichsgericht stellte klar, daß dies nichts mit der Geschäftsführung nach außen zu tun hat. Die Befugnis eines Gesellschafters, die Gesellschaft Dritten gegenüber zu vertreten, könne in keinem Fall für die Zuziehung eines neuen Gesellschafters gelten. Auch aus § 164 HGB könne nicht hergeleitet werden, daß die Kommanditisten für den Fall, daß ein Komplementär mit einem Dritten dessen Beitritt zur Kommanditgesellschaft vereinbart, nur ein Widerspruchsrecht haben. § 164 HGB bestimme nur, welche Handlungen des Komplementäres, die er im Namen der Gesellschaft nach außen wirksam vornehmen kann, sich die

---

902 von Hahn: Commentar zum ADHGB Art. 158 § 2 S. 558: aus Art. 158 i. V. m. Art. 103 ADHGB

903 Inkrafttreten am 01. Januar 1900

904 RG I 104/1902 vom 14.07.1902 (KG Berlin) = RGZ 52, (161 Nr. 43), = JW 1902, 262 Nr. 185

905 so die Leitfrage der amtlichen Sammlung zu dieser Reichsgerichtsentscheidung = RGZ 52, 161 Nr. 43

906 RGZ 52, 161 f.

907 RGZ 52, (161), 162

Kommanditisten im inneren Verhältnis gefallen lassen müssen. Die Gültigkeit der Handlungen Dritten gegenüber ergebe sich dagegen aus §§ 161 Abs. 2, 126 HGB. Hiernach könne der Komplementär zwar die Gesellschaft unbeschadet ihres Bestandes in weitem Umfang durch Rechtshandlungen binden, allerdings könne er deren grundlegenden Gesellschaftsvertrag nicht durch Vereinbarung mit einem Dritten ohne Zuziehung der übrigen Gesellschafter abändern.[908]

Die positive Mitwirkung sämtlicher Gesellschafter im Falle des Beitritts eines neuen Gesellschafters ergebe sich nicht nur aus der grundsätzlichen Gestaltung der offenen Handelsgesellschaft und der Kommanditgesellschaft als geschlossene Verbände, sondern auch aus §§ 108 Abs. 1, 161 Abs. 2, 162 Abs. 3 HGB, wonach der Beitritt eines neuen Kommanditisten von sämtlichen Gesellschaftern zum Handelsregister angemeldet werden muß. Dadurch werde gewährleistet, daß die Eintragung nur erfolgt, nachdem sämtliche Mitglieder der erweiterten Gesellschaft dem Beitritt ausdrücklich zugestimmt haben.[909]

Der erste Zivilsenat kam damit zu dem Ergebnis, daß ein Komplementär nicht aufgrund seiner gewöhnlichen Geschäftsführungsbefugnis mit einem Dritten dessen Gesellschaftsbeitritt als Kommanditist wirksam vereinbaren kann. Der Komplementär sei nicht befugt, den Gesellschaftsverband zu erweitern und damit den Gesellschaftsvertrag einseitig abzuändern. Dadurch werde allerdings nicht ausgeschlossen, daß der Komplementär aufgrund einer ihm seitens der Kommanditisten erteilten Vollmacht, namens dieser und für sich, den Vertrag gültig eingeht.[910]

Der erste Zivilsenat bestätigte diese Auffassung bereits ein Jahr später in seiner Entscheidung **RG I 251/1903** vom 16. November 1903.[911] In diesem, wieder unter Mitwirkung von dem Senatsangehörigen Düringer entstandenen Urteil wurde noch einmal ausdrücklich klargestellt, daß die Vertretungsbefugnis eines einzelnen Gesellschafters nie auf die Zuziehung eines neuen Gesellschafters bezogen werden kann, da sowohl der Beitritt eines stillen Gesellschafters als auch der eines Kommanditisten in eine bestehende Gesellschaft undenkbar ist, ohne daß diese mit ihren inneren Beziehungen hinsichtlich des Anteils der Gesellschafter am Gesellschaftsvermögen sowie am Gewinn und Verlust auf eine ganz neue Grundlage gestellt wird.

1904 berief sich der erste Zivilsenat des Reichsgerichts in **RG I 411/1904**[912] ausdrücklich auf seine Entscheidung von 1902. Für den ersten Zivilsenat war es

[908] RGZ 52, (161), 162
[909] RGZ 52, (161), 162
[910] RGZ 52, (161), 163
[911] RG I 251/1903 vom 16.11.1903 = Holdheim 1904, 50
[912] RG I 411/1904 vom 19.12.1904 = Holdheim 1905, (163), 164

unter Berufung auf seine frühere Entscheidung „zweifellos“, daß der Eintritt eines neuen Gesellschafters in die Gesellschaft eine neue Vereinbarung unter sämtlichen Gesellschaftern voraussetzt. Der erste Zivilsenat hielt es dabei für rechtlich zulässig, bereits bei Eingehung des ursprünglichen Gesellschaftsvertrages eine Vereinbarung über einen später erfolgenden Eintritt eines neuen Gesellschafters zu treffen. Insbesondere sei es möglich, daß sich ein Gesellschafter von vornherein das Recht ausbedingt, durch seinen einseitigen Entschluß einen Dritten in die Gesellschaft aufzunehmen. Düringer gehörte bei dieser Entscheidung, trotz seiner nach wie vor bestandenen Senatszugehörigkeit, ausnahmsweise nicht dem erkennenden Gremium an.

II.2.b Die Literatur:

In der **Denkschrift zum Entwurf eines Handelsgesetzbuches und Einführungsgesetz**[913] ist festgehalten, daß der Art. 98 ADHGB bei dem Entwurf des neuen Handelsgesetzbuches für entbehrlich gehalten wurde, da der Eintritt eines neuen Gesellschafters in die Gesellschaft stets den Abschluß eines neuen Gesellschaftsvertrages voraussetze. Es verstehe sich daher von selbst, daß ein einzelner Gesellschafter nicht ohne die Einwilligung der übrigen einen Dritten in die Gesellschaft aufnehmen kann. **Staub**[914] vertrat 1900 die gleiche Ansicht und berief sich hierbei ausdrücklich auf die Denkschrift.

Nach dieser Auffassung änderte sich durch die Streichung des Art. 98 ADHGB im neuen Handelsgesetzbuch von 1897 die rechtliche Situation bei Aufnahme eines Gesellschafters in eine schon bestehende Personengesellschaft nicht. Formal betrachtet wurde mit diesem Artikel eine Vorschrift der offenen Handelsgesellschaft weggelassen. Art. 98 ADHGB wurde als überflüssige Regelung betrachtet, die auch ohne gesetzliche Normierung in dem neuen Handelsgesetzbuch weiter galt. Insofern betrachteten sie diese Norm als allgemeingültiges Prinzip, das alle Personengesellschaften betraf.[915]

Bezüglich der Geschäftsführungsbefugnis innerhalb einer Kommanditgesellschaft herrschte in der Literatur weiterhin unverändert Streit über die Mitwirkungsrechte eines Kommanditisten im Rahmen ungewöhnlicher Geschäfte des Gewerbebetriebs der Gesellschaft.[916]

---

[913] vgl. Denkschrift S. 82 in Schubert / Schmiedel / Krampe: Quellen zum HGB von 1897, Band II/2 (1988) S. 1017

[914] Staub: HGB 6./7. (1900) Exkurs zu § 122, 28 S. 389

[915] Staub hatte in seinen Kommentaren von 1896 und 1897 (s.o.) die einseitige Aufnahme eines neuen Kommanditisten aufgrund der Vorschrift des Art. 103 ADHGB abgelehnt. Nach der hier vertretenen Auffassung dürfte diese Herleitung überflüssig sein.

[916] Weitere Vertreter eines bloßen Mitwirkungsrechtes: Staub: HGB 6./7. (1900) § 164, 3 S. 513, der damit seine früher vertretene Auffassung aufgab. Korn: Das neue HGB für das Deutsche Reich (1901) S. 88 V. a

III. Die in RG I 668/1904[917] vom 20. Mai 1905 von Düringer dargestellte Rechtsauffassung:

Düringer kam als Berichterstatter in dem Reichsgerichtsurteil **RG I 668/1904** vom 20. Mai 1905 zu dem Ergebnis, daß ein persönlich haftender Gesellschafter alleine, ohne Mitwirkung der Kommanditisten, nicht dazu legitimiert ist, einen Dritten als weiteren Kommanditisten in eine schon bestehende Kommanditgesellschaft aufzunehmen. Der zwischen dem Komplementär und dem als neuen Kommanditisten aufzunehmenden Dritten geschlossene Vertrag sei ohne diese erforderliche Mitwirkung der Kommanditisten rechtsunwirksam. Der Reichsgerichtsrat bestätigte insofern nicht nur die Entscheidung des Berufungsgerichts, sondern vor allem die frühere Entscheidung des ersten Zivilsenats RG I 104/1902 von 1902.

Düringer führte aus, daß der Komplementär sich auch nicht darauf berufen kann, daß ihm die Kommanditisten Vollmacht erteilt oder seinen Vertragsabschluß nachträglich genehmigt haben, wenn er – wie in dem hier vorliegenden Fall – den Aufnahmevertrag mit dem Dritten weder mit Vollmacht noch im Namen der Kommanditisten, sondern ausdrücklich in seiner Eigenschaft als persönlich haftender Vertreter der Kommanditgesellschaft abgeschlossen hat.

Daraus wird deutlich, daß auch Düringer die Vertretung der übrigen Kommanditisten bei Abschluß eines Aufnahmevertrags mit einem Dritten für zulässig erachtete. Um mit einem Dritten dessen Beitritt als Kommanditisten wirksam vereinbaren zu können, verlangte der Reichsgerichtsrat insofern allerdings eine über die Geschäftsführungs- und Vertretungsbefugnis hinausgehende eigene Vollmachtserteilung. Denn ein bloßer Vertragsschluß im Namen der Gesellschaft hielt er, wie aus seiner Entscheidung hervorgeht, für ungenügend.

Ebenso für nicht ausreichend hielt Düringer die gemeinsame Anmeldung des Aufnahmevertrags zum Handelsregisters durch den Komplementär und die Kommanditisten. Denn ohne Mitwirkung des aufzunehmenden, neuen Kommanditisten könnte auch hierin keine nachträgliche Bestätigung des Aufnahmevertrags gesehen werden. Der von einem Komplementär alleine geschlossene unwirksame Aufnahmevertrag konvalesziert nur dann, wenn er nach Genehmigung durch die übrigen Beteiligten von dem Komplementär und der aufzunehmenden Person bestätigt wird.[918]

---

917 RG I 668/1904 vom 20.05.1905 (KG Berlin) = Recht 1905, 474 f. Nr. 1879 und 568 Nr. 2347 = Kaufmann 1905, 65 Nr. 1 u. 66 Nr. 2 = Holdheim [1905] 14, 234

918 vgl. Recht 1905, 568 Nr. 2347 = Holdheim [1905] 14, 234 = Kaufmann 1905, 66 Nr. 2

IV. Die Rechtslage nach dem 20. Mai 1905 - Reaktionen auf RG I 668/1904 und die weitere Entwicklung:

IV.1 Die Rechtsprechung:

IV.1.a Das Reichsgericht:

1918 hatte der **zweite Zivilsenat** des Reichsgerichts in **RG II 329/1917**[919] Gelegenheit zu dem hier erörterten Problem Stellung zu beziehen. Indem er für die Aufnahme eines weiteren Gesellschafters die Zustimmung der übrigen Gesellschafter forderte, ging er mit der bisherigen Rechtsprechung des ersten Zivilsenats konform. Des weiteren stellte der zweite Zivilsenat fest, daß der Gegenstand eines Vertrags über die Aufnahme eines Dritten in die Gesellschaft nicht die Regelung des Verhältnisses des Dritten zu der Gesellschaft als solcher, sondern die Abänderung des Gesellschaftsvertrags selbst betrifft und daher nur von sämtlichen Gesellschaftern, unter Mitwirkung auch der nicht zur Vertretung berechtigten Gesellschafter, vorgenommen werden kann. Die in §§ 125, 126 HGB geregelte Vertretungsmacht beinhalte eine solche Abänderung des Gesellschaftsvertrags nicht. Die ohne die erforderliche Zustimmung der übrigen Gesellschafter vereinbarte Aufnahme eines Dritten könne nicht nach §§ 125, 126 HGB gültig sein.[920] Der zweite Zivilsenat kam insofern 1918 zu dem gleichen Ergebnis wie der erste Zivilsenat, der dies schon 1902 und 1903 festgestellt hatte.[921]

1921 stellte auch der **fünfte Zivilsenat** des Reichsgerichts in **RG V 243/1920**[922] fest, daß ein Vertrag, durch den jemand als persönlich haftender oder stiller Gesellschafter oder als Kommanditist in eine Gesellschaft aufgenommen werden soll, nicht von einem zur Vertretung befugten Gesellschafter im Namen der Gesellschaft wirksam abgeschlossen werden kann, sondern daß hierfür die Mitwirkung sämtlicher, auch der von der Vertretung ausgeschlossenen Gesellschafter erforderlich ist.[923] In bezug auf die Aufnahme eines stillen Gesell-

---

919 RG II 329/1917 vom 15.01.1918 (OLG Hamburg) = RGZ 91, 412 Nr. 104, 415 = HGZ Beibl. 1918, 53 Nr. 33, 55

920 Der zweite Zivilsenat überprüfte insofern die Möglichkeit der Wirksamkeit eines im Innenverhältnis der Gesellschaft über die Geschäftsführungsbefugnis hinausgehenden Vertrages im Außenverhältnis. Er kam hierbei zu dem Ergebnis, daß die Aufnahme eines Gesellschafters nicht von der gesetzlich geregelten Vertretungsbefugnis der Gesellschaft im Außenverhältnis umfaßt wird.

921 vgl. RG I 104/1902 und RG I 251/1903 (s.o.)

922 RG V 243/1920 vom 05.02.1921 (OLG Breslau) = JW 1921, 1239 Nr. 17

923 Ebenso wie Düringer zitierte auch der fünfte Zivilsenat des Reichsgerichts insoweit RG I 104/1902 (s.o.). Der fünfte Zivilsenat wies darauf hin, daß diese Rechtsauffassung von der höchstrichterlichen Rechtsprechung - ROHG 131/1874 (s.o.), RG I 251/1903 (s.o.) - vertreten wird, von der abzuweichen kein Anlaß bestehe, allerdings in der handelsrechtlichen Lehre

schafters verwies der fünfte Zivilsenat auf deren Recht auf Einsicht in die Bücher und Papiere der Gesellschaft und auf abschriftliche Mitteilung der jährlichen Bilanz, wodurch dieser in ein so enges Verhältnis zu der Gesellschaft trete, daß dadurch der ihre Grundlage bildende Gesellschaftsvertrag geändert werde.

1927 bestätigte der **zweite Zivilsenat** in **RG II 430/1926**[924] seine 1918 vertretene Auffassung, wobei er hier, im Gegensatz zu seiner früheren Entscheidung, ausdrücklich Bezug auf die Rechtsprechung des ersten Zivilsenats[925] nahm.

Der zweite Zivilsenat erklärte, daß die Aufnahme eines Gesellschafters die innere Zusammensetzung der Gesellschaft verändert und die Sonderrechte der einzelnen Gesellschafter betrifft und daher die Zustimmung aller Gesellschafter benötigt. Die Aufnahme eines Gesellschafters sei weder ein Akt der Geschäftsführung für die Gesellschaft noch von der Vertretungsmacht für die Gesellschaft erfaßt.

In seiner Entscheidung **RG II 207/1927**[926] setzte sich der zweite Zivilsenat 1930 mit der Frage auseinander, wie sich der Eintritt eines neuen Gesellschafters vollzieht. Hierbei stellte er klar, daß die rechtsgeschäftliche Aufnahme von Gesellschaftern bei den Personengesellschaften stets einen Vertragsschluß zwischen den neu eintretenden und den bisherigen Gesellschaftern erfordert.[927]

1937 befaßte sich derselbe Senat in **RG II 122/1936**[928] ausdrücklich mit der hier interessierenden Frage, ob der zur Alleinvertretung berechtigte Gesellschafter ohne Zustimmung der übrigen Gesellschafter einen Dritten in die Gesellschaft aufnehmen kann.

Er kam dabei zu dem Ergebnis, daß die Aufnahme eines neuen offenen Gesellschafters oder eines Kommanditisten die Zustimmung sämtlicher Gesellschafter verlangt, da dadurch die vertragliche Grundlage des Gesellschaftsverhältnisses geändert werde. Der Aufgenommene werde insbesondere am Gesamthandsvermögen der Gesellschaft beteiligt und beschränke damit das Recht der bisherigen Gesellschafter. Insofern wurde an der bisherigen Rechtsprechung festge-

---

umstritten ist. Als Gegenauffassung wurde auf Ritter, Lehmann, Flechtheim und Pinner verwiesen (s.u. Literatur).

[924] RG II 430/1926 vom 18.02.1927 (KG Berlin) = JR 1927, 600 Nr. 1038. Der zweite Zivilsenat bezeichnete dieses Ergebnis als „feststehende Rechtsprechung".

[925] Mit Hinweis auf RG I 104/1902 (s.o.), RG V 243/20 (s.o.) und wohl auch (Druckfehler!) auf RG I 251/1903 (s.o.)

[926] RG II 207/1927 vom 04.03.1930 (OLG Breslau) = RGZ 128, (172 Nr. 27), 176 f.

[927] RGZ 128, (172), 176 unter Hinweis auf RG V 243/20, Flechtheim und Pinner. Daneben auch auf von Staudinger und BGB-RGRK, insoweit wohl allgemein in bezug auf die GbR.

[928] RG II 122/1936 vom 08.01.1937 (OLG Stuttgart) = RGZ 153, (371 Nr. 58), 373

halten.[929] Allein die Aufnahme eines Dritten als stiller Gesellschafter wurde anders beurteilt. Diese bedürfe nicht die Zustimmung aller Gesellschafter, sondern könne von einem allein zur Vertretung befugten Gesellschafter wirksam als schuldrechtliches Geschäft vereinbart werden. Der zweite Zivilsenat begründete dies damit, daß die stille Gesellschaft lediglich eine reine Innengesellschaft sei.[930]

1938, ein Jahr später, entschied der zweite Zivilsenat mit **RG II 58/1938**[931] den immer noch andauernden Streit, ob die Kommanditisten einer Handlung des persönlich haftenden Gesellschafters, die über den gewöhnlichen Betrieb des Handelsgewerbes der Kommanditgesellschaft hinausgeht, nur widersprechen können oder ob es für deren Zulässigkeit eines Beschlusses sämtlicher Gesellschafter bedarf, zugunsten der letzteren Ansicht.

Der zweite Zivilsenat folgerte dieses Ergebnis aus der Vorschrift des § 116 Abs. 2 HGB[932], die nach § 161 Abs. 2 zur Anwendung komme, da § 164 HGB ihr gegenüber bei außergewöhnlichen Handlungen des persönlich haftenden Gesellschafters keine Sondervorschrift sei. Denn in § 164 HGB sei lediglich ausgesprochen, daß ein Kommanditist eine gewöhnliche Handlung des Komplementäres auch durch seinen Widerspruch nicht verhindern kann. Unter welchen Voraussetzungen eine außergewöhnliche Handlung des persönlich haftenden Gesellschafters zulässig ist, war für den zweiten Zivilsenat dem § 164 HGB nicht zu entnehmen.[933]

Für den zweiten Zivilsenat war nicht ersichtlich, warum der Kommanditist gegenüber dem von der Geschäftsführung ausgeschlossenen Gesellschafter schlechter gestellt werden sollte. Ein Widerspruchsrecht gäbe dem Kommanditisten keine genügende Sicherheit gegen ein eigenmächtiges Handeln des Komplementäres, das über den gewöhnlichen Betrieb des Unternehmens und den Gesellschaftszweck hinausgeht. Denn der Komplementär müsse den Kommanditisten von seinen Vorhaben nicht unterrichten und könne ihn dadurch vor vollzogene Tatsachen stellen.[934]

[929] Der zweite Zivilsenat nahm insoweit insbesondere Bezug auf die Entscheidung RG I 104/1902 (s.o.), dessen Ergebnis ausführlich wiedergegebene wurde. Des weiteren wurde auf RG II 207/27 (s.o.) und RG V 243/20 (s.o.) auf Bezug genommen.
[930] RGZ 153, (371), 374
[931] RG II 58/1938 vom 22.10.1938 (OLG Düsseldorf) = RGZ 158, (302 Nr. 48), 305 ff. unter ausführlicher Darstellung des Rechtsstreits.
[932] § 116 HGB fordert für die Vornahme außergewöhnlicher Handlungen des persönlich haftenden Gesellschafters einen Beschluß sämtlicher Gesellschafter. (s.o.)
[933] RGZ 158, (302), 307
[934] vgl. RGZ 158, (302), 307

Wiederum ein Jahr später, im Jahr 1939, stellte der zweite Zivilsenat mit **RG II 88/1939**[935] unter Hinweis auf die „ständige Rechtsprechung und der im Schrifttum vertretenen Auffassung" noch einmal klar, daß sowohl die Geschäftsführungsbefugnis als auch die Vertretungsmacht eines Gesellschafters dort seine Grenze findet, wo die Grundlagen des Gesellschaftsverhältnisses in Frage stehen. Sie erstrecke sich nicht auf solche Geschäfte, welche das innere Verhältnis der Gesellschafter zueinander betreffen.[936] Aus diesem Grund sei die Vertretungsmacht eines Gesellschafters bei Änderungen des Gesellschaftsvertrages ausgeschlossen, wozu der zweite Zivilsenat auch die Aufnahme eines neuen Gesellschafters zählte.

IV.1.b Der Bundesgerichtshof:

1980 nahm der **zweite Zivilsenat** des Bundesgerichtshofs in zwei Entscheidungen Stellung zu dem hier erörterten Problem.

In **BGH II ZR 41/1979**[937] stellte er klar, daß die Beitrittsverhandlungen und –abschlüsse mit neu zu werbenden Gesellschaftern grundsätzlich überhaupt nicht zu den dem Geschäftsführer obliegenden Geschäftsführungsmaßnahmen gehören. Sie seien weder gewöhnliche noch ungewöhnliche Geschäfte im Sinne des § 116 HGB und würden vielmehr die personelle und finanzielle Grundlage der Gesellschaft betreffen. Auch der zweite Zivilsenat forderte daher bei Eintritt eines neuen Gesellschafters in eine Personengesellschaft grundsätzlich einen Vertragsschluß mit allen bisherigen Gesellschaftern.

In **BGH II ZR 88/1979**[938] betonte derselbe Zivilsenat noch im gleichen Jahr, daß bei Geschäften, welche die Organisation der Gesellschaft betreffen, bei sogenannten „Grundlagengeschäften", gemäß §§ 119, 161 Abs. 2 HGB alle Gesellschafter mitzuwirken haben. Bei solchen Geschäften sei, soweit der Gesellschaftsvertrag keine Ausnahme vorsieht, die Zustimmung sämtlicher Gesellschafter erforderlich. Letzteres wurde noch einmal 1986 durch **BGH II ZR 169/1985** bestätigt.[939]

Der Bundesgerichtshof lag insoweit auf einer Linie mit der Rechtsprechung des Reichsgerichtes. Neu entwickelt hat der Bundesgerichtshof lediglich den Begriff des Grundlagengeschäfts, welcher die Organisation einer Personengesellschaft

---

[935] RG II 88/1939 vom 20.12.1939 (KG Berlin) = RGZ 162, (370 Nr. 60), 374
[936] Unter Hinweis auf Rspr. (RG I 104/02, II 329/17, II 207/27; s.o.) und Literatur (Geßler, Könige, Ritter; s.u.).
[937] BGH II ZR 41/79 vom 11.02.1980 (KG Berlin) = BGHZ 76, (160 Nr. 20), 164 = DB 1980, (1114), 1115
[938] BGH II ZR 88/1979 vom 24.03.1980 (OLG Stuttgart) = BGHZ 76, (338 Nr. 44), 342 f. In dieser Entscheidung wurde die Wahl des Abschlußprüfers als Grundlagengeschäft bezeichnet.
[939] BGH II ZR 169/1985 vom 02.06.1986 (KG Berlin) = WM 1986, 1109 f.

betrifft. Da ein solches Geschäft weder als gewöhnliches noch ungewöhnliches Geschäfte angesehen wurde, kann sich ihre Wirksamkeit auch nicht nach den Vorschriften über die Geschäftsführung oder Vertretung der Gesellschaft richten. Dies hat sowohl das Reichsgericht als auch der Bundesgerichtshof ausdrücklich festgestellt.

Das Reichsgericht und der Bundesgerichtshof hatten entschieden, daß für die wirksame Aufnahme eines neuen Gesellschafters die Zustimmung aller Gesellschafter, in einer Kommanditgesellschaft auch die der Kommanditisten, notwendig ist. Als Grundlagenentscheidung für dieses Ergebnis kann insofern die Entscheidung des ersten Zivilsenats des Reichsgerichts von 1902 **RG I 104/1902** angesehen werden. Die spätere Rechtsprechung bestätigte diese, indem sie sich, wie Düringer, auf sie ausdrücklich berief oder diese fortführte.

Düringer war zwar nicht Berichterstatter der Entscheidung von 1902 gewesen, allerdings bereits zu diesem Zeitpunkt Angehöriger des erkennenden Zivilsenats des Reichsgerichts. Er selbst bestätigte die Entscheidung später jedoch selbst, als Berichterstatter von RG I 668/1904, wie auch mehrmals sein Senat, dem er angehörte. Düringer war insofern an der Entwicklung des hier erörterten Problems in der Rechtsprechung maßgeblich beteiligt.

IV.2 Die Literatur:

In der Literatur wurde sich auch nach Veröffentlichung Düringers Entscheidung zunächst nur sehr wenig mit dem Problem der eigenmächtigen Aufnahme eines weiteren Gesellschafters, insbesondere eines neuen Kommanditisten, auseinandergesetzt.

Makower erklärte 1906[940] im Rahmen seiner Erläuterung zu der Vorschrift des § 116 HGB, daß die Aufnahme eines stillen Gesellschafters nicht zum gewöhnlichen Betrieb gehört. Die Aufnahme eines weiteren Kommanditisten blieb dagegen unerwähnt.

Gutmann stellte ein Jahr später fest, daß der Komplementär den Beitritt eines Dritten zur Gesellschaft mit diesem nicht allein vereinbaren kann, und berief sich insofern auf die damalige Rechtsprechung des ersten Zivilsenats des Reichsgerichts[941], wobei auch Düringers Urteil Beachtung fand.[942] Gutmann forderte für den Beitritt eines neuen Gesellschafters eine Vereinbarung unter sämtlichen Gesellschafter, da sowohl die offene Handelsgesellschaft als auch die

[940] Makower: HGB 13. (1906) § 116. II. b S. 305
[941] RG I 104/1902 (s.o.), RG I 251/1903 (s.o.) und RG I 668/1904 (s.o.)
[942] Gutmann: Das HGB (1907) § 164, 4 S. 173

Kommanditgesellschaft wie die Gesellschaft des bürgerlichen Rechts einen Gesellschaftsvertrag unter bestimmten Gesellschaftern erfordert.[943]

1910 schloß sich **Ritter** dieser Auffassung für die Aufnahme eines neuen „offenen Gesellschafters" oder eines Kommanditisten an. Auch er berief sich insoweit auf die damalige Rechtsprechung des ersten Zivilsenats des Reichsgerichts, insbesondere auch auf die Entscheidung Düringers.[944] In bezug auf die offene Handelsgesellschaft wies er 1910 darauf hin, daß der Vertreter nicht das Wesen der Vermögensmasse dadurch abändern kann, daß er einen Dritten den Eintritt in die offene Handelsgesellschaft einräumt.[945]

1932 begründete Ritter sein Ergebnis damit, daß dies eine Veränderung des Gesellschaftsvertrags ist, die auch der vertretungsbefugte Gesellschafter „selbstverständlich" nicht vornehmen könne.[946] Die Aufnahme eines stillen Gesellschafters durch einen zur Vertretung berechtigten Gesellschafter hielt Ritter dagegen für möglich.[947]

In der Folgezeit stellten immer mehr Autoren wie Gutmann und Ritter das Ergebnis des Reichsgerichts dar. So folgten seit 1911 **Litthauer / Mosse**[948], 1911 **Brand**[949] und 1912 **Heilfron**[950] der Rechtsprechung des Reichsgerichts.

943 Gutmann: Das HGB (1907) § 105, 3 S. 120 unter Hinweis auf ROHG 131/1874 (s.o.) und RG I 104/1902 (s.o.)

944 Ritter: HGB (1910) § 161, 2 S. 208 unter Hinweis auf RG I 104/1902 (s.o.), RG 251/1903 (s.o.) und RG I 668/1904 (s.o.); des weiteren auf RG I 411/1904 (s.o.) zur Ausbedingung des Rechts, einen Dritten als Gesellschafter aufzunehmen.

945 Ritter: HGB (1910) § 126, 1 S. 173 unter Hinweis auf RG I 104/1902 (s.o.) und RG I 251/1903 (s.o.)

946 Ritter: HGB 2. (1932) § 126, 2. b S. 297 unter Hinweis auf RG I 104/1902 (s.o.), RG I 251/1903 (s.o.), RG II 329/1917 (s.o.) und RG II 430/26 (s.o.)

947 Ritter: HGB (1910) § 126, 1 S. 173; 2. (1932) § 126, 2. b S. 297

948 Litthauer-Mosse: HGB § 105, 1 14. (1911) S. 98, 16. (1920) S. 120: Sie forderten allgemein - unter Hinweis auf RG I 104/02 (s.o.) und später noch auf RG II 329/17 (s.o.) - zu dem Beitritt eines neuen Gesellschafters in eine schon bestehende Gesellschaft die Zustimmung sämtlicher Gesellschafter, auch der nicht geschäftsführenden.

949 Brand: HGB (1911) § 164, 2c S. 439 unter Hinweis auf RG I 104/1902 (s.o.), RG I 411/1904 (s.o.) und RG I 668/1904 (s.o.): Die Kommanditisten müssen ihre Zustimmung geben, wenn die persönlich haftenden Gesellschafter einen Dritten in die Kommanditgesellschaft aufnehmen wollen.

950 Heilfron: Lehrbuch des Handelsrechts 2. (1912) 1. Band § 29. d. 1 S. 363 unter Hinweis auf RG I 104/02: Zur Aufnahme eines weiteren Gesellschafters oder Kommanditisten bedarf der geschäftsführende Gesellschafter der Zustimmung aller übrigen Gesellschafter. Ed Heilfron (1860 – 1938), jüdischer Richter zunächst am Amtsgericht Nauen bei Berlin später am Amtsgericht Berlin-Mitte und Honorarprofessor an der Berliner Handelshochschule, bedeutender Verfasser juristischer Lehrbücher (fast die gesamte Grundrißliteratur im juristischen Bereich zwischen 1900 und 1933 stammte von Heilfron). Quelle: Landau: Juristen jüdi-

Lehmann vertrat die gleiche Auffassung, setzte sich allerdings 1914 mit diesem Problem ausführlicher auseinander.[951] Für ihn waren alle Ansprüche des einzelnen Gesellschafters aus dem Recht höchstpersönlicher Art und demnach weder im ganzen noch in anderer Weise einseitig übertragbar. Danach würde sich von selbst ergeben, daß ein Gesellschafter ohne die Zustimmung der übrigen Gesellschafter einen Dritten nicht in die Gesellschaft aufnehmen kann. Der Gesellschaftsvertrag sei nur unter den ursprünglichen Gesellschaftern abgeschlossen. Die Aufnahme eines Dritten stelle dagegen den Abschluß eines neuen Gesellschaftsvertrags zwischen den bisherigen Gesellschaftern und dem neu aufzunehmenden dar. Dies gelte auch für die Aufnahme eines Kommanditisten. Einen stillen Gesellschafter könne der zur Vertretung befugte Gesellschafter allerdings wirksam aufnehmen.[952]

Lehmann erklärte weiterhin, daß sich die zur Aufnahme eines Dritten erforderliche Zustimmung der übrigen Gesellschafter nach den allgemeinen Grundsätzen, nach §§ 182-184 BGB, richte. Sie könne gemäß § 182 Abs. 1 BGB sowohl gegenüber dem Gesellschafter als auch gegenüber dem Dritten und darüber hinaus auch von vornherein im Gesellschaftsvertrag erteilt werden.

Flechtheim forderte seit 1917, in dem von **Düringer** selbst zusammen mit **Hachenburg** herausgegebenen Kommentar, für die Aufnahme eines neuen Teilhabers, Komplementäres oder Kommanditisten die Zustimmung des Kommanditisten, da diese eine Änderung des Gesellschaftsvertrags darstellen würde. Er begründete dies allgemein damit, daß an Handlungen, welche die Grundlagen des Gesellschaftsverhältnisses betreffen und die gegenüber den Maßnahmen der Geschäftsführung abzugrenzen sind, der Kommanditist ebenso wie die persönlich haftenden Gesellschafter beteiligt sind. Der Ausschluß des Kommanditisten von der Mitwirkung gemäß § 164 HGB beziehe sich nur auf die eigentliche Geschäftsführung, auf Handlungen, die sich als Bestätigung der gemeinsamen Wirtschaftsorganisation in bezug auf den Gesellschaftszweck darstellen.[953] Speziell zu dem Eintritt eines neuen Kommanditisten hob Flechtheim hervor, daß dadurch der individuelle Charakter der Gesellschaft geändert werde und der persönliche Einfluß eines Kommanditisten nicht gering sei.[954]

Nach Flechtheim konnte der vertretungsbefugte Gesellschafter lediglich einen stillen Gesellschafter aufnehmen, da dieser im Gegensatz zu einem Kommandi-

scher Herkunft im Kaiserreich und in der Weimarer Republik, in: Deutsche Juristen jüdischer Herkunft, hrsg. von Heinrich / Franzki / Schmalz / Stolleis 1993 S. 159

951 Lehmann / Ring-Lehmann: HGB 2. (1914) § 109, 6 S. 350 f.

952 vgl. auch Lehmann: Lehrbuch des Handelsrechts 2. (1912) § 67, 3 Fn. 3 S. 358

953 vgl. Düringer / Hachenburg-Flechtheim: HGB § 164, 2 2. (1917) S. 818, 3. (1932) S. 1088. In der ersten Auflage des Kommentars von Hachenburg und Düringer wurde sich mit dieser Thematik nicht auseinandergesetzt.

954 Düringer / Hachenburg-Flechtheim: HGB § 173, 2 2. (1917) S. 871, 3. (1932) S. 1148

tisten nicht in die Gesellschaft eintrete und der Mitgliedskreis der Gesellschaft dadurch nicht verändert werde. Der stille Gesellschafter trete zu der Gesellschaft in ein besonderes Gesellschaftsverhältnis.[955]

Diesem Ergebnis, daß der vertretungsbefugte Gesellschafter einen stillen Gesellschafter aber keinen Kommanditisten oder Komplementär in die Gesellschaft aufnehmen kann, schloß sich 1931 **Schwarz** an.[956] Gleiches wurde bei **Könige** unter Hinweis darauf, daß zur Änderung des Gesellschaftsvertrags, der die natürliche Schranke der Vertretungsmacht darstellen würde, alle Gesellschafter, auch die von der Geschäftsführung oder Vertretung ausgeschlossenen, mitwirken müssen, vertreten.[957]

Hoeniger[958] und **Wieland**[959] äußerten dagegen 1921, daß weder ein Komplementär, noch ein Kommanditist und auch kein stiller Gesellschafter ohne die Zustimmung der übrigen Gesellschafter in die Gesellschaft aufgenommen werden kann. **Hoeniger** wies dabei darauf hin, daß durch die Aufnahme eines Dritten gesellschaftliche Geschäftsführungs- oder Kontrollrechte begründet werden. Ansprüche der Gesellschafter aus dem Gesellschaftsverhältnis seien allerdings nicht einseitig übertragbar.

Für **von Gierke** hatte 1926 die Geschäftsführung, und insofern § 164 HGB[960], nichts mit Handlungen zu tun, welche die gesellschaftlichen Grundlagen betreffen,[961] wie beispielsweise bei Änderungen des Gesellschaftsvertrags, bei denen ein Beschluß sämtlicher Gesellschafter erforderlich sei.[962] Seit 1949

---

[955] Düringer / Hachenburg-Flechtheim: HGB 2. (1917) § 126, 3 S. 471 zur Vertretungsmacht in der OHG

[956] Neufeld / Schwarz-Schwarz: HGB (1931) § 126, 1 S. 346, der sich Flechtheim und Ritter anschloß. Als Gegenansicht wurde Staub und ROHG I 131/1874 und RG I 251/1903 aufgeführt. (s.o.)

[957] Könige: Handausgabe des HGB § 126, 1 2. (1929), 3. (1931) S. 242, 4. (1936) S. 51 II unter Hinweis auf RG I 104/02, II 329/17, V 243/20, II 207/27 (s.o. Rspr.)

[958] Lehmann-Hoeniger: Lehrbuch des Handelsrechts 1. Halbband (1921) § 47. 3 S. 242 und Fn. 5, wo er darauf hinwies, daß bei einem stillen Gesellschafter im Mittelalter vielfach etwas anderes gegolten habe. In bezug auf den Kommanditisten unter Hinweis auf ROHG I 131/1874 (s.o.) und RG I 104/1902 (s.o.)

[959] Wieland: Handelsrecht 1. Band (1921) § 49. 1 S. 590 und Fn. 26.

[960] vgl. von Gierke: Handelsrecht § 35. VII. 1. a 2. (1926) S. 175, so auch später 3. (1929) S. 221, 4. (1933) S. 252; 5. (1941) § 52. VII. 1. a. β S. 121

[961] von Gierke: Handelsrecht § 32. II. 1. a 2. (1926) S. 140, so auch später 3. (1929) S. 185, 4. (1933) S. 215

[962] von Gierke: Handelsrecht 5. (1941) § 52. III. 2. a S. 122; § 33. III. 2. a 6. (1949) S. 175, 8. (1958) S. 199. Die Zustimmung der Kommanditisten ist hierbei erforderlich: vgl. auch 5. (1941) § 56. VI. 1. a S. 153; § 37. VI. 1. a 6. (1949) S. 204, 8. (1958) S. 231

zählte von Gierke schließlich die Aufnahme eines neuen Gesellschafters zu einer solchen Veränderung der gesellschaftlichen Grundlagen.[963]

Auch andere Autoren, wie **Heinsheimer**[964], **Würdinger**[965], **Martens**[966], **Hopt**[967], **Fahse**[968] und **von Gerkan** unterschieden in gleicher Weise streng zwischen Handlungen der Geschäftsführung und solchen, die die Grundlage der Gesellschaft betreffen. **Heinsheimer** stellte daher 1930 den Kommanditist bei Akten, die nicht zur Geschäftsführung gehören, sondern das Gesellschaftsverhältnis selbst berühren, dem Komplementär gleich.[969] Für **Würdinger** war 1937 bei Handlungen, welche die Grundlage der Gesellschaft betreffen, der Gesellschaftsvertrag selbst Objekt der Maßnahmen und daher eine vertragliche Einigung aller Gesellschafter notwendig.[970] Auch **Martens** forderte 1986 für diese „Grundlagengeschäfte", die alle Änderungen des Gesellschaftsvertrages sowie der zwischen den Gesellschaftern bestehenden Rechtsbeziehungen beträfen, die Zustimmung aller Gesellschafter, sofern im Gesellschaftsvertrag keine anderweitige Regelung getroffen ist.[971] Die Aufnahme eines Gesellschafters führten Heinsheimer, Würdinger und Martens hierbei allerdings nicht auf. **Hopt** zählte seit 1983 die Grundlagengeschäfte, die das Gesellschaftsverhältnis selbst gestalten, weder zu den gewöhnlichen noch außergewöhnlichen Geschäfte der Geschäftsführung. Er verlangte für diese die Zustimmung aller Gesellschafter, sofern der Gesellschaftsvertrag nichts anderes vorsieht.[972] **Bohnenberg** äußerte sich bereits 1980 in gleicher Weise, erwähnte hierbei allerdings ausdrücklich auch die Aufnahme eines Gesellschafters.[973] Auch **Renkl** und der spätere Bearbeiter **Stuhlfelner** ordneten die Aufnahme eines Gesellschafters nicht der Geschäftsführung zu, sondern bezeichneten sie als eine Maßnahme, die sich auf die Grundlagen des Gesellschaftsvertrags bezieht.[974] **Fahse** forderte 1997 für Grundlagengeschäfte, nämlich solchen Handlungen, welche die gesellschaftliche Grundlage verändern, wozu er auch den Ausschluß eines Gesellschafters zählte, gemäß § 161 Abs. 2 in Verbindung mit § 119 HGB die

---

963 von Gierke: Handelsrecht 6. (1949) § 33. III. 1. 1 S. 173; 8. (1958) § 33. I. 1. 1. S. 196

964 Heinsheimer: Über die Teilhaberschaft (1930) S. 123 und Fn. 36

965 Würdinger: Gesellschaften (1937) S. 153

966 Schlegelberger-Martens: HGB 5. (1986) § 164, 4 S. 109

967 Baumbach / Duden / Hopt-Hopt: HGB § 116. C 25. (1983) S. 393; 28. (1989) S. 415

968 Bandasch / GK-HGB-Fahse 5. (1997) § 164, 14 S. 706

969 Heinsheimer: Über die Teilhaberschaft (1930) S. 123 und Fn. 36 unter Hinweis u. a. auf Flechtheim und Pinner

970 Würdinger: Gesellschaften (1937) S. 153

971 vgl. Schlegelberger-Martens: HGB 5. (1986) § 164, 4 S. 109

972 Baumbach / Duden / Hopt-Hopt: HGB § 116. C 25. (1983) S. 393, 28. (1989) S. 415 unter Hinweis auf BGH II ZR 41/79 (s.o.)

973 Bohnenberg: HGB (1980) § 116. I S. 382 f. unter Hinweis auf RG II 88/39 (s.o.)

974 Glanegger-Renkl: HGB 2. (1990) Einleitung I vor § 161, 2 S. 695; -Stuhlfelner 3. (1993) S. 482 und 4. (1996) S. 509 unter Hinweis auf BGH II ZR 41/79 (s.o.)

Zustimmung aller Gesellschafter, weil diese überhaupt keine Maßnahmen der Geschäftsführung seien.[975]

Auch **von Gerkan** rechnete die Grundlagenangelegenheiten, welche insbesondere die Gestaltung und die Änderung des Gesellschaftsvertrags, aber auch sonst das Rechtsverhältnis der Gesellschafter untereinander betreffen, wozu er auch die Aufnahme von Gesellschaftern zählte, nicht zum Bereich der Geschäftsführung, und verlangte hierfür vorbehaltlich einer anderweitigen Regelung im Gesellschaftsvertrag grundsätzlich die Zustimmung aller Gesellschafter.[976]

Für **Horn** betrafen die Grundlagengeschäfte die auf dem Gesellschaftsvertrag beruhenden Rechtsbeziehungen der Gesellschafter untereinander und gehörten nicht zur Geschäftsführung. Die Aufnahme eines neuen Gesellschafters zählte er zu den ungewöhnlichen Grundlagengeschäften.[977] Da § 164 HGB keine Aussage über das Stimmrecht bei Grundlagengeschäften treffe, hätten bei solchen Geschäften grundsätzlich alle Gesellschafter Stimmrecht gemäß §§ 161 Abs. 2, 119 HGB.[978] Horn forderte daher für den Eintritt neuer Gesellschafter in die Kommanditgesellschaft grundsätzlich den Vertragsschluß mit allen Gesellschaftern.[979]

Weipert erklärte sowohl 1942 als auch 1950, daß zur Änderung des Gesellschaftsvertrages, insbesondere zur Aufnahme neuer Gesellschafter, bei einer offenen Handelsgesellschaft und einer Kommanditgesellschaft die Zustimmung aller Gesellschafter, auch der Kommanditisten erforderlich ist, soweit der Gesellschaftsvertrag nicht Änderungen vorsieht.[980] **Weipert** und später **Schilling** führten weiter aus, daß der Kommanditist durch § 164 HGB nur von der Geschäftsführung ausgeschlossen ist. Darüber hinaus sei er bei allen anderen Handlungen, die das innere Leben der Gesellschaft, insbesondere die Grundlage des Gesellschaftsverhältnisses zum Gegenstand haben, gleichberechtigt mit den persönlich haftenden Gesellschaftern. Zu solchen Handlungen zählten beide die

---

975 Bandasch / GK-HGB-Fahse 5. (1997) § 164, 14 S. 706

976 Röhricht / von Westphalen-von Gerkan: HGB (1998) § 164, 6 S. 1399 unter Hinweis auf BGH II ZR 41/79 (s.o.) in Fn. 8 und BGH II ZR 169/85 (s.o.) in Fn. 9. und (1998) § 114, 2 S. 1104 unter Hinweis auf BGH II ZR 41/79 (s.o.) in Fn. 4

977 Heymann-Horn: HGB § 164, 7 (1989) S. 398; 2. (1996) S. 526 unter Hinweis auf BGH II ZR 41/79

978 Heymann-Horn: HGB (1989) § 164, 8 S. 399; 2. (1996) § 164, 8 S. 526 unter Hinweis in Fn. 5 auf u. a. RG II 88/39; BGH II ZR 41/79, II ZR 88/79; (s.o.)

979 Heymann-Horn: HGB § 161, 109 (1989) S. 360, 2. (1996) S. 475

980 HGB-RGRK-Weipert (1942) § 163, 8 S. 534; 2. (1950) § 163, 2 (Nr. 8) S. 582 unter Hinweis auf RG I 104/1902 (s.o.), RG II 207/27 (s.o.) und RG I 668/1904 (s.o.), 1950 noch RG II 88/39 (s.o.).

Mitwirkung bei sämtlichen Gesellschafterbeschlüssen, wie bei der Aufnahme von Gesellschaftern, insbesondere von Kommanditisten.[981]

Westermann forderte seit 1972 für die Aufnahme eines weiteren Gesellschafters den Abschluß eines Aufnahmevertrages,[982] der seiner Natur nach ein Gesellschaftsvertrag sei und deshalb zwischen allen Gesellschaftern der bestehenden Gesellschaft und dem aufzunehmenden Gesellschafter, und nicht etwa zwischen dem aufzunehmenden Gesellschafter und der Gesellschaft, geschlossen werden müsse. Genau genommen sei der Aufnahmevertrag für den Aufgenommenen Abschluß eines Gesellschaftsvertrags und für die übrigen Gesellschafter Änderung des alten Gesellschaftsvertrags, selbst wenn die materielle Regelung unverändert bleibe. Westermann wies darauf hin, daß deshalb die gesellschaftliche Geschäftsführung und Vertretung keine Rolle spielen. Zulässig sei es, daß ein Gesellschafter die anderen Gesellschafter hierbei vertritt, wozu allerdings eine besondere Vertretungsmacht erforderlich sei, da die Vertretung der Gesellschaft aufgrund von § 125 HGB hierzu nicht ausreiche.[983]

Koller klammerte 1996 von der Geschäftsführung diejenigen Tätigkeiten aus, die keinen Bezug zum Gesellschaftszweck besitzen oder die auf die Grundlagen der Tätigkeit, Organisation und Zusammensetzung der Gesellschaft[984] oder auf die Rechtsbeziehungen der Gesellschafter untereinander bezogen sind.[985] An solchen Grundlagengeschäften seien die Kommanditisten nach abdingbarem Recht uneingeschränkt beteiligt.[986]

Geßler zählte die Aufnahme eines neuen Gesellschafters zu den ungewöhnlichen Betriebsgeschäften[987], die in einer offenen Handelsgesellschaft sämtliche Gesellschafter, auch die von der Geschäftsführung ausgeschlossenen, gemäß § 116 HGB beschließen müssen[988]. Geßler löste dieses Problem insoweit über eine Vorschrift der Geschäftsführung. Da er § 116 HGB auch für die Kommanditgesellschaft für anwendbar erklärte,[989] galt für ihn gleiches für die Aufnahme

[981] HGB-RGRK-Weipert 2. (1950) § 164, 4 S. 584; Schilling 3. (1970) § 164, 3 S. 155
[982] Westermann: Personengesellschaftsrecht Rn. 383 (1972) S. I 273; 2. (1973) S. I 272 f. ; 3. (1975) S. I 272 f. ; 4. (1979) S. I 273
[983] Westermann: Personengesellschaftsrecht Rn. 384 (1972), 2. (1973), 3. (1975) S. I 273 f. ; 4. (1979) S. I 273 unter Hinweis auf RG II 207/27 (s.o.)
[984] Koller bezeichnete dies als herrschende Meinung
[985] Koller / Roth / Morck-Koller: HGB (1996) § 114, 2 S. 296
[986] Koller / Roth / Morck-Koller: HGB (1996) § 164, 4 S. 405 f.
[987] Schlegelberger-Geßler: HGB § 116, 1 (1939) S. 502 f. , 2. (1950) S. 617, 3. (1955) S. 897, 4. (1963) S. 1065 f.
[988] Schlegelberger-Geßler: HGB § 116, 2 (1939) S. 503, 2. (1950) S. 617, 3. (1955) S. 897, 4. (1963) S. 1066
[989] Schlegelberger-Geßler: HGB (1939) § 164, 2 S. 699; § 164, 3 2. (1950) S. 857 f. , 3. (1955) S. 1149, 4. (1965) S. 1351

eines weiteren Kommanditisten. Geßler stellte klar, daß auch die Vertretungsmacht nicht zur Aufnahme eines neuen Gesellschafters ausreiche.[990]

Pinner[991] stellte seit 1906 klar, daß sich die Vertretungsmacht eines Gesellschafters nicht auf die Aufnahme eines neuen Gesellschafters, Kommanditisten oder stillen Gesellschafters oder auf sonstige Änderungen des Gesellschaftsvertrags erstreckt. Dies wäre eine Veränderung der inneren Zusammensetzung der Gesellschaft, die ohne Zustimmung aller Gesellschafter unzulässig ist.[992] Eine Vereinbarung des geschäftsführenden Gesellschafters, einen Dritten als Gesellschafter aufzunehmen, sei daher nichtig.[993]

Heun erklärte sowohl 1941 als auch 1944 zu diesem Problem lediglich, daß der Eintritt eines Kommanditisten in eine offene Handelsgesellschaft oder Kommanditgesellschaft nur durch Vertrag mit allen Gesellschaftern, auch der Kommanditisten, möglich ist.[994] Noch kürzer faßten sich **Heymann** und **Kötter**, die zur gleichen Zeit in bezug auf ein Recht des Kommanditisten auf die Entscheidung Düringers verwiesen.[995]

IV.2.a Die Entwicklung in der Literatur – Zusammenfassung:

Einig waren sich alle Autoren, daß die Aufnahme eines Komplementäres oder eines Kommanditisten in eine schon bestehende Gesellschaft die Zustimmung aller Gesellschafter verlangt. Uneinigkeit bestand hierbei lediglich bei der rechtlichen Herleitung dieses Ergebnisses.

Während wenige Autoren die Aufnahme eines weiteren Gesellschafters als außergewöhnliches Geschäft bezeichneten und dies über die Vorschriften der Geschäftsführung lösten, kristallisierte sich im Laufe der Zeit immer mehr als herrschende Auffassung heraus, daß die Aufnahme eines Gesellschafters eine

---

990 vgl. Schlegelberger-Geßler: HGB § 126, 7 (1939) S. 541, 2. (1950) S. 666, 3. (1955) S. 950, 4. (1965) S. 1125 unter Hinweis auf RG I 104/1902 (s.o.), RG II 329/1917 (s.o.) und RG II 207/1927 (s.o.)

991 Staub-Pinner: HGB § 126, 2 8. (1906) S. 478, 9. (1912) S. 536, 10. (1920) und 11. (1921) S. 613, 12./13. (1926) S. 682 f. , 14. (1932) S. 720

992 vgl. auch Staub-Pinner: HGB § 163, 10 und § 173, 1 8. (1906) S. 588/605, 9. (1912) S. 655/674, 10. (1929) und 11. (1921) S. 738/758, 12./13. (1926) S. 816/836, 14. (1932) S. 859/879: Die Aufnahme neuer Gesellschafter bedarf stets der Zustimmung aller Beteiligten, auch der Kommanditisten.

993 Unter Hinweis auf RG 104/1902 (s.o.), RG I 251/03, RG V 243/20 (s.o.) (und seiner Anmerkung hierzu) und RG II 430/26 (s.o.).

994 Heun: HGB (1941) S. 96 Fn. 98 zu § 162; 2. (1944) S. 105 Fn. 14 zu § 162 unter Hinweis auf RG II 207/27 (s.o.) und (1941) S. 68 Fn. 74 zu § 105; 2. (1944) S. 74 Fn. 87 zu § 105 unter Hinweis auch noch auf RG II 122/36

995 vgl. Heymann-Kötter: HGB (1940) § 161, 1 S. 193; 2. (1944) § 161, 2 S. 200

Änderung des Gesellschaftsvertrages bedeute, die sämtliche Gesellschafter einheitlich vereinbaren müssen. Bezüglich letzteren Meinung ist dabei auffallend, daß sich die meisten Autoren an der damaligen Rechtsprechung orientierten und sich ihr anschlossen.

Bei der Aufnahme eines stillen Gesellschafters war man sich dagegen lange Zeit uneins. Hierbei vertraten einige Autoren[996], daß der vertretungsbefugte Gesellschafter diese ohne die Mitwirkung der übrigen Gesellschafter wirksam vornehmen kann. Als herrschende Lehre setzte sich schließlich auch hier durch, daß alle Gesellschafter mitwirken müssen.

IV.3 Das Mitwirkungsrecht der Kommanditisten bei außergewöhnlichen Geschäften - das Verhältnis von § 164 HGB gegenüber § 116 HGB[997]

Bezüglich der Mitwirkungsmöglichkeiten des Kommanditisten bei Geschäften des Komplementäres, die über den gewöhnlichen Betrieb des Handelsgewerbes der Gesellschaft hinausgehen, herrschte in der Literatur zunächst weiterhin Streit.

Die einen beriefen sich auf den Wortlaut des § 164 HGB und gaben den Kommanditisten bei außergewöhnlichen Geschäften des persönlich haftenden Gesellschafters nur ein Widerspruchsrecht[998]. Einige Autoren betonten hierbei, daß § 164 HGB nur im Innenverhältnis der Gesellschafter untereinander gelte und sich nicht auf die Wirksamkeit der trotz Widerspruch vorgenommenen

---

[996] Ritter, Flechtheim, Schwarz und bei Könige (s.o.)

[997] Da nur sehr wenige Autoren die Aufnahme eines weiteren Gesellschafters über die Regeln der Geschäftsführung lösten, wird der Streit über das Mitwirkungsrecht des Kommanditisten bei außergewöhnlichen Geschäften nur zur Vollständigkeit dargestellt.

[998] Goldmann: HGB (1905) § 164, 8 S. 712; Staub: HGB § 164, 3 6./7. (1900) S. 513, -Pinner 8. (1906) S. 588 f. , 11. (1921) S. 739, 12./13. (1926) S. 816 f. , 14. (1932) S. 860; Ritter: HGB (1910) § 164, 1 S. 210 (später dagegen Befürworter eines Zustimmungsrechts); Brand: HGB (1911) § 164, 2a S. 438 f. ; Heilfron: Lehrbuch des Handelsrechts 2. (1912) 1. Band § 29. d. 1 S. 362, Grundriß des Handelsrechts (1928) 1. Band § 29. d. I S. 96; Lehmann / Ring-Lehmann: HGB 2. (1914) § 164, 1, 2 S. 496; Cosack: Lehrbuch des Handelsrechts 12. (1930) § 23. III. 1 S. 56 f. (entgegen seiner früher vertretenen Ansicht; gleichzeitig auch Befürworter einer Anzeigepflicht für außergewöhnliche Geschäfte und damit Vorbereiter der von Würdinger später vertretenen Mittelmeinung); Dove-Kamnitzer: HGB (1925) § 164, 2 S. 118; von Gierke: Handelsrecht § 35. VII. 1a 2. (1926) S. 175; 3. (1929) S. 221; 4. (1933) S. 252 (später hat sich von Gierke dagegen RG II 58/38 (s.o.) angeschlossen); Könige: HGB § 164, 1 2. (1929) u. 3. (1932) S. 314, 4. (1936) S. 134. II; Goldschmitt: HGB (1929) § 164, 2 S. 170 (h.M.); Heinsheimer: Über die Teilhaberschaft (1930) S. 123; Neufeld / Schwarz-Schwarz: HGB (1931) § 164, 1 S. 441 f.;

außergewöhnlichen Geschäfte auswirke.[999] Diese Meinung galt zwischenzeitlich, so gegen 1930, als herrschende Meinung. Danach fanden sich immer weniger Anhänger. Zuletzt wurde sie noch 1936 vertreten.

Die anderen gewährten den Kommanditisten dagegen ein weiterreichendes Zustimmungsrecht[1000], das sie aus § 116 Abs. 2 HGB ableiteten, da diese Vorschrift durch den § 164 HGB nicht verdrängt werde.

Für **Makower** sprach die Entstehungsgeschichte für ein Zustimmungsrecht, da § 164 HGB sachlich mit Art. 158 ADHGB übereinstimme, der bezüglich Zulässigkeit des Widerspruchs nur auf Art. 99 bis 102 ADHGB verwies, während der jetzige § 116 Abs. 2 HGB aus Art. 103 Abs. 1 ADHGB entnommen sei.[1001]

Ritter berief sich darauf, daß der Gesetzgeber die Kommanditisten nicht schlechter stellen wollte als die von der Geschäftsführung ausgeschlossenen Gesellschafter.[1002] **Flechtheim**[1003], später auch **Hueck**[1004], war der Ansicht, daß

---

[999] vgl. u. a. Heilfron: Lehrbuch des Handelsrechts 2. (1912) 1. Band § 29. d. 1 S. 362, Könige: HGB § 164, 1 2. (1929) u. 3. (1932) S. 314, 4. (1936) S. 134 II und Goldschmitt: HGB (1929) § 164, 2 S. 170.

[1000] Makower: HGB 13. (1906) § 164. II S. 426; Ritter: HGB 2. (1932) § 164, 3 S. 372 (entgegen seiner früheren Ansicht); Lehmann: Handelsrecht 2. (1912) § 66. 6a S. 349; Düringer / Hachenburg-Flechtheim: HGB § 164, 3 2. (1917) S. 818; 3. (1932) S. 1089; Wieland: Handelsrecht (1921) § 69. III S. 752; Cosack: Lehrbuch des Handelsrechts 9. (1922) § 220. I. 4. b S. 491 (hier ohne nähere Begründung; später dagegen Befürworter eines Widerspruchsrechts und Vorbereiter der von Würdinger vertretenen Mittelmeinung); von Gierke: Handelsrecht 5. (1941) § 56. VI. 1. a S. 153; § 37. VI. 1. a 6. (1949) S. 204, 8. (1958) S. 231, der sich damit RG II 58/38 (s.o.) anschloß (entgegen seiner früheren Ansicht); Baumbach: HGB § 164. B (1932) S. 241, 6. (1943) S. 405, -Duden § 164. B 13. (1959) S. 414, 24. (1980) S. 601, -Hopt 25. (1983) S. 521, 28. (1989) S. 556 Ab 6. Auflage unter Hinweis auf RG II 58/38 (s.o.); Heymann / Kötter 4. (1971) § 164, 3 S. 646 (h. M.); Schlegelberger-Geßler: HGB (1939) § 164, 2 S. 699; § 164, 3 2. (1950) S. 857 f. , 3. (1955) S. 1149, 4. (1965) S. 1351, der sich der Auffassung des RG's in RG II 58/38 anschloß; Schlegelberger-Martens: HGB 5. (1986) § 164, 16 S. 114 f. (die seit RG II 58/38 überwiegende Ansicht); Bandasch: HGB § 164, 2 (1960) S. 426, 2. (1973) S. 444, 3. (1980) S. 668, HGB-GK (12/94), HGB-GK-Fahse 5. (1997) § 164, 7, 9 S. 704/705; HGB-RGRK-Weipert § 164, 5 (1942) S. 536 f. , 2. (1950) S. 584 und -Schilling 3. (1970) S. 155 f. , die der Ansicht des RG in RG II 58/38 beitraten; Hueck, A. : Gesellschaftsrecht, 3. (1951) S. 91 (h. L. unter Hinweis auf RG II 58/38); Hueck G.: Gesellschaftsrecht (1983) § 18. V. 1 S. 141 f. (ganz h. M. unter Hinweis auf RG II 58/38); Bohnenberg: HGB (1980) § 164. II S. 506 (h. M.); Heymann: HGB § 164, 4 (1989) S. 398, 2. (1996) S. 525; Glanegger: HGB § 164, 1 2. (1990) S. 708, HGB-HD-Stuhlfelner 3. (1993) S. 494 f. , 4. (1996) S. 521; Koller / Roth / Morck-Koller: HGB (1996) § 116, 2 S. 303; Röhricht / von Westphalen-von Gerkan: HGB (1998) § 164, 4 S. 1399.

[1001] Makower: HGB 13. (1906) § 164. II S. 426

[1002] Ritter: HGB 2. (1932) § 164, 3 S. 372

[1003] Düringer / Hachenburg-Flechtheim: HGB § 164, 3 2. (1917) S. 818, 3. (1932) S. 1089

das Gesetz selbst nicht ausdrücklich regele, welche Rechte der Kommanditist bei ungewöhnlichen Geschäften hat. **Flechtheim** und später **Geßler**[1005] waren davon überzeugt, daß § 164 HS. 2 HGB nur klarstellen will, daß der Kommanditist für die gewöhnlichen Geschäfte nicht nur von der Geschäftsführung ausgeschlossen ist, sondern er darüber hinaus auch kein Widerspruchsrecht habe. Ein bloßes Widerspruchsrecht würde dem Kommanditisten wenig nützen, da der Komplementär nicht verpflichtet sei, ihm vor der Vornahme solcher Geschäfte zu informieren.[1006] **Wieland** sah in der Gegenansicht für die Komplementäre geradezu die Einladung, wichtige Geschäfte hinter dem Rücken der Kommanditisten abzuschließen und ihnen die Geschäftslage zu verheimlichen.[1007] Für **Hueck** würde der Kommanditist dadurch sehr leicht vor vollendeten Tatsachen gestellt werden.[1008] Für **Baumbach** entsprach ein Zustimmungsrecht des Kommanditisten dem Bedürfnis und der inneren Logik.[1009] **Fahse** folgerte dies aus dem Normzweck.[1010]

Für **Martens**[1011] bot ein Widerspruchsrecht dem Kommanditisten ohne entsprechende Informationspflicht des Komplementäres keinen ausreichenden Interessenschutz. Ein effizienter Gesellschafterschutz spreche für ein Zustimmungsrecht, da ein solches zu einem Aufschub der Maßnahme verpflichten würde, während ein Widerspruchsrecht durch den Vollzug des Geschäfts erledigt werden würde. Auf diese Weise werde auch ein Entscheidungskonflikt der Geschäftsführung vermieden, ob sie noch auf den Eingang eines etwaigen Widerspruchs warten oder die geplante Maßnahme schon vollziehen soll.

Weipert[1012] verwies darauf, daß bei außergewöhnlichen Geschäften der Bestand des Unternehmens und die Vermögensinteressen der Gesellschafter betroffen sind. Solche Geschäfte würden daher auch den Kommanditisten in erheblicher Weise berühren. Ein Widerspruchsrecht, auch bei einer entsprechenden Informationspflicht der Komplementäre, würde weniger Gewähr für die Wahrung seiner Interessen bieten als ein Zustimmungsrecht und ihn ohne Vorliegen schwerwiegender Gründe schlechter stellen, als den von der Geschäftsführung ausgeschlossenen persönlich haftenden Gesellschafter. Darüber hinaus würden auch

---

1004 vgl. A. Hueck: Gesellschaftsrecht 3. (1951) S. 91 und später G. Hueck: Gesellschaftsrecht (1983) S. 141 f.

1005 so auch Schlegelberger-Geßler: HGB (1939) § 164, 2 S. 699; § 164, 3 2. (1950) S. 857 f., 3. (1955) S. 1149, 4. (1965) S. 1351

1006 so nicht nur Flechtheim, sondern auch Wieland, Hueck Alfred und Götz

1007 Wieland: Handelsrecht (1921) § 69. III S. 752

1008 Hueck, A. : Gesellschaftsrecht, 3. (1951) S. 91

1009 Baumbach: HGB § 164. B (1932) S. 241, 6. (1943) S. 405

1010 HGB-GK-Fahse 5. (1997) § 164, 7 S. 704

1011 Schlegelberger-Martens: HGB 5. (1986) § 164, 16 S. 114 f.

1012 vgl. HGB-RGRK-Weipert § 164, 5 (1942) S. 536 f. , 2. (1950) S. 584 und später Schilling, der in 3. (1970) S. 155 f. dessen Arbeit und Ansicht übernahm.

die Belange des Unternehmens dem nicht entgegenstehen, da die geschäftsführenden Gesellschafter die gewöhnlichen Geschäfte ohne Zustimmung der Kommanditisten ausführen können. Dies genüge den Bedürfnissen des regelmäßigen Geschäftsverkehrs.

Staub und später **Pinner** waren dagegen davon überzeugt, daß nach dieser Ansicht die gedachte Vorschrift des §164 HS.2 HGB inhaltslos wäre.[1013] Für **Brand** berücksichtigte sie nicht, daß das im § 164 HGB den Kommanditisten eingeräumte Widerspruchsrecht ihnen geringere Befugnisse einräumt, als § 116 Abs. 2 HGB gewährt.[1014] Bei **Könige** war man davon überzeugt, daß sie über das Gesetz hinausgeht.[1015]

Eine Mittelmeinung vertrat dagegen seit 1937 **Würdinger**[1016], der sich 1939 auch **Boesebeck**[1017] anschloß.

Würdinger sprach sich aufgrund der Verschiedenheit der gesetzlichen Fassung des § 164 HGB gegenüber § 116 Abs. 2 HGB und der allgemeinen Stellung des Kommanditisten für ein Widerspruchsrecht des Kommanditisten aus. Aufgrund der gegenseitigen Treuepflicht der Gesellschafter befürwortete er allerdings eine Hinweispflicht des persönlich haftenden Gesellschafters vor Durchführung einer außerordentlichen Geschäftsführungsmaßnahme, um den Kommanditisten auch die Gelegenheit zum Widerspruch zu geben.

Der Kommanditist wäre dadurch nicht rechtlos, da der unterlassene Hinweis ebenso wie die Nichtbeachtung eines erhobenen Widerspruchs den Komplementär ersatzpflichtig mache. Der Einwand, daß nach dieser Auffassung der Kommanditist schlechter stehe als ein von der Geschäftsführung ausgeschlossener Gesellschafter einer offenen Handelsgesellschaft, sei nicht stichhaltig, da der Kommanditist im Gegensatz zu den Gesellschaftern einer offenen Handelsgesellschaft nur beschränkt haftet. Der einzige praktische Unterschied gegenüber dem Erfordernis einer ausdrücklichen Zustimmung sei, daß ein Schweigen des Kommanditisten auf die Benachrichtigung nicht als Verweigerung der Zustimmung angesehen werden könne.

[1013] Staub: HGB 6./7. (1900) § 164, 3 S. 513; -Pinner § 164, 3 8. (1906) S. 588 f. , 11. (1921) S. 739, 12./13. (1926) S. 816 f. , 14. (1932) S. 860; dieser Meinung schlossen sich später Goldmann und Brand an. Teilweise wurde dagegen von der Gegenmeinung (1906 Makower, 1917 u. 1932 Flechtheim, 1932 Ritter, 1939-1960 Geßler) die Vorschrift § 164 HS.2 HGB für überflüssig gehalten.

[1014] Brand: HGB (1911) § 164, 2a S. 438 f.

[1015] Könige: HGB 4. (1936) § 164, 1 S. 134 II

[1016] Würdinger: Gesellschaften 1. Teil (1937) S. 152;

[1017] Boesebeck JW 1939, 325 f. „Zur Auslegung des § 164 HGB", wo er sich vor allem mit RG II 58/38 (s.o.) auseinandersetzte.

Boesebeck wies darüber hinaus auf das Widerspruchsrecht des § 115 Abs. 1 HGB als eigenen Rechtsbehelf hin und folgerte gleiches für die Vorschrift des § 164 HGB.[1018]

Als Ausgangspunkt für Würdingers Mittelmeinung könnte man **Cosack** bezeichnen, der bereits 1930 aus § 242 BGB eine Anzeigepflicht für außergewöhnliche Geschäfte zum Schutz des Widerspruchsrechts der Kommanditisten abgeleitet hatte.[1019]

Die Ansicht, die auch dem Kommanditisten bei außergewöhnlichen Geschäften des persönlich haftenden Gesellschafters gemäß § 116 Abs. 2 HGB ein Zustimmungsrecht zugestand, konnte sich mit der Zeit als herrschende Meinung durchsetzen und ist auch heute noch allgemein gültig. Entschieden hat dieser lang andauernde Streit einmal mehr das Reichsgericht.

Nach der Entscheidung des zweiten Zivilsenats RG II 58/1938 von 1938 fanden sich weder in der Rechtsprechung noch in der Literatur Anhänger der Gegenauffassung, welche dem Kommanditisten lediglich nach § 164 HGB ein Widerspruchsrecht einräumten. Ein Jahr zuvor entstand noch die Mittelmeinung Würdingers, die sich allerdings auch nicht durchsetzen konnte.[1020] RG II 58/1938 kann insofern als Grundsatzentscheidung bezüglich der Mitwirkung der Kommanditisten bei außergewöhnlichen Geschäften der Gesellschaft angesehen werden.

V. Ergebnis und Stellungnahme:

Bei der Behandlung des Problems der eigenmächtigen Aufnahme eines weiteren Gesellschafters, insbesondere eines neuen Kommanditisten, hatte die Rechtsprechung die dominierende Rolle.

Ausgangspunkt für die Lösung dieses Problems war die bereits 1902 veröffentlichte Entscheidung des ersten Zivilsenats des Reichsgerichts. Dies spiegelt sich auch dadurch wider, daß sie in bezug auf das hier erörterte Problem am

[1018] vgl. Boesebeck JW 1939, 325

[1019] vgl. Cosack: Lehrbuch des Handelsrechts 12. (1930) § 23. III. 1 S. 56 f.

[1020] Als Anhänger dieser Auffassung findet sich nur 1938 Boesebeck (s.o.). Cosack, der in diese Richtung bereits 1930 tendierte, kann noch als Wegbereiter dieser Meinung aufgeführt werden. Würdinger wurde darüber hinaus zitiert von: 1938 Boesebeck, 1939-1965 Schlegelberger-Geßler, 1986 Schlegelberger-Martens, 1952 Borella, 1972-1979 bei Westermann, HGB-RGRK-Weipert 1950, -Schilling 1970. Stehle / Stehle - Die Gesellschaften 2. (1967) S. 65 II. B. 5. d; 4. (1977) S. 77 f. II. B. 5. d - wiesen ebenfalls, falls man ein Widerspruchsrecht für ausreichend hält, auf eine Hinweispflicht hin.

häufigsten zitiert wurde.[1021] Aber auch die weiteren frühen Entscheidungen des ersten Zivilsenats, darunter auch das Reichsgerichtsurteil Düringers, spielten eine nicht unerhebliche Rolle, halfen sie doch wesentlich dazu bei, die Rechtsprechung zu festigen.

Der erste Zivilsenat hatte zwischen 1902 und 1905 die spätere Entwicklung vorbereitet. Zwischen 1918 und 1939 übernahm der zweite Zivilsenat die Vorreiterrolle, wobei er die Rechtsprechung des ersten Zivilsenats konsequent fortführte. In den achtziger Jahren bezog schließlich der Bundesgerichtshof Stellung zu diesem Problem und führte dabei die Rechtsprechung des Reichsgerichts fort. Neu war lediglich die Bezeichnung der Grundlagengeschäfte in Abgrenzung zu den gewöhnlichen und außergewöhnlichen Geschäften einer Gesellschaft.

Düringer hatte bereits 1904 als selbstverständlich angesehen, daß die Aufnahme eines weiteren Kommanditisten die Zustimmung der übrigen Gesellschafter benötigt. Woraus er dieses Erfordernis ableitete, hatte er nicht ausdrücklich erwähnt. Indem Düringer jedoch hierzu auf die frühere Entscheidung RG I 104/1902 seines Zivilsenats verwies, ist davon auszugehen, daß er wie diese die Aufnahme eines weiteren Gesellschafters als Änderung der inneren Beziehungen der Gesellschafter untereinander, als Abänderung der Grundlage des Gesellschaftsverhältnisses, ansah. Deutlich hervorgehoben hatte Düringer jedenfalls, daß ein persönlich haftender Gesellschafter nicht aufgrund seiner allgemeinen gesellschaftsrechtlichen Vertretungsmacht zur Entscheidung über die Aufnahme weiterer Gesellschafter ermächtigt ist. Die Vertretung der übrigen Gesellschafter ließ er zwar hierbei grundsätzlich zu, verlangte aber dafür eine spezielle Vollmachtserteilung, die nichts mit der allgemeinen Vertretungsmacht für die Gesellschaft gemein hat.

Düringers Ausführungen von 1904 sind insofern mit der heutigen absolut herrschenden Meinung in der Rechtsprechung und Lehre zuzustimmen. Düringer kam damals nicht nur zu dem richtigen Ergebnis, sondern leitete dieses auch zutreffend her. Mit der Geschäftsführung und der Vertretung der Gesellschaft hat die Aufnahme weiterer Gesellschafter, auch nur die eines Kommanditisten, nichts zu tun.

Die Geschäftsführung betrifft lediglich das Innenverhältnis der Gesellschaft. Die Frage nach der Wirksamkeit einer Gesellschafteraufnahme berührt dagegen das Außenverhältnis und richtet sich insofern nach der jeweiligen Vertretungsmacht des handelnden Gesellschafters. Aber auch diese Vorschriften können im vorliegenden Fall nicht weiterhelfen, da die Grenze der Vertretung eines Gesell-

[1021] Am meisten zitiert wurden folgende Entscheidungen: RG I 104/02 (16), RG I 251/03 und RG II 207/27 (7), die Düringer Entscheidung RG I 668/1904 (6), RG I 243/20, RG II 329/17 und BGH II ZR 41/79 (5), und RG II 88/39 (3), RG I 411/04 (2).

schafters für die übrigen von vornherein erreicht ist, wenn kein Handeln „für" diese, sondern „gegen" diese vorliegt.

Durch die Aufnahme eines weiteren Gesellschafters wird die personelle Situation der Gesellschaft und insofern die inneren Beziehungen der Gesellschafter untereinander insgesamt verändert. Die Gesellschaftsrechte der einzelnen Gesellschafter, wie die Gewinnbeteiligung oder deren Gesellschafts- und Kapitalanteile, werden durch Hinzunahme eines neuen Gesellschafters weiter begrenzt. Eine solche eingreifende Änderung des Gesellschaftsverhältnisses ist daher korrekterweise nur aufgrund der Abänderung des alten oder durch Errichtung eines neuen Gesellschaftsvertrages möglich, was die Mitwirkung aller Betroffenen voraussetzt. Zu der Aufnahme eines neuen Komplementäres oder Kommanditisten müssen somit sowohl die bereits vorhandenen persönlich haftenden Gesellschafter und Kommanditisten als auch der neu hinzutretende Gesellschafter zustimmen.

Gegen die Möglichkeit der eigenmächtigen Aufnahme eines weiteren Gesellschafters durch einen Gesellschafter, auch des geschäftsführenden, spricht bei den Personengesellschaften zudem, daß deren Zusammenschluß gerade auf dem persönlichen Vertrauen der einzelnen Gesellschafter untereinander beruht. Der Fortbestand einer Personengesellschaft ist daher grundsätzlich von deren unveränderten Zusammensetzung abhängig. Würde man die Aufnahme eines weiteren Gesellschafters ohne oder gegen den Willen auch nur eines Gesellschafters zulassen, würde das Vertrauensverhältnis, das gerade die Grundlage des Gesellschaftsverhältnisses zumindest bei den Personengesellschaften bildet, grundlegend zerstört. Eine eigenmächtige Aufnahme eines weiteren Gesellschafters ist daher mit dem Wesen der Personengesellschaften unvereinbar.

Düringer wirkte an der Entwicklung dieses Problems wesentlich mit. Sein Reichsgerichtsurteil RG I 668/1904 war hierbei zwar nicht das Maß aller Dinge – als solche kristallisierte sich mit zunehmender Zeit immer mehr die Entscheidung des ersten Zivilsenats von 1902 RG I 104/1902 heraus –, war aber dennoch bei weitem nicht unbedeutend. Darüber hinaus war er als Senatsangehöriger an den wichtigsten Entscheidungen des ersten Zivilsenats in bezug auf die Entwicklung und Lösung dieses Problems beteiligt.

3.Teil: Zusammenfassung

Adelbert Düringers Einfluß als Richter am Reichsgericht in Leipzig auf dem Gebiet des Personengesellschaftsrechts

Adelbert Düringer war wirklich ein herausragender und bedeutender Jurist seiner Zeit. Er hat nicht nur als Reichsgerichtsrat in Leipzig, als Präsident des Oberlandesgerichts Karlsruhe oder Justizminister von Baden herausragende Stellungen besetzt, sondern hat darüber hinaus Bedeutendes geleistet. Erwähnenswert sind hierbei insbesondere die Mitbegründung eines herausragenden Handelsrechtskommentars seiner Zeit[1022], die Mitbegründung der Leipziger Zeitschrift, die als erfolgreiches Veröffentlichungsblatt von 1907 bis immerhin 1933 Bestand hatte, und die Mitwirkung an der Weimarer Verfassung, insbesondere an deren Grundrechtsteil, um nur die wesentlichsten Arbeiten zu nennen.

Erwähnt werden muß daneben aber auch vor allem sein Wirken als Richter des Reichsgerichts in Leipzig von 1902 bis 1915, insbesondere das auf dem Gebiet Gesellschaftsrecht. Düringer verfaßte in dieser Zeit als Berichterstatter des ersten Zivilsenats des Reichsgerichts 649 Entscheidungen.[1023] Sein jährliches Arbeitspensum betrug damit durchschnittlich 46 Entscheidungen. Dem Gesellschaftsrecht können davon 136 Entscheidungen zugeordnet werden, was einem Anteil von 21 Prozent seiner gesamten Entscheidungen am Reichsgericht entsprach.[1024] Düringer verfaßte damit im Durchschnitt jährlich etwa 10 gesellschaftsrechtliche Entscheidungen. Von den Reichsgerichtsurteilen auf dem Gebiet des Gesellschaftsrechts betrafen die Hälfte die Personengesellschaften, etwa 38 Prozent die Kapitalgesellschaften, acht Prozent die Genossenschaft und vier Prozent den Verein. Man kann daher zu Recht behaupten, daß die Personengesellschaften im Mittelpunkt seines Schaffens als Richter am Reichsgericht in Leipzig auf dem Gebiet des Gesellschaftsrechts standen.

Düringers Arbeiten auf dem Gebiet der Personengesellschaften sind bemerkenswert. Er vertrat in seinen Entscheidungen von 1902 bis 1915 überwiegend Auffassungen, die sich als allgemeingültige oder absolut vorherrschende Meinungen in der Rechtsprechung oder der Literatur etablieren konnten. Von den hier bearbeiteten Entscheidungen Düringers bildet hierbei lediglich das Reichsgerichtsurteil RG I 300/1909/5 vom 22. Juni 1910 eine seltene Ausnahme. Mit

---

[1022] Scherner - Max Hachenburg (1860-1951) Recht des Handels als geordnetes Leben der Wirtschaft, in: Deutsche Juristen jüdischer Herkunft, hrsg. von Heinrichs, Franzki, Schmalz, Stolleis 1993 S. 422 - stellte das Werk zu Recht „in eine Reihe mit den großen Werken der damaligen Zeit"

[1023] Steitz: Adelbert Düringer am Reichsgericht (1995) S. 193

[1024] Steitz kam aufgrund seiner Zuordnung von 141 Entscheidungen zu dem Gesellschaftsrecht - Adelbert Düringer am Reichsgericht (1995) S. 196 - sogar auf fast 22 Prozent.

dieser Entscheidung entfachte Düringer einen Literaturstreit, bei dem sich seine Auffassung nicht durchsetzen konnte. Aber auch wenn er mit seinem hier gewonnenen Ergebnis ausnahmsweise nicht zu überzeugen vermochte, war seine Entscheidung der Ausgangspunkt eines lang andauernden Meinungsbildungsprozesses, mit dem es sich auseinanderzusetzen galt. Düringers Auffassung wurde zuletzt noch 1992, und damit 82 Jahre nach seiner Verkündung erwähnt, und war bei dieser Rechtsfrage die am häufigsten zitierte Meinung. Düringer gelang es insofern auch mit einer wenig überzeugenden Entscheidung die Rechtslage nachhaltig zu beeinflussen.

Naturgemäß brachten nicht alle seine Entscheidungen grundlegende Neuerungen. Nicht immer betrat Düringer auch bei der Bearbeitung seiner Rechtsfälle neues Terrain auf dem Gebiet des Gesellschaftsrechts. Oft konnte er seine Ergebnisse auf einer fundierten Rechtslage, vor allem in der Literatur, aufbauen.

Düringer setzte sich grundsätzlich bei seiner Entscheidungsfindung eingehend mit den in der Literatur und Rechtsprechung vorhandenen Meinungen auseinander. Die Erwähnung dieser Auffassungen in seinen Entscheidungsgründen war für ihn daher auch selbstverständlich und eine geringe Mühe, um die wissenschaftliche Kritik zu erleichtern,[1025] die er selbst nicht scheute.

Überzeugende Auffassungen übernahm Düringer, allerdings nicht ohne seine eigenen Überlegungen und Argumente hinzuzufügen. Folgte er einer bereits vorhandenen Auffassung, konnte man sich sicher sein, daß dies wohl überlegt geschah. Sein eigentlicher Verdienst war in solchen Fällen dann, die letzten Zweifel an diesen Auffassungen beseitigt zu haben. Vertrat Düringer eine bereits vorhandene Auffassung, so wurde diese nach Veröffentlichung seiner Reichsgerichtsentscheidung meist kritiklos aufgenommen und etablierte sich zur allgemein vertretenen Lehre.

Auf der anderen Seite vermochte auch eine absolut vorherrschende Lehre den Reichsgerichtsrat Düringer nicht davon abzuhalten, eine grundlegend gegensätzliche Auffassung zu vertreten, wenn er davon überzeugt war. So gelang es ihm mit RG I 468/1904 vom 18. Februar 1905 seinen späteren Senatspräsidenten Planck und dessen herrschende Lehre aufgrund seiner besseren Argumente umzustimmen. Heute gilt seine Auffassung von 1905 in dieser Rechtsfrage als absolut vorherrschend.

Düringers klugem, prägnantem, durchdachtem und allgemein verständlichem Darstellungs- und Argumentationsstil konnte man sich nur selten entziehen. Dies lag darüber hinaus wohl auch daran, daß Düringer durchweg versuchte, wirtschaftlich sinnvolle Entscheidungen zu treffen.

[1025] Düringer: Eine neue Methode der Rechtsprechung und der Kritik, Recht 1908, (258), 263

Er war der Ansicht, daß die Erkenntnisse des praktischen Lebens und die wirtschaftlichen Interessen bei der Entscheidungsfindung berücksichtigt werden müssen.[1026] Düringer verstand sich selbst als Mittler zwischen Recht und Wirtschaft, was nicht nur durch die Mitbegründung des gleichnamigen Vereins, dessen Vorsitzender er war, zum Ausdruck kam. Düringers Ziel war „die Herbeiführung einer von formalen Schranken möglichst befreiten, dem natürlichen Rechtsempfinden und den praktischen Lebensbedürfnissen angepaßten Judikatur".[1027]

Die Kritik des Freirechtlers **Ernst Fuchs** in bezug auf die Weltfremdheit und Scheinbegründungen vieler Reichsgerichtsurteile[1028] war insofern in bezug auf den Reichsgerichtsrat Düringer unbegründet. So bescheinigte er auch dem handels- und patentrechtlichem ersten Zivilsenat des Reichsgerichts, dem Düringer angehörte, von allen Senaten des Reichsgerichts „die meisten in ihrem praktischen Ergebnis treffenden Urteile".[1029]

Aufgrund seiner sowohl juristisch hervorragenden als auch wirtschaftlich sinnvollen Ausführungen gelang es Düringer nicht nur grundlegende Entscheidungen zu treffen, die allgemein übernommen wurden, sondern auch höchst strittige Probleme zu lösen und entgegengesetzte Auffassungen zu entkräften und zu überzeugen.

Seine damals in seinen Reichsgerichtsurteilen gewonnenen Ergebnisse werden auch heute noch nach wie vor in der juristischen Literatur[1030] erwähnt, was vor allem aufgrund der seit seinem Wirken am Reichsgerichts vergangenen langen Zeit von bis zu 97 Jahren, also schon fast einem Jahrhundert, bemerkenswert ist.

Gesetzesänderungen erfolgten auf dem hier behandelten Gebiet der Personengesellschaften nach Düringers Wirken am Reichsgericht in Leipzig so gut wie nicht. Düringers damals gewonnenen Erkenntnisse besitzen insofern nach wie vor Gültigkeit und erscheinen daher auch heute noch aktuell. Der Unterschied zu damals ist lediglich, daß die von Düringer bearbeiteten Probleme der Personengesellschaften heute eindeutig, bis auf die oben erwähnte Ausnahme, im Sinne Düringers geklärt sind.

Adelbert Düringer gelang es als Richter des höchsten Gerichts des Deutschen Reichs die Rechtsentwicklung bis in die heutige Zeit nachhaltig zu beeinflussen.

[1026] Düringer: Eine neue Methode der Rechtsprechung und der Kritik, Recht 1908, (258), 262
[1027] Düringer: Konstruktionsjustiz und Interessenjustiz, Recht 1909, (97), 98
[1028] vgl. Wirth: Adelbert Düringer – Jurist zwischen Kaiserreich und Republik (1989) S. 33 f.
[1029] Fuchs: Die Gemeinschädlichkeit der konstruktiven Jurisprudenz (1909) S. 41
[1030] Vor allem in den Kommentaren zum Handelsgesetzbuch und Bürgerlichen Gesetzbuch finden sich auch heute noch Zitierungen seiner Reichsgerichtsurteile.

Düringer schrieb selbst einmal 1908:

„*Die Rechtsanwendung, die Rechtsprechung ist eine Kunst, und wie bei jeder Kunst so wirkt auch hier der echte Künstler (der Rechtsanwalt, der Richter) vielfach schöpferisch und gestaltend.*"[1031]

Adelbert Düringer war als Richter zweifelsohne ein Künstler auf dem Gebiet der Rechtsprechung.

[1031] Düringer: Eine neue Methode der Rechtsprechung und der Kritik, Recht 1908, (258), 259

Statistik: Düringers Arbeitspensum am Reichsgericht im Gesellschaftsrecht

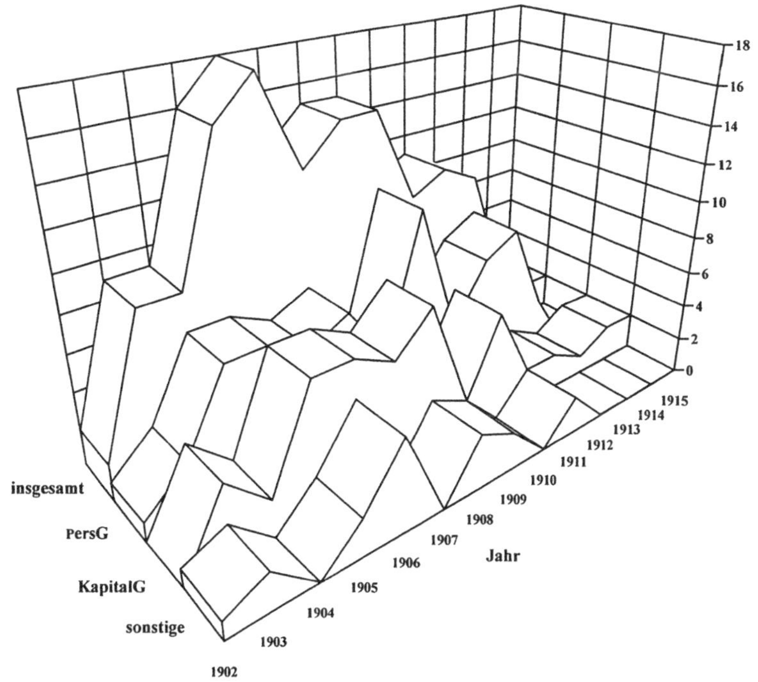

	1902	1903	1904	1905	1906	1907	1908	1909	1910	1911	1912	1913	1914	1915	insges.
PersG	1	3	7	7	6	7	4	11	4	7	8	3	0	0	68
KapitalG	0	4	2	7	7	6	8	2	6	2	2	1	2	2	51
sonstige	1	2	0	2	5	0	3	2	0	2	0	0	0	0	17
insges.	2	9	9	16	18	13	15	15	10	11	10	4	2	2	136

Die Verteilung der Entscheidungen:

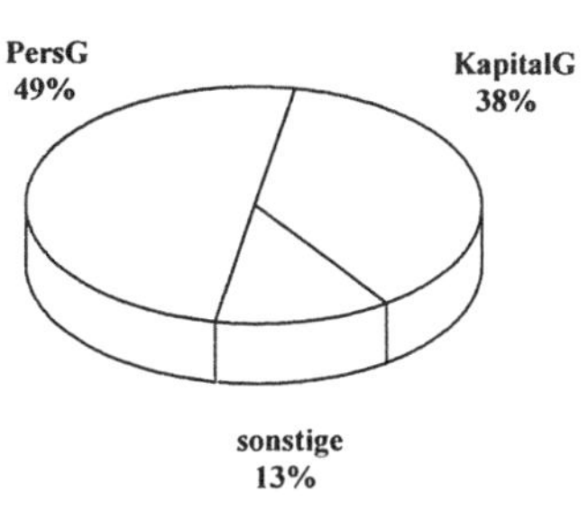

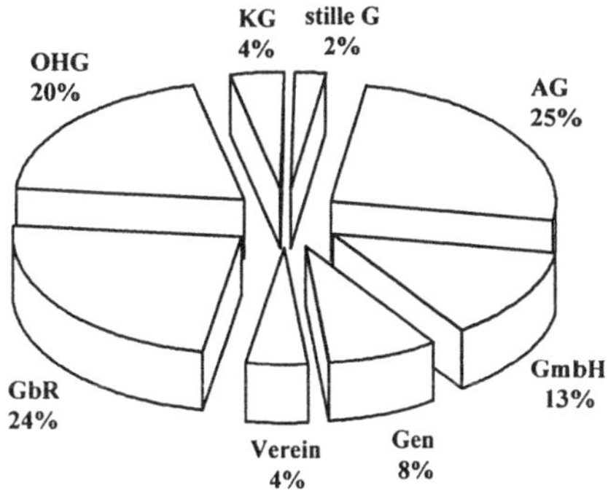

Düringers Arbeitspensum am Reichsgericht in Bezug auf Personengesellschaften:

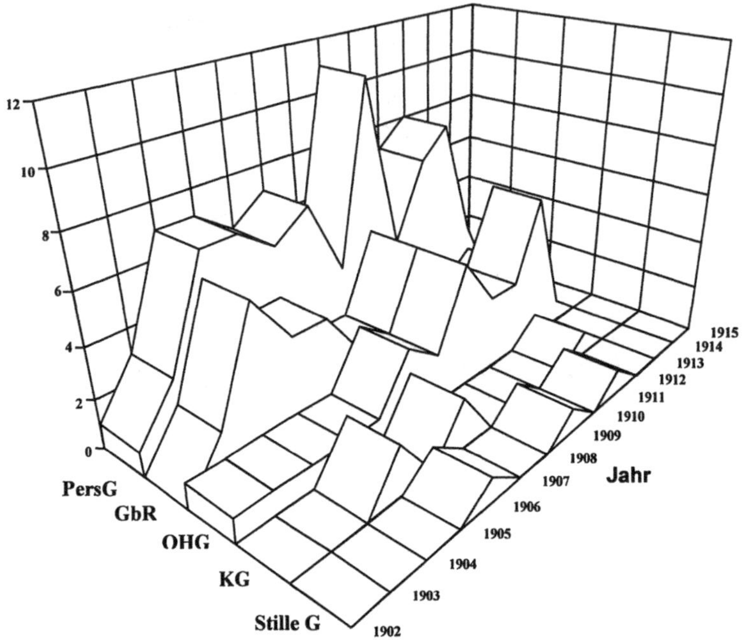

	1902	1903	1904	1905	1906	1907	1908	1909	1910	1911	1912	1913	1914	1915	insges.
GbR	0	2	6	4	4	2	2	5	1	3	1	2	0	0	32
OHG	1	1	1	1	1	3	2	5	3	3	6	1	0	0	28
KG	0	0	0	2	0	2	0	0	0	0	1	0	0	0	5
stille G	0	0	0	0	1	0	0	1	0	1	0	0	0	0	3
PersG	1	3	7	7	6	7	4	11	4	7	8	3	0	0	68

Die Verteilung der Entscheidungen:

Gesellschaftsrecht:

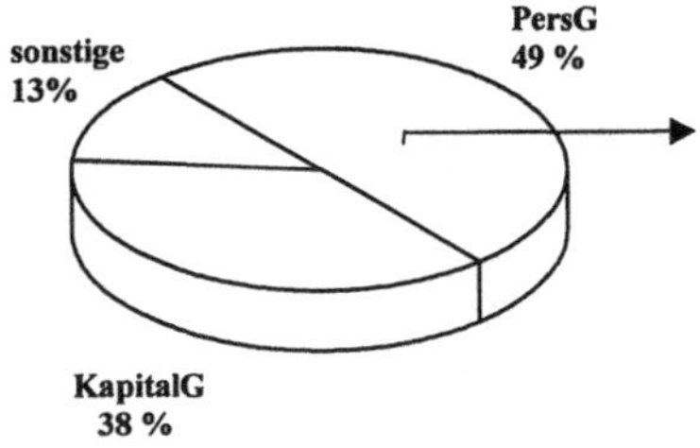

Personengesellschaften:

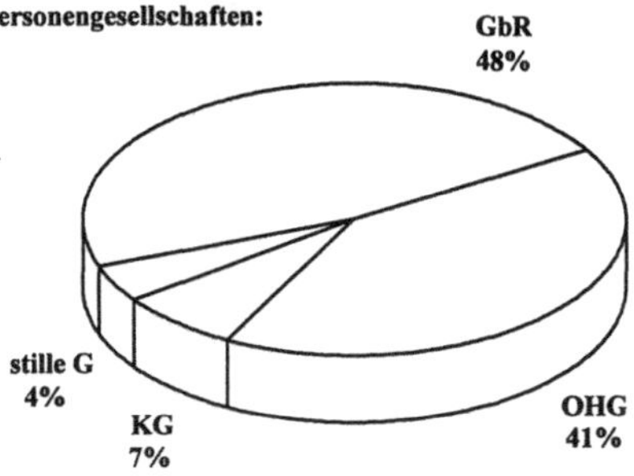

Das Arbeitspensum Düringers am Reichsgericht:

Düringers Arbeitspensum am Reichsgericht von 1902 bis 1915 insgesamt im Vergleich zum Gesellschaftsrecht:

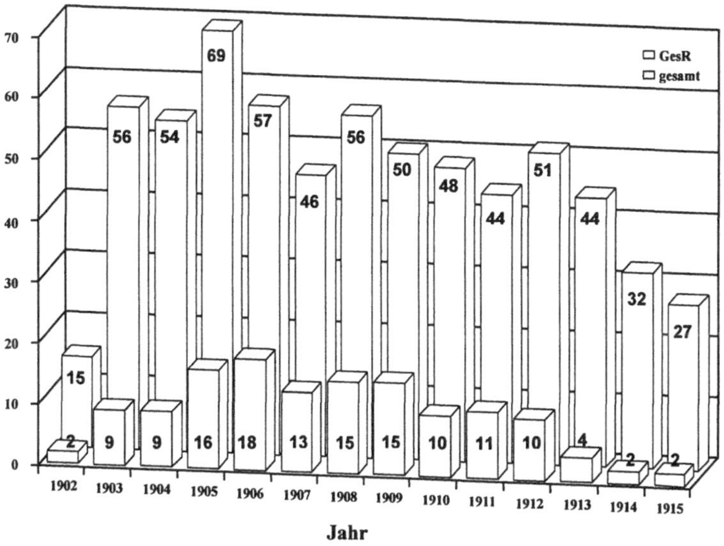

Adelbert Düringer verfaßte von 1902 bis 1915 am Reichsgericht insgesamt 649 Entscheidungen. Davon waren 136 im Gesellschaftsrecht angesiedelt. Dies entspricht einem Anteil von 21 Prozent seiner Entscheidungen am Reichsgericht.

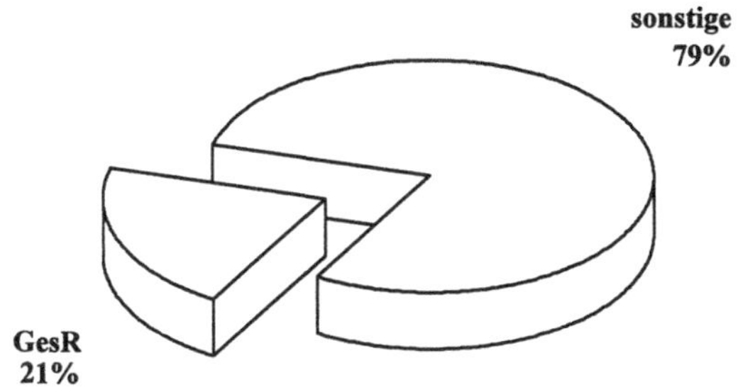

Die gesellschaftsrechtlichen Entscheidungen Düringers am Reichsgericht[1032]

Urteil[1033] Nr.[1034]	Datum[1035]	Vorinstanz	Ges.[1036]	Veröffentlichungen[1037]
RG I **125/02** (175)	27.09.1902	*OLG Celle*	OHG	JW 02, 544 Nr.6
RG I **371/02** (127)	14.03.1903	*KG Berlin*	AG	RGZ 54, 128 Nr.39 JW 03, 183 Nr.39
RG I **388/02** (129)	22.04.1903	*OLG Zweibrücken*	GmbH	JW 03, 249 Nr.35
RG I **392/02** (31)	17.01.1902	*OLG Frankfurt/M.*	Gen.	JW 03, 104 Nr.23
RG I **442/02** (5)	09.04.1903	*OLG Hamm*	GbR	
RG I **443/02** (25)	18.04.1903	*KonsularG Jaffa*	OHG	
RG I **337/02** & **136/03** (203)	23.09.1903	*OLG Breslau*	Gen.	JW 03, 384 Nr.26 JW 391 Nr.10
RG I **184/03** (17)	10.10.1903	*OLG Hamm*	GmbH	JW 04, 6 Nr.3
RG I **270/03** (94)	25.11.1903	*KG Berlin*	Gen.	
RG I **321/03** (140)	14.12.1903	*OLG Hamm*	GbR	
RG I **339/03** (155)	23.12.1903	*OLG Naumburg/Ts.*	AG	JW 04, 100 Nr.30
RG I **94/04** (120)	02.06.1904	*OLG Hamm/W.*	GbR	
RG I **113/04** (135)	08.06.1904	*OLG Hamburg*	AG	
RG I **135/04** (162)	22.06.1904	*OLG Celle*	AG	
RG I **152/04** (198)	09.07.1904	*KG Berlin*	GbR	
RG I **189/04** (234)	24.09.1904	*OLG Hamm*	OHG	
RG I **192/04** (1)	28.09.1904	*KG Berlin*	GbR	
RG I **223/04** (7)	08.10.1904	*OLG Hamburg*	GbR	
RG I **229/04** (17)	12.10.1904	*OLG Jena*	GbR	
RG I **326/04** (124)	03.12.1904	*KG Berlin*	GbR	
RG I **424/04** (41)	25.01.1905	*OLG Celle*	GbR	
RG I **468/04** (93)	18.02.1905	*OLG Hamm*	OHG	RGZ 60, 155 Nr.36 JW 05, 231 Nr.8
RG I **521/04** (149)	18.03.1905	*OLG Bamberg*	Verein	JW 05, 315 Nr.1
RG I **572/04** (106)	26.11.1904	*KG Berlin*	GbR	
RG I **610/04** (28)	15.04.1905	*OLG Frankfurt/M.*	GbR	
RG I **640/04** (70)	06.05.1905	*OLG Köln*	GmbH	JW 05, 443 Nr.30
RG I **641/04** (71)	06.05.1905	*OLG Posen*	GmbH	
RG I **668/04** (103)	20.05.1905	*KG Berlin*	KG	
RG I **16/05** (231)	20.03.1905	*OLG Colmar*	GmbH	JW 05, 345 Nr.22
RG I **36/05** (163)	21.06.1905	*OLG Stuttgart*	Gen.	
RG I **99/05** (231)	23.09.1905	*KG Berlin*	GmbH	
RG I **166/05** (123)	31.05.1905	*OLG Köln*	GbR	

1032 Ein Gesamtverzeichnis findet sich bei Steitz: Adelbert Düringer am Reichsgericht (1995) S.173 - 189

1033 Erwähnenswert ist, daß die Urteile des Reichsgerichts ursprünglich in der Deutschen "Sütterlin"-Schrift geschrieben waren. Ab Sommer 1912 erfolgte dann die Abfassung der Urteile in Maschinenschrift.

1034 Nummerierung des Reichsgerichts im internen Veröffentlichungsband

1035 Datum der Veröffentlichung des Urteils des Reichsgerichts

1036 Zuordnung nach Gesellschaftsform

1037 Veröffentlichungen in der amtlichen Sammlung (RGZ), der damals bedeutendsten Zeitschriften (JW) und der von Düringer selbst 1907 mitbegründeten Zeitschrift (LZ).

RG I **190/05** (75)	11.11.1905	*OLG Königsberg/Pr.*	AG	
RG I **228/05** (107)	25.11.1905	*OLG Hamburg*	GmbH	RGZ 62, 96 Nr.25 JW 06, 70 Nr.26
RG I **246/05** (125)	06.12.1905	*OLG Hamburg*	GbR	
RG I **258/05** (151)	20.12.1905	*OLG Hamm/W.*	AG	
RG I **272/05** (31)	20.01.1906	*KG Berlin*	Gen.	
RG I **286/05** (156)	23.12.1905	*OLG Posen*	KG	JW 06, 144 Nr.21
RG I **369/05** (95)	24.02.1906	*OLG Hamm*	GmbH	RGZ 62, 425 Nr.103 JW 06, 364 Nr.28
RG I **381/05** (127)	17.02.1906	*OLG Celle*	GbR	
RG I **421/05** (111)	03.03.1906	*KG Berlin*	GbR	
RG I **480/05** (126)	18.06.1906	*KG Berlin*	AG	RGZ 63, 403 Nr.99
RG I **483/05** (71)	14.05.1906	*OLG Frankfurt/M.*	AG	
RG I **556/05** (94)	26.05.1906	*OLG Hamm/W.*	GmbH	
RG I **43/06** (63)	10.11.1906	*OLG Hamm*	Verein	LZ 07, 50 Nr.5 u. 6
RG I **44/06** (57)	07.11.1906	*OLG Königsberg*	AG	RGZ 64, 258 Nr.63 JW 07, 55 Nr.20 JW 07, 49 Nr.4
RG I **79/06** (151)	04.07.1906	*OLG Breslau*	GbR	
RG I **100/06** (6)	06.10.1906	*KG Berlin*	stille Ges.	LZ 07, 54 Nr.2
RG I **113/06** (132)	20.06.1906	*OLG Breslau*	OHG	
RG I **117/06** (84)	24.11.1906	*OLG Dresden*	AG	JW 07, 83 Nr.13
RG I **127/06** (35)	24.10.1906	*KG Berlin*	Verein	
RG I **189/06** (119)	22.12.1907	*KG Berlin*	GbR	
RG I **199/06** (88)	24.11.1906	*KG Berlin*	Gen.	
RG I **211/06** (115)	19.12.1906	*OLG Kiel*	Gen.	
RG I **240/06** (123)	22.12.1906	*OLG München*	GmbH	RGZ 65, 38 Nr.12 LZ 07, 140 Nr.12
RG I **318/06** (79)	23.02.1907	*OLG Hamburg*	AG	RGZ 65, 241 Nr.59 JW 07, 268 Nr.33 LZ 07, 280 Nr.3
RG I **329/06** (92)	06.03.1907	*OLG Hamburg*	GmbH	RGZ 65, 264 Nr.63 LZ 07, 343 Nr.14
RG I **371/06** (31)	20.10.1906	*KG Berlin*	GbR/Verein	JW 06, 810 Nr.6 LZ 07, 140 Nr.4
RG I **377/06** (118)	23.03.1907	*OLG Hamm*	OHG	RGZ 65, 379 Nr.89 JW 07, 314 Nr.17 LZ 07, 341 Nr.1
RG I **395/06** (12)	10.04.1907	*OLG Frankfurt/M.*	KG	LZ 07, 500 Nr.3
RG I **426/06** (30)	24.04.1907	*OLG Stettin*	KG	
RG I **502/06** (168)	21.09.1907	*OLG Frankfurt/M.*	OHG	RGZ 66, 320 Nr.76 JW 07, 715 Nr.28 LZ 07, 738 Nr.4
RG I **528/06** (136)	06.07.1907	*OLG Hamburg*	OHG	
RG I **532/06** (70)	15.03.1907	*OLG Braunschweig*	AG	LZ 07, 592 Nr.2
RG I **559/06** (147)	10.07.1907	*OLG Braunschweig*	AG	LZ 07, 658 Nr.2
RG I **565/06** (107)	12.06.1907	*OLG Darmstadt*	GbR	LZ 07, 910 Nr.2
RG I **29/07/7** (140)	28.12, 1907	*OLG Hamm*	GmbH	LZ 08, 166 Nr.43 LZ 08, 305 Nr.42

RG I **81/07/6** (15)	08.04.1908	*OLG Frankfurt/M.*	AG	
RG I **82/07/5** (16)	08.04.1908	*OLG Frankfurt/M.*	AG	LZ 08, 535 Nr.5
RG I **99/07/5** (1)	01.04.1908	*OLG Braunschweig*	Gen.	LZ 08, 600 Nr.34
RG I **118/07/11** (52)	02.11.1907	*OLG Kassel*	GmbH	JW 08, 9 Nr.10 LZ 07, 906 Nr.8
RG I **233/07/7** (57)	08.02.1908	*OLG Hamburg*	Gen.	LZ 08, 304 Nr.38
RG I **270/07/3** (I 08, 129)	25.03.1908	*OLG Dresden*	AG	JW 08, 344 Nr.33 LZ 08, 452 Nr.1
RG I **413/07** (I 08, 102)	07.03.1908	*OLG Hamm*	GmbH	
RG I **470/07/4** (II 08, 129)	22.06.1908	*OLG Frankfurr/M.*	GbR	
RG I **598/07/4** (II 08, 189)	23.09.1908	*OLG Hamm*	AG	
RG I **599/07/4** (II 08, 20)	08.04.1908	*KG Berlin*	AG	LZ 08, 448 Nr.22
RG I **609/07** (II 08, 178)	16.09.1908	*OLG Colmar*	OHG	
RG I **620/07/6** (II 08, 184)	19.09.1908	*OLG Breslau*	OHG	
RG I **631/07/3** (II 08, 185)	19.09.1908	*OLG Frankfurt/M.*	AG	LZ 08, 855 Nr.17
RG I **637/07/4** (IV 08, 17)	07.10.1908	*OLG Hamburg*	Verein	JW 08, 711 Nr.5 LZ 08, 854 Nr.9 LZ 08, 67 Nr.2
RG I **20/08/3** (II 08, 14)	08.04.1908	*KG Berlin*	AG	LZ 08, 449 Nr.25
RG I **60/08/5** (I 09, 17)	16.01.1909	*OLG Karlsruhe*	Verein	LZ 09, 235 Nr.36 LZ 09, 401 Nr.7
RG I **188/08/15** (I 10, 98)	12.03.1910	*OLG Celle*	AG	RGZ 72, 393 Nr.92 JW 10, 585 Nr.24 LZ 10, 289 Nr.2 LZ 10, 626 Nr.1
RG I **228/08/**12 (II 09, 59)	12.05.1909	*OLG Karlsruhe*	OHG	LZ 09, 674 Nr.11 LZ 09, 675 Nr.14
RG I **254/08/8** (II 09, 38)	28.04.1909	*KG Berlin*	AG	RGZ 71, 97 Nr.28 JW 09, 433 Nr.41 LZ 09, 465 Nr.3 LZ 09, 470 Nr.28
RG I **263/08/6** (II 08, 189)	30.09.1908	*OLG Düsseldorf*	GbR	
RG I **297/08/6** (II 08, 89)	05.06.1909	*KG Berlin*	AG	JW 09, 464 Nr.30
RG I **368/08/4** (II 09, 148)	12.07.1909	*OLG Hamburg*	OHG	
RG I **412/08/5** (IV 09)	20.11.1909	*OLG Zweibrücken*	stille Ges.	
RG I **431/08/6** (II 09, 35)	24.04.1909	*OLG Naumburg a.S.*	OHG	
RG I **450/08/6** (IV 09, 34)	20.10.1909	*OLG Celle*	GbR	
RG I **494/08/5** (II 09, 84)	26.05.1909	*OLG Posen*	OHG	LZ 09, 688 Nr.7
RG I **511/08** (I 09, 97)	08.03.1909	*OLG Hamm*	GbR	
RG I **542/08/9** (IV 09, 88)	20.11.1909	*KG Berlin*	Gen.	JW 10, 109 Nr.9 LZ 10, 219 Nr.36
RG I **651/08/9** (IV 09, 123)	04.12.1909	*KG Berlin*	OHG	LZ 10, 211 Nr.1
RG I **71/09/10** (I 10, 10)	08. 01.1910	*OLG Karlsruhe*	AG	LZ 10, 220 Nr.40
RG I **143/09/10** (IV 09, 76)	13.11.1909	*OLG Dresden*	GbR	JW 10, 28 Nr.48
RG I **148/09/5** (II 10, 8)	06.04.1910	*KG Berlin*	AG	JW 10, 623 Nr.22
RG I **202/09/7** (II 10, 42)	04.05.1910	*OLG Stuttgart*	AG	LZ 10, 682 Nr.6
RG I **224/09/5** (II 10, 61)	23.05.1910	*KG Berlin*	AG	
RG I **243/09/5** (II 10, 62)	23.05.1910	*KG Berlin*	AG	

RG I **300/09/5** (II 10, 103)	22.06.1910	KG Berlin	OHG	RGZ 74, 62 Nr.19 JW 10, 832 Nr.65 LZ 10, 925 Nr.4
RG I **313/09/8** (II 10, 134)	13.07.1910	*OLG Düsseldorf*	GbR	LZ 10, 769 Nr.12
RG I **316/09/7** (II 10, 135)	13.07.1909	*OLG Düsseldorf*	GbR	
RG I **375/09/7** (IV 10, 95)	30.11.1910	*OLG Hamburg*	OHG	
RG I **480/09/7** (IV 10, 98)	30.11.1910	*OLG München*	OHG	
RG I **532/09/7** (I 11, 14)	11.01.1911	*OLG Düsseldorf*	OHG	
RG I **574/09/9** (I 11, 52)	01.02.1911	*KG Berlin*	GbR	RGZ 75, 333 Nr.79 JW 11, 441 Nr.2 LZ 11, 456 Nr.9
RG I **589/09/12** (I 11, 61)	08.02.1911	*OLG Colmar*	Gen.	
RG I **612/09/210** (I 11, 113)	04.03.1911	*KG Berlin*	OHG	
RG I **64/10/9** (I 11, 134)	22.03.1911	*KG Berlin*	Verein	RGZ 76, 25 Nr.7 JW 11, 546 Nr.27 LZ 11, 456 Nr.8
RG I **68/10/15** (I 11, 74)	15.02.1911	*KG Berlin*	GbR	JW 11, 407 Nr.25 LZ 11, 383 Nr.28
RG I **197/10/9** (II 11, 43)	03.05.1911	*OLG Stuttgart*	stille Ges.	LZ 11, 608 Nr.1 u. 2
RG I **441/10/11** (II 12, 165)	25.09.1911	*OLG Köln*	AG	RGZ 77, 71 Nr.22 LZ 11, 925 Nr.9
RG I **477/10/13** (IV 11, 124)	18.12.1911	*KG Berlin*	GmbH	
RG I **530/10/10** (IV 11, 68)	08.11.1911	*KG Berlin*	GbR	
RG I **594/10/8** (I 12, 18)	15.01.1912	*OLG Karlsruhe*	GbR	LZ 12, 558 Nr.6
RG I **635/10/9** (I 12, 6)	05.01.1912	*KG Berlin*	OHG	
RG I **104/11/9** (IV 11, 123)	19.12.1911	*KG Berlin*	OHG	JW 12, 284 Nr.2 LZ 12, 225 Nr.14
RG I **176/11/10** (II 12, 18)	24.04.1912	*OLG Zweibrücken*	AG	RGZ 79, 279 Nr.66 JW 12, 789 Nr.2 LZ 12, 541 Nr.10
RG I **179/11/12** (II 12, 19)	24.04.1912	*OLG Dresden*	OHG	
RG I **185/11/12** (I 12, 112)	20.03.1912	*OLG Hamm*	AG	JW 12, 692 Nr.19
RG I **321/11/10** (I 12, 32)	24.01.1912	*OLG Jena*	OHG	JW 12, 457 Nr.3 LZ 121, 395 Nr.2
RG I **378/11/13** (II 12, 121)	26.06.1912	*OLG Naumburg a.S.*	GbR	
RG I **12/12/13** (IV 12, 32)	23.10.1912	*KG Berlin*	OHG	
RG I **15/12/10** (IV 12, 19)	16.10.1912	*OLG Hamburg*	KG	
RG I **33/12/10** (IV 12, 39)	30.10.1912	*OLG Köln*	OHG	
RG I **88/12/7** (IV 12, 70)	27.11.1912	*OLG Düsseldorf*	OHG	
RG I **270/12/8** (I 13, 23)	20.01.1913	*OLG Kassel*	GmbH	
RG I **289/12/11** (II 13, 5)	02.04.1913	*OLG Düsseldorf*	GbR	
RG I **290/12/12** (II 13, 6)	02.04.1913	*OLG Düsseldorf*	GbR	
RG I **291/12/13** (I 13, 3)	04.01.1913	*KG Berlin*	OHG	
RG I **144/10** & **174/13/18** (II 14, 42)	27.05.1914	*OLG Hamm*	AG	
RG I **144/10** & **174/13/19** (II 14, 43)	27.05.1914	*OLG Hamm*	AG	
RG I **208/14** (I 15, 48)	27.02.1915	*OLG Stuttgart*	AG	LZ 15, 752 Nr.11
RG I **259/14** (I 15, 24)	30.01.1915	*KG Berlin*	GmbH	LZ 15, 827 Nr.10

Literaturverzeichnis

Achilles / Greiff:
- **Achilles**, Alexander / **Greiff**, Max / **Altstetter**, Josef: Bürgerliches Gesetzbuch nebst Einführungsgesetz, Jugendwohlfahrtsgesetz, Schiffsrechtsgesetz, Ehegesetz, Testamentsgesetz
  15. Auflage, Berlin 1939
  16. Auflage, Berlin 1941
  18. Auflage, Berlin 1944
- **Achilles**, Alexander / **Greiff**, Max: Bürgerliches Gesetzbuch unter Einarbeitung des Gleichberechtigungsgesetzes vom 18.06.1957 mit Einführungsgesetz und Nebengesetzen
  20. Auflage, Berlin 1958
  21. Auflage, Berlin 1958

Anschütz / von Völderndorff
- **Allfeld**: Kommentar zum Allgemeinen Deutschen Handelsgesetzbuch mit Ausschluß des Seerechts (Art. 1 – 27.), 2. Auflage, in: Die Gesetzgebung des Deutschen Reiches - 1. Teil: Bürgerliches Recht Band V Heft 1, 2, Erlangen 1894

Bandasch, Georg W.:
- Kommentar zum Handelsgesetzbuch
  1. Auflage, Berlin, Darmstadt, Neuwied 1960
  2. Auflage, Berlin, Neuwied 1973
  3. Auflage, Berlin, Neuwied 1980
- Gemeinschaftskommentar zum Handelsgesetzbuch, 4. Auflage, Darmstadt, Neuwied 1989 - Stand: 7. Erg.Lief. Dezember 1994

Bandasch, Georg W. (Begründer), **Ensthaler**, Jürgen (Hrsg.): Gemeinschaftskommentar zum Handelsgestzbuch, 5. Auflage, Berlin, Kriftel, Neuwied 1997

Bank Archiv: Zeitschrift für Bank- und Börsenwesen, 1. 1901 – 43. 1943 – aufgegangen in "Bankwirtschaft", Organ des Zentralverbandes des Deutschen Bank- und Börsengewerbes, 4. Jahrgang 1904/05, Frankfurt am Main 1905

Basch, James / **Loening**, Otto / Straßmann, Ernst: Bürgerliches Gesetzbuch nebst Einführungsgesetz, Berlin 1931

Baumbach, Adolf: Handelsgesetzbuch
  1. Auflage, Berlin 1932
  6. Auflage, Berlin, München 1943

Baumbach, Adolf / **Duden**, Konrad: Handelsgesetzbuch
  8. Auflage, Berlin, München 1951
  9. Auflage, Berlin, München 1951
  11. Auflage, Berlin, München 1955
  12. Auflage, Berlin, München 1956
  13. Auflage, Berlin, München 1959
  18. Auflage, Berlin, München 1968
  19. Auflage, Berlin, München 1971
  26. Auflage, Berlin, München 1985

Baumbach, Adolf / **Duden**, Konrad / **Hopt**, Klaus J.: Handelsgesetzbuch
  28. Auflage, München 1989
  29. Auflage, München 1995

Basch, Julius (Hrsg.), Basch, Walter (Bearbeiter): Handelsgesetzbuch und Wechselordnung sowie Nebengesetze und Auszug aus dem Bürgerlichen Gesetzbuch, 10. Auflage, Berlin, München 1931

Behrend, Jakob Friedrich: Lehrbuch des Handelsrechts, 1.Bd. Abteilung I, Berlin, Leipzig 1896

Der **Betriebsberater** [BB] (1946 ff.)

Boesebeck, Ernst: Zur Auslegung des § 164 HGB; in JW 1939,325 f.

Bohnenberg, Heinrich: Handelsgesetzbuch mit Erläuterungen (ohne Seerecht), Berlin, Bonn, Köln, München 1980

Bolze, A.: Die Praxis des Reichsgerichts in Zivilsachen, Leipzig (Brockhaus), 5. Band 1888, 16. Band 1894

Brand, Arthur: Das Handelsgesetzbuch mit Ausschluß des Seerechts, Berlin 1911

Entscheidungen des **Bundesgerichtshofs** in Zivilsachen (1.1951 ff.) [BGHZ]

Busch: Archiv für Theorie und Praxis des allgemeinen deutschen Handelsrechts (1868)

Cosack, Konrad:
- Lehrbuch des deutschen Bürgerlichen Rechts
  - 2. Band - Das Sachenrecht - Das Recht der Wertpapiere - Das Gemeinschaftsrecht - Das Familienrecht - Das Erbrecht
    1. Auflage, Jena 1900
    3. Auflage, Jena 1901
    4. Auflage, Jena 1904
  - 2. Band, 2.Teil - Das Recht der Wertpapiere - Das Gemeinschaftsrecht - Das Recht der juristischen Person - Das Familienrecht - Das Erbrecht
    5. Auflage, Jena 1912
    6. Auflage, Jena 1913
- Lehrbuch des Handelsrechts
  9. Auflage, Stuttgart 1922
  12. Auflage, Stuttgart 1930

Cosack, Konrad / **Mitteis**, H.: Lehrbuch des deutschen Bürgerlichen Rechts, 2. Band, 7. und 8. Auflage, Jena 1924

Crome, Carl: System des deutschen Bürgerlichen Rechts, 2. Band - Recht der Schuldverhältnisse, Tübingen, Leipzig 1902

Dehler, Rolf: Die Ausschließung von Gesellschaftern aus der offenen Handelsgesellschaft, Bochum 1936

Der Betrieb [DB] (1.1948 ff.)

Dernburg, Heinrich: Das Bürgerliche Recht des deutschen Reichs und Preußens
- 2. Band, 1. Abteilung - Die Schuldverhältnisse nach dem Recht des deutschen Reichs und

Preußens, 1. und 2. Auflage, Halle a.d.S.1899
- 2. Band, 2. Abteilung - einzelne Obligationen, 1. und 2. Auflage, Halle a.d.S. 1901
- 2. Band, 2. Abteilung - Die Schuldverhältnisse nach dem Recht des deutschen Reichs und Preußens, 2. Abteilung - einzelne Obligationen, 3.Auflage, Halle a.d.S. 1906
- 2. Band, 2. Abteilung - Die Schuldverhältnisse nach dem Recht des deutschen Reichs und Preußens, 4. Auflage, Halle a.d.S. 1915

Deutsche Bundestag und Bundesrat: Verhandlungen des Deutschen Bundestags - 13. Wahlperiode - Drucksachen Band 587, Drucksache 13/8444: Entwurf eines Gesetzes zur Neuregelung des Kaufmanns und Firmenrechts und zur Änderung anderer handels- und gesellschaftsrechtlichen Vorschriften (Handelsrechtsreformgesetz – HRefG), Bonn 1997

Deutsche Juristenzeitung [DJZ], begründet von Laband / Stenglein / Staub (1.1896–41.1936)

Dorst, Franz: Der Kaufmann, die Gesellschaften des Handelsgesetzbuches und die Gesellschaft mit beschränkter Haftung, 2. Auflage, Berlin 1911

Dove, H. (Begründer), Kamnitzer, Bernhard (Bearbeiter): Das Handelsgesetzbuch mit Einführungsgesetz ohne Seerecht, 2. Auflage, Berlin 1925

Düringer, Adelbert
- Eine neue Methode der Rechtsprechung und der Kritik; in Recht 1908, 258 ff.
- Konstruktinsjustiz und Interessenjustiz; in Recht 1909, 97 f.
- Zum Methodenstreit; in RuW I [1911], 57 ff.

Düringer, Adelbert / **Hachenburg**, Max: Das Handelsgesetzbuch vom 10. Mai 1897 (mit Ausschluß des Seerechts) auf der Grundlage des Bürgerlichen Gesetzbuches
- 1. Band - erstes Buch: Handelsstand, Mannheim 1899
- 2. Band - Drittes Buch des Gesetzes: Handelsgeschäfte - Allgemeine Vorschriften, Mannheim 1901
- 4. Band - Gesellschaft des Bürgerlichen Rechts, offene Handelsgesellschaft, Kommanditgesellschaft, 2. Auflage, Berlin, Leipzig, Mannheim 1917
- 2. Band, 1. Hälfte - Allgemeine Einleitung: Das Gesellschaftsrecht des bürgerlichen Rechts, erläutert von Karl Geiler, 3. Auflage, Berlin, Leipzig, Mannheim 1932
- 2. Band, 2. Hälfte - §§ 105 - 177, 333 – 342, erläutert von Julius Flechtheim, 3. Auflage, Berlin, Leipzig, Mannheim 1932

Ehrenberg, Victor: Handbuch des gesamten Handelsrecht, 2. Band 1.Abteilung, Leipzig 1914

Endemann, Wilhelm:
- Das Deutsche Handelsrecht, 3. Auflage Heidelberg 1876
- Handbuch des Deutschen Handels-, See- und Wechselrechts, Band 1: Einleitung – Buch 1: Die Personen des Handelsrechts, Leipzig 1881

Enneccerus, Ludwig / **Lehmann**, H. O.: Das bürgerliche Recht
- 2. Band: Sachenrecht, Familienrecht, Erbrecht, 2. Auflage, Marburg 1901

Enneccerus, Ludwig: Lehrbuch des bürgerlichen Rechts
- 1. Band - Allgemeiner Teil, Schuldverhältnisse, 3. Auflage, Marburg 1908
- 1. Band, 2. Abteilung - Rechts der Schuldverhältnisse und Register, 7. Bearbeitung,

Marburg 1920
Enneccerus, Ludwig / **Kipp**, Theodor / **Wolff**, Martin: Lehrbuch des Bürgerlichen Rechts
- **Enneccerus**, Ludwig:
  - 1. Band, 2. Abteilung - Recht der Schuldverhältnisse und Register, 4. / 5. Auflage, Marburg 1910
  - 1. Band, 2. Abteilung - Recht der Schuldverhältnisse und Register, 6. - 8.Auflage, Marburg 1912
  - 1. Band, 2. Abteilung - Recht der Schuldverhältnisse, 9. - 11. Auflage, Marburg 1915
- **Enneccerus**, Ludwig / **Lehmann**, Heinrich: 2. Band - Recht der Schuldverhältnisse
  11. Auflage, Marburg 1930
  12. Auflage, Marburg 1932
  13. Auflage, Tübingen 1950
  14. Auflage, Tübingen 1954
  15. Auflage, Tübingen 1958

Erman, Walter: Handkommentar zum Bürgerlichen Gesetzbuch
1. Auflage Münster 1952
- 1. Band, 3. Auflage, Münster 1962
- 1. Band, 4. Auflage, Münster 1967

Erman, Walter / **Westermann**, Harm Peter: Handkommentar zum Bürgerlichen Gesetzbuch
- 1. Band, 5. Auflage, Münster 1972
- 1. Band, 6. Auflage, Münster 1975
- 1. Band, 8. Auflage, Münster 1989

Fischer, Otto / **Henle**, Wilhelm: Bürgerliches Gesetzbuch
2. Auflage, München 1898
3. Auflage, München 1899
5. Auflage, München 1902
6. Auflage, München 1904
7. Auflage, München 1906
8. Auflage, München 1909
10. Auflage, München 1919
11. Auflage, München 1921

Fischer, Otto / **Henle**, Wilhelm (Begründer), **Titzke**, Heinrich (Hrsg.): Bürgerliches Gesetzbuch, 14. Auflage, München 1932

Flechtheim, Julius:
- Kann während der Liquidation der offenen Handelsgesellschaft ein Gesellschafter ausgeschlossen werden? - Ein praktischer Beitrag zum Methodenstreit; in JW 1911, 176 ff.
- Kann während der Liquidation der offenen Handelsgesellschaft ein Gesellschafter ausgeschlossen werden? – Eine Entgegenung; in JW 1911, 479 ff.
- Zum Methodenstreit – Eine Erwiderung; in RuW I [1911], 72 ff.

Fuchs, Ernst:
- Die Gemeinschädlichkeit der konstruktiven Jurisprudenz, Karlsruhe (Braunschen Hofdruckerei) 1909
- Klassische Einwendungen gegen die soziologische Rechtslehre; in Holdheims Monats-

schrift für Handelsrecht und Bankwesen, Steuer- und Stempelfragen 20, (82) [1911]
- Der Methodenstreit und die Kontroverse über die Formvorschrift des § 15 IV GmbHG; in JW 1912, 267 ff.

Gareis, Carl / **Fuchsberger**, Otto: Das Allgemeine Deutsche Handelsgesetzbuch, Berlin 1891

Geiler, Karl: Anmerkung zu RG II 91/21; in JW 1922, 221 zu 5

von Gierke, Julius: Handelsrecht und Schiffahrtsrecht
2. Auflage, Berlin, Leipzig 1926
3. Auflage, Berlin, Leipzig 1929
4. Auflage, Berlin, Leipzig 1933
- 2. Teil: Gesellschaften und Vereine des Handels- und Gewerberechts, Die Handelsgeschäfte, Das Schiffahrtsrecht, 5. Auflage, Berlin, Leipzig 1941
6. Auflage, Berlin 1949
8. Auflage, Berlin 1958

Glanegger, Peter:
- Handelsgesetzbuch - Handelsrecht - Bilanzrecht - Steuerrecht
1. Auflage, Heidelberg 1987
2. Auflage, Heidelberg 1990
- Heidelberger Kommentar zum Handelsgesetzbuch - Handelsrecht - Bilanzrecht – Steuerrecht [HK-HGB]
3. Auflage, Heidelberg 1993
4. Auflage, Heidelberg 1996

Goesch, Heinrich: Das Ausscheiden eines Gesellschafters aus der Gesellschaft nach dem Bürgerlichem Gesetzbuche, Dissertation, Göttingen 1900

Goldbaum, Wenzel: Handelsgesetzbuch und Gesetz gegen den unlauteren Wettbewerb, Berlin 1930

Goldmann, Samuel: Das Handelsgesetzbuch vom 10.05.1897 (mit Ausschluß des Seerechts)
- 1. Band - I. Buch – Handelsstand, Berlin 1901
- 2. Band - II. Buch - Handelsgesellschaften und stille Gesellschaften, Berlin 1905

Goldmann, Samuel / **Lilienthal**, L.: Das Bürgerliche Gesetzbuch, 1.Band – Allgemeiner Theil und Recht der Schuldverhältnisse, 2. Auflage, Berlin 1903

Goldschmitt, Friedrich: Handelsgesetzbuch, München 1929

Göppinger, Horst: Juristen jüdischer Abstammung im „Dritten Reich“, München 2. Auflage 1990

Gutmann, Fritz: Das Handelsgesetzbuch (ohne Seerecht) nebst dem Einführungsgesetz, Leipzig 1907

Habicht, Hermann: Die Einwirkung des Bürgerlichen Gesetzbuchs auf zuvor entstandene Rechtsverhältnisse, 3. Auflage, Jena 1901

Hachenburg, Max:
- Ausschließung eines Gesellschafters während der Liquidation einer offenen Handelsgesellschaft; in JW 1911, 430 ff.
- Lebenserinnerungen eines Rechtsanwalts und Briefe aus der Emigration, herausgegeben und bearbeitet von Schadt, Jörg, Veröffentlichungen des Stadtarchivs Mannheim Band 5, Stuttgart, Berlin, Köln, Mainz 1978

Hagemann, Adolf: Der Eintritt eines Gesellschafters in die offene Handelsgesellschaft, Dissertation, Jena 1911

von Hahn, Friedrich: Commentar zum Allgemeinen Deutschen Handelsgesetzbuch, 1.Band - 1., 2. und 3. Buch des Handelsgesetzbuchs, 3. Auflage, Braunschweig 1877

Hanseatische Gerichtszeitung [HGZ] (1.1880 – 48.1927), später aufgegangen in Hanseatische Rechts- und Gerichtszeitschrift [HRZ]

Hartmann, Bernhard: Der lästige Gesellschafter in der Wirtschaftspraxis
1. Auflage, Köln 1959
3. Auflage, Köln 1972

Heilfron, Ed: Lehrbuch des Handelsrecht
- 1. Band: Handelsgesetzbuch: Buch I. und II – KaufmGG, GmbHG, GenG – Buchführungslehre, 2. Auflage, Berlin 1912
- 1. Band: Einleitung / Handelsgesetzbuch: Buch I und II, 3. Auflage, Berlin, Leipzig, Mannheim 1928

Heinsheimer, Rudolf: Über die Teilhaberschaft – Beiträge zum inneren Recht der Personalgesellschaften, Heidelberg 1930

Hergenhahn, Theodor / **Tuchatsch**: Die offene Handelsgesellschaft (Art.85 - 149 des Allgemeinen Deutschen Handelsgesetzbuchs), Leipzig 1894

Heun, Werner: Deutsches Handelsrecht
1. Auflage, Berlin, München 1941
2. Auflage, Berlin, München 1944

Heymann, Ernst / **Kötter**, Hans-Wilhelm: Handelsgesetzbuch
1. Auflage, Berlin 1940
2. Auflage (19.Gesamtauflage), Berlin 1944
3. Auflage (20.Gesamtauflage), Berlin 1950
Heymann, Ernst / **Kötter**, Hans-Wilhelm: Handelsgesetzbuch
4. Auflage (21.Gesamtauflage), Berlin, New York 1971
Heymann, Ernst: Handelgesetzbuch (ohne Seerecht)
- Band 2 – zweites Buch §§ 105-237, Berlin, New York 1989

Höver, Carl: Verlust der Zugehörigkeit zu einer Gesellschaft nach römischem Rechte und Bürgerlichem Gesetzbuche, Dissertation, Göttingen 1905

Holdheim, Paul = Monatsschrift für Handelsrecht und Bankwesen, Steuer- und Stempelfragen, neue Folge der Monatsschrift für Aktienrecht, Berlin (Heymann), 13. Jahrgang 1904

Honsell, Heinrich und **Harrer**, Friedrich: Die Haftung für Altschulden nach §§ 28, 130 HGB bei arglistiger Täuschung; in ZIP 1983, 259 ff.

Huber, Barbara: Richard Martin Honig (1890 - 1981) – Auf der Suche nach dem richtigen Recht, in: Deutsche Juristen jüdischer Herkunft, hrsg. von Heinrich, Franzki, Schmalz, Stolleis, München 1993 S. 745 ff.

Hueck, Alfred:
- Gesellschaftsrecht, 3. Auflage München 1951
- Das Recht der offenen Handelsgesellschaft
  1. Auflage, Berlin 1946
  2. Auflage, Berlin 1951
  3. Auflage, Berlin 1964
  4. Auflage, Berlin 1971

Hueck, Götz, **Hueck**, Alfred: Gesellschaftsrecht, 18. Auflage München 1983

Jauernig, Othmar: Bürgerliches Gesetzbuch
1. Auflage, München 1979
2. Auflage, München 1981

Jordan, Horst: Kleines Handbuch des Firmenrechts, Wiesbaden 1966

Jungfer, Gerhard: Julius Magnus (1867 - 1944) – Mentor und Mahner der freien Advokatur, in: Deutsche Juristen jüdischer Herkunft, hrsg. von Heinrichs / Franzki / Schmalz / Stolleis, München 1993 S. 517 ff.

Deutscher Anwaltsverein: **Juristische Wochenschrift** [JW] (1.1872 – 68.1939,12; dann vereinigt mit Deutsches Recht)

Juristenzeitung [JZ] (6.1951 ff.; Fortsetzung von Deutscher Rechtszeitschrift und Süddeutschen Juristenzeitung)

Lindemann, Otto / Friedrichs, Eugen: **Juristische Rundschau** [JR], Berlin 3. Jahrgang 1927

Juristische Schulung [JuS] (1.1961 ff.)

Jahrbuch für Entscheidungen des **Kammergericht** in Sachen der (bis 19.1899: nichtstreitigen) freiwilligen Gerichtsbarkeit in Kosten-, Stempel- und Strafsachen [KGJ] (1.1881 – 53.1922)

Kamnitzer, Bernhard: Das Handelsgesetzbuch (ohne Seerecht), 4. Auflage, Berlin, Köln 1956

Kleinheyer, Gerd / **Schröder**, Jan: Deutsche Juristen aus fünf Jahrhunderten, 3. Auflage Heidelberg 1989

Knoke, Paul: Das Recht der Gesellschaft nach dem Bürgerlichen Gesetzbuch für das deutsche Reich, Jena 1901

Koenige, Heinrich:
- Kann während der Liquidation einer offenen Handelsgesellschaft ein Gesellschafter gemäß § 142 HGB die Übertragung des Geschäfts mit Aktiven und Passiven verlangen? in LZ 1911, 690 ff.
- Handausgabe des Handelsgesetzbuchs vom 10.05.1897 (ohne Seerecht)
  2. Auflage, Berlin, Leipzig, Mannheim 1929
  3. Auflage, Berlin, Leipzig, Mannheim 1932
  Teichmann, Robert / Koehler, Walter: 1. Band §§ 1 - 177, 335 - 473 HGB, 4. Auflage, Berlin 1936

Koller, Ingo / **Roth**, Wulf / **Morck**, Henning: Handelsgesetzbuch, München 1996

Korn, Alfred: Das neue HGB für das deutsche Reich, Berlin, Wien 1901

von Kräwel, Rudolf:
- Das Allgemeine Deutsche Handelsgesetzbuch (außer dem 5. Buch vom Seehandel) und das preußische Einführungsgesetz nebst den wesentlichen Stellen der Vorarbeiten zu beiden Gesetzen, Halle 1862
- in Busch: Archiv für Theorie und Praxis des allgemeinen deutschen Handelsrechts [1868] 13, 388 ff. (III.)

Krieger, Karl / **Lenz**, Otto: Firma und Handelsregister, Berlin 1938

Landau, Peter: Juristen jüdischer Herkunft im Kaiserreich und in der Weimarer Republik, in Deutsche Juristen jüdischer Herkunft, hrsg. von Heinrich, Franzki, Schmalz, Stolleis, München 1993, S. 133 ff.

Lastig, Gustav in Festgabe der Juristischen Fakultät in der Vereinigten Friedrichs-Universität Halle-Wittenberg für Heinrich Dernburg zum 04.04.1900 [1900] S. 169 ff.: Die Auflösung der kaufmännischen Gesellschaften

Lehmann, Heinrich: Handbuch des Gesellschaftsrechts, Berlin 1949

Lehmann, Heinrich (Begründer) / **Dietz**, Rolf (Bearbeiter): Gesellschaftsrecht, 3. Auflage, Berlin, Frankfurt 1970

Lehmann, Karl:
- Zeitliche Anwendbarkeit des neuen Handelsgesetzbuches; in ZHR [1899] 48, 1 ff.
- Deutsches Handelsrecht, Band I – Einleitung. Der Kaufmann und seine Hilfspersonen. Offene Handelsgesellschaft, Kommanditgesellschaft und stille Gesellschaft, Leipzig 1909
- Lehrbuch des Handelsrecht, 2. Auflage, Leipzig 1912

Lehmann, Karl / **Ring**, Viktor: Das Handelsgesetzbuch für das deutsche Reich, 1. Band, 2. Auflage Berlin 1914

Lehmann, Karl / **Hoeniger**, Heinrich: Lehrbuch des Handelsrechts, I. Halbband: Lehre vom Handelsstand und von den Handelsgesellschaften, Berlin, Leipzig 1921

Leipziger Zeitschrift für Deutsches Recht [LZ] (bis 7.1913: für Handels, Konkurs- und Versicherungsrecht) (1.1907 – 27.1933), gegründet von Düringer / Jaeger / Könige

Leonhard, Franz: Systematisches Handbuch der deutschen Rechtswissenschaft - Besonderes Schuldrecht des BGB, 2. Band - Das Schuldrecht des BGB, Leipzig, München 1931

Lieb, Manfred: Die Haftung für Altschulden bei "Eintritt" eines Gesellschafters in ein nicht- oder minderkaufmännisches Einzelunternehmen; in der Festschrift für Harry Westermann zum 65. Geburtstag, herausgegeben von Wolfgang Hebermehl, Rudolf Gmür und Hans Brox, Karlsruhe 1974 S.309 ff.

Lindenmaier: Nachschlagewerk des Bundesgerichtshofs [LM] (Loseblatt-Sammlung; 1951 ff.)

Litthauer, Felix: Allgemeines deutsches Handelsgesetzbuch nebst Einführungs- und Ergänzungsgesetzen unter Ausschluß des Seerechts, 8. Auflage, Berlin 1894

Litthauer, Felix (Begründer) / **Mosse**, Albert (Bearbeiter): Handelsgesetzbuch
14. Auflage, Berlin 1911
16. Auflage, Berlin, Leipzig 1920
17. Auflage, Berlin, Leipzig 1926, neubearbeitet von Ernst Heymann

Loewenwarter, Viktor: Lehrkommentar zum Bürgerlichen Gesetzbuch, 3. Band - Recht der Schuldverhältnisse - besonderer Teil, Berlin 1928

Luig, Klaus: Heinrich Derburg (1829-1907) – Ein „Fürst“ der Spätpandistik und des preußischen Privatrechts, in: Deutsche Juristen Jüdischer Herkunft, hrsg. von Heinrich, Franzki, Schmalz, Stolleis S. 231 ff.

Makower, Hermann:
- Das Allgemeine Deutsche Handelsgesetzbuch, 10. Auflage, Berlin (Guttentag) 1890

Makower, H.:
- Handelsgesetzbuch mit Kommentar Band 1.1 – Buch I und II, 12. Auflage, Berlin 1898
- Handelsgesetzbuch, 1. Band – Buch I und II (Handelsstand, Gesellschaften), 13. Auflage, Berlin 1906

Matthiass, Bernhard:
- Lehrbuch des Bürgerlichen Rechts, 1.Band - Die allgemeinen Lehren und das Recht der Schuldverhältnisse
  1. Auflage, Berlin 1899
  3. Auflage, Berlin 1900
  4. Auflage, Berlin 1900

Matthiass, Bernhard:
- Lehrbuch des Bürgerlichen Rechts mit Berücksichtigung des gesamten Reichsrechtes, 5. Auflage, Berlin 1910

Mittelstein, Max: Hanseatische Rechtszeitung [HRZ], ehemals Hanseatische Gerichtszeitschrift, Mannheim, Berlin, Hamburg, Leipzig (Bensheimer), 4. Jahrgang 1921

Miosge, Dieter: Richard Mansfeld (1865 – 1943) – Richter und Senatspräsident am Recihsgericht, in: Deutsche Juristen jüdischer Herkunft, hrsg. von Heinrichs, Franzki, Schmalz, Stolleis, München 1993 S. 508 ff.

Möhle, Fritz: Die Personengesellschaft: Offene Handelsgesellschaft - Kommanditgesellschaft - Stille Gesellschaft
1. Auflage, Stuttgart 1950
2. Auflage, Stuttgart 1957

Monatsschrift für Deutsches Recht [MDR] (1.1947 ff.)

Neue Juristische Wochenschrift [NJW] (1.1977/48 ff.)

Neufeld / Schwarz, Otto: Handelsgesetzbuch ohne Seerecht, 1.Band Handelsstand – offene Handelsgesellschaft – Kommanditgesellschaft – stille Gesellschaft, Berlin 1931

Neumann, Hugo: Handausgabe des Bürgerlichen Gesetzbuchs für das deutsche Reich
- 1. Band (I. - III. Buch), 3. Auflage, Berlin 1903
- 2. Band (IV. -V. Buch), 3. Auflage, Berlin 1903
- 1. Band, 4. Auflage, Berlin 1905
- 1. Band (I. -III. Buch), 5. Auflage, Berlin 1909
- 1. Band (I. -III. Buch), 6. Auflage, Berlin 1912

Entscheidungen der **Oberlandesgerichte** in Zivilsachen einschließlich der freiwilligen Gerichtsbarkeit (1965 ff.) [OLGZ]

Entscheidungen des **obersten Gerichtshofes** für die Britische Zone in Zivilsachen (1.1949 – 4.1950) [OGHZ]

Oertmann, Paul:
- Kommentar zum Bürgerlichen Gesetzbuch, Das Recht der Schuldverhältnisse
  1. Auflage, Berlin 1899
  2. Auflage, Berlin 1906
- Kommentar zum Bürgerlichen Gesetzbuch und seinen Nebengesetzen
  2. Buch - Recht der Schuldverhältnisse, 3. / 4. Auflage, Berlin 1910
  2. Buch - Recht der Schuldverhältnisse - 2. Abteilung (§§433-853), 5. Auflage, Berlin 1929
- Recht des bürgerlichen Gesetzbuchs, 2. Buch - Schuldrecht - 2. Abteilung - Die einzelnen Schuldverhältnisse, 2. Auflage, Berlin, Leipzig 1919

Opet, Otto: Beiträge zum Firmenrecht; in ZHR [1900] 49, 51 ff.

Palandt, Otto: Bürgerliches Gesetzbuch
2. Auflage, Berlin, München 1939
43. Auflage, München 1984

Planck, G.: Bürgerliches Gesetzbuch nebst Einführungegesetz, 2. Band - Recht der Schuldverhältnisse,
1. und 2. Auflage, Berlin 1900
3. Auflage, Berlin 1907

Planitz, Hans (Herausgeber): Die Rechtswissenschaft der Gegenwart in Selbstdarstellungen, Konrad Cosack – Ludwig Ebermayer – Victor Ehrenberg – Otto Fischer – Otte Lenel – Otto Mayer – Ernst Zitelmann – Philipp Zorn (1. Band), Leipzig 1924

Puchelt, Ernst Sigismund: Commentar zum Allgemeinen Deutschen Handelsgesetzbuch
1. Auflage Leipzig 1874
2. Auflage, Leipzig 1876
4. Auflage, Leipzig 1893, 1. Band, Bearbeiter Förtsch, R.

Rebmann, Kurt: Münchener Kommentar zum Bürgerlichen Gesetzbuch [MüKo]
- **Ulmer**, Peter (Redakteur):
  Band 3, Schuldrecht - besonderer Teil, 2. Halbband (§§ 657-853), München 1980
  Band 3, Schuldrecht - besonderer Teil, 2. Halbband (§§ 657-853), 2. Auflage, München 1986
  Band 5, Schuldrecht - besonderer Teil (§§ 705-853), 3. Auflage, München 1997

Das **Recht** [Recht], begründet von Soergel (32.1928 – 37.1933 = Beiblatt zu Zentralblatt für Handelsrecht) (1.1897 – 38.1934: dann Beilage zu Deutsche Justiz)

Reichsgerichträtekommentar [BGB-RGRK]:
- Das Bürgerliche Gesetzbuch mit besonderer Berücksichtigung der Rechtsprechung des Reichsgerichts
  - I. Band - Allgemeiner Teil. Recht der Schuldverhältnisse - Sachenrecht, Leipzig, Nürnberg 1910
  - I. Band - Allgemeiner Teil - Recht der Schuldverhältnisse, 2. Auflage, Berlin 1913
  - I. Band - Allgemeiner Teil - Recht der Schuldverhältnisse, 4. Auflage (unveränderter Abdruck der 3. Auflage), Berlin, Leipzig 1922
  - I. Band - Allgemeiner Teil - Recht der Schuldverhältnisse, 5. Auflage, Berlin, Leipzig 1923
  - II. Band - Recht der Schuldverhältnisse II (einzelne Schuldverhältnisse), 6. Auflage, Berlin, Leipzig 1928
  - II. Band - Recht der Schuldverhältnisse II (einzelne Schuldverhältnisse), 7. Auflage, Berlin, Leipzig 1929
  - II. Band - Recht der Schuldverhältnisse II (einzelne Schuldverhältnisse), 8. Auflage, Berlin, Leipzig 1934
  - II. Band - Recht der Schuldverhältnisse II (einzelne Schuldverhältnisse), 9. Auflage, Berlin 1939
- Das Bürgerliche Gesetzbuch mit besonderer Berücksichtigung der Rechtsprechung des Reichsgerichts und des Bundesgerichtshofs
  - II. Band - Recht der Schuldverhältnisse II (einzelne Schuldverhältnisse), 10. Auflage, Berlin 1953
  - 2. Band, 2. Teil - einzelne Schuldverhältnisse - §§ 705 - 853, 11.Auflage, Berlin 1960
    2. Band, 4. Teil - §§ 631 - 811, 12. Auflage, Berlin, New York 1978
- Kommentar zum Handelsgesetzbuch – Großkommentar
  Weipert, Otto: 2. Band (§§ 105 - 177,§§ 335 - 342) Das Recht der offenen Handelsgesellschaft, der Kommanditgesellschaft und der stillen Gesellschaft
  1. Auflage, Berlin 1942
  2. Auflage, Berlin 1950
  Fischer, Robert / **Ulmer**, Peter: 2. Band 1. Halbband §§ 105 - 144 Register II / 1., 2., 3. Auflage, Berlin 1973

Entscheidungen des **Reichsgerichts** in Zivilsachen (1.1.1880 – 17.2.1945) [RGZ]

Entscheidungen des **Reichsoberhandelsgerichts** [ROHGZ], herausgegeben von den Räthen des Gerichtshofes, Stuttgart 17. Band 1875

Ritter, Carl:
- Das Handelsgesetzbuch mit Ausschluß des Seerechts, Berlin (Mutter) 1910
- Kommentar zum Handelsgesetzbuch mit Ausschluß des Seerechts, 2. Auflage, Berlin, München 1932
- Über die Ausschließungsklage der Handelsgesellschafter; in ZHR 69, 287 ff.

Rosenthal, Heinrich: Bürgerliches Gesetzbuch nebst Einführungsgesetz
7. Auflage, Graudenz 1906
9. Auflage, Grandenz 1919
Rosenthal, Heinrich / **Freymuth**, Arnold / **Kamnitzer**, Bernhard: Bürgerliches Gesetzbuch, 11. Auflage, Berlin 1927
Rosenthal, Heinrich / **Kamnitzer**, Bernhard / **Bohnenberg**, Heinrich: Bürgerliches Gesetzbuch
14. Auflage, Köln, Berlin 1953
15. Auflage, Köln, Berlin, Bonn, München 1965

Röhricht, Volker / **von Westphalen**, Friedrich: Handelsgesetzbuch, Kommentar zum Handelsstand, Handelsgesellschaften, Handelsgeschäften und besonderen Handelsverträgen (ohne Bilanz-, Transport- und Seerecht), Köln 1998

Rieger, Bodo / **Weipert**, Lutz: Münchener Handbuch des Gesellschaftsrechts, Band 1: BGB-Gesellschaft - offene Handelsgesellschaft - Partnerschaftsgesellschaft - Partnerreederei – EWIV, München 1995

Scherner, Karl Otto:
- Max Hachenburg: Ein Mannheimer Jurist, in JuS 1990, 347 - 352
- Max Hachenburg (1860-1951), Recht des Handels als geordnetes Leben der Wirtschaft, in: Deutsche Juristen jüdischer Herkunft, hersg. von Heinrichs, Franzki, Schmalz, Stolleis, München 1993, S. 415 ff.
- Advokaten - Revolutionäre – Anwälte. Die Geschichte der Mannheimer Anwaltschaft, Sigmaringen 1997

Schlegelberger, Franz: Handelsgesetzbuch
- 1. Band
  1. Auflage, Berlin 1939
  2. Auflage, Berlin, Frankfurt 1950
  4. Auflage, Berlin, Frankfurt 1963
- 2. Band, 2. Buch Handelsgeschaften und stille Gesellschaft, 3. Auflage, Berlin, Frankfurt 1955
- Band 3, 1. Halbband §§ 105 - 160, 5. Auflage, München 1992

Schmidt, Karsten: Gesellschaftsrecht
1. Auflage, Berlin, Bonn, Köln, München 1989
2. Auflage, Berlin, Bonn, Köln, München 1991
3. Auflage, Berlin, Bonn, Köln, München 1997

Schmidt, Karsten: Münchener Kommentar zum Handelsgetzbuch, Band 1 – 1. Buch – Handelsstand - §§ 1 - 104, München 1996

Schubert, Günther: Die rechtliche Stellung des aus einer offenen Handelsgesellschaft ausscheidenden Gesellschafters – Dissertation, Bonn 1930

Schubert, Werner / **Schmiedel**, Burkhard / **Krampe**, Christoph: Denkschrift zum Entwurf eines Handelsgesetzbuches und Einführungsgesetz – Quellen zum HGB von 1897, Band II / 2 – Denkschriften, Beratungen, Berichte, Frankfurt am Main 1988

Seuffert: J.A. Seuffert's Archiv für Entscheidungen der obersten Gerichte in den deutschen Staaten (1.1847 – 98.1944)

Soergel, Hans Th.: Bürgerliches Gesetzbuch nebst Einführungsgesetz
- 1. Band - Allgemeiner Teil - Recht der Schuldverhältnisse,
  2. Auflage, Berlin, Stuttgart, Leipzig 1923,
  3. Auflage, Berlin, Stuttgart, Leipzig 1926
  4. Auflage, Stuttgart 1929
- II. Band - Recht der Schuldverhältnisse - Besonderer Teil - §§ 433 - 853, 8. Auflage, Stuttgart, Köln 1952

Soergel, Hans Th. / **Siebert**, W.: Bürgerliches Gesetzbuch mit Einführungsgesetz und Nebengesetzen
- II. Band - einzelne Schuldverhältnisse - §§ 433 - 853, 9. Auflage, Stuttgart 1962
- Band 3 - Schuldrecht II (§§ 611 - 853), 10. Auflage, Berlin, Köln, Mainz, Stuttgart 1969
- Band 4 - Schuldrecht II (§§ 705 - 853), 11. Auflage, Berlin, Köln, Mainz, Stuttgart 1985

Staub, Hermann: Kommentar zum Allgemeinen Deutschen Handelsgesetzbuch (ohne Seerecht)
  1. Auflage, Berlin 1893
  3. und 4. Auflage, Berlin 1896
  5. Auflage, Berlin 1896
  - 1. Band - Buch 1 (Handelsstand) und Buch 2 (Handelsgeschäfte und stille Gesellschaft), 6. und 7. Auflage, Berlin 1900

Staub, Hermann: Kommentar zum Handelsgesetzbuch
- 1. Band: Buch 1 - Handelsstand. Buch 2 - Handelsgesellschaften und stille Gesellschaft
  8. Auflage, Berlin 1906
  9. Auflage, Berlin 1912
- 1. Band, 1. Halbband (§§ 1 - 177),
  10. Auflage, Berlin, Leipzig 1920
  11. Auflage, Berlin, Leipzig 1921
  12. und 13. Auflage, Berlin, Leipzig 1926
- 1. Band (§§ 1 - 177), 14. Auflage, Berlin, Leipzig 1932

Staub, Hermann: Das Recht der Handlungsgehilfen in der Zeit vom 01. Januar 1898 bis zum 01. Januar 1900; in DJZ [1897] 1, 333 ff.

von Staudinger, Julius:
- Kommentar zum Bürgerlichen Gesetzbuch für das deutsche Reich nebst Einführungsgesetz
  - 2. Band - Recht der Schuldverhältnisse, München 1901
  - Band II.b - Recht der Schuldverhältnisse - Besonderer Teil, 2. Auflage München 1906
- Kommentar zum Bürgerlichen Gesetzbuch und dem Einführungsgesetz

- 2. Band - Recht der Schuldverhältnisse - 2. Teil (§§ 581 - 853),
  5. / 6. Auflage München 1910
  7. / 8. Auflage München 1912
- 2. Band - Recht der Schuldverhältnisse - 3. Teil (§§ 631 - 853),
  9. Auflage, Berlin, München, Leipzig 1929
- Schuldrecht (§§ 611 - 822), 10. Auflage, Berlin, München 1939
- 2. Band - Recht der Schuldverhältnisse, 4. Teil (§§ 705 – 822), 10. / 11. Auflage, Berlin 1975
- 2. Buch - Recht der Schuldverhältnisse - §§ 652 - 740, 12. Auflage, Berlin 1991

von Staudinger, Julius / **Keidel**, F.: Handausgabe des Bürgerlichen Gesetzbuchs auf Grund von J.v.Staudingers Kommentar, 3. Auflage, Berlin, Leipzig, München 1931

Stauf, Wolfgang: Zum Tatbestandsmerkmal "wichtiger Grund" in den §§ 133, 140, 142 HGB, Würzburg 1979

Stehle, Heinz / **Stehle**, Anselm: Die Gesellschaften, 3. Auflage 1969

Steitz, Michael: Adelbert Düringer am Reichsgericht (1902 - 1915) – Seine aktienrechtlichen Entscheidungen und sein Einfluß auf das Aktienrecht in Deutschland, rechtshistorische Reihe Band 135, Frankfurt a.M., Berlin, Bern, New York, Paris, Wien 1995

Stoeckle, Peter: Die Übernahme des Vermögens einer zweigliedrigen Gesellschaft bürgerlichen Rechts durch einen Gesellschafter unter gleichzeitigem Ausschluß des Mitgesellschafters, Dissertation ,Würzburg 1968

Stolleis, Michael: Ein biographisches Lexikon - Von der Antike bis zum 20. Jahrhundert, München 1995

Strohal, F.: Planck's Kommentar zum Bürgerliches Gesetzbuch nebst Einführungegesetz, 2. Bd., 2. Hälfte - Recht der Schuldverhältnisse (besonderer Teil), 4. Auflage, Berlin, Leipzig 1928

Unterberg, Hans: Die Verhinderung der Auflösungswirkungen bei der offenen Handelsgesellschaft, Düsseldorf 1939

Warneyer, Otto:
- Kommentar zum Bürgerlichen Gesetzbuch für das deutsche Reich
  - 1. Band, 2. Auflage, Tübingen 1932
  - 1. Band (I. und II. Buch), 6. Auflage, Leipzig 1933
- Das Bürgerliche Gesetzbuch für das deutsche Reich
  7. Auflage, Berlin 1938
  10. Auflage, Berlin 1942
  - Band 5 - Allgemeiner Teil, Schuldrecht, Sachenrecht (§§ 1 - 1296), 11. Auflage,
  - Detmold, München, Berlin 1950

Wertpapier-Mitteilungen [WM], T.4: Zeitschrift für Wirtschafts- und Bankrecht (1.1947 ff.)
Zeitschrift für Wirtschaftsrecht [ZIP] (4.1983 ff., 1.1980,1-7: Insolvenzrecht; 1.1980, 8-3.1982: Zeitschrift für Wirtschaftsrecht und Insolvenzpraxis)

Westermann, Harry: Personengesellschaftsrecht: BGB-Gesellschaft - Offene Handelsgesellschaft – Kommanditgesellschaft, Köln 1972
2. Auflage, Köln 1973
3. Auflage, Köln 1975
4. Auflage, Köln 1979

Westermann, Harm Peter: Handbuch der Personengesellschaften: Gesellschaftsrecht, Betriebswirtschaft, Unternehmensrechnung, Seuerrecht, Arbeitsrecht, Sozialversicherungsrecht, 4.Auflage, Köln, Stand: 24.Lieferung / Juni 1997

Wieland, Karl: Handelsrecht, 1.Band - Das kaufmännische Unternehmen und die Handelsgesellschaften, München, Leipzig 1921

Wimpfheimer, Heinrich: Die Gesellschaften des Handelsrechts und des bürgerlichen Rechts im Stadium der Liquidation, in Abhandlungen zum Privatrecht und Zivilprozeß des deutschen Rechts – Band 17 2. Heft, herausgegeben von Otto Fischer, München 1908

Wirth, Thomas: Adelbert Düringer – Jurist zwischen Kaiserreich und Republik, Dissertation Freiburg 1988 - Südwestdeutsche Schriften Band 6, Mannheim 1989

Würdinger, Hans: Gesellschaften, 1.Teil: Recht der Personengesellschaften, Hamburg 1937

Zeitschrift für das gesamte Handelsrecht und Wirtschaftsrecht [ZHR], begründet von Goldschmidt (bis 59.1906: Zeitschrift für das gesamte Handelsrecht. 60.1907 – 123.1951: und Konkursrecht) (1.1958 – 110.1944; 111.1948 ff.)

Zentralblatt für freiwillige Gerichtsbarkeit und Notariat (ab 12.1911/12: für freiwillige Gerichtsbarkeit, Notariat und Zwangsverteigerung) (1.1900/01 – 22.1921/22)

RECHTSHISTORISCHE REIHE

Band 1 Studien zu den germanischen Volksrechten. Gedächtnisschrift für Wilhelm Ebel. Vorträge gehalten auf dem Fest-Symposion anläßlich des 70. Geburtstages von Wilhelm Ebel am 16. Juni 1978 in Göttingen. Götz Landwehr (Hrsg.) 1982.

Band 2 Hans Poeschel: Die Statuten der Banken, Sparkassen und Kreditgenossenschaften in Hamburg und Altona von 1710 bis 1889. 1978.

Band 3 Thomas Kolbeck: Juristenschwemmen, Untersuchungen über den juristischen Arbeitsmarkt im 19. und 20. Jahrhundert. 1978.

Band 4 Norbert Hempel: Richterleitbilder in der Weimarer Republik. 1978.

Band 5 Rolf Stratmann: Die Scheinbußen im mittelalterlichen Recht. 1978.

Band 6 Martin C. Lockert: Die niedersächsischen Stadtrechte zwischen Aller und Weser. Vorkommen und Verflechtungen. Eine Bestandsaufnahme. 1979.

Band 7 Joachim Rückert/Wolfgang Friedrich: Betriebliche Arbeiterausschüsse in Deutschland, Großbritannien und Frankreich im späten 19. und frühen 20. Jahrhundert. Eine vergleichende Studie zur Entwicklung des kollektiven Arbeitsrechts. 1979.

Band 8 Peter Bender: Die Rezeption des römischen Rechts im Urteil der deutschen Rechtswissenschaft. 1979.

Band 9 Friedrich Karl Alsdorf: Untersuchungen zur Rechtsgestalt und Teilung deutscher Ganerbenburgen. 1980.

Band 10 Dietmar Willoweit/Winfried Schich (Hrsg.): Studien zur Geschichte des sächsisch-magdeburgischen Rechts in Deutschland und Polen (Sammelband). 1980.

Band 11 Brigitte Hempel: Der Entwurf einer Polizeiordnung für das Herzogtum Sachsen-Lauenburg aus dem Jahre 1591. 1980.

Band 12 Klaus-Detlev Godau-Schüttke: Rechtsverwalter des Reiches. Staatssekretär Dr. Curt Joël. 1981.

Band 13 Rainer Polley: Anton Friedrich Justus Thibaut (AD 1772-1840) in seinen Selbstzeugnissen und Briefen. Teil 1: Abhandlung. Teil 2: Briefwechsel. Teil 3: Register zum Briefwechsel. 1982.

Band 14 Michael Wettengel: Der Streit um die Vogtei Kelkheim 1275-1276. Ein kanonischer Prozeß.1981.

Band 15 Otto Wilhelm Krause: Naturrechtler des sechzehnten Jahrhunderts. Ihre Bedeutung für die Entwicklung eines natürlichen Privatrechts. 1982.

Band 16 Helga Spindler: Von der Genossenschaft zur Betriebsgemeinschaft. Kritische Darstellung der Sozialrechtslehre Otto von Gierkes. 1982.

Band 17 Holger Otte: Gustav Radbruchs Kieler Jahre 1919 - 1926. 1982.

Band 18 Rüdiger Teuner: Die fuldische Ritterschaft 1510 - 1656. 1982.

Band 19 Gerhard Dilcher/Rudolf Hoke/Gian Savino Pene Vidari/Hans Winterberg (Hrsg.): Grundrechte im 19. Jahrhundert. 1982.

Band 20 Karl-Hans Schloßstein: Die westfälischen Fabrikengerichtsdeputationen - Vorbilder, Werdegang und Scheitern. 1982.

Band 21 Birger Schulz: Der Republikanische Richterbund (1921-1933). 1982.

Band 22 Engelbert Krause: Die gegenseitigen Unterhaltsansprüche zwischen Eltern und Kindern in der deutschen Privatrechtsgeschichte. 1982.

Band 23 Meent W. Francksen: Staatsrat und Gesetzgebung im Großherzogtum Berg (1806-1813). 1982.

Band 24 Gerd von Sonnleithner: Bearbeitung des Handelsrechts durch Ignaz von Sonnleithner in seinem "Leitfaden über das österreichische Handels- und Wechselrecht". 1982.

Band 25 Rudolf Palme: Rechts-, Wirtschafts- und Sozialgeschichte der inneralpinen Salzwerke bis zu deren Monopolisierung. 1983.

Band 26 Helen Bosshard: Pestalozzis Staats- und Rechtsverständnis und seine Stellung in der Aufklärung. 1983.

Band 27 Jens Jessen: Die Selbstzeugnisse der deutschen Juristen. Erinnerungen, Tagebücher und Briefe. Eine Bibliographie. 1983.

Band 28 Günter Martin Jensen: Das Domanium Waldeck. Die rechtliche Zuordnung eines Fürstenvermögens. 1984.

Band 29 Johann Heinrich Kumpf: Petitionsrecht und öffentliche Meinung im Entstehungsprozeß der Paulskirchenverfassung 1848/49. 1983.

Band 30 Sabine Frey: Rechtsschutz der Juden gegen Ausweisungen im 16. Jahrhundert. 1983.

Band 31 Dietrich Joswig: Die germanische Grundstücksübertragung. 1984.

Band 32 Andreas Baryli: Konzessionssystem contra Gewerbefreiheit. Zur Diskussion der österreichischen Gewerberechtsreform 1835 bis 1860. 1984.

Band 33 Gerhard Oberkofler: Studien zur Geschichte der österreichischen Rechtswissenschaft. 1984.

Band 34 Rudolf Lauda: Kaufmännische Gewohnheit und Burgrecht bei Notker dem Deutschen. Zum Verhältnis von literarischer Tradition und zeitgenössischer Realität in der frühmittelalterlichen Rhetorik. 1984.

Band 35 Jens Jensen: Die Ehescheidung des Bischofs Hans von Lübeck von Prinzessin Julia Felicitas von Württemberg-Weiltingen AD 1648-1653. Ein Beitrag zum protestantischen Ehescheidungsrecht im Zeitalter des beginnenden Absolutismus. 1984.

Band 36 Horst Schröder: Friedrich Karl von Savigny. Geschichte und Rechtsdenken beim Übergang vom Feudalismus zum Kapitalismus in Deutschland. 1984.

Band 37 Andreas Hatzung: Dogmengeschichtliche Grundlagen und Entstehung des zivilrechtlichen Notstands. 1984.

Band 38 Matthias Klasen: Das Billwerder Landrecht. Landrecht und Landgericht in den Hamburger Elbmarschen. 1985.

Band 39 Rainer Jamin: Aufbau, Tätigkeit und Verfahren der Auseinandersetzungsbehörden bei der Durchführung der preußischen Agrarreformen. 1985.

Band 40 Henry Winter: Teilschuld, Gesamtschuld und unechte Gesamtschuld. Zur Konzeption der §§ 420 ff. BGB - Ein Beitrag zur Entstehungsgeschichte des BGB. 1985.

Band 41 Hermann Eichler: Verfassungsbewegung in Amerika und Europa. 1985.

Band 42 Dagmar Bandemer: Heinrich Albert Zachariae. Rechtsdenken zwischen Restauration und Reformation. 1985.

Band 43 Eva-Christine Frentz: Das Hamburgische Admiralitätsgericht (1623-1811). Prozeß und Rechtsprechung. 1985.

Band 44 Karl Lillig: Rechtsetzung im Herzogtum Pfalz-Zweibrücken während des 18. Jahrhunderts. Ein Beitrag zur Geschichte der territorialen Rechtsbildung. 1985.

Band 45 Walter Weber: Die Entwicklung der Sparkassen zu selbständigen Anstalten des öffentlichen Rechts. Ein Beitrag zur Entwicklung des Anstaltsbegriffs im 19. Jahrhundert. 1985.

Band 46 Bärbel Baum: Der Stabreim im Recht. Vorkommen und Bedeutung des Stabreims in Antike und Mittelalter. 1986.

Band 47 Hans Popp: Die nationalsozialistische Sicht einiger Institute des Zivilprozeß- und Gerichtsverfassungsrechts. 1986.

Band 48 John Karl-Heinz Montag: Die Lehrdarstellung des Handelsrechts von Georg Friedrich von Martens bis Meno Pöhls. Die Wissenschaft des Handelsrechts im ersten Drittel des 19. Jahrhunderts. 1986.

Band 49 Volker D. Anhäusser: Das internationale Obligationenrecht in der höchstrichterlichen Rechtsprechung des 19. Jahrhunderts. 1986.

Band 50 Udo Beer: Die Juden, das Recht und die Republik. Verbandswesen und Rechtsschutz 1919-1933. 1986.

Band 51 Herbert Grziwotz: Der moderne Verfassungsbegriff und die "Römische Verfassung" in der deutschen Forschung des 19. und 20. Jahrhunderts. 1986.

Band 52 Ralf Conradi: Karl Friedrich Eichhorn als Staatsrechtslehrer. Seine Göttinger Vorlesung über "Das Staatsrecht der deutschen Bundesstaaten" nach einer Kollegmitschrift aus dem Wintersemester 1821/22. 1987.

Band 53 Dieter Dannreuther: Der Zivilprozeß als Gegenstand der Rechtspolitik im Deutschen Reich 1871 - 1945. Ein Beitrag zur Geschichte des Zivilprozeßrechts in Deutschland. 1987.

Band 54 Stephan Felix Pauly: Organisation, Geschichte und Praxis der Gesetzesauslegung des (Königlich) Preußischen Oberverwaltungsgerichtes 1875 - 1933. 1987.

Band 55 Rüdiger Schulz: Die Entstehung des Seerechts des Allgemeinen Deutschen Handelsgesetzbuches unter besonderer Berücksichtigung der Bestimmungen über die Reederei, den Schiffer und die Schiffsmannschaft. 1987.

Band 56 Reinhold Reis: Deutsches Privatrecht in den Weistümern der Zenten Schriesheim und Kirchheim. 1987.

Band 57 Jürgen Christoph: Die politischen Reichsamnestien 1918 - 1933. 1987.

Band 58 Gerhard Oberkofler/Eduard Rabofsky: Hans Kelsen im Kriegseinsatz der k.u.k.-Wehrmacht. Eine kritische Würdigung seiner militärtheoretischen Angebote. 1988.

Band 59 Arne Wulff: Staatssekretär Prof. Dr. Dr. h.c. Franz Schlegelberger. 1876-1970. 1991.

Band 60 Gerhard Köbler (Hrsg.): Wege europäischer Rechtsgeschichte. Karl Kroeschell zum 60. Geburtstag. 1987.

Band 61 Rüdiger Hütte: Der Gemeinschaftsgedanke in den Erbrechtsreformen des Dritten Reichs. 1988.

Band 62 Markus Göldner: Politische Symbole der europäischen Integration. Fahne, Hymne, Hauptstadt, Paß, Briefmarke, Auszeichnungen. 1988.

Band 63 Wolfgang Kröner: Freiheitsstrafe und Strafvollzug in den Herzogtümern Schleswig, Holstein und Lauenburg von 1700 bis 1864. 1988.

Band 64 Werner Gaile: Die Norder Theelacht. 1988.

Band 65 Karl v. Kempis: Andreas Gaill (1526 - 1587). Zum Leben und Werk eines Juristen der frühen Neuzeit. 1988.

Band 66 Wolf-Rüdiger Osburg: Die Verwaltung Hamburgs in der Franzosenzeit. 1811-1814. 1988.

Band 67 Christian Schudnagies: Hans Frank. Aufstieg und Fall des NS-Juristen und Generalgouverneurs. 1988.

Band 68 Otmar Jung: Senatspräsident Freymuth. Richter, Sozialdemokrat und Pazifist in der Weimarer Republik. Eine politische Biographie. 1989.

Band 69 Joachim Lohner: Das landeshauptmannschaftliche Gericht in Oberösterreich zu Beginn der Neuzeit. Eine Darstellung des oberösterreichischen Prozeßrechts am obersten Territorialgericht des Landes anhand der oberösterreichischen Landtafel.1989.

Band 70 Bernd Klemann: Rudolf von Jhering und die Historische Rechtsschule. 1989.

Band 71 Adalbert Langer: Männer um die österreichische Zivilprozeßordnung 1895. Zusammenspiel / Soziales Ziel. 1990.

Band 72 Robert-Dieter Klee: Die Landessuperintendentur Lauenburg. Ursprung und Entwicklung sowie Ende der Sonderstellung des Kirchenkreises Herzogtum Lauenburg durch die nordelbische Kirchenvereinigung. 1989.

Band 73 Heinrich Herrmann: Die Gehöferschaften im Bezirk Trier. 1989.

Band 74 Wilhelm Brauneder, Franz Baltzarek (Hrsg.): Modell einer neuen Wirtschaftsordnung. Wirtschaftsverwaltung in Österreich 1914 - 1918. 1991.

Band 75 Thomas Dreyer: Die "Assecuranz- und Haverey-Ordnung" der Freien und Hansestadt Hamburg von 1731. 1990.

Band 76 Bernhard Sendler: Die Rechtssprache in den süddeutschen Stadtrechtsreformationen. 1990.

Band 77 Brigitte Lehmann: Ehevereinbarungen im 19. und 20. Jahrhundert. 1990.

Band 78 Michael Sunnus: Der NS-Rechtswahrerbund (1928-1945). Zur Geschichte der nationalsozialistischen Juristenorganisation. 1990.

Band 79 Stefan Schulz: Die historische Entwicklung des Rechts an Bienen. (§§ 961 - 964 BGB). 1990.

Band 80 Gerhard Lingelbach, Heiner Lück (Hrsg.): Deutsches Recht zwischen Sachsenspiegel und Aufklärung. Rolf Lieberwirth zum 70. Geburtstag dargebracht von Schülern, Freunden und Kollegen, herausgegeben von Gerhard Lingelbach und Heiner Lück. 1991.

Band 81 Manfred Krohn: Die deutsche Justiz im Urteil der Nationalsozialisten 1920 - 1933. 1991.

Band 82 Angelika Kühn: Privilegierung nationaler Minderheiten im Wahlrecht der Bundesrepublik Deutschland und Schleswig-Holsteins. 1991.

Band 83 Georg Brun: Leben und Werk des Rechtshistorikers Heinrich Mitteis unter besonderer Berücksichtigung seines Verhältnisses zum Nationalsozialismus. 1991.

Band 84 Wolfgang Simon: Claudius Freiherr von Schwerin. Rechtshistoriker während dreier Epochen deutscher Geschichte. 1991.

Band 85 Friedrich-Carl Wachs: Das Verordnungswerk des Reichsdemobilmachungsamtes. Stabilisierender Faktor zu Beginn der Weimarer Republik. 1991.

Band 86 Jens-Uwe Petersen: Die Vorgeschichte und die Entstehung des Mieterschutzgesetzes von 1923 nebst der Anordnung für das Verfahren vor dem Mieteinigungsamt und der Beschwerdestelle. 1991.

Band 87 Ulrike Haibach: Familienrecht in der Rechtssprache. Die historische Entwicklung zentraler Ausdrücke des geltenden Familienrechts. 1991.

Band 88 Joern Christian Nissen: Die Beratungen des Seeversicherungsausschusses der Akademie für Deutsches Recht zu einem neuen Seeversicherungsgesetz (1934-1939). Ein Beitrag zur Entwicklung der allgemeinen Lehren des Seeversicherungsrechts unter besonderer Berücksichtigung des Handelsgesetzbuchs und der Allgemeinen Deutschen Seeversicherungs-Bedingungen 1919. 1991.

Band 89 Diethard Bühler: Die Entstehung der allgemeinen Vertragsschluß-Vorschriften im Allgemeinen Deutschen Handelsgesetzbuch (ADHGB) von 1861. Ein Beitrag zur Kodifikationsgeschichte des Privatrechts im 19. Jahrhundert. 1991.

Band 90 Gerhard Oberkofler: Die Vertreter des Römischen Rechts mit deutscher Unterrichtssprache an der Karls-Universität in Prag. Vom Vormärz bis 1945. 1991.

Band 91 Ulrich Andermann: Ritterliche Gewalt und bürgerliche Selbstbehauptung. Untersuchungen zur Kriminalisierung und Bekämpfung des spätmittelalterlichen Raubrittertums am Beispiel norddeutscher Hansestädte. 1991.

Band 92 Heinz Marcus Hanke: Luftkrieg und Zivilbevölkerung. Der kriegsvölkerrechtliche Schutz der Zivilbevölkerung gegen Luftbombardements von den Anfängen bis zum Ausbruch des Zweiten Weltkrieges. 1991.

Band 93 Kirsten Kraglund: Familien- und Erbrecht. Materielles Recht und Methoden der Rechtsanwendung in der Rechtsprechung des Oberappellationsgerichts der vier Freien Städte Deutschlands zu Lübeck. 1991.

Band 94 Reinhard Lorenz: Die politische und rechtliche Stellung des Proletariats in Preußen in der Zeit zwischen den Reformen und der Revolution 1848/49. 1991.

Band 95 Eric Hilgendorf: Die Entwicklungsgeschichte der parlamentarischen Redefreiheit in Deutschland. 1991.

Band 96 Hans J. Reiter: Die Handelsgesellschaft Villeroy & Boch von der Gründung 1836 bis zum Jahr 1878. 1992.

Band 97 Martin Johannes Heller: Reform der deutschen Rechtssprache im 18. Jahrhundert. 1992.

Band 98 Michael Kotulla: Die Tragweite der Grundrechte der revidierten preußischen Verfassung vom 31.01.1850. 1992.

Band 99 Michael Siefener: Hexerei im Spiegel der Rechtstheorie. Das crimen magiae in der Literatur von 1574 bis 1608. 1992.

Band 100 Andreas Ebert-Weidenfeller: Hamburgisches Kaufmannsrecht im 17. und 18. Jahrhundert. Die Rechtsprechung des Rates und des Reichskammergerichtes. 1992.

Band 101 Enno Bommel: Die Entstehung der Verwirkungslehre in der Krise des Positivismus. 1992.

Band 102 Ralph Steppacher: Die Berücksichtigung der bäuerlichen Postulate bei der Entstehung des ZGB und der Revision des OR. Ein Beitrag zur schweizerischen Kodifikationsgeschichte (1893 - 1912). 1992.

Band 103 Martin Fleckenstein: Die Todesstrafe im Werk Carl Joseph Anton Mittermaiers (1787 - 1867). Zur Entwicklungsgeschichte eines Werkbereichs und seiner Bedeutung für Theorie- und Methodenbildung. 1992.

Band 104 Jörn Eckert: Der Kampf um die Familienfideikommisse in Deutschland. Studien zum Absterben eines Rechtsinstitutes. 1992.

Band 105 Jörg Grotkopp: Beamtentum und Staatsformwechsel. Die Auswirkungen der Staatsformwechsel von 1918, 1933 und 1945 auf das Beamtenrecht und die personelle Zusammensetzung der deutschen Beamtenschaft. 1992.

Band 106 Andreas Rohde: Die Garantiehaftung des Vermieters und ihr Verhältnis zum Unmöglichkeitsrecht in dogmengeschichtlicher und modernrechtlicher Sicht. 1992.

Band 107 Tjark Siefke Kunstreich: Gesamtvertretung. Eine historisch-systematische Darstellung. 1992.

Band 108 Jürgen Krüger: Blindheit und Königtum. Die Blindheit des Königs Georg V. von Hannover als verfassungsrechtliches Problem. 1992.

Band 109 Wolfgang Putschek: Ständische Verfassung und autoritäre Verfassungspraxis in Österreich 1933-1938 mit Dokumentenanhang. Verfassung und Verfassungswirklichkeit. Mit einem Anhang: Denkschriften von Rechtsanwalt Dr. Erich Führer 1936/37. 1993.

Band 110 Klaus Hofmann: Die Verdrängung der Juden aus öffentlichem Dienst und selbständigen Berufen in Regensburg 1933-1939. 1993.

Band 111 Franz Kilger: Die Entwicklung des Telegraphenrechts im 19. Jahrhundert mit besonderer Berücksichtigung der technischen Entwicklung. Telegraphenrecht im 19. Jahrhundert. 1993.

Band 112 Wilhelm Brauneder (Hrsg.): Heiliges Römisches Reich und moderne Staatlichkeit. 1993.

Band 113 Thomas Heinrich: Das preußische Nichtehelichenrecht: Von der Aufklärung zur Reaktion. 1993.

Band 114 Gerald Kohl: Jagd und Revolution. Das Jagdrecht in den Jahren 1848 und 1849. 1993.

Band 115 Christian Schudnagies: Der Kriegs- oder Belagerungszustand im Deutschen Reich während des Ersten Weltkrieges. Eine Studie zur Entwicklung und Handhabung des deutschen Ausnahmezustandsrechts bis 1918. 1994.

Band 116 Elisabeth Bellmann: Die Internationale Kriminalistische Vereinigung (1889-1933). 1994.

Band 117 Julia Pfannkuch: Volksrichterausbildung in Sachsen 1945-1950. 1993.

Band 118 Jörg Offen: Von der Verwaltungsgemeinschaft des BGB von 1896 zur Zugewinngemeinschaft des Gleichberechtigungsgesetzes von 1957. 1994.

Band 119 Dorothee Kohlhas-Müller: Untersuchungen zur Rechtsstellung Theoderichs des Großen. 1995.

Band 120 Monika Rose: Das Gerichtswesen des Herzogtums Pfalz-Zweibrücken im 18. Jahrhundert. Ein Beitrag zur territorialen Gerichtsbarkeit im Alten Reich. 1994.

Band 121 Jörn Eckert / Hans Hattenhauer (Hrsg.): Bibel und Recht. Rechtshistorisches Kolloquium 9. - 13. Juni 1992 an der Christian-Albrechts-Universität zu Kiel. 1994.

Band 122 Robert Martin Mizia: Der Rechtsbegriff der Autonomie und die Begründung des Privatfürstenrechts in der deutschen Rechtswissenschaft des 19. Jahrhunderts. 1995.

Band 123 Walther Graf von Plettenberg: Das Fortleben des Liber Iudiciorum in Asturien/León (8. - 13. Jh.). 1994.

Band 124 Wolfgang Schulz: Das deutsche Börsengesetz. Die Entstehungsgeschichte und wirtschaftlichen Auswirkungen des Börsengesetzes von 1896. 1994.

Band 125 Frank Hagemann: Der Untersuchungsausschuß Freiheitlicher Juristen. 1949 – 1969. 1994.

Band 126 Andreas Rethmeier: "Nürnberger Rassegesetze" und Entrechtung der Juden im Zivilrecht. 1995.

Band 127 Edith Grether: Die Poesie der Throne. Die Juristen in der Fruchtbringenden Gesellschaft. 1995.

Band 128 Anna Bartels-Ishikawa: Der Lippische Thronfolgestreit. Eine Studie zu verfassungsrechtlichen Problemen des Deutschen Kaiserreiches im Spiegel der zeitgenössischen Staats. 1995.

Band 129 Jörg Schmidt: Otto Koellreutter 1883-1972. Sein Leben, sein Werk, seine Zeit. 1995.

Band 130 Christian Hattenhauer: Wahl und Krönung Franz II. AD 1792. Das Heilige Reich krönt seinen letzten Kaiser - Das Tagebuch des Reichsquartiermeisters Hieronymus Gottfried von Müller und Anlagen. 1995.

Band 131 Jutta v. der Decken: Das Seearbeitsrecht im Hamburger Stadtrecht von 1301 bis 1603. 1995.

Band 132 Detlev Schmidt: Die Reform des Rechts der Handelsvertreter von 1953. 1995.

Band 133 Gabi Roßdeutscher: Privatautonomie im Scheidungsrecht. Scheidungsbezogene Vereinbarungen in den letzten 200 Jahren. 1995.

Band 134 Harald Kahlenberg: Leben und Werk des Rechtshistorikers Walther Merk. Ein Beispiel für das Verhältnis von Rechtsgeschichte und Nationalsozialismus. 1995.

Band 135 Michael Steitz: Adelbert Düringer am Reichsgericht (1902-1915). Seine aktienrechtlichen Entscheidungen und sein Einfluß auf das Aktienrecht in Deutschland. 1995.

Band 136 Christian Becker: Beata Justorum Translatio. Juristen in schleswig-holsteinischen Leichenpredigten. 1996.

Band 137 Christoph Seiler: Vom Allgemeinen Landrecht zum Bürgerlichen Gesetzbuch. Dargestellt am Beispiel der höchstrichterlichen Judikatur zum kaufrechtlichen Sachmängelgewährleistungsrecht. 1996.

Band 138 Bernd Mayer: Die Vertrauensmännerausschüsse auf den preußischen Steinkohlegruben an der Saar. Entstehung und Wirken. Eine rechtshistorische Untersuchung. 1996.

Band 139 Rochus Scholl: Juden und Judenrecht im Herzogtum Pfalz-Zweibrücken. Ein Beitrag zur Rechtsgeschichte eines deutschen Kleinstaates am Ende des alten Reiches. 1996.

Band 140 Meike Bursch: Judentaufe und frühneuzeitliches Strafrecht. Die Verfahren gegen Christian Treu aus Weener/Ostfriesland 1720-1728. 1996.

Band 141 Markus Hillenbrand: Fürstliche Eheverträge. Gottorfer Hausrecht 1544 - 1773. 1996.

Band 142 Ulf Häder: Das gemeinschaftliche Oberappellationsgericht thüringischer Staaten in Jena. Ein Beitrag zur Geschichte des Gerichtswesens im 19. Jahrhundert. 1996.

Band 143 Andreas Bauer: Das Gnadenbitten in der Strafrechtspflege des 15. und 16. Jahrhunderts. Dargestellt unter besonderer Berücksichtigung von Quellen der Vorarlberger Gerichtsbezirke Feldkirch und des Hinteren Bregenzerwaldes. 1996.

Band 144 Christian Wirth: Der Jurist Johann Andreas Georg Friedrich Rebmann zwischen Revolution und Restauration. 1996.

Band 145 Stefanie Müller: Die Rechtsprechung des Hanseatischen Oberlandesgerichts zum persönlichen Eherecht in Hamburgischen Gerichtsfällen von 1879 -1900. 1996.

Band 146 Jean-Nicolas Morisset: Der Frachtvertrag in der *Ordonnance de la marine* von 1681. 1996.

Band 147 Dirk Lentfer: Die Glogauer Landesprivilegien des Andreas Gryphius von 1653. 1996.

Band 148 Wencke Mull: Die Haftung für Einsturzschäden nach den §§ 836-838 BGB in der Rechtsprechung des Reichsgerichts. 1996.

Band 149 Renate Zelger: Teufelsverträge. Märchen, Sage, Schwank, Legende im Spiegel der Rechtsgeschichte. 1996.

Band 150 Guido Kraß: Das Arrestverfahren in Frankfurt am Main im Spätmittelalter. 1996.

Band 151 F. Benedict Heyn: Die Entwicklung des Eisenbahnfrachtrechts von den Anfängen bis zur Einführung des Allgemeinen Deutschen Handelsgesetzbuches (ADHGB). 1996.

Band 152 Thomas Lang: Die Staats- und Verfassungslehre Carl Salomo Zachariaes. 1996.

Band 153 Michael Hebeis: Karl Anton von Martini (1726-1800). Leben und Werk. 1996.

Band 154 Gerald Hubert: Die Diskussion um die rechtliche Natur der Bizone in den Jahren 1947-1949. 1996.

Band 155 Christof Horn: Die Rechtsprechung des Reichsgerichts in Ehescheidungssachen der Jahre 1900 bis 1905. 1996.

Band 156 Hermann Nehlsen / Georg Brun (Hrsg.): Münchener rechtshistorische Studien zum Nationalsozialismus. 1996.

Band 157 Jan Otto Clemens Kehrberg: Die Entwicklung des Elektrizitätsrechts in Deutschland. Der Weg zum Energiewirtschaftsgesetz von 1935. 1997.

Band 158 Johannes Tradt: Der Religionsprozeß gegen den Zopfschulzen (1791-1799). Ein Beitrag zur protestantischen Lehrpflicht und Lehrzucht in Brandenburg-Preußen gegen Ende des 18. Jahrhunderts. 1997.

Band 159 Dietmar Olsen: Das kaufrechtliche Sachmängelgewährleistungsrecht des Code civil in der Rechtsprechung deutscher Gerichte im 19. Jahrhundert. Ein Beitrag zur Ablösung der Partikularrechte durch das BGB. 1997.

Band 160 Ulrich Bernhardt: Die Deutsche Akademie für Staats- und Rechtswissenschaft „Walter Ulbricht" 1948-1971. 1997.

Band 161 Claudia Susan Hoppe: Die Bürgschaft im Rechtsleben Hamburgs von 1600 bis 1900. 1997.

Band 162 Franz-Rudolf Ecker: Die Entwicklung des Bergrechts im Saarbrücker Steinkohlenrevier bis zum Ende des 18. Jahrhunderts. Ein Vergleich mit dem älteren deutschen Bergrecht. 1997.

Band 163 Anne Katrin Rückert: Politik und Privatrecht in der „konservativen Revolution". 1997.

Band 164 Gisbert Laube: Der Reichskunstwart. Geschichte einer Kulturbehörde 1919-1933. 1997.

Band 165 Nicolas Lühriq: Die Diskussion über die Reform der Juristenausbildung von 1945 bis 1995. 1997.

Band 166 Regula Gerber Jenni: Die Emanzipation der mehrjährigen Frauenzimmer. Frauen im bernischen Privatrecht des 19. Jahrhunderts. 1997.

Band 167 Mischa A. Färber: Das gemeinschaftliche Testament in der höchstrichterlichen Rechtsprechung zum Allgemeinen Preußischen Landrecht und zum BGB. Ein Beitrag zur Ablösung der Partikularrechte durch das BGB. 1997.

Band 168 Catherine Antoinette Gasser: Philipp Lotmar 1850-1922. Professor der Universität Bern. Sein Engagement für das Schweizerische Arbeitsrecht. 1997.

Band 169 Lars Immisch: Der sozialistische Richter in der DDR und seine Unabhängigkeit. Der Versuch eines Rechtsvergleiches zum Unabhängigkeitsbegriff in der bundesdeutschen Rechtsordnung. 1997.

Band 170 Jessica Jacobi: Besitzschutz vor dem Reichskammergericht. Die friedenssichernde Funktion der Besitzschutzklagen am Reichskammergericht im 16. Jahrhundert, dargestellt anhand von Kameralisten. 1998.

Band 171 Ewald Hügemann: Die Geschichte des öffentlichen und privaten Mietpreisrechts vom Ersten Weltkrieg bis zum Gesetz zur Regelung der Miethöhe von 1974. 1998.

Band 172 Lutz Rentzow: Die Entstehungs- und Wirkungsgeschichte der Vernewerten Landesordnung für das Königreich Böhmen von 1627. 1998.

Band 173 Sabine Stürmer: Mühlenrecht im Herzogtum Pfalz-Zweibrücken während des 18. Jahrhunderts. Ein Beitrag zum Wirtschaftsrecht eines deutschen Kleinstaates im Alten Reich. 1998.

Band 174 Mario Bogisch: *Nemo testis in re sua*. Das Problem der Zeugnisfähigkeit bei der Anwendung der deutschen Zivilprozeßordnung von 1877. 1998.

Band 175 Rainer Oßwald: Pactane sunt servanda? Freiwilligkeit, Zwang und Unverbindlichkeitserklärungen im islamischen Vertragsrecht malikitischer Schule. 1998.

Band 176 Bettina Kern: Der preußische BGB-Entwurf von 1842. 1998.

Band 177 Inken Fuhrmann: Die Diskussion über die Einführung der fakultativen Zivilehe in Deutschland und Österreich seit Mitte des 19. Jahrhunderts. 1998.

Band 178 Annette Rieck: Der Heilige Ivo von Hélory (1247-1303). Advocatus pauperum und Patron der Juristen. 1998.

Band 179 Frank Bottenberg: Die Hamburgische Strafprozeßordnung von 1869. 1998.

Band 180 Matthias Krauß: Das kursächsische Postrecht von seinen Anfängen bis zum Ende des Alten Reichs. 1998.

Band 181 Torsten Schmidt: Die Entmündigung von den Anfängen des BGB bis zu ihrer Ablösung durch das Institut der Betreuung. 1998.

Band 182 Christian Nunn: Rudolf Müller-Erzbach. 1874-1959. Von der realen Methode über die Interessenjurisprudenz zum kausalen Rechtsdenken (Leben und Werk). 1998.

Band 183 Christian Ortloff: Das staatskirchenrechtliche System Wilhelm Traugott Krugs. Glaubens- und Gewissensfreiheit – eine Forderung der Vernunft. 1998.

Band 184 Christian Hattenhauer: Schuldenregulierung nach dem Westfälischen Frieden. Der sog. § *de indaganda* und seine Umsetzung im Jüngsten Reichsabschied (AD 1648 und 1654). 1998.

Band 185 Werner Schubert: Preußen im Vormärz. Die Verhandlungen der Provinziallandtage von Brandenburg, Pommern, Posen, Sachsen und Schlesien sowie – im Anhang – von Ostpreußen, Westfalen und der Rheinprovinz (1841-1845). 1998.

Band 186 Silvia Schumacher: Das Rechtsverhältnis zwischen Eltern und Kindern in der Privatrechtsgeschichte. 1999.

Band 187 Kai Sommer: Die Strafbarkeit der Homosexualität von der Kaiserzeit bis zum Nationalsozialismus. Eine Analyse der Straftatbestände im Strafgesetzbuch und in den Reformentwürfen (1871-1945). 1998.

Band 188 Jan Erik Backhaus: Volksrichterkarrieren in der DDR. 1999.

Band 189 Ralf Ruhnau: Die Fürstlich Thurn und Taxissche Privatgerichtsbarkeit in Regensburg. Ein Kuriosum der deutschen Rechtsgeschichte. 1999.

Band 190 Antonio Grilli: Die französische Justizorganisation am linken Rheinufer 1797-1803. 1999.

Band 191 Stephanie Kammerloher-Lis: Die Entstehung des Gesetzes über die religiöse Kindererziehung vom 15. Juli 1921. 1999.

Band 192 Jan Telp: Ausmerzung und Verrat. Zur Diskussion um Strafzwecke und Verbrechensbegriffe im Dritten Reich. 1999.

Band 193 Kurt von Pannwitz: Die Entstehung der Allgemeinen Deutschen Wechselordnung. Ein Beitrag zur Geschichte der Vereinheitlichung des deutschen Zivilrechts im 19. Jahrhundert. 1999.

Band 194 Sylvia Busch: Die Entstehung der Allgemeinen Gerichtsordnung für die Preussischen Staaten von 1793/95. Ein Beitrag zur Geschichte der Kodifikationsbewegung und der Reform des Zivilprozesses in Preußen im 18. Jahrhundert. 1999.

Band 195 Dirk Bieresborn: Klage und Klageerwiderung im deutschen und englischen Zivilprozeß. Eine rechtshistorische und rechtsvergleichende Untersuchung unter besonderer Berücksichtigung der Beeinflussung durch das römisch-kanonische Verfahren. 1999.

Band 196 Andreas Thier / Guido Pfeifer / Philipp Grzimek (Hrsg.): Kontinuitäten und Zäsuren in der Europäischen Rechtsgeschichte. Europäisches Forum Junger Rechtshistorikerinnen und Rechtshistoriker München 22.-24. Juli 1998. 1999.

Band 197 Franz Smola: Die Fürstlich Liechtenstein'sche Kunstsammlung. Rechtsfragen zur Verbringung der Sammlung von Wien nach Vaduz in den Jahren 1944/45. 1999.

Band 198 Frank Martin Krauss: Das geteilte Eigentum im 19. und 20. Jahrhundert. Eine Untersuchung zum Fortbestand des Teilungsgedankens. 1999.

Band 199 Matthias Frey: Die spanische Aktiengesellschaft im 18. Jahrhundert und unter dem Código de Comercio von 1829. 1999.

Band 200 Alexandra Gilde: Die Stellung der Frau im Reichsstrafgesetzbuch von 1870/71 und in den Reformentwürfen bis 1919 im Urteil der bürgerlichen Frauenbewegung. Eine Analyse ausgewählter Straftatbestände. 1999.

Band 201 Malte Dießelhorst / Arne Duncker: Hans Kohlhase. Die Geschichte einer Fehde in Sachsen und Brandenburg zur Zeit der Reformation. 1999.

Band 202 Jörg Hillmann: Territorialrechtliche Auseinandersetzungen der Herzöge von Sachsen-Lauenburg vor dem Reichskammergericht im 16. Jahrhundert. 1999.

Band 203 Carsten Engler: Die Kommanditgesellschaft (KG) und die stille Gesellschaft im Allgemeinen Deutschen Handelsgesetzbuch (ADHGB) von 1861. 1999.

Band 204 Vesta Hoffmann-Steudner: Die Rechtsprechung des Reichsgerichts zu dem Scheidungsgrund des § 49 EheG (EheG 1938) in den Jahren 1938-1945. 1999.

Band 205 Michaela Thiele: Die Auflösung von Arbeitsverhältnissen aufgrund Anfechtung und außerordentlicher Kündigung nach der Rechtsprechung des Reichsarbeitsgerichts (1927-1945). 2000.

Band 206 Peter Landau / Hermann Nehlsen / Mathias Schmoeckel (Hrsg.): Karl von Amira zum Gedächtnis. 1999.

Band 207 Marcus Flinder: Die Entstehungsgeschichte des Zivilgesetzbuches der DDR. 1999.

Band 208 Boris Franz Leo Bromm: Die Entstehungsgeschichte des Berufs des Handelsvertreters. Unter besonderer Berücksichtigung der Sozialgesetzgebung in den Jahren von 1871-1933. 2000.

Band 209 Winfried C. J. Eberstein: Das Tierschutzrecht in Deutschland bis zum Erlaß des Reichs-Tierschutzgesetzes vom 24. November 1933. Unter Berücksichtigung der Entwicklung in England. 1999.

Band 210 Patrick Deller: Der „nach dem Vertrage" vorausgesetzte Gebrauch (§ 459 Absatz 1 Satz 1 BGB). Eine kaufrechtliche Untersuchung unter Berücksichtigung rechtshistorischer wie rechtsvergleichender Grundlagen. 2000.

Band 211 Eckard Freiherr von Bodenhausen: Haftung des Geschäftsherrn für Verrichtungsgehilfen im Straßen- und Schienenverkehr. Eine Analyse der Entscheidungen des Reichsgerichts zu § 831 BGB (1900-1945). 2000.

Band 212 Birte Gast: Der Allgemeine Teil und das Schuldrecht des Bürgerlichen Gesetzbuchs im Urteil von Raymond Saleilles (1855-1912). 2000.

Band 213 Hansjörg Michael Huber: Koloniale Selbstverwaltung in Deutsch-Südwestafrika. Entstehung, Kodifizierung und Umsetzung. 2000.

Band 214 Ulf Björner: Die Verfassungsgerichtsbarkeit im Norddeutschen Bund und Deutschen Reich (1867-1918). Eine rechtshistorische Untersuchung über Gerichtsbarkeit im Spannungsfeld von Politik und Recht innerhalb der von Bismarck geschaffenen deutschen Bundesstaaten. 2000.

Band 215 Mathias Freiherr von Rosenberg: Friedrich Carl von Savigny (1779-1861) im Urteil seiner Zeit. 2000.

Band 216 Reinhard Binder-Krieglstein: Österreichisches Adelsrecht 1868-1918/19. Von der Ausgestaltung des Adelsrechts der cisleithanischen Reichshälfte bis zum Adelsaufhebungsgesetz der Republik unter besonderer Berücksichtigung des adeligen Namensrechts. 2000.

Band 217 Claudia-Regine Nerius: Johannes Lehmann-Hohenberg (1851-1925). Eine Studie zur völkischen Rechts- und Justizkritik im Deutschen Kaiserreich. 2000.

Band 218 Ludger Meuten: Die Erbfolgeordnung des Sachsenspiegels und des Magdeburger Rechts. Ein Beitrag zur Geschichte des sächsisch-magdeburgischen Rechts. 2000.

Band 219 Christoph Alexander von Wilcken: Die Reformbestrebungen zum Genossenschaftsgesetz in der Frühzeit der Bundesrepublik. Die Beratungen der Sachverständigenkommission zur Überprüfung des Genossenschaftsrechts 1954 bis 1958 und der Referentenentwurf von 1962. 2000.

Band 220 Verein Junger RechtshistorikerInnen Zürich (Hrsg.): ¿Rechtsgeschichte(n)? ¿Histoire(s) du droit? ¿Storia/storie del diritto? ¿Legal Histori(es)? Europäisches Forum Junger Rechtshistorikerinnen und Rechtshistoriker Zürich 28.-30. Mai 1999. 2000.

Band 221 Hans Christian Schüler: Die Entstehungsgeschichte der Bundesnotarordnung vom 24. Februar 1961. 2000.

Band 222 Nils-Eberhard Schramm: Die Vereinigung demokratischer Juristen (1949-1999). 2000.

Band 223 Silke Anke Torp: Das Rechtsverhältnis zwischen den Eltern und ihren Kindern. Dienstleistungspflicht, Aussteuer und Ausstattung. Eine Analyse der Rechtsprechung des Reichsgerichts und des Reichsarbeitsgerichts zu den Vorschriften der §§ 1616 bis 1625 des Bürgerlichen Gesetzbuches in der Zeit von 1900 bis 1945. 2000.

Band 224 Martin Jürgen Maaß: Die Geschichte des Eigentumsvorbehalts, insbesondere im 18. und 19. Jahrhundert. 2000.

Band 225 Stefanie Langer: Rechtswissenschaftliche Itinerarien. Lebenswege namhafter europäischer Juristen vom 11. bis zum 18. Jahrhundert. 2000.

Band 226 Ulrich Schmitz: Der Unterhaltsanspruch des nichtehelichen Kindes gegen seinen Erzeuger. Die rechtsgeschichtliche und dogmatische Entwicklung im deutschen Recht. 2000.

Band 227 Sebastian Günther: Friedrich Carl von Savigny als Grundherr. 2000.

Band 228 Henning Ibs: Hermann J. Held (1890-1963). Ein Kieler Gelehrtenleben in den Fängen der Zeitläufe. 2000.

Band 229 Matthias Rücker: Wirtschaftswerbung unter dem Nationalsozialismus. Rechtliche Ausgestaltung der Werbung und Tätigkeit des Werberats der deutschen Wirtschaft. 2000.

Band 230 Hendrik Sandmann: Die Entwicklung von Begriff und Inhalt des Wirtschaftchsrechts durch die Rechtswissenschaft in der Weimarer Republik. 2000.

Band 231 Sibylle Müller: Gibt es Menschenrechte bei Samuel Pufendorf? 2000.

Band 232 Karin Olechowski-Hrdlicka: Die gemeinsamen Angelegenheiten der Österreichisch-Ungarischen Monarchie. Vorgeschichte – Ausgleich 1867 – Staatsrechtliche Kontroversen. 2001.

Band 233 Johannes Mierau: Die juristischen Abschluß- und Diplomprüfungen in der SBZ/DDR. Ein Einblick in die Juristenausbildung im Sozialismus. 2001.

Band 234 Jörg Wolff (Hrsg.): Stillstand, Erneuerung und Kontinuität. Einsprüche zur Preußenforschung. 2001.

Band 235 Friedo Schröder: Die anwaltliche Tätigkeit während der nationalsozialistischen Herrschaft. Eine Analyse der anwaltlichen Argumentation in Zivilprozessen anhand der vorhandenen Prozeßakten der Landgerichte Frankenthal, Wiesbaden, Limburg und Frankfurt und der Handakten der *jüdischen Konsulenten* des OLG-Bezirks Frankfurt. 2001.

Band 236 Der Code pénal des Königreichs Westphalen von 1813 mit dem Code pénal von 1810 im Original und in deutscher Übersetzung. Herausgegeben und mit einer Einleitung versehen von Werner Schubert. 2001.

Band 237 Klaus Richter: Deutsches Kolonialrecht in Ostafrika 1885-1891. 2001.

Band 238 Kai von Lewinski: Deutschrechtliche Systembildung im 19. Jahrhundert. 2001.

Band 239 Alexander Herzog: Sittenwidrige Rechtsgeschäfte in der höchstrichterlichen Rechtsprechung aus den Jahren 1948-1965. 2001.

Band 240 Claudia Rönnau: Die Beratungen des Wasserrechtsausschusses der Akademie für Deutsches Recht zu einem Reichswassergesetz (1934-1941). Ein Beitrag zur Dogmatik der Begriffe *Gemeingebrauch* und *Sondergebrauch* in der Zeit des Nationalsozialismus. 2001.

Band 241 Momme Rohlack: Kriegsgesellschaften (1914-1918). Arten, Rechtsformen und Funktionen in der Kriegswirtschaft des Ersten Weltkrieges. 2001.

Band 242 Rolf Geyer: Der Gedanke des Verbraucherschutzes im Reichsrecht des Kaiserreichs und der Weimarer Republik (1871-1933). Eine Studie zur Geschichte des Verbraucherrechts in Deutschland. 2001.

Band 243 Felix Lorenz Benjamin Lehmann: Der Rote Adlerorden. Entstehung und rechtliche Grundlagen (1705-1918). 2002.

Band 244 Marc Ludwig: Der Pfändungsschutz für Lohneinkommen. Die Entstehungs- und Entwicklungsgeschichte der Vorschriften zum Schutz vor Lohnpfändung in Deutschland. 2001.

Band 245 Alexander Wachter: Dorfschule zwischen Pastor und Schulmeister. Zur Säkularisierung des niederhessischen Schulwesens im 19. Jahrhundert. 2001.

Band 246 Richard Scholz: Analyse der Entstehungsbedingungen der reichsgerichtlichen Aufwertungsrechtsprechung. Untersuchung unter besonderer Berücksichtigung der konservativen Geldpolitik der Reichsbank und der Inflationspolitik der Reichsregierung. 2001.

Band 247 Judith Laeverenz: Märchen und Recht. Eine Darstellung verschiedener Ansätze zur Erfassung des rechtlichen Gehalts der Märchen. 2001.

Band 248 Christina Schenk: Bestrebungen zur einheitlichen Regelung des Strafvollzugs in Deutschland von 1870 bis 1923. 2001.

Band 249 Nils Werner: Die Prozesse gegen die Landvolkbewegung in Schleswig-Holstein 1929/32. Ein Beitrag zur Justizkritik in der späten Weimarer Republik. 2001.

Band 250 Wolfgang Walter: Das Duell in Bayern. Ein Beitrag zur bayerischen Strafrechtsgeschichte. 2002.

Band 251 Jörn Eckert / Kjell Å. Modéer (Hrsg.): Geschichte und Perspektiven des Rechts im Ostseeraum. Erster Rechtshistorikertag im Ostseeraum 8.–12. März 2000. 2001.

Band 252 Jan Könighaus: Die Inauguration der Christian-Albrechts-Universität zu Kiel 1665. Symbolgehalt und rechtliche Bedeutung des Universitätszeremoniells. 2002.

Band 253 Andreas Görgen: Rechtssprache in der Frühen Neuzeit. Eine vergleichende Untersuchung der Fremdwortverwendung in Gesetzen des 16. und 17. Jahrhunderts. 2002.

Band 254 Ralf Schäfer: Die Rechtsstellung der Haigerlocher Juden im Fürstentum Hohenzollern-Sigmaringen von 1634-1850. Eine rechtsgeschichtliche Untersuchung. 2002.

Band 255 Regine Schmalhorst: Die Tierhalterhaftung im BGB von 1896. Die Entstehung und Änderung des § 833 BGB sowie eine Analyse der Rechtsprechung des Reichsgerichts bis 1908. 2002.

Band 256 Thomas Hense: Konrad Beyerle. Sein Wirken für Wissenschaft und Politik in Kaiserreich und Weimarer Republik. 2002.

Band 257 Christian Mahlmann: Die Strafrechtswissenschaft der DDR. Klassenkampftheorie und Verbrechenslehre. 2002.

Band 258 Henning Kahmann: Die Bankiers von Jacquier & Securius 1933–1945. Eine rechtshistorische Fallstudie zur "Arisierung" eines Berliner Bankhauses. Mit einem Geleitwort von John Kornblum. 2002.

Band 259 Volker Friedrich Drecktrah: Die Gerichtsbarkeit in den Herzogtümern Bremen und Verden und in der preußischen Landdrostei Stade von 1715 bis 1879. 2002.

Band 260 Andreas Klass: Standes- oder Leistungselite? Eine Untersuchung der Karrieren der Wetzlarer Anwälte des Reichskammergerichts (1693-1806). 2002.

Band 261 Wolfgang Eder: Das italienische Tribunale Speciale per la Difesa dello Stato und der deutsche Volksgerichtshof. Ein Vergleich zwischen zwei politischen Gerichtshöfen. 2002.

Band 262 Albrecht Cordes / Bernd Kannowski (Hrsg.): Rechtsbegriffe im Mittelalter. 2002.

Band 263 Thomas Hildebrandt: Die Brandenburgischen Provinziallandtage von 1841, 1843, und 1845 anhand ausgewählter Verhandlungsgegenstände. 2002.

Band 264 Jan Finzel: Georg Adam Struve (1619–1692) als Zivilrechtler. 2003.

Band 265 Björn Carsten Frenzel: Das Selbstverständis der Justiz nach 1945. Analyse der Rolle der Justiz unter Berücksichtigung der Reden zur *Wiedereröffnung* der Bundes- und Oberlandesgerichte. 2003.

Band 266 Nils Reichhelm: Die marxistisch-leninistische Staats- und Rechtstheorie Karl Polaks. 2003.

Band 267 Raik Schneider: Altrechtliche Personenzusammenschlüsse. Ihre Entwicklung unter besonderer Berücksichtigung des Rechts des Großherzogtums Sachsen-Weimar-Eisenach sowie der Herzogtümer Sachsen-Meiningen und Sachsen-Gotha. 2003.

Band 268 Anke Meier: Die Geschichte des deutschen Konkursrechts, insbesondere die Entstehung der Reichskonkursordnung von 1877. 2003.

Band 269 Stefan Jens Jordan: Leben und Werk des Tübinger Rechtsprofessors Wilhelm Gottlieb Tafinger 1760–1813. 2003.

Band 270 Stefanie Hubig: Die historische Entwicklung des § 23 ZPO. Zum Ursprung und Fortleben des Vermögensgerichtsstandes im deutschen Prozeßrecht des 19. Jahrhunderts. 2003.

Band 271 Michael G. Perband: Der Grundsatz der freien Beweiswürdigung im Zivilprozeß (§ 286 ZPO) in der Rechtsprechung des Reichsgerichts. 2003.

Band 272 Mathias Bouveret: Die Stellung des Staatsoberhauptes in der parlamentarischen Diskussion und Staatsrechtslehre von 1848 bis 1918. 2003.

Band 273 Barbara Széchényi: Rechtliche Grundlagen bayerischer Zensur im 19. Jahrhundert. 2003.

Band 274 Sylvia Scharfenberg: Die Entstehungsgeschichte des Beurkundungsgesetzes vom 28. August 1969. 2003.

Band 275 Urte Nesemann: Die schwedische Familiengesetzgebung von 1734 bis zu den Reformgesetzen von 1915 bis 1920 und deren Einfluss auf die Gesetzgebungsprojekte der Weimarer Republik. Unter besonderer Berücksichtigung der Rechtsstellung der Frau und des unehelichen Kindes. 2003.

Band 276 Alexandra Brück: Die Polizeiordnung Herzog Christians von Braunschweig-Lüneburg vom 6. Oktober 1618. 2003.

Band 277 Torsten Landwehr: Das Kommissionsgeschäft in Rechtswissenschaft, Gesetzgebung und Rechtspraxis vom 16. bis zum Ende des 18. Jahrhunderts. 2003.

Band 278 Tassilo Wilhelm Maria Englert: Deutsche und italienische Zivilrechtsgesetzgebung von 1933–1945. Parallelen in der Rechtsetzung und gegenseitige Beeinflussung unter besonderer Berücksichtigung des Familien- und Erbrechts. 2003.

Band 279 Tobias Prang: Der Schutz der Versicherungsnehmer bei der Auslegung von Versicherungsbedingungen durch das Reichsgericht. 2003.

Band 280 Thorsten Lieb: Privileg und Verwaltungsakt. Handlungsformen der öffentlichen Gewalt im 18. und 19. Jahrhundert. 2004.

Band 281 Michael Rühling: Das Ladenschlussgesetz vom 28. November 1956. Vorgeschichte, Entstehung des Gesetzes und weitere Entwicklung. 2004.

Band 282 Kathrin Nawotki: Die schleswigsche Deichstavengerechtigkeit. Vom 17. Jahrundert bis in die Gegenwart. Eine gewohnheitsrechtliche Superfizies an nordfriesischen Deichgrundstücken und ihre Entwicklung. 2004.

Band 283 Erik Nils Voigt: Die Gesetzgebungsgeschichte der militärischen Ehrenstrafen und der Offizierehrengerichtsbarkeit im preußischen und deutschen Heer von 1806 bis 1918. 2004.

Band 284 Dorothea Riedi Hunold: Die Einführung der allgemeinen Wechselfähigkeit in der Schweiz in der zweiten Hälfte des 19. Jahrhunderts. Unter besonderer Berücksichtigung der politischen, wirtschaftlichen und sozialen Verhältnisse. 2004.

Band 285 Thomas Gergen: Pratique juridique de la paix et trêve de Dieu à partir du concile de Charroux (989–1250). Juristische Praxis der Pax und Treuga Dei ausgehend vom Konzil von Charroux (989–1250). 2004.

Band 286 Kathrin Bethkenhagen: Die Entwicklung des Luftrechts bis zum Luftverkehrsgesetz von 1922. 2004.

Band 287 Heiko Lüpkes: Die Verbrechen der Diener des Staats im Allgemeinen Landrecht für die Preußischen Staaten von 1794 und ihre Entwicklung zu den Vergehen und Verbrechen im Amte im Strafgesetzbuch für die Preußischen Staaten von 1851. 2004.

Band 288 Mirco Peter Hirsch: Von der Erbbescheinigung des Preußischen Rechts zum Erbschein des Bürgerlichen Gesetzbuchs. 2004.

Band 289 Bettina Günther: Die Behandlung der Sittlichkeitsdelikte in den Policeyordnungen und der Spruchpraxis der Reichsstädte Frankfurt am Main und Nürnberg im 15. bis 17. Jahrhundert. 2004.

Band 290 Seunghyeon Seong: Der Begriff der *nicht gehörigen Erfüllung* aus dogmengeschichtlicher und rechtsvergleichender Sicht. 2004.

Band 291 Steffen-Werner Meyer: Bemühungen um ein Reichsgesetz gegen den Büchernachdruck. Anläßlich der Wahlkapitulation Leopolds II. aus dem Jahre 1790. 2004.

Band 292 Ulrich Löffler: Instrumentalisierte Vergangenheit? Die nationalsozialistische Vergangenheit als Argumentationsfigur in der Rechtsprechung des Bundesverfassungsgerichts. 2004.

Band 293 Norbert Koch: Die Entwicklung des deutschen privaten Immissionsschutzrechts seit Beginn der Industrialisierung. Unter besonderer Berücksichtigung des Einflusses der höchstrichterlichen Rechtsprechung. 2004.

Band 294 Julius Ludwig Pfeiffer: Das Tierschutzgesetz vom 24. Juli 1972. Die Geschichte des deutschen Tierschutzrechts von 1950 bis 1972. 2004.

Band 295 Bert-Hagen Strodthoff: Die richterliche Frage- und Erörterungspflicht im deutschen Zivilprozeß in historischer Perspektive. 2004.

Band 296 Tim Kannewurf: Die Höfeordnung vom 24. April 1947. Entstehungsgeschichte und Einordnung in die Entwicklung des Anerbenrechts. 2004.

Band 297 Steffi Heine: Die Methodendiskussion nach Inkrafttreten des Bürgerlichen Gesetzbuches und die Gründung des Vereins *Recht und Wirtschaft*. 2004.

Band 298 Anne Marlene Simon-Holtorf: Geschichte des Familienwahlrechts in Frankreich (1871 bis 1945). 2004.

Band 299 Jürgen Busch: Das Germanenbild der deutschen Rechtsgeschichte. Zwischen Wissenschaft und Ideologie. Mit einem Vorwort von Herwig Wolfram. 2004.

Band 300 Jan Kohlmann: Der Marsch zu den Gräbern von Karl und Rosa. Geschichte eines Gedenktages. 2004.

Band 301 Christian Rainer Schlicht: Die kumulative Schuldübernahme in der Rechtsprechung des Reichsgerichts und in der zeitgenössischen Literatur. 2004.

Band 302 Hans Peter Glöckner: Positive Vertragsverletzung. Die Geburt eines Rechtsinstituts. 2006.

Band 303 João Manuel Azevedo Alexandrino Fernandes: Die Theorie der Interpretation des Gesetzes bei Francisco Suárez. 2005.

Band 304 René Funk: Die Wahlprüfung der volksgewählten Abgeordneten der Volksvertretungen im Frühkonstitutionalismus. Eine Untersuchung der Wahlprüfung in den Kammern der Abgeordneten des Großherzogtums Baden, des Königreichs Württemberg und des Großherzogtums Hessen. 2005.

Band 305 Carolin O'Sullivan. Die Ahndung von Rechtsbrüchen der Seeleute im mittelalterlichen hamburgischen und hansischen Seerecht (1301–1482). 2005.

Band 306 Martin Jürgens: Staat und Reich bei Ernst Rudolf Huber. Sein Leben und Werk bis 1945 aus rechtsgeschichtlicher Sicht. 2005.

Band 307 Florian G. Dürselen: Franz Beyerle (1885–1977). Leben, Ära und Werk eines Rechtshistorikers. 2005.

Band 308 Kai Bandilla: Urheberrecht im Kaiserreich. Der Weg zum Gesetz betreffend das Urheberrecht an Werken der Literatur und Tonkunst vom 19. Juni 1901. 2005.

Band 309 Stefan Mieth: Die Entwicklung des Denkmalrechts in Preußen 1701–1947. 2005.

Band 310 Catharina Lodemann: Die Geschichte des französischen *acte de gouvernement*. 2005.

Band 311 Christina Wicke: Kodifikationsbestrebungen und Wissenschaft in Hessen-Darmstadt im vorkonstitutionellen Zeitalter. Zu der Beteiligung der Gießener Rechtsprofessoren an den Gesetzgebungsarbeiten in Hessen-Darmstadt in der Zeit zwischen 1769 und 1820. 2005.

Band 312 Christiane Chlosta: Nur dem Gesetz unterworfen? Eine rechtsgeschichtliche Untersuchung zu Idee und Wirklichkeit richterlicher Gesetzestreue unter besonderer Berücksichtigung der Aufwertungsrechtsprechung und des richterlichen Prüfungsrechts. 2005.

Band 313 Kathrin Dirr: Hoheitsrechtliche Streitigkeiten zwischen den Kölner Erzbischöfen und der Stadt Köln auf Grundlage reichskammergerichtlicher Verfahren des 16. und 17. Jahrhunderts. 2005.

Band 314 Michael Racky: Die Diskussion über Gewaltenteilung und Gewaltentrennung im Vormärz. 2005.

Band 315 Petra Thiemrodt: Die Entstehung des Staatshaftungsgesetzes der DDR. Eine Untersuchung auf der Grundlage von Materialien der DDR-Gesetzgebungsorgane mit zeitgeschichtlichen Bezügen. 2005.

Band 316 Julius F. Reiter: Entstehung und staatsrechtliche Theorie der italienischen *Carta del Lavoro*. 2005.

Band 317 André Book: Die Justizreform in der Frühzeit der Bundesrepublik. Die Beratungen der Kommission zur Vorbereitung einer Reform der Zivilgerichtsbarkeit in den Jahren 1955 bis 1961. 2005.

Band 318 Frank Zentz: Das amerikanische Strafverfahren als Element der Besatzungspolitik in Deutschland. Erziehung zur Demokratie durch den *Court of Appeals* 1948–1955. 2005.

Band 319 Friederike Quaisser: Mietrecht im 19. Jahrhundert. Ein Vergleich der mietrechtlichen Konzeptionen im Allgemeinen Landrecht für die Preußischen Staaten von 1794 und dem gemeinen Recht. 2005.

Band 320 Stefan Burghard: Professor Dr. Wilhelm Kahl – Leben zwischen Wissenschaft und Politik. 2005.

Band 321 Günter Baranowski: Die *Russkaja Pravda* – ein mittelalterliches Rechtsdenkmal. 2005.

Band 322 Christina Schneider: Die SS und „das Recht". Eine Untersuchung anhand ausgewählter Beispiele. 2005.

Band 323 Werner Schubert (Hrsg.): Zivilprozessreform in der Weimarer Zeit. Quellen zur Emminger-Zivilprozessverordnung vom 13.2.1924 und zu den Arbeiten der Zivilprozesskommission des Reichsjustizministeriums (1922–1930). Eingeleitet und herausgegeben von Werner Schubert. 2005.

Band 324 Felix Gaul: Der Jurist Rudolf Isay (1886–1956). Ein verantwortungsbewusster Vermittler im Spannungsfeld zwischen dynamischer Rechtsschöpfung, ökonomischem Wandel und technischem Fortschritt. 2005.

Band 325 Konstanze Braun: Dr. Otto Georg Thierack (1889–1946). 2005.

Band 326 Eckart Klein / Stefan Chr. Saar / Carola Schulze (Hrsg.): Zwischen Rechtsstaat und Diktatur. Deutsche Juristen im 20. Jahrhundert. 2006.

Band 327 Stefan Botor: Das *Berliner Sühneverfahren* – Die letzte Phase der Entnazifizierung. 2006.

Band 328 Andreas Köhler: Die Sorgerechtsregelungen bei Ehescheidung seit 1945. Scheidungsstrafe und verordnete Gemeinsamkeit. 2006.

Band 329 Lars Düwel: Die Nichtigkeit und Anfechtbarkeit der Ehe in der Rechtsprechung des Reichsgerichts zwischen 1900 und 1945. 2006.

Band 330 Katalin Polgar: Das Oberappellationsgericht der vier freien Städte Deutschlands (1820–1879) und seine Richterpersönlichkeiten. 2007.

Band 331 Julia Schweitzer: Schiffer und Schiffsmann in den Rôles d'Oléron und im Llibre del Consolat de Mar. Ein Vergleich zweier mittelalterlicher Seerechtsquellen. 2007.

Band 332 Diana-Catharina Kurtz: Das Institut der Adoption im preußischen Allgemeinen Landrecht und im französischen Code civil zwischen Rezeption römisch-rechtlicher Prinzipien und verändertem Familienverständnis. 2006.

Band 333 Dino Joakim Duderstadt: Spiel, Wette und Differenzgeschäft (§§ 762–764 BGB) in der Rechtsprechung des Reichsgerichts und in der zeitgenössischen Literatur. 2007.

Band 334 Ronald Hoffmann: Die Domänenfrage in Thüringen. Über die vermögensrechtlichen Auseinandersetzungen mit den ehemaligen Landesherren in Thüringen nach dem Ersten Weltkrieg. 2006.

Band 335 Joachim Windmüller: *Ohne Zwang kann der Humanismus nicht existieren...* – „Asoziale" in der DDR. 2006.

Band 336 Sven Christian Gläser: Die Mediatisierung der Grafschaft Wertheim. Der juristische Kampf eines kleinen Reichsstandes gegen den Verlust der Landesherrschaft und seine Folgen. 2006.

Band 337 Benjamin Schleyer: Friedrich Wilhelm Bornemann (1798–1864). Eine Juristenkarriere im Preußen des 19. Jahrhunderts. 2006.

Band 338 Die Reform des Ehescheidungsrechts von 1976. Quellen zum Ersten Gesetz vom 14.6.1976 zur Reform des Ehe- und Familienrechts (Parlamentarische Ausschussprotokolle – Anglikanische Denkschrift von 1966 zur Scheidungsrechtsreform – Schlussabstimmung 1969 in der Eherechtskommission des Bundesministeriums der Justiz). Eingeleitet und herausgegeben von Werner Schubert. 2006.

Band 339 Andreas Feld: Das Bayerische Gesetz zum Schutz des Eigentums an Erzeugnissen der Literatur und Kunst gegen Nachdruck vom 15.04.1840. Vorgeschichte und Zustandekommen. 2007.

Band 340 Bernd Wörner: Adelbert Düringers Einfluß als Richter am Reichsgericht in Leipzig auf dem Gebiet des Personengesellschaftsrechts. 2007.

Band 341 Jan Jelle Kähler: Französisches Zivilrecht und französische Justizverfassung in den Hansestädten Hamburg, Lübeck und Bremen (1806–1815). 2007.

Band 342 Jörn Eckert / Pia Letto-Vanamo / Kjell Å. Modéer (Hrsg.): Juristen im Ostseeraum. Dritter Rechtshistorikertag im Ostseeraum 20.–22. Mai 2004. 2007.

Band 343 Ferdinand von Weyhe: A.E. Wassermann. Eine rechtshistorische Fallstudie zur „Arisierung" zweier Privatbanken. 2007.

Band 344 Martin Klaus Römermann: Kündigungen und Kündigungsschutz im Franquismus. 2007.

Band 345 Thomas Hoffmann: Der Landrechtsentwurf David Hilchens von 1599. Ein livländisches Rechtszeugnis polnischer Herrschaft. 2007.

Band 346 Ingo Ullmann: Die rechtliche Behandlung holsteinischer Leibeigener um die Mitte des 18. Jahrhunderts. Dargestellt unter besonderer Berücksichtigung der Schmoeler Leibeigenschaftsprozesse von 1738 bis 1743 sowie von 1767 bis 1777. 2007.

Band 347 Petra Fischer-Langosch: Die Entstehungsgeschichte des Familiengesetzbuches der DDR von 1965. 2007.

Band 348 Lasse O. Johannsen: Die rechtliche Behandlung ausreisewilliger Staatsbürger in der DDR. 2007.

www.peterlang.de

FSC
www.fsc.org
MIX
Papier | Fördert gute Waldnutzung
FSC® C083411

Kolibri 360 GmbH
Ferdinand-Jühlke-Straße 7
99095 Erfurt, Deutschland
produktsicherheit@kolibri360.de

Druck:
CPI Druckdienstleistungen GmbH
im Auftrag der
Kolibri 360 GmbH
Ferdinand-Jühlke-Str. 7
99095 Erfurt